魅力汉字

MEILI HANZI

姜宗福 / 著

图书在版编目（CIP）数据

魅力汉字 / 姜宗福著 . -- 长沙 : 湖南电子音像出版社 , 2017.8

ISBN 978-7-83004-334-6

Ⅰ . ①魅… Ⅱ . ①姜… Ⅲ . ①汉字－通俗读物 Ⅳ . ① H12-49

中国版本图书馆 CIP 数据核字（2017）第 216495 号

魅力汉字

作　　者: 姜宗福
出 版 人: 杨　林
责任编辑: 刘云陶　李　伟　周力文
美术设计: 潇湘文化 XIAOXIANG CULTURE

出　　版: 湖南电子音像出版社　http:www.xyin.com
印　　刷: 东莞市比比印刷有限公司
开　　本: 787mm×1092mm　1/16
印　　张: 27.5
字　　数: 634 千字
版　　次: 2017 年 8 月第 1 版
印　　次: 2018 年 3 月第 1 次印刷
书　　号: ISBN 978-7-83004-334-6
定　　价: 56.00 元

如有印装质量问题，请与东莞市潇湘文化传播有限公司联系。
联系电话：0769-82225025

序 言

几乎所有人都认为，汉字是世界上最难学的文字。

小时候我们每个人都有过这样的经历：写生字，老师让我们一个生字写十排，写错一个罚一面。你想想，刚刚启蒙的小孩子一开始学识字就遇到这样的场面，心里的阴影面积该有多大？我记忆最深刻的是，女儿读小学一年级的时候，老师布置的作业也是抄写生字。生字很多，女儿手脚慢，抄到了晚上 12 点还只抄了一半。我倒并不认为抄完了女儿就真能识得这些字，主要是担心一妥协，让女儿从此落下做事半途而废、有始无终的坏毛病，只好采取武力。时至今日提起这事，女儿还在“记恨”我。女儿读大学后，我非常希望她继承我的衣钵从事写作，可她毫无兴趣，说：“我讨厌写字。”

小时候，我讨厌写生字，所以从来就没好好写过字，导致我今生最大的痛苦就是一写字连自己都觉得拿不出手。好在王永民发明了五笔输入法，让我的文字能够体面地活着：明明同样的句子，用手写出来，越看越不是滋味；可只要一输入电脑，越看越有韵味。如今更先进，无论笔画多么复杂的汉字，只要将其拆分成你认识的字，键入一个“u”，再键入拆分汉字的拼音，就能够打出来，根本不用翻字典。这样一来，写字的人变得越来越少，提笔忘字的人越来越多。长此以往的后果，想想就怕。

我经常在想，这么多年了，老师们为什么不换一种方式，从一笔一画给小朋友讲故事开始教呢？中国的文字，一笔一画都有故事。如篆文“ʔ”，会意剪断连在婴儿肚脐上的脐带，即了断的“了”，表示结果。通过这种讲故事的方式识字，老师教得轻松，小孩也学得有味。

我开始走访大量的老师，想探究几十年如一日教学方法不改的原因，结果令我大吃一惊，连我们的老师也不知道那些一笔一画是什么意思。如今的小学语文老师极少有人完整地读过许慎的《说文解字》，不知甲、金、籀、篆为何物者，更是大有人在。

再往前溯我又发现，我们老师的老师也是这样，一代传一代，就传成了今天这个局面。

我是一个办事特别认真的人，认为这事儿必须“问责”。问来问去，问到了周文王和秦始皇的头上。莫以为他们统一了汉字就功莫大焉，他们的行为，让我们失去了汉字的本源。尽管后来东汉的许慎进行了抢救性发掘，将当时遗存的汉字完整记录下来并以《说文》解之，但因为没有见过至清末才被发现的甲骨文，所以无法搞清楚每个字的造字本义。造字本义搞不清，那一笔一画的故事也就没人讲得清，人们只好把一肚子怨气发到汉字身上，一味地简化简化再简化，结果闹出了许多诸如“亲（親）不见，爱（愛）无心”的笑话。

鉴于此，我开始潜心研究汉字的本义。经过近20年的探究，终于找到了汉字的造字规律。汉字的一笔一画好比英文的26个字母，通过不同的排列组合，组成了各种不同的单字。如果明白了这些基本笔画的意思，识字就变得如搭积木一样简单、好玩，写起来也毫不费力。古人造字好比建房，不管多么繁复，都是由一个个非常简单的字件拼搭而成。如看上去就头晕的“**蕰**”（zū，“菹”的繁体字）字，一旦把它拆开，也就一目了然了：“艹”即草，泛指草本植物，如：青菜；“氵”为水；“且”为打磨光滑的石器；“皿”为器皿，指碗碟之类的生活用具。把这些字件组合起来，就好像看好莱坞大片，十分精彩：把菜叶子（艹）洗干净，浸泡在盐水（氵）里，用光滑的大石头（且）压着，腌一段时间，等菜叶儿入味以后再拿出来装盘（皿）……看完这个“短片”，基本上可以猜出这个字的造字本义，即“腌菜”。

这个字让我从中受到了启发：能不能采用搭积木的方式来进行识字教育呢？显而易见，方法是行得通的。可问题在于，那些一笔一画的造字本义没搞清楚，这汉字积木用什么来搭呢？这正是我所努力的方向。通过不懈地努力，我终于解开了汉字笔画的秘密。跟我学，识字真的很简单。

举个例子，如“台”。“厶”象形一只往里扒的手，“口”指吃饭的嘴巴，组合在一起，其造字本义为用手不停地往嘴里扒食物，即吃饭的意思。古人观察得很仔细，人没吃东西的时候肚子是平的，吃饱了饭平躺在床上，鼓胀的肚子高出平面为“台”，“台”由此引申为“高出平面的部分”。明白了“台”字的本义，好戏开场。我们以“台”为核心构件开始搭字：“忄”（心）和“台”组合为“怡”，表示吃得很舒服，心里很高兴；“扌”（手）和“台”组合为“抬”，意思是饭吃撑了，甚至醉酒回不去了，旁边的人伸手合力共举将其送医或送回家；“氵”（水）和“台”组合为“治”，会意饭吃撑了伤了肠胃，最好的治疗方法是什么也不吃，只喝一点水；“歹”和“台”组合为“殆”，会意身体吃坏了，非常危险，已经危及生命……如此识字，多么生动，多么有趣啊，小孩子哪有讨厌的道理？

即将出版的这本名为《魅力汉字》的书，是我20年来劳动成果的初步转化，缘起于湖南电子音像出版社邀请我给他们撰写36集原创动漫《魅力汉字》的剧本，借此机会将其改编成书，希望能够让识字变得简单、快乐、终生不忘。

姜宗福
2017年4月11日于岳阳南湖雍翠华府

目录 CONTENTS

第一篇 天地时令

第一课 旦：宇宙的起源 …………………………………………………… 002
第二课 圭：时间的秘密 …………………………………………………… 009
第三课 气：生命的太极 …………………………………………………… 019
第四课 辰：农耕的季节 …………………………………………………… 029
第五课 风：文明的动力 …………………………………………………… 038
第六课 雨：风云的变幻 …………………………………………………… 049

第二篇 人伦礼仪

第七课 人：自然的进化 …………………………………………………… 056
第八课 老：岁月的精华 …………………………………………………… 067
第九课 示：自然的敬畏 …………………………………………………… 074
第十课 礼：华夏的国魂 …………………………………………………… 081

第十一课 叩：心灵的皈依 …… 098
第十二课 尚：灵魂的故乡 …… 113

第三篇 衣食住行

第十三课 衣：时尚的源头 …… 130
第十四课 禾：生存的基础 …… 143
第十五课 皿：生活的气象 …… 153
第十六课 家：幸福的港湾 …… 170
第十七课 舟：河中的蚂蚁 …… 177
第十八课 车：逝去的辉煌 …… 187

第四篇 道德才情

第十九课 道：其实很简单 …… 205
第二十课 德：确能聚人心 …… 221
第二十一课 乐：真的是味药 …… 229
第二十二课 弈：不只是盘棋 …… 241
第二十三课 聿：一画可开天 …… 255
第二十四课 书：果然藏有粟 …… 267

第五篇　兽鸟虫鱼

第二十五课 兽：森林的主宰 …………………………………………………… 285
第二十六课 鸟：蓝天的主人 …………………………………………………… 297
第二十七课 禽：笼中的美味 …………………………………………………… 315
第二十八课 畜：吉庆的象征 …………………………………………………… 333
第二十九课 虫："他"字的源头 ………………………………………………… 345
第三十课 鱼：自由的化身 ……………………………………………………… 356

第六篇　干戈玉帛

第三十一课 矢：伟大的发明 …………………………………………………… 367
第三十二课 戈：战争的标签 …………………………………………………… 377
第三十三课 玉：君子的器物 …………………………………………………… 385
第三十四课 贝：财富的凭证 …………………………………………………… 403
第三十五课 帛：中国的面子 …………………………………………………… 414
第三十六课 和：人类的心愿 …………………………………………………… 422

第一篇

天地时令

第一课 旦：宇宙的起源

人们一直以为太阳从地平线上升起为“旦”，其实没这么简单。

在古人看来，天地未分离之前宇宙像一个巨蛋。有一天，蛋爆炸了，蛋清较轻，留在壳里变成天；蛋黄较重，流到下面变成地。人们以“”指天，以“”为“地”，造了甲骨文“”，表义“天地分离”。金文“”尤其生动，仿佛一枚鸟蛋破壳，蛋清和蛋黄汩汩流出。篆文“”则用“”表示洒满蛋黄之“地”，又借“”指悬浮于空中的“天”，楷书即变成了“旦”。这就是“天玄地黄，混沌初开”的来历。

天地分离之时，宇宙发生剧烈爆炸，火光冲天，人们加“火”（）为“炟”造古陶文“”，用来描述当时的场景，这就是“炟”表义“火起”“猛然炸裂”的原因。

天地初分，天地震动，令人心生畏惧，人们以“忄”（，心。作偏旁时写作“忄”）“旦”为“怛”，表达当时“畏惧”“惊恐”“痛苦”的心情。后来，又根据这些情节创造了“盘古开天”的神话。传说盘古用巨斧将天地劈分之后，头顶着天，脚立着地，不让天地重合，终于累倒。于是人们便在巨人的头上画了一个“”或一条线为“天”（、）字，与“地”相对应。父母常常鼓励我们“男子汉要顶天立地”，成语“顶天立地”的发明，就是受到这个故事的启发。

盘古倒下之后，他的气息飘到天上变成了云，云气移动变成了风。他的双眼变成了日、月，开目为昼，闭目为夜；他的肌肤变成了大地，血液变成了江河；他的毛发变成了草木，汗水变成了雨露。似乎一切都齐备了，可唯独缺少了人。

古人似乎意识到了这个疏忽，造了个古文“”作为“旦”字的补充，意思是鸡蛋破壳（），轻的部分上浮为气（），重的部分下沉为地，地孵化为心（）。心代表生命，即“人”。至于这“人”究竟是从哪里来的，还是没能解释清楚。

于是，又造了个“但”。

《女娲造人》的故事里说，女娲按照自己的形象用泥捏了个女人，又捏了个男人，有男有女，人类便开始繁衍。巧的是《圣经·创世纪》里说，神用尘土造了男人亚当，又从亚当的身上取了根肋骨造了女人夏娃，亚当、夏娃偷吃禁果，人类从此得到繁衍。这两个故事都认为人类起源于单体的人，这恰好符合“但”的造字本义。“人”“旦”为“但”，意思是人像宇宙诞生那样，也是由一个蛋一样的物质发生爆炸，伴随混沌初开、天地初分而生。人的前身仅为一枚“蛋”，“但”由此引申为“只”“仅”，如：但愿如此。那么，这个蛋是怎么孵化成人的呢？原来，地球上的所有生命都起源于一个单细胞，单细胞经过不断分裂，并按照不同的序列进行组合，便形成了不同的生命形态。古人不过是把单细胞比作蛋而已。老子在《道德经》里面讲的“一生二，二生三，三生万物”就是这个道理。正因为“人”的出现实现了世界由混沌走向文明的重大转折，故“但”引申作连词，表示转折，如：虽然……但是……。

太阳从地平线上升起为“旦”，故“旦”有了“天亮”“破晓”之意，泛指早晨，如：通宵达旦。太阳初生，意味着一天的开始，“旦”又由此引申为“天”“日”“某日”，如：一旦、元旦。

一、汉字疯狂＋

字根：

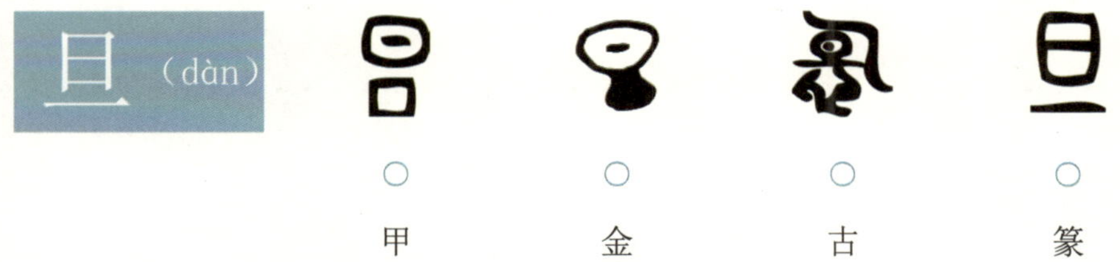

造字本义：

混沌初开，天地初分。

古人把天地未分的宇宙想象成一个蛋，“旦”由此引申为“蛋”，为最早的“蛋”字。

宇宙初开，太阳冉冉升起，黑暗消失，“旦”由此引申为“天亮”“破晓”，泛指“早晨”，如：通宵达旦。

太阳初生，意味着一天的开始，“旦”由此引申为“天”“日”“某日”，如：一旦。

“旦”表义宇宙的起源，“旦”由此引申为“开始”，特指“农历初一”。

古人认为，女人像会下蛋孵出小鸡的母鸡，故以“鸡蛋破壳而出”之“旦”来命名传统戏曲中扮演妇人的角色，即旦角。其中女主角称正旦，即青衣，其他称副旦、小旦、老旦、花旦、武旦、刀马旦、色旦、搽旦等。

炟（dá）

火＋旦 篆◎

造字本义：混沌初开、天地初分，大火爆发，会意火起、爆。

怛（dá）

忄（心）＋旦 篆◎

造字本义：心如混沌初开、天地初分般撕裂，会意痛苦，如：悲泗淋漓，诚怛人心。（唐·李朝威《柳毅传》）

引申为“忧伤”，如：怛伤。

天地初分，天地震动，令人惊恐生畏，“怛”由此引申为“畏惧”“惊恐”，如：怛怖。

笪（dá）

⺮（竹）＋旦 篆◎

造字本义：把竹子像混沌初开、天地分离那样剖成薄薄的竹片，即“竹篾”。

竹篾可以为鞭，常常被用作体罚的工具，“笪”由此引申为“鞭打”，如：笪笞。

竹篾可以编席子、斗笠，“笪”由此引申作方言指粗竹席，如：笪屋（用粗竹席铺盖的屋）。

◎小知识

契丹人很早就注意到了日食，形容其发生时，海上大鱼经过像竹箔一样将太阳遮住，仿佛回到了混沌初分的时刻，故称日食为“笪”。如：笪日（日食之日）。

妲（dá）

女＋旦　篆◎

造字本义：混沌初开，露出惊艳容貌的女子，泛指青春少女。

“己”的本义为划痕，引申指痕迹。传说狐狸精经常化作妖媚的女子迷惑人，一不小心狐狸尾巴就露了出来。又因为狐狸肛部两侧各生有一腺囊，能释放奇特臭味，不管走到哪里都会留下“狐臭”，“己”与“妲”组合为“妲己”，意为露出原形、留下痕迹的惊艳女子，指像狐狸精一样妖媚的年轻女子。

小故事

公元前 1047 年，商纣王帝辛攻打有苏部落。有苏部落首领屈膝投降，将女儿献给纣王。纣王将其纳为宠妃，整日酒池肉林，荒淫无度。苏妃纵然貌美，却心如蛇蝎，竟然发明炮烙之刑，残害忠良。纣王无道，终于激起民众反抗。公元前 1046 年，武王伐纣，商朝灭亡，纣王逃到鹿台自焚而死，其妃被周军乱刀所杀。后世恨其歹毒，将其比作狐狸精，唤作“妲己”。

靼（dá）

革＋旦　篆◎

造字本义：擅长制作、喜欢使用皮革的混沌初开之人，特指生活在北方的游牧民族鞑靼人。明代指东蒙古人，住在今内蒙古和蒙古国的东部。

◎**小知识**

“鞑靼”为少数民族语言音译，是古时汉族对北方各游牧民族的统称。

鞑靼人的皮革制作水平极高，其制作的皮革十分柔软，汉人因此将“靼”理解为鞑靼人所产的皮革，“靼”由此引申泛指柔软的皮革。

担（dǎn）（dān）（dàn）

扌（手）+旦　篆◎　今篆◎

造字本义：用手拂拭蛋壳表面的鸟粪或草等不洁之物，即“拂拭”，读 dǎn。

海南儋州人的祖先詹人是最早学会用担子挑东西的古人，于是人们用“手”（扌）和“詹”（zhān）组合为“擔”，来表示用木棍、扁担挑东西，因太难书写遭淘汰。由于古时民间以担挑蛋沿街叫卖，“担”字像极了这种情形，于是用“担”替代“擔”，表示用肩膀挑，读 dān，如：担水。

引申为“挑东西的用具”，读 dàn，如：扁担。进一步引申为“承当”“负责”，如：担风险、担当。

一担东西的重量可以计量，“担”由此引申作量词，计量成担的东西，如：一担粮食。

胆（dǎn）

月（肉）+旦　篆◎　今篆◎

造字本义：本作“膽”。因书写繁复，简化为“胆”。肉作偏旁时写作“月”，泛指人体或人体器官。因人或动物的消化器官胆囊像软壳鸡蛋，故用“胆”表示人和动物体内像软壳蛋的器官，即胆囊。肝脏不断分泌胆汁储存在胆囊里，胆囊不时将胆汁输送到十二指肠，帮助消化食物。人的消化功能好，饭量就大；饭量大，身体就结实；身体越结实，就越不怕虎狼，于是胆就有了胆量、勇气的意思。如：胆大心细。

疸（da）（dǎn）

疒（生病发烧卧床，泛指生病）+旦　篆◎

造字本义：因病导致皮肤上突起的像鸟蛋一样的颗粒、肿块，读 da，如：疙疸（皮肤上突起的颗粒、肿块，亦作“疙瘩”）。

引申为“人的皮肤、黏膜和眼球的巩膜等呈现如鸟蛋蛋黄一样颜色的病”，名“黄疸”，读 dǎn。这个病是因胆汁的胆红素大量出现在血液中所引起，也叫“黄病”“恶疮”，如：黄疸肝炎。

但（dàn）

亻（人）+旦　甲◎　篆◎

造字本义：人像宇宙诞生那样，也是由一个鸡蛋一样的物质发生爆炸，伴随混沌初开、天地初分而生。混沌初开、天地初分有了男女，男女繁衍，形成了人类。“但”由此引申为“只”“仅”，如：但见、但凡。

由此进一步引申为“只管”“尽管”，如：此系私室，但坐不妨。（清・曹雪芹《红楼梦》）

人的出现为文明世界的重要转折点，“但”由此引申作连词，表示转折，相当于“只是”，如：但是。

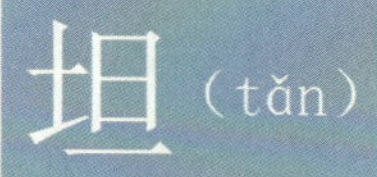

坦（tǎn）

土+旦　篆◎

造字本义：混沌初开，天地撕裂，（浊者）下沉为土，陆地露出，引申为“开裂”“敞开”“露出”“吐露”，如：坦率。

也引申为“整个大地平得可以立住鸡蛋”，会意平而宽广，如：平坦、坦途、坦荡。

广袤平坦的大地一望无垠，毫无遮拦，“坦”由此引申为“内心平静，没有隐瞒”，如：坦白。

“坦腹东床”指女婿的来历

东晋太傅郗鉴欲与丞相王导结为亲家。但王家子侄甚多，太傅不知将女儿嫁给哪个孩子好，于是派了个得力门生到王家看个究竟。不久门生回报，王家子侄个个眉清目秀，温文尔雅，听说太傅来觅女婿，人人刻意打扮，态度谦恭。唯独王羲之敞胸露乳，卧于东边的竹床之上，若无其事。太傅听到此处，忽地拍桌叫好：“好！不造作，不矫饰，这个坦腹东床的后生才是我要寻觅的女婿！”从此，“坦腹东床”便成了女婿的代名词。

袒（tǎn）（zhàn）

衤（衣）+旦　篆◎

造字本义：像混沌初开露出天地一样，脱去上衣，露出身体的一部分，读 tǎn，如：袒胸露背。

冷兵器时代，由于袒露的部分容易受到兵器的攻击，所以这些部位是重点防护对象，“袒”由此引申为“重点保护”，进一步引申为“无原则地保护和支持”，如：偏袒、袒护。

衣服裂开，亦可露出肉体，“袒”由此引申为“衣缝裂开”，读 zhàn。后另造“绽”字来表示。

二、知识疯狂补

汉字是国家的命脉

“欲灭其族，先灭其文字”，意思是说，要灭掉一个民族，当先毁灭其文字。

当年德国侵占法国后，第一件事便是禁止学校教法语，只允许教德语。后来日本侵占中国台湾，禁止中国人学汉语，强迫他们学日语，推行“皇民化”教育，以至于台湾至今还有一些地名保留着日语的称呼。

他们为什么要这样做呢？

因为文字是民族的胎记，国家的命脉，文字灭了，命脉也就断了。中国之所以到现在还是一个统一的国家，就是因为命脉还在。当年要不是秦始皇统一了六国的文字，哪有今天统一的中国？文字的统一，是文化的认同。只有文化认同，国家才坚不可摧。

随着互联网技术的飞速发展，对汉字的威胁与日俱增。人们过多地依赖键盘，提笔忘字的现象越来越突出。如果有朝一日，中国人不会写中国字了，那还叫中国吗？

第二课 圭：时间的秘密

俗话说“一寸光阴一寸金”，意思是说一寸时间像一寸黄金那样昂贵，大家应该珍惜。令人奇怪的是，时间看不见也摸不着，它的长度是怎么测出来的呢？

古人发现，春日融融，宜栽种；秋日金黄，快收割。一旦错过季节，就会影响收获。于是，造了个甲骨文“旹”，用来提醒人们注意太阳（ ）的变化，抓紧时间去地里（ ）栽禾（ ）苗。楷书“旹”改禾苗（ ）为草（屮），表义适宜作物栽种的时间。古文“ ”添加准确把握脉搏的寸脉之“寸（ ）”，将含义扩大为“准确把握太阳运行规律，适时耕种”，引申指适合作物耕种、收获的农时。楷书为“時”，简化作“时”，泛指时间。

时间有快有慢，古人又是怎么准确把握的呢？

人们在河边玩沙，发现漏完掌中沙子的时间有长有短，于是造了个甲骨文“ ”记录这一现象。金文“ ”演变为手中的细沙从指缝及掌缝间分三股漏出。篆文“ ”将漏沙描绘成流水（ ）的样子，以增加动感。楷书写作“少”，指中国古人发明的世界上最早、最原始的计时工具沙漏。因每次漏出的沙子数量必须少，漏的时间才长，“少”便有了“数量小的”的意思，与“多”相对，如：少量。且每漏掉一点，手里剩的沙子就会少一点，慢慢地，不够一捧，“少”由此引申为“不够原有或应有的数量”，如：缺少。更重要的是，漏掉的沙子再也无法回到手中，于是“少”便有了“丢失”“遗落”之意，如：家里少了东西。

让我们回到战国甚至更远的年代。

雨（ ）水（ ）透过屋顶的缝隙，像漏沙一样滴到躺卧之人（ ）的身上（漏，篆文“ ”），人们受此启发发明了漏刻。在漏壶中插入箭杆，箭杆上用形似猪（ ）蹄的刻刀（ ）等距离刻一百个刻度，箭杆下从箭身相托，水流注入或流到漏壶，箭杆相应上升或下沉。漏完一个刻度，大致耗时十五分钟，一个昼夜过去，壶里的水刚好漏完。这就是一刻大致等于十五分钟的原因。

但漏刻每天必须按时加水，很不方便。人们通过观察发现，树木在阳光的照射下会投出树荫，因树荫有明有暗，明者为光，暗者为阴，故名光阴。随着时间的变化，光阴的长短也会发生变化。人们突发奇想：量出了光阴的长度，不就能读出时间了吗？

于是，“圭”便派上了用场。

金文“圭”象形用一层层土垒成的屋基。古人将刻了刻度、用来测量屋基长、宽、高的长棍命名为“圭”。由于标准不统一，刻度的距离五花八门。以手（扌）为单位的名“挂”（撑开手掌测量，选择合适的地方钉钉子以悬挂物品，引申为“悬挂”）；以“足”为单位的，半步为“跬”；左（[illegible]）右（[illegible]）两足各跨一次为“步”（[illegible]）；成年人（大）两条大腿“一胯”为“奎”。为精确测出日影的实时长度变化，人们统一以右手手腕至寸口部位的距离“寸”为标准，在平地直立一根竿子或石柱，然后将“圭”平铺于地，一头与竿子或石柱垂直连接，另一头指向正北方向。光阴随太阳的变化一寸寸缩短或延长，故名“寸阴”。后来人们再次加以改进，在圆形石板上刻上表明时间的度数，圆中心立一小棍，小棍的阴影实时投映在刻度盘上，负责报时的人每隔一段时间大声开“口”报告“日”影所“处”的准确位置，“日”“处”“口”为“晷”，原始的钟表“日晷”就这样诞生了。“圭”从此退出历史舞台。

古代天子希望掌握天时，故手持圭状之玉（王）作为权力的象征，名“珪”，“圭”便成了古代贵族朝聘、祭祀、丧葬时区别尊卑的礼器。伏羲观察天、地、雷、风、水、火、山、泽宇宙中的八种事物，发现它们相互影响并发生变化，如打雷的时候必然刮风，刮风下雨必然水涨。于是伏羲分别用乾、坤、震、巽、坎、离、艮、兑与它们配对，结合用圭观测日影预测（卜）天气，称之为卦，因卦有八个，故称八卦。这就是伏羲画八卦的来历。

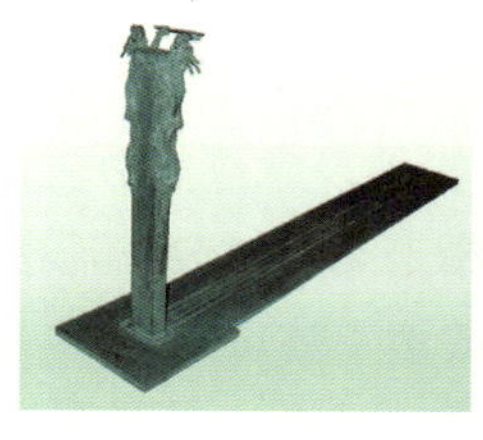

圭

日晷

字根：

造字本义：

金文一形“圭”为双“士”叠加。“士”的本义为在地上立杆为标，圈定获取土地的范围，会意武力占领的土地范围。占领的工作往往由士兵完成，“士”由此引申为“兵卒”。双“士”为“圭”，其造字本义为武力占领的土地范围。金文二形将“士”改作“土”写作“圭”，强调所拥有土地的范围。泛指范围。

古时衡量帝王或诸侯势力的标志为拥有土地的面积和范围。为区别身份，帝王或诸侯根据礼制，按照身份的不同，手持长短、大小规格不同的玉器，显示自己的势力范围，“圭”由此引申为“古代在祭祀、宴飨、丧葬以及征伐等活动中使用的上尖下方的玉器”。其使用的规格有严格的等级限制，用以表明使用者的地位、身份和权力。

战国蔡坑玉圭

古人最初用累计成年人跨步的步数来丈量土地的范围，称“奎”；或以足行一步为单位来计量，称“跬”。但以此来测日影却不好使。于是人们想了一个办法，在地面垂直插一根细细的竹棍，然后用尺测量竹棍在地上投影的长短变化，以此来划分时刻。由于日影总是在一个固定的地域范围内变化伸缩，于是人们取“圭”之“地域范围”的意思，将这种最早的计时工具称之为“圭”。

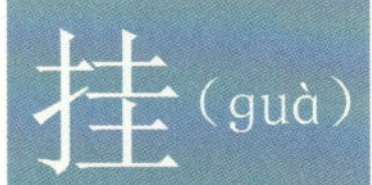

挂(guà)

扌（手）+圭　篆◎挂

造字本义：以手为距离单位测量日影的长短。

当手的五指伸开，反复移动至太阳的投影点时，必然是先用手划痕做记号，然后计算投影的距离并记录与之相关的数据，“挂”由此引申为“记录”“登记”，如：挂号。

在日常生活中，人们往墙壁上钉木桩或钉子悬挂东西时，习惯用手测量悬挂处与地面的距离，选择合适的地方钉桩（钉）以悬挂物品，“挂”由此引申为“借助于绳子、钩子、钉子等使物体附着于某处的一点或几点”，如：把大衣挂在衣架上。

古人很聪明，为了牢牢挂住物品不至于脱落，刻意找一头带钩的竹节或树丫，砍削成钉，以钩挂物，“挂”由此引申为“钩”，如：钉子把衣服挂住了。

东西在墙壁上挂久了，自然会蒙上一层灰，好似挂着一张灰尘帘子，“挂”由此引申为“物体表面蒙上”〈方〉、“糊着”，如：脸上挂了一层土、瓦器外面挂一层釉子。

东西挂在墙上，人们需要用的时候会想起它。如果心里挂着什么，有所触动，自然也会想起它，“挂”由此引申为“悬在心上”“内心牵挂”。

过去打电话全都依赖人工交换。打电话的人拿起话筒拨号进入人工交换机房，接线员按照打电话人的意图，将通向通话目的地的线插进接线孔，看上去那线就像挂在交换机上，人们将“打电话”称之为“挂电话”就是这么来的。

过去的公用电话机一般是挂在墙上的，人们打完电话后要将话筒归位。话筒一旦挂上话机，即切断了话机的电源，通话也就中断了，“挂”由此又引申为“把耳机（话筒）放回电话机，使电路断开通话中断”，如：没什么其他事的话，我就先挂了。

挂在钩子上的东西是可以计量的，挂由此引申作量词，多用于计量成套或成串的东西，如：一挂珠子、十多挂鞭炮。

古时候，每遇喜庆之事，人们喜欢悬挂彩绸表示庆贺，即披红挂彩。战场上战士作战负伤，身上流血，好似挂了彩绸，非常光荣，于是人们将战士在战场上负伤流血也称之为“挂彩”。后来，广泛应用于日常生活的口语中，表示身体的某一部位因受伤（刮伤、擦伤等）而留血或者留下伤痕。

卦（guà）

圭 + 卜　篆 ◎ 卦

造字本义：观测日影变化，测定时间，预测一定范围内的天气、季节变化的工具，泛指用于预测的工具。

后来被巫师利用，发明了一套供占卜吉凶之用的、象征自然现象和人事变化的符号，“卦”由此引申为“占卜符号以及占卜活动所用的器具”。如《周易》以阳爻（—）、阴爻（--）相配合，每卦三爻，组成八卦（即经卦），象征天地间八种基本事物及其阴阳刚柔诸性。八卦相互组合重叠，组成六十四卦（即别卦），象征事物间的矛盾联系。

古人相信通过打卦能够预测吉凶，卦由此引申为“占卜”，如：占卦、八卦。

由于人们相信卦有预测功能，可帮人拿主意，“卦”由此引申为“主意”，如：

他一天一个主意，看，他又变卦了。

也引申为“预见”，如：看你这卦灵不灵。

褂（guà）

衤（衣）+掛（省“扌”，同挂） 后起字，今篆 ◎

造字本义：进入室内或休息不穿时悬挂起来的衣服。

北方人从外面进门时，习惯将罩在外面的长衣脱下来挂在墙上或挂在衣架上，以免弄皱，称其为“褂”，后特指中式的单上衣，俗称褂子，如：长袍马褂。

泛指罩在外面的长衣，如：长褂、短褂。

引申指古时军装有罩甲的短袖戎衣。

也作清代礼服外穿的名称。礼服加于袍外，长的称外褂，短的称马褂。

珪（guī）

王（玉）+圭 篆 ◎

造字本义：古代帝王、诸侯举行礼仪时所用的上尖下方的玉器，即玉圭。

硅（guī）

石+圭 《说文》无，今篆 ◎

造字本义：古代在祭祀、宴飨、丧葬以及征伐等活动中使用的石器，即石圭。圭不仅仅只有玉质的，也有石质的。在曹操的高陵里就曾经发掘过一枚长29厘米的石圭，印证了曹操无金无玉的遗言。

1787年，法国著名化学家、近代化学的奠基人之一拉瓦锡，首次发现化学元素Si（硅）存在于岩石中。1823年，瑞典化学家永斯·雅各布·贝采里乌斯提炼出了无定形硅。结晶性的硅则是到1854年才被提炼出来，其拉丁文为Silicium，意为“坚硬之石”。民国初期，我国学者将其译作“硅”，会意构成石头和宝玉的基本元素，取其元素符号Si近音读xī。但当时由于拼音方案尚未推广，一般大众多读guī。为避免误读，新造“矽”字取代“硅”。1953年2月，中国科学院召开全国性化学物质命名扩大座谈会，有学者以“矽”与另外的化学元素“锡”和“硒”同音易混淆为由，提出改回原名“硅”，并读 guī，获得通过。今天，医学界仍把石匠、开山工人和采矿工人肺部吸入岩石粉尘而发生的病称矽硅肺，旧时称为矽肺。

闺（guī）

门（門）+圭　篆◎闺

造字本义：藏圭（玉）的房间。

藏有宝玉的建筑私密性很好，如等待出嫁的女人的房间一样，一般人是禁入的；加之女人如玉，所以古人以“闺房”来命名女人的梳妆室、卧室或私人起居室，即内室。

中国古代虽然重男轻女的思想严重，但许多人还是把女儿看得很宝贵。女儿是父母的心头肉，未出嫁前，父母像收藏宝玉一样将女儿藏在内室修炼女红、研习诗书礼仪，于是未出嫁的女儿便有了一个非常好听的名字：“闺女”或者“闺秀”。其居住的房间由此成了“香闺”；其未笄之时唤作“待字闺中”，出嫁之时唤作“出闺”。就连宫廷也一样，后宫亦称之为“闺”，如：闺牖（宫内的门窗）。

桂（guì）

木+圭　篆◎桂

造字本义：叶脉形状如“圭”的树木。特指桂花树。南宋名臣范成大在《桂海虞衡志》中曰：“凡木叶心皆一纵理，独桂有两道如圭形，故字从圭。”

桂花树因通常生长在岩岭之上，故名“岩桂”，是中国传统十大花卉之一。传说用桂花酿的酒“饮之寿千岁”，用桂花泡的茶可养颜治百病，故被古人视为“百药之长”。因其纹理如犀，故名“木樨”。又因中秋月儿圆，八月桂花香，故又名“仙友”“仙客”“仙树”“花中月老”。其香清可荡涤、浓可致远，因此有“九里香”的美称。其花黄细如粟，又有“金粟”之名。又因其花开于秋，旧说秋之神主西方，故称“西香”或“秋香”。

据史料记载，中国桂花树栽培历史达 2500 年以上。由于桂花树开花的时间、花色不同，名称亦各不相同。开黄花者名“金桂”，开白花者名“银桂”，开红花者名“丹桂”，中秋八月开花者名“月桂”。桂花自古以来被视作崇高、贞洁、荣誉、友好和吉祥的象征，故凡仕途得志、飞黄腾达者谓之“折桂”。

在国外，埃及人月桂用得极多。月桂也备受罗马人的青睐，罗马人视之为智能、护卫与和平的象征。月桂的拉丁字源Laudis意为“赞美”，古代希腊人用月桂树叶编的帽子授予杰出的诗人或奥林匹克竞技的优胜者，谓之“桂冠”，从此成就了欧洲以“桂冠”为光荣的习俗。

许多人不明白，为什么肉桂（平安树）、桂圆（龙眼）都称“桂”？原因是这三种树外形长得很像，古人误以为它们同属一类，便将其统称为“桂”。因龙眼结的果实是圆的，便称“桂圆”。又因平安树的树皮炖肉特别香，适合卤肉，故名“肉桂”。其实它们并不属于同一类。桂花属木樨科，桂圆属无患子科，肉桂属樟科。秦时广西多桂，据《旧唐书·地理志》中记载：“江源多桂，不生杂木，故秦时立为桂林郡也。”这里所说的“桂”，是壮语gveiq的谐音，指的是“肉桂”，药用价值大，当地因肉桂多且成林，故称“桂林”。秦时在此置郡，便以这一著名的地方土特产作为郡名，称之为“桂林郡”，“桂”亦因此成了广西的别称。

月宫伐桂

传说汉朝西河人吴刚，曾跟随仙人修道，到了天界，犯了错误，天帝震怒，把他贬到月宫，令他在月宫伐桂树，以示惩处。天帝说：“如果你砍倒桂树，就可获得仙术。”但吴刚每砍一斧，斧起而树合。日复一日，年复一年，吴刚在月宫常年伐桂，却始终砍不倒这棵树。据说月宫里还住着嫦娥，但嫦娥奔月的神话起源很早，而吴刚月宫伐桂的故事至唐代才出现，到唐末才颇为流行并首次出现在唐人的诗歌和笔记中。

圭＋心　篆◎

造字本义：心里对待某人某事，像计时工具“圭”一样时时刻刻、分分秒秒斤斤计较。

如此这般必然心生怨恨，“恚”由此引申为“怨恨”“愤恨”，如：恚忿。

佳（jiā）

亻（人）+圭　篆◎

造字本义：外貌似玉纯洁、美丽、标致，五官像计时器圭那样标准的人，多形容女人，如：佳丽。

引申为“美好的”“理想的”，如：佳肴。

街（jiē）

行+圭　篆◎

造字本义：可供行走的、中间用石板铺就，像画了刻度测日影的“圭”一样笔直空旷、四通八达的路，其繁华与冷落随“圭”所测之日影的变化而变化：白天繁华，晚上冷清。引申为“城市的两边有房屋的、中间比较宽阔的道路，通常指开设商店的区段”。

跬（kuǐ）

足+圭　篆◎

造字本义：以足为单位测（计）量土地的长度或宽度，古时一举足的距离叫跬，即半步，两足各跨一次叫步，如：故不积跬步，无以至千里。（荀子·《劝学篇》）

奎（kuí）

大+圭　金◎　篆◎

造字本义：成年人两腿能张开的最大范围，会意以两腿（胯）张开的距离为单位测量长度或宽度。如：奎蹄（股间和蹄边，比喻狭小的地方）。

古时候人们视拥有土地多的人为成功人士，因习惯以“奎”为单位丈量土地，故认为拥“奎”多者势力必然强大。作为普通老百姓，要想获得更多的土地，只有通过科考夺魁，于是将天上奎星敬奉为主管文运科考之星，排天上文官之首。在古人看来，只要科考夺了魁首自然有了功名，有了功名就会拥有更多的土地，为此人们都把奎星当魁星来拜，目的就是想获得功名最终获得土地，结果奎星便成了魁星。

历代封建帝王把孔子比作“奎星”。由于奎星主文章，故有关文章、文运、文字的事，多加“奎”字，如：奎章（皇帝的亲笔字；神仙的手笔）。

蝰（kuí）

虫+奎　篆◎

造字本义：被咬中后，毒性能在两腿张开的范围内（约三步）置人于死地的毒蛇，俗称“三步倒”，即蝰蛇，为剧毒蛇的一种，头部因有巨大的毒腺而呈宽阔的三角形，背部淡蓝带灰色或褐色，背脊有黑色的链状条纹，身体两侧有不规则的斑点，腹部黑色，多生活在森林和草地里，捕食小鸟、蜥蜴、青蛙等。

畦（qí）

田+圭　篆◎

造字本义：像刻了刻度测量日影的“圭”一样，一格一格排列整齐的农田，指有土埂围着的一块块排列整齐的田地，一般像“圭”一样是长方形的，取整齐的“齐”之音读 qí，泛指田块。

洼（wā）

氵（水）+圭　篆◎

造字本义：水在一定范围内聚集。

水能聚集的地方必然地势低陷，“洼”由此引申为“凹陷”“深陷”，如：洼地。

哇（wā）（wa）

口+圭　篆◎

造字本义：看见手持玉圭的帝王、诸侯，普通人嘴里（口）发出谄谀的赞叹之声，用在句末时表示肯定、辨明、祈使、惊异或感叹语气。

显然这种行为令人作呕，“哇”由此引申为“使胃内容物通过口腔吐出”，即呕吐，如：吃多了不消化，把它哇出来就舒服了。读 wā。

“哇”也被人们理解为“口”加“娃”（省“女”），表义娃娃张口大哭、大笑或说话，“哇”由此引申为“大哭声”“笑声”“说出来〈方〉”，如：小孩哇的一声哭了出来。

娃（wá）

女+圭　篆◎

造字本义：女人形影不离抱在怀里、用绳子扎紧、包在襁褓中的心头玉（珪），指“襁褓中的婴儿”。

婴儿包在襁褓中，外面用绳子扎紧不让其散开以达到保暖的目的，那一道道绳子看上去恰似古代测量日影的仪器“圭”的刻度。对于女人来说，孩子无疑是自己最珍贵的玉圭，婴儿哇地一哭，母亲的心头一紧，这就是为什么“娃”不读 guī，而取了婴儿的哭声读 wá 的原因。

在人们眼里，襁褓中的婴儿没有智力，很柔弱，于是乎，方言中将某些幼小的动物也称娃或娃子，如：鸡娃、狗娃、猪娃。

“娃”也被理解为像玉圭一样长相标致、身材标准、貌美如玉的女子，泛指女子容貌美好，如：娃姣（美女）。

二、知识疯狂补

汉字并非全部由汉族人创造

我们习惯将中国的文字称为汉字，许多人以为，汉字是由汉族人创造的文字。其实不完全是这样。中国最古老的文字中许多与狩猎、放牧有关，说明游牧民族发明了许多文字。汉族人的祖先黄帝在远古时期只是一个很不起眼的农业部落，但很快壮大起来，打败了羌族的炎帝部落及其他游牧部落，融合成为华夏族。黄帝统一华夏以后，命仓颉将所征服的各民族的文字统一改造为官方文字，形成了华文。刘邦建立汉朝，华夏族更名为汉族。至元朝，为了区别于蒙古、回族文字，官府将中原汉人使用的文字称作汉字。后来，因为汉族成了中国的主体民族，汉字因此成为全民族共同使用的文字的名称。

第三课 气：生命的太极

13 亿年前，两个质量极大的黑洞相遇，在强大引力的作用下发生猛烈碰撞，伴随剧烈振动生成两股巨大的气流，气流互相高速绕转，合二为一，形成新的黑洞。科学家将这两个天体碰撞产生的时空涟漪叫作引力波，据他们推测，宇宙就是这样产生的。然而，中国古代的哲学家似乎更有想象力，认为宇宙是天体合并后形成的充满了阴阳之气的巨大气旋，气旋里的宇宙元气为太极。后来宇宙发生爆炸，太极便生成了天地万物。

对比引力波和太极图，两者极为相似。人们不禁要问，中国的古人是如何发现这个秘密的呢？

引力波

太极图

所有的想象力都从“云”字开始。

很早以前人们发现，只要天气一冷，总有白色的烟雾从鼻孔里喷出，于是造了一个“”字，表义从鼻孔（）里呼出的白色舒卷之气（）。人们又发现，说话时嘴里也会喷出同样的烟雾，于是以烟雾为纽带，将鼻子（）和上嘴唇（）连在一起写成“”，表义从鼻子和嘴里同时呼出的白色烟状物质，楷书为“云”。因为说话时嘴里会喷出“云”，于是“云”便有了说话的意思，如“孔子云”即“孔子说”。

人们接着发现，呼“云”之前必须深吸一口，呼吸之间必须短暂休息才能换气，这一呼一吸为一息，即为“气息”。气息没了，生命也就没了。人们将这种人的生命之气称为“人气”。聚集的人多，嘴里呼出的气也多，人气就旺；反之，人气就不旺。

一开始人们以为天上的云就是人喷出的气，后来发现只要云一多就会电闪雷鸣，风雨交加。显然，这是人无法做到的。故认为天上的云是天神体内呼出的能造雨的气，为天之气，即“天气”。于是，在“云”上加“雨”另造“雲”，以区别于“人气”。天气不仅能造雨，还能造风、造雪、造雹，这种因不同天气而产生的自然现象即为“气象”。为掌握气象的规律，人们通常会选择一个固定的地点，长时间等候各种天气现象的出现，由此总结出来的天气与季节变化的规律即“气候”。

很快人们又发现，水塘里不时有水泡冒出，禾苗像体内充气般一天天膨胀长高，人们将这种地下冒出之气称为“地气”。由此人们画了三横（三）表示天、地、人三气。在他们看来，天气是往天上飞的（乚），人气是平流的（一），地气是往下沉（㇆）的，于是金文将气写作“气”。由于这所有的气都往天上飞，于是篆文改为“三气冲天”，写作“气”，楷书为“气”，泛指“没有一定形状和体积，能自由散布、流动的物质”。这种名为“气”的物质种类很多，特点和性质也不一样，如水（氵）遇热蒸发之气为“汽”，空中“养”人之“气”为“氧”，较“轻”之气为“氢”，冲“淡”氧气之气为“氮”，性质不活泼、像母猪“亥”一样懒惰之气为“氦”，等等。

接着人们又有了新的发现：地下水被地气鼓出地面成为源泉，天气变冷，源泉成冰；气温升高，冰融成水；气温再升高，水蒸发升空变成天上的云；云在高空遇冷，水气凝聚成雨或雪，落到地上形成江河湖海，地下水亦因此得到补充。显然，这种循环受气温的控制。气温又随太阳位置的变化而发生变化，于是不同的季节便产生了不同的天气，即“节气”。由于农作物“禾”从播种到结籽要经历春播、夏长、秋收、冬藏等不同的“节气”，故将农作物禾（禾）从播种到长出像孩子（子）一样的籽实的过程称之为“季”（季），俗称“季节”“四季”。

由此古人认为，地气为阴，天气为阳，宇宙不过是阴阳之气在天地间生生不息的循环。战国时期的哲学家庄子根据这一理论画了一张图，图上阴阳之气相遇，相互高速绕转、循环，合二为一为太极。

这个太极，就是他心目中的宇宙。

一、汉字疯狂+

造字本义：

天气、地气和人气。

人们通过风最先感知的是空中存在一种无色无味、自由散布、流动的流体物质，称之为“天气”，即空气，引申为“没有一定形状和体积，能自由散布、流动，以趋向无限膨胀的分子形式存在的流体物质的总称”，如：打开窗子透透气、毒气、沼气。

通过观察天“气”（风）人们又发现，不仅季节不同风不同，而且不同的风会带来各种奇奇怪怪的现象。如：时阴时晴、狂风总是伴随着暴雨或者冰雹、寒风起雪花飘、时冷时热等等，“气”由此引申指自然界冷热阴晴、季节变化等现象，如：气候、气象。

风云雨雪与花草树木搭配，成为景观，“气”由此引申为“景象”，如：气氛。

由此引申作后缀，用在形容词后，相当于“的景象”“的样子”，如：秀气、帅气。

人们还发现，人活一口气，人的生命必须靠呼吸人“气”来支撑，气绝则身亡。“气”由此引申为“供人或动物呼吸以维持生命的、在空中自由散布、流动，以趋向无限膨胀的分子形式存在的流体物质”“呼吸”，如：上气不接下气、气息。

过去，人们总以为气无色无味，通过放出的屁感觉到气原来也是有味道的，“气”由此引申为“鼻子闻到的弥漫在空中的流动物质的味儿”，如：香气、气味。

人们进而发现，人体的呼吸状况与身体的健康状况息息相关，气旺命旺，气衰命衰。因为人体内部血管、肝管、胆管、输尿管等各种生命管网密布，有管道就必然有空气，如：胃有胃气、肠有肠气、心有心气、胆有胆气，等等，否则维持生命所需的各种物质就无法通过这些管道进行运输。“气”在人体内发挥的作用，就像汽车靠汽油燃烧，使发动机气缸里的空气遇热膨胀做功，将化学能转化成机械能获得动力一样，人体的每一个器官就好似一部小型的发动机，都要靠食物消化转化成热能，使各器官内部的空气遇热膨胀做功，进而转化成生命所需的机械能，从而获得生命的动力。气由此引申为中医术语，指人体内能使各器官正常发挥机能的原动力，如：元气、真气、精气、血气。

如果某处元气运行不畅，人体便会出现这样或那样的不适，如外感湿邪风毒，积湿生热，流注于脚而生脚气等。“气”由此引申为“中医所指的某种病象”，如：湿气。

由于气影响人的身体健康，而人一生的命运与身体息息相关，“气”由此引申为“命运”，如：手气、运气。

当人的情绪产生波动时，呼吸急促，心跳加快，大脑缺血，脾增加供血，血的气压升高，推动血液快速流动，直接影响人们的精神状态，“气”由此引申为“人的精神状态”，如：朝气蓬勃、气壮山河。

由此进一步引申指作家的气质或作品的风格、气势，如：气韵。

人的情绪失控时，最常见的是发怒。发怒时全身血脉贲张，其情形犹如狂风暴雨来临一般，像充满了气体的气球，随时会发生爆炸，“气”由此引申为“发怒”，如：他气得直哆嗦、生气、气性。

由此进一步引申为“使人生气”，如：故意气他一下、气人。

生气的人之所以生气，大多是感觉受了委屈或被欺负，发怒的人则感觉受到了欺压，“气”由此引申为“欺负”“欺压”，如：挨打受气。

人的精神状态与人们的性格、作风、习惯息息相关，“气”由此引申为“人的性格、作风、习惯”，如：娇气、孩子气。

人的精神状态不一样，说话的腔调不一样，从嘴里呼出的气流大小也不一样，“气”由此引申为“说话的声调、语调”，如：气竭声嘶。

随着交通状况的改善，社会上人与人之间的交流日益频繁，某些生活习惯相互影响，像风一样流传开来，“气”由此引申为“社会风气和习俗”，如：风气。

“气”加“米”组合为“氣”，其造字本义为天地之气生米。在古人看来，天气生风云雨雪等气象，地气生作物，作物长出籽实，一方面供自身繁殖，另一方面供养天下苍生，显然“氣”指靠地气从地里长出来的人或动物的口粮，即谷物、饲料。古人以为，粮乃天赐，“氣”由此引申为“馈赠”。

人食用五谷，会产生供人体维持生命所需之精气，称“水谷之气”，简称“谷气”。中医上称“营卫之气”。打嗝放屁为五谷杂粮幻化之气，“氣”由此引申为“营卫之气”，俗称“五谷之气”，泛指“气”。由于“氣”比“气”更接地气，普通人在日常生活中接触得更多的为“五谷之气”，所以“氣”便逐渐取代了“气”。直到1956年才恢复用“气”，“氣”遭废弃。

战国后期，道家新造一字“炁”，表义一种类似于气的神秘能量。“旡”的造字本义为吃饱后打嗝、放屁。“旡”加“灬”（火，作偏旁放在底部常简写为“灬”）组合为“炁”，其造字本义为吃饱饭后转化为体内维持生命的热能，中医指构成人体及维持生命活动的最基本能量，同时也具有生理机能的含义，如五脏之炁，六腑之炁，经脉之炁，等等。道家则将其视作一种形而上的神秘能量，为不同于“气”的一种意识流，专指炼丹之气，取其气逆之意，云“逆行成仙，导引逆行，呼吸逆转，自能打通三关”，如：炁（气）场、炁（气）功。后“气”“炁”合并，“炁”遭废弃。

汽（qì）

氵（水）+气　篆◎

造字本义：水遇热变成气。引申泛指一切液体或固体受热变成的气体，特指水蒸气，如：水汽、汽车。

蒸汽的高温可以使事物变熟，“汽”由此引申作方言，相当于“蒸”，如：把腊肉放在饭上汽一汽。

氛（fēn）

汽（省“氵”）+分　篆◎

造字本义：水蒸气弥漫散开。

水蒸气在空中弥漫、飘荡，变成云雾，“氛”由此引申泛指雾气、云气，如：氛雾冥冥。（《礼记·月令》）

云雾乃人间之气，“氛”由此引申为“尘俗之气”，如：氛想（尘俗之念）。

人被云雾笼罩，会有一种朦朦胧胧别样的感受，“氛”由此引申为“特定环境中给人强烈感觉的景象或情调”，如：气氛、氛围。

云雾里面布满尘埃，“氛”由此引申为“尘埃”，如：氛浊。

云雾纷纷扰扰，比较混乱，“氛”由此引申为“乱”“杂”，如：上天同云，雨雪氛氛。（《诗经·小雅·信南山》）

后来被迷信之士利用，将云气分为吉气和凶气，因云雾盖日，被视为凶气，如：氛杂（杂乱之气）、氛妖（妖气）。

由此引申为“恶浊之气”，如：氛坌（尘浊之气）。

忾（kài）

忄（心）+气（氣）　篆◎

造字本义：心里生气。

人生气至一定程度必定很愤怒，“忾”由此引申为“愤怒”“愤慨”，如：同仇敌忾。

当人很愤怒又无可奈何时，只能叹息，“忾”由此引申为“叹息”“感慨”。

氨（ān）

气+安　近代新造字，今篆◎

造字本义：一种对人类平安生存具有十分重要意义的气体。

氮氢化合物，英文名 Ammonia。因为氨是许多食物和肥料的重要成分，也是所有药物直接或间接的组成部分，对地球的生物安全生长相当重要，故以“安”加“气”造“氨”，音译为“氨”，俗称“氨气”，具有强烈的刺激气味，无色，分子式为NH_3。

气＋淡（省“氵”）　近代新造字，今篆 ◎ 

造字本义：空气中一种冲淡氧气的气体。

氮气约占空气体积的78%。1772年由瑞典药剂师舍勒发现，后由法国科学家拉瓦锡确定为一种元素。1787年，拉瓦锡和其他法国科学家提出用希腊文命名，翻译成中文即“硝石”，英文名Nitrogen，意即硝石的组成者。清末，中国近代化学启蒙者徐寿首次将氮汉译作“淡气”，意思是“冲淡”空中氧气的气体。后以“淡”（省“氵”）加“气”造“氮”，音译作“氮”。

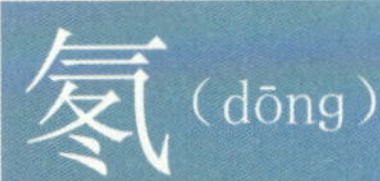

气＋冬　近代新造字，今篆 ◎

造字本义：一种像寒冬季节里的人或动物一样懒得活动的气体。

1908年，英国科学家拉姆赛将新发现的一种惰性气体元素命名为Niton，这个词来自希腊文Niteo，原意是“发光”。中国的化学家取“东方拂晓（发光）”之意以“東”（东）加义符“气”新造“氭”作汉音译名。后觉得动物“冬”眠不动，更能体现惰性气体元素“氡”难以与其他元素发生化学反应成为化合物的惰性特征，故以“冬”加“气”另造一字“氡”替代了“氭”。人吸入氡易引发肺癌。建筑材料是室内氡的主要来源，如花岗岩、砖砂、水泥及石膏之类，特别是含放射性元素的天然石材，最容易释放出氡。

氟（fú）

气＋弗　近代新造字，今篆 ◎

造字本义：有剧毒的，人弗（不要）接触之气。

1810年，法国物理学家安培发现氢氟酸中存在一种未知的化学元素，建议把它命名为Fluor，词源来自拉丁文及法文，原意为“流动（flow，fluere）”。由于该气体有特殊难闻的臭味，剧毒，火灾危险度极大，常人不敢接触，中国化学家以“弗”加“气”造“氟”，汉语音译作“氟”，警示人们氟有剧毒，不要接触。

氦（hài）

气＋亥　近代新造字，今篆 ◎

造字本义：像母猪（亥）一样懒惰的气体物质。

1868年8月18日，法国天文学家让桑赴印度观察日全食时，发现了太阳上存在的一种新元素，将其命名为Helium，源于希腊文Helios，意为“太阳”，元素符号定为He。在中国人看来，母猪（亥）好吃懒做，由于这种元素是目前已知化学元素中最不活泼（懒得与其他化学元素发生化学反应）的元素，也是唯一不能在标准大气压下固化的物质，故以“亥”加“气”造“氦”，音译作“氦”，表义这是一种比母猪（亥）还懒的气体。

氪（kè）

气＋克　近代新造字，今篆 ◎

造字本义：隐藏在空气中多年才被攻克发现的惰性气体元素。

1785年，英国科学家卡文迪什把空气中的氮、氧、二氧化碳等除尽后，发现还残留少量不知名的气体。直到1898年5月30日，英国科学家拉姆赛和特拉威斯克服重重困难，终于发现了这种惰性气体元素，将其命名为Krypton，源自希腊文krptos，意为“隐藏”，元素符号为Kr。中国的化学家以“克”加“气”造“氪”，音译作“氪”，表义这是一种克服了重重困难才发现的气体元素。

氯（lǜ）

气＋绿（省“纟”）　近代新造字，今篆 ◎ 

造字本义：浅黄绿色的气体。

1774年，瑞典化学家舍勒发现，软锰矿与盐酸混合加热生成一种令人窒息的黄绿色气体。1810年，英国化学家戴维实验证明这种黄绿色气体为一种化学元素的单质，将其命名为Chlorine，源自于希腊文“绿色”。中国的化学家以“绿（省‘纟’）”加“气”造“氯”，音译为“氯”，会意“绿色的气体”。氯为人体必需常量元素之一，是维持体液和电解质平衡中所必需的，也是胃液的一种必需成分。自然界中许多物质常以氯化物的形式存在，最常见的是食盐（NaCl）。

氖（nǎi）

气 + 乃　近代新造字，今篆 ◎ 

造字本义：刚刚（乃）才发现的气体，即“新气体”。

1898 年 6 月 12 日，英国化学家拉姆塞和特拉威斯从液态空气中找到了一种新的化学元素，将其命名为 Neon，元素符号确定为 Ne。Neon 来自希腊文 Neos，意为“新的”。中国的化学家先是取“Ne”的近音“内”加义符“气”音译作“氝”（nèi），后为了更符合命名者的本义，又取“乃”（刚刚、才）另加义符“气”造“氖”作为其汉译名，“氝”遂遭废弃。

氖放电时呈橙红色，常用在霓虹灯中。

氢（氫）（qīng）

气 + 轻（輕，省“車”）　近代新造字，今篆 ◎ 

造字本义：质量很轻的气体。

1766 年，英国化学家卡文迪什发现了一种质量很轻、能像 drogen（类似于中国的龙）一样在天上飞、遇火就爆炸的气体。1787 年，法国化学家拉瓦锡将这种气体用拉丁文命名为“水的生成者”，即 Hydrogenium。根据这一特点，清朝化学家徐寿以“輕（轻，省‘車’）”加“气”造“氫”，音译作“氫”，如今简化作“氢”。

氰（qíng）

气 + 青　近代新造字，今篆 ◎ 

造字本义：一种青色的气体化合物。

18 世纪，德国涂料工人狄斯巴赫意外发明了性能优良的青色涂料，他的老板将其命名为“普鲁士蓝”，英文名为 Cyanide，由 cyan（青色，蓝紫色）衍生而来。考虑到氰化物的母体 (CN) 2 是一种气体，中国的化学家便以“青”加“气”音译作“氰”，表义这种青色的元素。

氰化物有剧毒，广泛存在于食物与木薯、杏仁等植物中。人类的活动也导致氰化物的形成，如汽车尾气、香烟的烟雾等。

氙（xiān）

气+仙（省“亻”）　近代新造字，今篆 ◎

造字本义：能像神仙一样发光的气体。

19世纪末，英国化学家拉姆齐、特拉维斯发现了一种在真空管中发出蓝光的气体，命名为Xenos，源自于希腊文，译成中文意思是“陌生的”。最初中国的化学家考虑到“氙”为西方人发现之物，故以“西”加“气”音译为“氥”（xī）。后来发现这种物质非常神奇，可在高压电弧放电作用下产生类似日光的明亮白光，人们将这种灯称为“人造小太阳”。太阳为神，化学家们考虑再三，最终以“仙（省‘亻’）”加“气”造“氙”音译作“氙”。

氩（氬）（yà）

气+亚（亞，次于）　近代新造字，今篆 ◎ 

造字本义：空气中含量仅次于氮、氧的稀有气体元素。

19世纪末期，英国科学家瑞利勋爵、莱姆塞发现空气中还存在一种密度几乎是氮气密度一倍半的未知气体。1894年8月13日，根据英国科学协会马丹主席的建议，将其命名为Argon，希腊文意思是“不工作”“懒惰”，元素符号为Ar。中国的化学家取“空气中的含量仅次于氮、氧”之意，以“亞（亚）”加“气”造“氬”，音译作“氩”。

氧（yǎng）

气+羊（“養”省“食”）　近代新造字，今篆 ◎

造字本义：供养生命必需的气体。

1774年8月1日，英国化学家普利斯特里成功制得了一种助燃、助呼吸作用的气体，将其命名为“脱燃素空气”。同年，法国化学家拉瓦锡发现它能与许多非金属单质合成多种酸，错误地认为所有的酸都含有这种新气体，故命其名为Oxygen，源自希腊文Oxygene，即“酸气”。清朝化学家徐寿认为人的生命靠这种气体供养，汉译作“养气”。后规范化，以“養”（省“食”）加气造“氧”，命名为“氧”，特指氧气。

二、知识疯狂补

汉字前后经历的四次演变

汉字的演变，第一次在商朝。自炎黄以来，许多生活在中国版图上的部落、民族初步形成了自己的文字。商汤灭夏建立商朝，以商朝部落的祖先、帝喾的火正（掌管民事的官职）契发明的契文为主体，吸纳其他各部落、民族的优秀文字，形成了甲骨文，契刻于龟甲或兽骨之上，用于占卜、记事。

第二次演变在周朝。周朝灭商后，实行分封、周礼制度，青铜礼器得到广泛应用。人们将祀典、赐命、诏书、征战、围猎、盟约等活动或事件铭刻在钟鼎之上，故名“钟鼎文”。由于周朝称铜为金，故又名“金文”或“吉金文字”。在周文王的主导下，甲骨文退出历史舞台，金文成为统一的官方文字。

第三次演变发生在秦朝。春秋战国时期，中国四分五裂，许多民族恢复了自己的文字。秦灭六国，秦始皇实行集权统治，为了确保政令畅通，必须统一文字。于是，秦始皇命令李斯在金文的基础上加以整理，将文字的书写形式统一为小篆。

第四次演变在 1956 年。中华人民共和国成立后，决定对部分汉字进行简化。1956 年 1 月 28 日，国务院通过《关于公布〈汉字简化方案〉的决议》，完成了汉字的第四次演变。

第四课 辰：农耕的季节

每年冬天来临的时候，许多动物缺少食物，干脆躲进洞穴呼呼大睡。为节省能量，它们不食不动，用手执（執）它也毫无反应。“執”的甲骨文“”象形抓住囚犯，使其双手上梏，简化为“执”，表义“抓捕”。人们在“執（执）”下加“虫”造了个“蟄（蛰）”，特指这些虫兽冬眠，潜伏起来不食不动。

每年的 3 月 5 日或 6 日，此时冬天还未走远，春天已经来临，冷暖空气激烈交锋，电闪雷鸣。雷声惊醒了冬眠的蛰虫，故名“惊蛰”。被惊醒的环节虫（）越过门槛（）爬上了岩屋“（厂）”屋顶，画面定格，即甲骨文“”。虫子（）到处乱爬，爬上了人的脚趾（，止），演变成金文的“”。综合甲骨文（）和金文（），篆文写作“”。楷书“辰”看上去变化很大，但仍然保留了甲骨文里的故事情节：天上（一）雷声隆隆，惊醒了室内（厂）的环节虫，虫子（）靠近人的双腿（），竟然爬上了人脚（）。

天气越来越暖和。至农历三月，虫子开始疯狂危害作物，故名“辰”月。辰月的每天上午七点至九点，害虫成群结队到地里啃庄稼，活动十分猖獗，于是人们将这个时段命名为辰时。天上的群星（）还在闪烁，农民就起来捉虫（），一直要干到辰时，为此人们造了个“”（曟）字，省去二“日”简化为“晨”，引申泛指半夜后至中午前的时光，如：早晨、清晨。这段时间人的精神最饱满，耽误了辰时，即浪费了一天最美好的光阴，“辰”由此引申为“时光”“日子”，如：良辰美景。

春光正好，农民到田里（）除草（），捉蛰虫（），组合起来便是金文“”。楷书将“艹”加“田”合而为“曲”，“曲”加“辰”组合为“農”。草书楷化，将“衣”和代表房屋的“宀”合体为“农”，取“居者有屋，丰衣足食”之意，泛指耕种、栽培农作物和饲养牲畜的劳动行为，如：农业、农村、农活。

人们非常憎恨害虫，振臂（扌，手）一呼，号召大家捉虫（辰）为“振”；抓住虫子，用手（）猛力一掐，掐得虫子（）血肉四溅（）为“”，篆文“”改“腕下寸部”之“寸”为“手”，楷书为“辱”，表义抓住环节虫的七寸用力掐，导致其死亡，即除虫。在人们看来，虫子不劳而获非常可耻，损害农民的庄稼理应消灭，“辱”由此引申为“因可耻受到相应的惩罚”，泛指可耻、使……蒙羞，如：耻辱、侮辱。

捉住了害虫绝不放过，立刻双手（）抓住其脑门“囟”（），用力掐、挤，直至其身体流出像水一样的液体（）。人们根据这番情景造了个“濃”字，简化为“浓”。由于从虫子头部挤出的液体包含其体内的物质，成分复杂，“浓”由此引申为“液体或气体中所含某种成分多”“稠密”“厚”“多”等，如：浓茶、浓香。

为了治虫，人们想尽了办法。既然虫子怕冻，何不深耕土地将冬眠的害虫翻到地表冻死？于是人们发明了一种能深耕除草、除虫（辱），似“耒”的木制农具“槈”，现作“耨”。农田除虫（辱）后，浇水（氵）使之湿润为“溽”。地里很快长出茂密而柔软的青草（艹），即“蓐”。坐在“蓐”上十分舒服，于是人们将所有用于坐卧的垫具都称为“蓐”，这就是把母亲坐在柔软如“蓐”的毯子上坐月子称为“坐蓐”的原因。

当然，治虫也可能失败。一旦庄稼被虫子吃光又没有粮食救济，农民就会饿死。农民饿死了，就没人给朝廷交粮，军队缺粮无法打仗，受到侵略国家就会灭亡。于是人们给“辱”加了个古代用作货币的“贝”造了个“赈”字，表义因虫害等自然灾害导致农作物歉收而拿出钱财救济。为此，统治者们意识到了春耕的重要。从西周开始，每年都要举行盛大的籍田礼，表示天子对农耕的重视。北宋年间，宋朝第四位皇帝赵祯率文武百官行籍田大礼。皇帝扶着犁尾走了几步，礼仪官就宣布礼成。谁知宋仁宗犁田有瘾，道：“我既然开犁，就没必要遵循古制，愿把这块田犁完以劝导天下老百姓重视农耕。”在大臣的再三劝奏下，宋仁宗仍坚持犁了一块田的五分之一才走上田埂。由于他重视农耕，对老百姓施行仁政，故死后获得了“宋仁宗”的谥号。

字根：

造字本义：

冬眠结束后，各种害虫从地底下钻了出来，在屋内（，厂）到处爬行。

虫子晚上待在巢穴里，于次日七点至九点气温升高时钻出地面活动，人们便将这一时段命名为“辰时”。

这段时间最好除虫，耽误了辰时，即浪费了一天的光阴，“辰”由此引申为“时光”“日子”，如：良辰美景、诞辰。

虫子冬眠至农历三月，春暖花开，它们便开始疯狂危害作物，于是人们将农历三月命名为“辰”月。

由于日、月、星随着时辰的变化而发生位置上的改变，“辰”由此引申作日、月、星的统称，如：三辰、星辰等。

晨（䢅）（chén）

日（晶）+辰　甲◎　金◎　篆◎

造字本义：从群星闪烁、天将亮的时刻至害虫活动最为猖獗、最好捉虫的一段时间，即从天将亮到八、九点钟这段时间，简化为“晨”，如：早晨、清晨。

唇（脣）（chún）

辰+口（月）　金◎　篆◎

造字本义：冬眠结束后，各种环节虫从地底下钻了出来，到处爬行，吓得人张大嘴，会意“震惊”。

“辰”加“月”（肉，作偏旁时写作“月”，泛指肉体或身体的某个部位）组合为“脣”（chún），本义为人的身体像环节虫一样蠕动的部位。人或动物的嘴唇不仅如环节虫那样柔软，其唇纹更酷似环节虫之环节纹，嘴唇运动时，如（环节）虫蠕动，故古人以“脣”表义“嘴唇”。由于日常生活中“脣”所含“惊”之本义并不常用，“口”似乎更容易使人联想到嘴唇，加之“唇”“脣”音近，人们经常将“唇”误作“脣”。至东汉时二字通用，至宋元时二字已不分。久而久之，“唇”便取代了“脣”，专指嘴唇。

农（農）（nóng）

田+艸+辰　金◎　篆◎

造字本义：农田里长满了杂草，害虫到处爬行，引申为“除草、捉虫”。篆文“農”会意用双手（　）抓住害虫的囟门（　），用力掐、挤以灭之，泛指耕种。楷书为“農”。

因“農”与“䢉”表义接近，二字合并为“農”。因“農”写起来极为繁复，故将其简化为“宀”（房屋）“衣”合体写作“农”，取“居者有屋，丰衣足食”之意，泛指耕种、栽培农作物和饲养牲畜的劳动行为，亦泛指从事耕种的人，如：菜农、果农。

浓（濃）（nóng）

氵（水）+农（農）　篆◎

造字本义：双手抓住害虫的脑门用力掐、挤，流出像水一样的液体，如今简化作“浓”。

由于从虫子头部挤出的液体包含其体内的物质，成分复杂，“浓”由此引申为“液体或气体中所含某种成分多”“稠密”“厚”“多”，与“淡”“薄”相对，如：浓茶、浓密、浓缩。

人用的力越大，挤捏出的虫子体内的物质越多，“浓”由此进一步引申为“程度深”，如：浓淡、浓厚、浓睡。

秾（穠）（nóng）

禾+农（農）　《说文》无，今篆◎ 

造字本义：除草、除虫后精心耕作的禾（作物）。这样的作物一定长得十分繁茂，“秾”由此引申泛指花木繁盛的样子，如：一枝秾艳露凝香，云雨巫山枉断肠。（唐·李白《清平调》）

花木繁盛必然艳丽，“秾”由此引申为“艳丽”“华丽”，如：看婿颜美玉，妇色秾桃。（明·杨珽《龙膏记·偿缘》）

花，颜色深为艳，“秾”由此引申为“浓”“深”，如：知君却是为情秾，怕见此花撩动。（北宋·苏轼《西江月·再用前韵戏曹子方》）

古时如花似玉的女子以丰满为美，“秾”由此引申为“丰硕”“丰满”“肥大”“肥胖”，如：秾纤。

脓（膿）（nóng）

月（肉）+农（農）　篆◎[seal script]

造字本义：身体里流出像双手掐、挤害虫的脑门（借指头部）时溅出的液体，即从疮口流出的，含大量白细胞、细菌、蛋白质、脂肪以及组织分解的产物黄绿色黏稠混合物，如：脓肿、脓血。

哝（噥）（nóng）

口+脓（膿，省“月”）　《说文》无，今篆◎[seal script]

造字本义：口里含着像“脓”一样的混合物（即浓痰）吐不出来，嗓子里不时发出含糊不清的声音，引申为“含糊不清地小声说话”，泛指低声说话，如：咕哝、哝哝。

浓痰卡喉，犹如喉咙里卡了肥肉，腻而令人作呕，“哝”由此引申为“浓腻反胃”，如：故久而不弊，熟而不烂，甘而不哝，酸而不酷。（《吕氏春秋·本味》）

侬（儂）（nóng）

亻（人）+农（農）　《说文》无，今篆◎[seal script]

造字本义：从事农耕之人，简化作“侬”。

因古人以农为业，靠农耕养活你、我、他，这样一来，“侬”就成了唯一一个兼顾三个人称的汉字，如：侬今葬花人笑痴，他年葬侬知是谁。（清·曹雪芹《红楼梦》）

辱（rǔ）

辰+寸　甲◎[oracle bone]　金◎[bronze]　篆◎[seal script]

造字本义：抓住环节虫的七寸部位用力掐，导致其死亡。

在人们看来，虫子损害农民辛辛苦苦耕种的庄稼是可耻的，理应消灭，“辱”

由此引申为“因可耻受到相应的惩罚”，泛指可耻、使……蒙羞，如：耻辱、辱骂。

耨（nòu）

耒+辱 篆◎ 今篆◎

造字本义：深耕除草以防虫害的木制农具（耒）。如：锄耨。

蓐（rù）

艹（艸，草）+辱 甲◎ 篆◎

造字本义：消灭害虫之后地里长出的草。

这种草很嫩，马、牛、羊等食草动物很喜欢吃，“蓐”由此引申为“（马、牛、羊等食草动物）吃草”，进一步引申为“吃饱”，如：蓐马饷军。

古代游牧民族直接在草原上生小孩，生完小孩后，母亲即坐在柔软的草地上坐月子，故人们将女人生小孩的地方称之为“蓐”，由此引申为“产妇生产、坐月子（的床铺）”，如：坐蓐、蓐妇。

缛（rù）

纟（糸）+蓐（省“艹”） 篆◎

造字本义：像消灭害虫后地里长出繁多的草一样的细丝堆在一起，会意繁多，如：繁文缛节。

褥（rù）

衤（衣）+蓐（省“艹”） 《说文》无，今篆◎

造字本义：坐卧时铺在床椅上面，像新长出来的草那样柔软的垫子。因“衤”

突出其“寝、卧用具”的功能，由此取代“蓐”，表义坐卧的垫具，如：坐褥、褥子。

溽（rù）

氵（水）+辱　篆◎

造字本义：给除虫后的农田浇上水，使其润湿，引申为“湿润”，如：溽夏（湿热的夏天）。

蜃（shèn）

辰+虫　篆◎

造字本义：一种形似大牡蛎的水龙（大蛇）一样的海怪。蜃吐出的气弥散在空中，形成的像环节虫蠕动一样的幻景，即蜃景。因多发生在海上，故又名海市蜃楼，是光线在垂直方向密度不同的大气层中传播，经过折射形成的自然现象。

振（zhèn）

扌（手）+辰　篆◎

造字本义：举手号召大家捉虫，会意举起、挥动，如：振臂一呼。

领头之人为吸引大家的注意力，高高举起的手不停地抖动，“振”由此引申为“抖动”“摇动”，如：振动。

大家的情绪很快被调动起来，精神振作，群情激昂，“振”由此引申为“振作”“奋起”，如：振奋。

娠（shēn）

女＋辰 甲◎ 金◎ 篆◎

造字本义：胎儿像环节虫一样在女人肚子里蠕动，引申泛指女子怀孕，如：妊娠。

赈（赈）（zhèn）

贝（貝）＋辰 篆◎

造字本义：因虫害导致农作物歉收，拿出钱（贝）救济，泛指救济，如：赈灾。

震（zhèn）

雨＋辰 篆◎

造字本义：惊蛰季节，疾雷暴雨使地面剧烈颤动，将冬眠中的害虫惊醒，害虫从地底下钻了出来，到处爬行，会意大地剧烈地颤动，物体自身动荡或使物体动荡，如：地震、震耳欲聋。

因惊蛰伴雷，万物复苏，“震”由此引申为八卦之一，卦形为“☳”，表示雷之象，如：万物出乎震。（《易经·说卦》）

人们一直视雷为天神发怒所致，“震”由此引申为“怒”“情绪过分激动”，如：震怒、震惊。

二、知识疯狂补

汉字起源之结绳记事

有关汉字起源的说法很多，最传统的观点是起源于结绳记事一说，但由于找不到确凿的证据，一直没有定论。有意思的是，从甲骨文中可以看出一些端倪。

过去，人们一直以为“交”的甲骨文“ ”像人两腿交叉，其实不然，其本义为将两根绳子按照箭头所指的方向，像射出的箭枝一样旋转拧成一股。“文”的甲骨文“”则清楚表明其本义为将两根绳子拧成一股打一个结，有的将结用“×”来表示，写作“”，金文改作“心”（），表义将心里所想结绳以记。人们受渔猎织网的启发，将战争、猎获、会盟、选举、庆典、联姻、生育、疾病和灾害等大大小小的事件结绳记之。后人据此造篆文“”表义“将口（）头传来士兵们地上（）立标（）以示胜利（士）的吉利（）消息在绳（）上系个死扣记录下来”，楷书为“結”，简化为“结”。“心似双丝网，中有千千结”，“结”由此成了吉祥、喜庆的象征，如：如意结（中国结）、连理结、结亲、结发、结婚。古人用结将一件事从开始、发生到结尾完整地记录下来，有始就有终，于是“结”便有了“结果”“结局”“结束”之意。如某部落打败了另一个部落，俘获了三十只羊、四十只鸡、二十个男性俘虏、三十个女性奴隶，人们便用一根横向的粗绳，上面涂成红色，下面系四根绳子。第一根羊毛绳，绳子上段打三个小结代表“三”，末尾打个大结代表“十”；第二根麻绳，绑上鸡毛，上段打四个小结代表“四”，末尾打个大结代表“十”；第三根用男人的头发混合编成象征男人的中等粗细的绳子，上段打两个小结代表“二”，末尾打个大结代表“十”；第四根用女人的头发混合麻绳编织成绳象征女人的细绳，上段打三个小结代表“三”，末尾打个大结代表“十”。如果这些被俘的男人都被处死了，只需将第三根绳子用鲜血涂抹，即代表这“二”“十”个“男人”被杀而“流血”了，会“被处死”之意。

那么究竟是谁发明了这种方法呢？

远古时代人们没有名字，后人以其职业来区分。最早采用这种方法记事的人为黄帝时代的一个仓库保管员，即“仓”，因其发明了结绳记事的方法，故名“仓结”。金文时代，人们继发明了甲骨文之后又发明了金文，可以将脑子（页，头部，引申泛指“首领、首脑”）里所想的事随心所欲地记录下来，再也不需要结绳记事。为了纪念“仓结”，便以“結（省‘糹’）”加“頁（页）”组合为“頡（颉）”，将其命名为“仓颉”，意思是负责结绳计数收支粮食的仓库首脑。

第五课 风：文明的动力

“天上的风螺螺转，地上的风划龙船，哦哦风来了……”

风，就像地球的巨大空调，天热了吹吹凉风，天冷了鼓鼓暖风。因为风常伴着雨，所以人们总是希望风调雨顺。

我们的祖先燧人氏是第一个懂得用风的人，所以姓风。伏羲、女娲随父姓风。

燧人氏钻木取火的时候发现，风吹火旺，由此掌握了用嘴吹气旺火的技巧。但嘴吹的力量太小，达不到炼铁所需的温度，于是人们开动脑筋发明了风箱。人们将“风箱里鼓出的气流”用风箱的手柄来表示，甲骨文里便出现了最古老的风字“”（凡）。至今，小篆的“”里那握在手柄上的大拇指（）依然清晰可见。

人们将铁矿石放在风箱灶（）上冶炼，矿石被烧得通红（），“”（凡）上一“”（点）为“”（丹），表示铁矿石遇高温烧得赤红，泛指红色，如：丹桂。熊熊的火光（）照在人的脸上，像涂抹了一层胭脂，“”和“”组合为“”（彤），表示“往脸上涂抹装饰”之意，如：红彤彤。

早在甲骨文时代风箱就得到了普及，风箱灶成了所有老百姓常用的做饭工具，所以“凡”含有“平常”“普通”“所有”的意思，如：平凡、凡是。

有意思的是，虽然人们很早就学会了利用风，却并不了解风。人们认为“凡”虽然是风，但毕竟是人造风，不能代表自然风。古人通过细心观察发现，冬天刮北风，鸟儿随头鸟结伴南飞；春天刮南风，鸟儿成群北飞。于是在鸟（）的头上加了一把形似皇冠的、代表权力的刑刀（，辛）造了个“”（凤）字，表示领飞的“头鸟”。由于头鸟领飞的方向好似季节的风向标，又借“凡”加“鳥”（）组合为“”，表义不同季节的风。后来，人们觉得这鸟太神奇了，万里迢迢飞来飞去居然从不迷路，“鳯”由此被当成了神鸟。

“鳯”成了神鸟，自然不能再代表“风”。人们又发现，北风一刮，虫子冬眠了；春风一吹，虫子又醒了。于是将“鳯”中的“鸟”换成“虫”写作“風”，表示令虫子生活习性发生改变的不同季节的风。

接着人们进一步观察到，太阳（）一照，地上的水变为蒸汽（），气流动生风（），于是造了个“”字，表示气流移动生成的风。为表达得更直观，再造一“”，表示水蒸发为气（），气升到天上为云（），云流动生风。至此人们终于认清了风的本质，即大自然因气温变化导致气压分布不均匀而产生的空气流动为风。风有暖风，有寒风，寒风吹在人的脸上像刀割。为书写方便，人们用“杀”字头“乂”替换了“風”中之“虫”，简化为“风”，会意吹在人脸上如刀杀一般痛的风，后来泛指各种各样的风。如令人恐“惧”的“风”为“飓”（颶）风；强度如高台上猛刮的风为“飑”（台）风。最令人讨厌的是语言刻薄，像寒“风”一样割人脸面的“讽”（諷），让人听了有如针刺，是为“讽刺”。

虽然这些风会对人类造成这样或那样的伤害，但利用好了却可以成为朋友。比如，人们想让船跑得像风一样快，就在船头挂起一块长条状的布篷“巾”，“风”（凡）吹着“巾”助力船跑，即为“帆”。每当人们送行时都习惯说“一帆风顺”，意思是祝愿乘船的人挂着满帆顺风行驶，一路快速、安全到家。

又如，三国时曹操攻打吴国，吴国将军周瑜准备用火攻应对。但苦于风向不对，一旦点火，不仅烧不到曹操的战船，反而会烧到自己。万事俱备，只欠东风，于是请来蜀国军师诸葛亮借风。诸葛亮预测到了刮东南风的日期，周瑜抓住时机火烧赤壁，大败曹操。后来人们便用“万事俱备，只欠东风”这个成语，比喻什么都准备好了，就差最后一个重要条件便可获得成功。

一、汉字疯狂＋

字根：

造字本义：

木制风箱。因风箱里鼓出的是风，“凡”由此引申为“风箱里鼓出的气流”，即“风”。

远古时代，人们为使炉火更旺从而炼铜、炼铁，发明了风箱。后来风箱走进千家万户，成了生火做饭的灶具，拉风箱烧饭成了一种常见的生活现象，“凡”由此引申为“平常的”“普通的”，如：平凡、凡人。

由于风箱“凡”的普及程度很高，人们普遍都在使用，“凡”因此引申为“所有的”，如凡是、凡事。

由于数量巨大，无法全部精确统计，便估计一个大概作为统计总量，“凡”由此引申为“大概”“要略”，如：大凡、凡例。

在古人看来，天上的神仙不需要吃饭就可以长生不老，不需要烧火做饭；而生活在地面上的人不吃饭就会饿死，吃饭离不开灶，有灶即有“凡”（风箱），所以以人世间最常见的、人们生存所必需的烧饭工具“凡”表示“人间”，如：天仙下凡、凡人、凡间。

丹（dān） 凡＋一 甲◎ 金◎ 篆◎

造字本义：风箱旁炉灶内烧得通红的，用于锻造农具、武器等器物的铜、铁等金属条。

因金属条高温时呈现赤红色，“丹”由此引申作“赤色”的标准色，泛指红色，如：丹砂、丹顶鹤。

古时打仗，统治者视舍得为其流血牺牲者为忠，因血为红色，聚集于心，心为红色，即丹心。古人视红色为忠诚之色，“丹”由此引申为“赤诚”，如：丹诚。

由于从前道家炼制所谓的长生不老药得依靠风箱使火更旺，且多用丹砂，故称依成方制成的颗粒状或粉末状的中成药为“丹”，如：灵丹妙药、炼丹。

中国幅员辽阔，南北温差很大。古人以五色配五方，认为南方天气炎热，属火，火色丹，“丹”由此引申为“南方”。

古代帝王的宫殿坐南朝北，意在让生活在坐北朝南的民居里的天下人都面向他朝拜，“丹”由此引申为“帝王居住的”“帝王的”，如：丹书铁券。

坍(tān)

土＋丹　《说文》无，今篆 ◎

造字本义：开采丹砂（朱砂）的矿井垮塌，泥土将矿井掩埋，泛指倒塌，如：坍塌。

引申为“衰颓”“凋敝”，如：过惯了好日子，一朝坍下来，真受苦。（丁玲《母亲》）

彤(tóng)

丹＋彡　金 ◎　篆 ◎

造字本义：风箱旁炉灶内烧得通红的铜、铁等金属条发出红光（彡，shān），引申为“赤色”，如：彤云。

红光照在人的脸上，好似涂上了一层彩色的油漆装饰，“彤”由此引申为“彩色装饰”，如：彤辇（朱漆宫车）。

帆(fān)

巾＋凡　篆 ◎　今篆 ◎

造字本义：挂在船桅上，利用风力使船快速前进的布篷。如：帆船。

宋以前无“帆”，写作“颿”“馻”，本义为马奔驰，像风（凡）一样快，会意疾速。后来，人们想让船也跑得像风一样快，于是在船头竖起桅杆，在杆上挂一块长条状布篷“巾”，以“巾”替“馬”命名为“帆”，如：一帆风顺、扬帆。

引申借指“靠帆推进的船舶”，如：两岸青山相对出，孤帆（颿）一片日边来。（唐·李白《望天门山》）

由此进一步引申为“张帆行驶”，如：不枉故人书，无因帆（颿）江水。（唐·韩愈《除官赴阙至江州寄鄂岳李大夫》）

梵（fàn）

林＋凡　篆◎

造字本义：树林里，徐徐的清风拂面吹来，非常安静，会意清净、寂静，如：梵心为清净之心；梵门为清净的法门。

公历纪元前后，佛教传入中国。传说迦毗罗卫国的王子乔达摩•悉达多在菩提树下顿悟，人间之人（凡人）告别凡间得道成佛，被后世尊称为释迦牟尼佛。于是国人将梵语 Brahmā 音译作“婆罗贺摩”。因“婆罗”难于理解，又译作“梵摩”“梵览摩”，简称“梵”。林间清净方能成佛，由此，人们将与佛教有关的皆称为“梵”，如：梵境、梵学。

因佛教产生于古印度，故人们又将与古印度有关的称之为“梵”，如：梵文、梵俗。

钒（釩）（fán）

钅（金）＋凡　《说文》无，今篆◎

造字本义：用人造风吹（去）金属（表面的灰尘），会意用嘴吹去金属器具表面的灰尘，引申泛指拭、拂。

1801 年，墨西哥矿物学教授节烈里瓦发现了一种新元素，因加热时呈现鲜艳的红色，故取名为“爱丽特罗尼”，即“红色”的意思。然而，法国化学家推断它是一种被污染的铬矿石，没有被人们公认。1830 年，瑞典化学家塞夫斯特伦在研究斯马兰矿区的铁矿时，用酸溶解铁，在残渣中发现了钒。因为钒的化合物五颜六色，十分漂亮，所以人们就用古希腊神话中一位叫凡娜迪丝（Vanadis）的美丽女神的名字给这种新元素起名，叫“Vanadium”。钒的用途十分广泛，有金属“维生素”之称，被称为“现代工业的味精”，音译作“钒”，取“凡”之“广泛的”引申之义，会意“用途广泛的金属（元素）”，十分贴切。

钒具有众多优异的物理性能和化学性能，在钢中加入少量的钒，能使钢的弹性、强度增大，极大增强其抗磨损和抗爆裂性，既耐高温又抗奇寒。钒的氧化物为化学工业的最佳催化剂之一，有“化学面包”之称，主要用于制造高速切削钢及其他合金钢和催化剂。随着科学技术水平的飞速发展，人类对新材料的要求日益提高，钒在非钢铁领域的应用越来越广泛，其范围涵盖了航空航天、化学、光学、医药等众多领域。

凡+虫　甲◎　　篆◎

造字本义：令不同种类的虫子（动物），在生育、生理等方面发生改变的，不同季节所刮的如风箱里吹出的不同气流。显然，“凡”为人造风，“風”指自然风。

古人不知道自然风从哪里来，也不知道它到哪里去。通过观察发现，冬天刮北风，候鸟在头鸟的带领下结伴南飞；春天刮南风，鸟儿成群往北飞。于是，人们便在鸟（ ）的头上加冠（ ）造了个“ ”字，借领头的候鸟（头鸟）来表示不同季节的风。后来人们又发现，不同季节刮不同的风时，虫子等许多动物的生活随之发生了改变。如北风一刮，知了、蚂蚁、蛇、青蛙便开始冬眠；春风一吹，各种害虫便蠢蠢欲动。于是人们以“凡”加“虫”组合为“風”，表示不同季节的自然风。

但“風”字写起来很麻烦，人们便将“虫”换作“杀”的字头“乂”（割草或收割谷类植物），简化为“风”，会意冬天的风吹在脸上如刀割一般的痛，泛指空气流动的现象，气象学特指空气在水平方向的流动，如：狂风。

由于人类的模仿能力极强，一旦谁有新发明，就争相模仿、跟风，很快新发明便像“风”一样流传各地，“风”由此引申为“流行和普遍的事物或事件”，如：风俗、风气、风尚。

风吹草动，风可使静态的树木等景观元素变为动态，使大自然的景观变得丰富多彩，充满勃勃生机，“风”由此引申为“景象”，如：风景、风物。

清风明月、风景宜人的夜晚特别适合情人约会，“风”由此引申为“男女间的情爱”，如：风月、风情、风花雪月、风流。

在日常生活中，人们离不开风，有风才有雨，风调雨顺，生活才美满。“仓廪实而知礼节，衣食足而知荣辱”，“风”由此引申为“美好的举止、姿态或气度”“神采”“韵致”等，如：文风、风采、风范。

生活中，人们心情不同，对待工作的态度也不同，犹如不同的风刮在脸上，人们表现出来的神情不一样，“风”由此引申为“态度”，如：作风、风纪。

远古时代人们信息不发达，某地发生大的风灾造成灾难的消息通过口口相传，像风一样吹（传）到各地，“风”由此引申为“消息”，如：闻风而动、风声等。

正因为是口口相传，经常出现故意夸大事实的事情，有些甚至是人们出于自己的利益，为达到目的而编造出来的，“风”由此引申为“传说的”“没有确实根据的”，如：风闻、风传。

远古时代，文化没有传播工具，只能靠民间歌谣像风一样传唱，“风”由此引申指民歌，特指《诗经》中三种诗歌类型的一种，即《国风》中收集的五代十国的民俗歌谣，如：采风、风骚。

当台风来临的时候，威力巨大，“风”由此引申为“威势”“气势”，如：风扫、风卷残云。

疒+风（風） 后起字，今篆 ◎

造字本义：像风一样到处乱跑的病，即神经错乱，精神失常的病，如：疯病。

由此引申为“神经错乱，精神失常”，如：疯疯癫癫。

形容任性放荡，不受管束，行为无节制，如：疯狂。

得了疯病之人，除了精神不正常，生长发育并不受影响。吃了饭食，照样长身高，但个子长得再高，也和正常人有区别，“疯”由此引申借指农作物生长旺盛但不结果实，如：疯长。

枫（楓）（fēng）

木+风（風） 篆 ◎

造字本义：随不同季节的风变换树叶颜色以报告季节的树木，即枫树。秋风一吹，满树的叶子变成火红色；落在地上，变成深红色。北京香山、苏州天平山、南京栖霞山、长沙岳麓山为中国四大赏枫胜地。

讽（諷）（fěng）

讠（言）+风（風） 篆 ◎

造字本义：用风一样的语气对人说话。

风有轻重冷暖。当人们以春风和煦、朗朗动听的语气对人说话时，“讽”表义诵读，如：讽经、讽诵。

当人们以刺骨寒风般的语气对人说话时，“讽”表义用含蓄的话指责或规劝，如：讥讽、嘲讽、讽刺。

凡（省“、”）+鸟（鳥） 甲 ◎ 古 ◎ 篆 ◎

造字本义：不同季节率众鸟追逐如风箱里鼓出的气流往不同方向飞的领头鸟。

原始社会，人们主要通过自然界的物候变化来认识季节的变迁，并安排生产与生活。生活中人们发现，许多鸟儿（候鸟）在头鸟的带领下随不同季节刮不同的风而南北迁徙，于是便在鸟（）的头上加冠（）造了个“”字，表示领头的候鸟，即“头鸟”。头鸟领着群鸟随不同季节的风往不同的方向飞，好似季节的风向标，人们便借“”这个符号来表示不同季节的风。小篆以“凡”加“鳥”命名为“”，隶变后楷书写作“鳳”。“鳳”这个“头鸟”太神奇了，万里迢迢居然不迷路，于是人们取燕颔、鸡喙、孔雀羽等各种鸟儿最美丽的部位虚构了一个形象，当作神鸟。人们嫌“鳳”字写起来极为繁复，便以“乂”替“鳥”简化作“凤”。

凰（huáng）

凡（省“、”）+皇　后起字，今篆 ◎

造字本义：《说文》之前本无“凰”，人们根据阴阳理论，认为鸟中之王应该有雌雄。因凤在前，自然为雄，又以“凡”（省“、”）加“皇”组合为“凰”新造一字，为“凤”配一伴侣，表义“鸟中皇后”。雄凤雌凰，凤凰因此被人们视为人间最美好的婚姻配对。

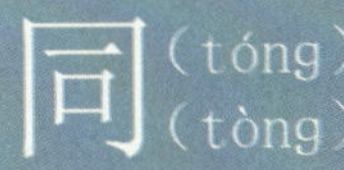

同（tóng）（tòng）

凡+口　甲 ◎　金 ◎　篆 ◎

造字本义：风从风箱口吹出。

由于风箱里的风聚集在风箱唯一的口里吹出，“同”因此引申为“聚集”，读tóng，如：同流合污、殊途同归。

要使风箱口鼓出一样的风来，必须以相同的动作同样的力反复推拉风箱把手，“同”由此引申为“彼此无差异”“一样”“整齐一致”，如：相同、共同。

风箱里的气流在把手的压力下，劲往一处使，同时向风箱口挤压过去，“同”由此引申为“大家一起”“一齐（参与）”，如：同甘共苦、同伙、同居。

由此引申作连词，表示联合关系，跟“和”相同，如：我同你一起去。

由此进一步引申作介词，引进动作的对象，与“跟”相同，如：我同你去、我同她说话、有事同父母商量。

由此又引申作介词，引进比较的事物，与“跟”相同，如：今年的气候同往年不一样。

当人与人之间的关系亲密无间时，彼此之间替人办事都一样放心，“同”由此引申作介词，表示替人做事，与“给”相同，如：这封信我一直同你保存着。

“胡同”的“同”本写作“衕”，人们嫌写起来繁复，简化作“同”，随“衕”读 tòng。

洞（dòng）

氵（水）+同　籀◎　篆◎

造字本义：水像风从风箱口里吹出一样喷涌而出，会意水流急。

因风箱只留了一个出口，其他地方都是封闭的，“洞”字所描绘的风箱，实际上指的是溶洞，从溶洞里涌出的水流实际上指的是暗河。“洞”由此引申为“有暗河穿过的溶洞”，引申泛指物体中间穿通的或凹入较深的部分，即“窟窿”“孔穴”，如：门洞、山洞、洞穴。

暗河穿透溶洞，“洞”由此引申为“穿透”“通达”，如：洞出。

溶洞很深，“洞”由此引申为“幽深”“深”“深远”，如：洞壑。

溶洞内部空间很大，“洞”由此引申为“广阔”，如：洞庭。

从溶洞里流出的水清澈见底，在军事、航空等领域，“洞”由此引申为“清澈”“透彻”，如：洞察、洞悉。

由于溶洞的洞口永远敞开，可以自由进出，“洞”由此引申为“敞开”，如：洞敞。

又因为溶洞里面是空的，“空”即“无”，于是人们在口令中用以代替数字中的“0”，久而久之，在军事、航空等领域，“洞”便成了口语中“0”的替身，如：报电话号码时，“一三八洞”即“1380”。

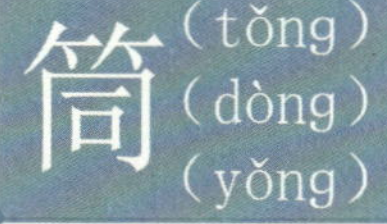

筒（tǒng）（dòng）（yǒng）

⺮（竹）+洞（省“氵”）　篆◎

造字本义：在竹上开孔制成的乐器的总称，如：箫。箫后来又细分为排箫、单管箫（洞箫）等。读 dòng。

由于制作乐器“筒”的材料为竹管，“筒”由此引申指粗大的竹管。

如果竹管去掉一个竹节，则可以像桶一样盛水或粮食等物，“筒”由此引申为“用竹材制作成的盛装液体、粮食等物的器具”，取“桶”近音读 tǒng，如：筒瓦、筒箭。

由此进一步引申泛指较粗的管状器物，如：邮筒、笔筒。

也引申指衣服鞋袜的筒状部分，如：长筒靴、袖筒。

当“筒”作动词时，引申指套上或纳入圆筒状物，如：筒被套。

因竹筒可盛物，“筒”由此引申作量词，用于计量筒状物装的东西，如：一筒米。

当“筒”引申特指“装箭的器具”时，读 yǒng，如：抽弓于韔，援矢于筒，引而未发也。（西汉·刘向《新序·义勇》）

胴（dòng）

月（肉）+ 洞（省“氵”） 《说文》无，今篆 ◎

造字本义：如果把人体的肛门比作有水流出的山洞洞口，连接肛门的大肠就好比幽深的洞穴，于是，人们以“胴”会意“大肠”，如：胴肛（肛门的俗称）。

又，如果把肛门看作是人或动物胸腔和腹腔这个大的山洞的出口，那么“胴”则会意人或动物胸腔和腹腔去掉内脏所在的部位，即整个身体除去头部、四肢和内脏余下的部分，泛指躯干，如：胴体。

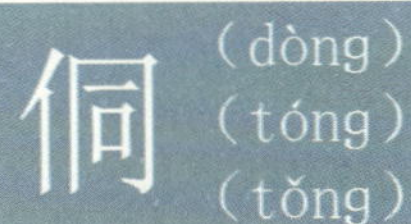

侗（dòng）（tóng）（tǒng）

亻（人）+ 洞（省“氵”） 篆 ◎

造字本义：生活在溶洞密布地区喜欢吹竹管乐器的人。大多分布在贵州黎平、从江、榕江、天柱、锦屏、三穗、镇远、剑河、玉屏，湖南新晃、芷江、靖州、通道，广西三江、龙胜、融水，以及湖北恩施、宣恩、咸丰等溶洞密布地区。他们自称 Gaeml，宋代称其为“仡伶”，意思是喜欢表演、身体强壮的人。侗人的典型特征是擅长吹奏箫、笛、芦笙等传统乐器。侗人认为“饭养身，歌养心”，他们把“歌”看成是与“饭”同等重要的事，侗族大歌、侗戏、侗剧因此而闻名。明、清两代曾称其为“峒苗”“峒人”“洞家”等，新中国成立后统称侗族。民间多称“侗家”，取“洞”近音读 dòng。

因侗人大多数生活在深山的溶洞里面，在人们看来，山里人敦厚老实，“侗”由此引申为“诚实忠厚”。

由于他们长期居住在大山里，没有文化，像未受过教育的小孩，“侗”因此引申为“幼稚无知”，取“童”近音读 tóng，如：狂而不直，侗而不愿。（《论语·泰伯》）

亦因此引申为“幼童”“未成年的男性”，如：侗，未成器之人。（《集韵》）

由此进一步引申为“样子轻佻”，如：毋侗好轶。（西汉·司马迁《史记》）

由于侗人生活的溶洞又大又长，“侗”由此引申为“长”“大”，读 tǒng，如：侗长（长大）、侗侗（长大的样子）。

溶洞四通八达，“侗”由此引申为“通达无障碍”“直”，如：能侗然乎？（《庄子》）

二、知识疯狂补

造汉字就像做加法一样简单

一直以来，连许多中国人都认为，汉字是世界上笔画最多、最难学的文字，这种对汉字的无比畏惧，无形中成为阻碍中国与世界文化交流的屏障。

这是一种误解。无论是拼音文字还是表意文字，都起源于象形文字，其造字原理同出一辙。拼音文字由为数不多的字母，通过不同的排列，组合成不同的单词或短语，进而组合成语句；汉字也由为数不多的笔画，按照一定的规则，像搭积木一样不停地围绕字根累加形成无数个单字，字与字组合成词语，词语按照一定的语法规则组合成语句。以字根“刀”为例：“刀”和“彡”组成“勿”；“刀”和“彡”和“心”组成“忽”；“忄”（心）和“刀”和“彡”和“心”组成“惚”。这些以“刀”为字根搭积木一样搭出来的字，其义紧密关联，连起来释义，仿佛观看好莱坞大片一样，情节环环相扣：“刀”能伤人；手持菜“刀”，刀光闪闪（彡），请“勿”靠近；“刀”闪着寒光（彡）迎面砍来，“心”里颇感“突然”（忽）；“刀”忽然砍来，刀光闪来闪去（彡），心（忄）里飘忽不定，“心”神不宁，不知道如何躲避、应对（惚）……

这就是中国汉字的魅力，看似复杂，其实简单。

第六课 雨：风云的变幻

远古时代，人们靠天吃饭，一方面久旱逢甘霖却害怕暴雨成灾；另一方面洪水过后又担心久旱不雨，影响农作物的收成。迫于无奈，只能祈求于天神。甲骨文“”生动记录了古人求雨时的场景，即将祭品陈列于祭台示（）问天神表达诚意，天神享用祭品之后因感动而降水（）。

后来，人们认识到了雨的成因，造籀文“”会意地面的水蒸发（）至空中遇冷凝成云，再遇冷聚集成水滴（），在局部范围（）落下来即为雨。篆文承接甲骨文（）线条化、整齐化写作“”，意思是通过祭祀，天神被感动降下神水。

久而久之，人们掌握了降雨的规律。古人常常通过观察霞来判断未来是否有雨。日出或日落时，云层因日光斜射而变成彩云。如果大气中水汽含量多，必然朝霞鲜红，预示天将转雨；倘若西方无云，晚霞火红或金黄，天气必然晴好。“叚”（）的本义为伸手（）抓住援手（）登上山崖（），即凭借。“雨”加“叚”组合为“霞”（），指可以作为依据判断是否下雨的云彩。

“春雾阴雨，冬雾久晴”，古人用来预测天气的还有雾。当大量水蒸气凝结成水滴悬浮于空中，使能见度低于 1 千米时，影影绰绰的草木像“矛”一样林立。于是籀文以“”（雨）加“”（矛）组合为“”（楷书“雺”），会意这种能见度很低的天气现象。小篆“”为籀文加上音效，配以无数士兵持矛（）在雾里拼命厮杀（）的声音。隶书“”再加一把“力”，楷书简化作“雾”，使原本虚幻的战斗场面变得更加激烈。

真正激烈的还是夏季的雷雨。暴雨将至，云层剧烈放电发出强光，人们模仿闪电的样子造出甲骨文“”（申）。篆文“”借双手（）拽绳（）分别向两头拉伸的场景会意，突出闪电向两头蜿蜒拉伸的特点。后来又加“雨”造了个“”（楷书“電”），取代“申”特指闪电。后简化为“电”，泛指能使电灯发亮，使电话、电脑等电器设备正常运转的一种能，即电能。

电闪之后必有雷鸣。人们将雷描绘成驾着闪电（）连连怒吼（）的神的形象“”。因雷声酷似车轮的声音，金文“”便给闪电加上了四个车轮，篆文加“雨”写作“”，楷书简化为“雷”，表示下雨之前空中如隆隆车轮驶过的声音。

并非所有的雨都这么轰轰烈烈。有一种雨只发生在夜间，虽然空气中遇冷凝成的水滴将路旁的植物淋得湿漉漉，却因为雨量太小，连路面都没有打湿。于是人们便以“雨”加“路”组合为“露（）”，会意这种没有打湿路面令道路显现的天气现象。于是“露”便有了“显现”之意，如揭露、暴露，口语读 lòu，如露馅儿、露脸。

露并非一成不变。当夜间的气温低于 0℃时，露变为白露，即霜。霜为令草木枝叶枯败倒垂（）的雨（），组合起来便是金文“”。由于霜能改变植物的色彩和外貌，加之霜的出现预示着天晴无雨，于是篆文以相貌的“相”替代枝叶枯垂的木写作“”（霜），特指气温 0℃以下时近地水汽凝成能改变事物表相颜色的白色结晶。许多化妆品、药膏涂在脸上像抹了一层霜，因此被人们也称为霜，如：防晒霜、手霜、祛痘霜。

气温继续下降，地面的水汽大量蒸发至空中凝结成冰晶，冰晶聚合成雪如芦花飞扬，甲骨文便借了两丛迎风摇晃的芦苇“”会意如芦花飞舞的鹅毛大雪。有的甲骨文“”上加“”（雨）写作“”，表示雨夹雪；篆文“”表示人举起右手（），持一把丰茂的芦苇（）使劲摇晃，冰雨如芦花般飞扬；隶变后楷书写作“”，简化作“雪”。夏天也常常下雪，不过不叫雪，叫雹。雹的外面有一层冰壳，冰壳里包着雪丸，好似母亲肚子里的胎胞（），随狂风暴雨一道砸向地面（），故名“雹”（），俗称冰雹。冰雹是一种严重的自然灾害，唯有通过植树造林，改善生态环境，才能减少雹灾的发生。传说西汉的项羽自幼就爱种树，有一次，他看见一个老人正在砍树，上前阻止，老人说：“我家院子四四方方像个‘口’，院子里长棵树不是个‘困’字吗？太不吉利了！”项羽灵机一动回答说：“照你这么说，树砍了但人还在，人留院中不是个‘囚’字吗？如此更不吉利。”老人觉得项羽言之有理，于是放弃了砍树的念头。

一、汉字疯狂+

字根：

雨（yǔ）（yù）

示+（水滴）

甲　金　籀　篆

造字本义：

将祭品成列于祭台给神看，请神前来享用，祭祀天神（，示），以感动天神降下神水（）缓解旱情。借指从天而降的雨水，如：雨点、雨季、雨后春笋。

每当久旱之时，雨及时而至，滋润大地，缓解旱情。人们通常将温暖的教诲比喻为及时雨，润泽人们的心田，“雨”由此引申为“教导之言”“教泽”，如：泽雨无偏，心田受润（南朝梁·萧纲《上大法颂表》）。当雨引申作动词会意“下”“降”时，读yù，如：天雨墙坏。（《韩非子·说难》）

露（lù）（lòu）

雨+路　篆◎

造字本义：雨中留路，即地面的水蒸发至空中遇冷凝结成水滴降向地面，仅剩路面没有打湿，会意不打湿路面的雨，泛指靠近地面的水蒸气，夜间遇冷凝结成的小水滴，俗称“露水”。

不像下雨，坐在室内可以通过听觉或视觉感觉得到，降露无声无息，只有在室外无遮盖的地方才能感受得到，“露”由此引申为“在室外，无遮盖”，如：露宿、露营、露天。

因蒸馏液形似露水，故将接受了露水滋润的植物的花、叶、果子等蒸馏，或将在蒸馏液中加入果汁等制成的饮料水皆称之为露，如：花露水、果子露、止咳露。

由于露的降水量太小，不足以打湿路面，道路因此显现出来，“露”由此引申为“显现”“表现”“冒出”，如：显露、揭露、露马脚。

雾（霧）（wù）

雨+敄+力　籀◎　篆◎　隶◎

造字本义：空气中接近地面的水蒸气因接触较冷的地表，凝结成小水滴或冰晶，使能见度降低，周围的树木花草影影绰绰，酷似战场上举“矛”努“力”厮杀（攵，即攴）的情形。这种天气的出现与是否下雨有着密切的联系，如：夏雾雨，冬兆晴。

引申指像雾的东西，如：烟雾、喷雾器。

霞（xiá）

雨+叚（假，凭借）　篆◎

造字本义：凭借判断是否下雨的云彩，如：晚霞、朝霞。

引申指像霞一样美丽的光彩。如：霞帔（道家的一种贵重服装，类似披肩，纹有霞彩）。

电（電）(diàn)　雨＋申　篆◎

造字本义：暴雨将至，云层剧烈放电发出强光，像人用双手往两边猛拽，强光猛地伸长，又立刻消失，即闪电。

比喻迅速，如：风驰电掣。

引申指物理学现象，即可通过化学的或物理的方法获得的一种能，用以使灯发光、机械转动等，如：正电、负电、静电、电力、电台。

也引申指遭受电流打击，如：电了我一下。

雷（靁）(léi)　雨＋田（，车轮）　甲◎　金◎　篆◎

造字本义：闪电过后，空中发出如同车轮滚过的巨响，大雨接踵而至，如：雷霆、炸雷。

雷威力巨大。军事上的爆炸武器引爆，先是发出像闪电一样的强光，然后发出如雷一般威力巨大的轰响，雷由此引申为“军事用的爆炸武器”，如：地雷、鱼雷。

霜(shuāng)　雨＋相　金◎　篆◎

造字本义：能使植物的外表（表相）发生变化，并以此推断和识别天气、时令的自然现象，指在气温降到0℃以下时，近地面空气中水汽凝成的白色结晶，如：霜冻、霜降。

每年10月下旬，天气转寒，夜间植物散热慢，地表的温度特别低，水汽散发不快，聚集在植物表面结冻，白露为霜，像雪一样覆盖草叶、土块，使大地变得白茫茫一片。饱经风霜之后，草枯叶黄，枫树漫山红遍，整个自然界植物的外观和动物的生活习性发生明显变化。为此，我国古代根据动植物外观和生活习性随霜降的不同阶段发生的不同变化，将霜降分为三候：一候豺乃祭兽；二候草木黄落；三候蛰虫咸俯。意思是，第一阶段豺狼将捕获的猎物像祭祀一样先陈列后食用；第二阶段大地上的树叶枯黄掉落；第三阶段蛰虫全在洞中不动不食，垂下头来进入冬眠状态。气象学中，一般把秋季出现的第一次霜叫作“早霜”或“初霜”，把春季出现的最后一次霜称为“晚霜”或“终霜”。从终霜到初霜的间隔时期，就是无霜期。因早霜时期菊花盛开，故早霜又名“菊花霜”。

由于霜一般形成在寒冷季节里晴朗、微风或无风的夜晚，霜的出现说明当地夜间天气晴朗并寒冷，大气稳定，地面降温强烈。这种情况一般出现于有冷气团控制的时候，所以往往会维持几天好天气。中国民间有“霜重见晴天”的谚语，道理就在这里。

由此引申指（物体表面或涂在人和物体表面）像霜一样的物质，如：防晒霜、柿霜、盐霜。

由于霜像雪一样是白色的，“霜”因此引申比喻白色，如：霜鬓、霜须。

在人们看来，白色乃纯洁的象征，“霜”由此引申比喻高洁，如：霜操、霜女（指梅花，比喻其高洁）。

由于霜出现于严寒天气，“霜”因此引申比喻冷酷、严峻，如：霜威、霜台（御史台的别称，御史掌职弹劾，为风霜之任，也称“霜署”）。

出霜的季节天气严寒，风吹在脸上如锋利的刀割；加之刀锋锃亮如霜，寒光闪闪，“霜”由此引申比喻锋利，如：霜刀。

雪（䨮）（xuě）

雨＋彗　甲◎　篆◎

造字本义：特别寒冷的雨天，天空中飘落一种白色结晶体，好似人的右手“”（楷书简化作“彐”）握住一束芦苇使劲地摇，呈现芦苇花漫天飞舞的景象，为空中的水蒸气冷至0℃以下时凝结而成的产物，如：雪花、雪中送炭。

雪花将大地覆盖，所有的污垢被掩盖，看上去洁白、干净，好像被洗去了一样，“雪”由此引申为“洗去”“除去”，如：报仇雪恨、平反昭雪。

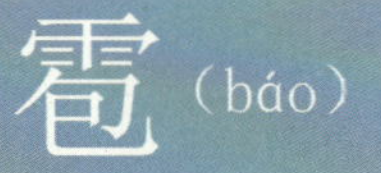

雹（báo）

雨＋包　甲◎　篆◎

造字本义：空中水蒸气遇冷结成冰粒或冰块，常在夏季随暴雨落下。雹的外面有一层冰壳，冰壳里包着雪丸，好似母亲肚子里的胎胞（），俗称“冰雹”。

二、知识疯狂补

伴商而生的甲骨文

甲骨文是一种非常神秘的文字，它突然出现在商代，又突然销声匿迹。当它再次出现时，却是在一味中药上被发现。

商朝人的祖先很早以前就发现了一个秘密，即太阳投射在直立的木棍上会产生阴影，当天气不好的时候，日影则消失不见。由此人们掌握了通过观察日影变化来测算、计量时间，进而预测季节或天气变化的技术。后来，人们又发现，龟甲被火灼烧后会出现各种各样的裂痕，巫师认为根据龟甲灼烧过后出现的裂纹可以预测天气、吉凶，占卜之术由此盛行。人们发明了象形文字，将占卜的事由、过程、预测的结果及事后卜兆的灵验程度刻于家牛、水牛等动物的肩胛骨或龟的腹甲、少数背胛之上。卜辞记载，商朝君主武丁的妻子妇好，曾率领 13000 多人的军队去攻打前来侵略的古印欧人，大胜而归，这说明商朝的早期，甚至更早，炎黄部落与苏美尔等民族已经有了来往。这就是甲骨文所用的龟甲除乌龟甲以外都来自于外地的原因。

第二篇

人伦礼仪

第七课 人：自然的进化

人类从猿进化为人，经历了相当漫长的过程，每个过程，汉字都记录在案。

我们常见的“人”字，严格意义上来说还没有完全进化为人。其甲骨文“”虽能直立，但腿还没有完全伸直。篆文“”弯腰弓背，前肢着地，将始祖人的典型特征表现得淋漓尽致。显然，“人”指的是下肢能直立行走，但未脱离猿类特征的猿人。

猿人经过长时间的进化，已经能够完全直立。“立”的甲骨文“”说明“人”已经进化到“直立人”，即“早期智人”阶段，篆文为“”，楷书为“立”。

人类文明的第一次飞跃，表现在对劳动工具的使用。甲骨文“”象形人手持石块劳动，金文为“”，篆文为“”，楷书为“氏”，说明此时的人已经懂得使用石器。“氏”“石”同音就是这个缘故。

接着人们掌握了建房技术。甲骨文“”再现了氏人（）往坑底（）抛石打桩筑地基建房的情形，篆文为“”，楷书为“氐”。说明此时人类告别了穴居时代，并已经认识到家族内部通婚对人类的危害，由此进入氏族之间互相通婚的时代。氏族联姻，便产生了部落。

人类文明的第二次飞跃在于有了数的概念：

一人为“人”。

二人为“”，篆文为“”，楷书为“从”。因为远古时代虫兽出没，一个人单独出去很不安全，所以结伴同行。两人中年长或胆大的走在前头，年轻或胆小的相随而行，“从”由此引申为“跟随”“依顺”。

三人为“”。象形三个人排成一行行军或操练。金文“”会意眼睛（）盯着三个以上的士兵（）行军、操练，或监督许多奴隶集体劳役，篆文为“”或“”，楷书为“眾”，统一简化为“众”，会意“许多”。

随着人口的日益增多，生存压力越来越大，部落之间开始爆发战争。人们持戈（）砍向敌人的头（），即甲骨文“”，金文为“”，篆文为“”，楷书为“伐”。出于战争的需要，部落首领将武装起来的人，按一个头领带四个兵的编制分成作战单位，每个单位用篱笆隔离驻扎，一个首领四个兵，共五人，甲骨文便画了个篱笆（）来表示数字五，篆文为“”，又添加“人”（）造金文“”，表示一个作战单位为“”，楷书为“伍”。两个作战单位共十人，人们又造篆文“”，楷书为“什”。五个士兵站成一排，勉强还能分辨出谁是谁，十个士兵站成一排，就分不清谁是谁了，“什”由此引申指“不确定的事物”，表疑问，如：什么。这就是“伍”“什”的由来。

既然有战争，就必然有俘虏。为防止俘虏逃跑，人们将战俘（）圈禁在固定的范围（），使其失去自由为“”，金文为“”，篆文为“”，楷书为“囚”。会意拘禁，如：囚牢。亦指被拘禁的人，如囚犯。刑律因此萌芽，标志着野蛮人的社会开始有了约束。

随着物质生活的进一步丰富，人们对精神生活有了更高的要求。甲骨文“”生动记录了当年奴隶们伸开双手、头向后倾、额顶高杆（）进行顶杆杂技表演时的情形，由于非常惊险刺激，引来围观的人开口（）大声叫好，金文为“”，篆文为“”，楷书为“吳”。简化作“吴”。周朝后期出现了专门从事表演的职业艺人，因艺人以女性居多，故造篆文“”，借摇头甩袖翩翩起舞边唱边跳（）的女子（）会意欢乐、使欢乐，即娱乐。人们想方设法寻求刺激，成年人（）站在拐杖丂（）上，大口（）喘着粗气，屹立不倒，十分罕见，令人称“”，楷书为“奇”，会意特殊的、稀罕、不常见的，如：奇闻。

至春秋战国时期，娱乐成风。因楚灵王喜欢看细腰的女子载歌载舞，文武大臣为了讨他欢心，强迫自己一天只吃一餐饭，千方百计地减肥，使自己的腰围变小。经过一番折腾，满朝文武变得面黄肌瘦、形容枯槁、弱不禁风，国家很快便衰亡了。

一、汉字疯狂+

字根：

甲　金　篆

造字本义：

下肢能够直立行走，但未脱离猿类特征的类人猿。由于类人猿乃人类的祖先，人们为以示尊重，故以“人”泛指人类，即能制造工具、改造自然，并使用语言的高等动物，如：北京人、蓝田人。

由于大自然中存在许多似人之物，“人”由此引申为“像人的”，如：人参。

一个完整的人由物质的人（肉体）和精神的人（品格、性格、社会评价等）两部分组成，“人”由此引申指人的身体或意识，如：这两天人不大舒服、送到医院人已经昏迷过去了、他人在心不在。

也引申指人的品格、性格或名誉，如：丢人。

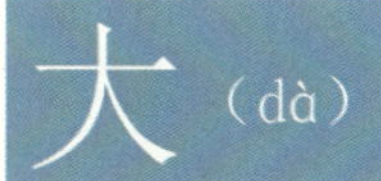

一+人　甲◎　金◎　篆◎

造字本义：人的身体长高，体格变得粗壮，由小孩子（）长成大（）人，如：长大。

人长大以后到了婚配的年龄称之为成年，“大”由此引申为“成年人”，如：大人。

古代进入父系社会以后，父亲为一家之主，凡事以父亲为大，“大”由此引申作方言，指父亲，如：俺大（我父亲）。

由于人从婴儿到幼儿、少年、成年、老年各个阶段身高、体格不同，故日常生活中，人们习惯以人的不同年龄成长阶段的身高、体格为参照物，比画所描述对象的大小，“大”由此引申为“大小的对比”，如：高度比人还高，块头比人还大。引申用来形容体积、面积、数量、力量、规模、程度等方面超过一般或超过所比较的对象，与“小”相对，如：房子大、年纪大、声音大。

由此进一步引申为“规模广”“范围大”“程度深”“性质重要”“很”“太”“非常”，如：重大、大局、大计、大事。

当人们分配物资时，对被分配物资的具体数量无法搞清楚时，只能估计，分成两份，两相比较，超过事物的一半为多，“大”由此引申为“超过事物一半，不很详细，不很准确”，如：大概、大凡等。

◎小知识

“大夫”的由来

古时候将拥有大量土地、知识渊博的人称为“大夫”，大夫由此成为位于“卿”之下、“士”之上的一种古代官职。如：秦汉以后，中央要职有御史大夫、谏议大夫、中大夫、光禄大夫等；明清高级文职官阶称大夫，武职则称将军。旧时，太医封官，专称大夫，唐末五代以后官衔泛滥，以官名称呼逐渐形成社会风气，故北方人尊称医生为“大夫”。为区别于官名，将“大”读成dài。

古代戏曲、旧小说中，对强盗首领的称呼为“大王”，为区别于对君主或诸侯的敬称，读dài。

夫(fū)

大+一(上)　甲◎　金◎　篆◎

造字本义：人长大后束发插簪，标志成年，可以婚配。

引申指成年男子，如：国家兴亡，匹夫有责。

成年男子婚配后，“夫”便成为女子的正式配偶，即丈夫。丈夫勇猛有力，承担起了对家庭的责任，“夫”由此引申为“对男子的美称”，如：大丈夫。

由此进一步引申为“对学者等有名望的饱学之士的尊称”，如：孔夫子。

我国商朝对土地施行井田制，一夫(成年男子)受田百亩。井田之上，劳作者为夫，“夫”由此引申泛指从事某种体力劳动或服劳役的人，如：农夫、车夫、马夫、轿夫、拉夫。

辇（輦）(niǎn)

夫 + 夫 + 车（車） 甲 ◎ [illegible] 篆 ◎ [illegible]

造字本义：两个成年人并行，拉车前进，泛指拉车。引申指古时用人拉或推的车。秦汉后引申特指君王、王后所乘的车。

撵（攆）(niǎn)

扌（手）+ 辇（輦） 后起字，今篆 ◎ [illegible]

造字本义：用手将车推离，泛指“使离开”，引申为“驱离”“驱逐”，如：撵他下台、撵走。

强行驱离，追着、赶着催其离开，“撵”由此引申作方言，会意追赶、催，如：我撵不上他。

芙 (fú)

艹（艸，从草，泛指草）+ 夫 篆 ◎ [illegible]

造字本义：成年男子喜欢的花卉植物，喻指美女。与表义花容娇艳的植物之“蓉”组合成“芙蓉”，会意花儿的容貌像美女的草本植物。如：人们将生长在沟渠里，开着像成年男人喜欢的美女一样的花卉的植物“芙蕖（荷花）”称之为“芙蓉”，将花容娇艳的灌木木莲称为“芙蓉”，因其遍生于三湘四水，湖南因此获得了“芙蓉国”的美誉。

扶 (fú)

扌（手）+ 夫 金 ◎ [illegible] 篆 ◎ [illegible]

造字本义：女子伸手搀着劳作归家的丈夫，接过丈夫身上的农作物或农具，为其提供帮助，会意辅助、帮助、援助，如：扶养、扶危济困。

丈夫身上背负的农作物或农具很重，放在地上身体容易失去平衡，妻子伸手帮一把，防止其摔倒，“扶”由此引申为“搀，用手支持人或物（使不倒、不沉）”，如：搀扶、扶持。

由此进一步引申为“用手按着或把持着（防止摔倒）”“靠近”“攀缘”“沿”“顺”，如：扶梯、扶手。

◎小知识

扶桑的由来

“扶桑”一词一说源自于印第安语“乌鸦”的“乌”与“太阳”（古罗马音译为“索尔”，古印度音译为“苏里耶”，古代中国音译为“羲和”，英文为“sun”，发音“桑”，音译为“乌索”，指九千年前即驯化了玉米的古代墨西哥，意思是以太阳乌（鸦）为图腾的部落（国家）。另一说源于大约五千年前，在遥远的东方生活着另外一个以太阳乌（鸦）为图腾的部落东夷，其首领为传说中射日的后羿。东夷被炎黄部落打败后，大部分迁往东北，远走今韩、日所属地区。散居在中国境内被汉化的东夷人思念祖先，隔海相望，想象其族人最后落脚的地方有汤谷，为十日（太阳乌）所浴之处。因汉族老百姓视乌（鸦）为报丧的不祥之鸟，又因桑枝常被人用于丧事，丧、桑同音，又与太阳的英语发音近似，故取“乌索”近音汉译作“扶桑”，意思是以太阳乌为图腾的民族一路扶丧，回到了大海（汤谷）中间十日所浴之处，生动描绘了东夷族在迁徙过程中不断有人死去的凄凉场景。这就是日本名“扶桑”的原因。

我国古代的商部落以“玄鸟”为图腾，玄鸟，即黑色的鸟，也是指太阳乌，故商朝的国名“商”也与“桑”（sūn）近音。

公元前 2 世纪，在今甘肃境内敦煌祁连间游牧的一个部落建立了自己的国家，以乌鸦和太阳为图腾，国名汉（音）译作“乌孙”。

与“扶桑”并非具体指哪一个国家的道理一样，作为植物名，“扶桑”并非指哪一种具体植物，而为所有花似太阳、叶似桑的植物的统称，结果就出现了朱槿、棉花、若木的“扶桑”之争。

规（規）（guī）

夫 + 见（見） 古 ◎ 篆 ◎

造字本义：古文“”，会意以人作为画圆的仪器：双脚分开，一只脚止（）于一点（），旋转身体，用另一只脚的脚尖在地上画印，得到的图形便是圆。此乃古人最原始画圆的工具——人体圆规。篆文“”，以成年人（夫）为画圆的仪器，双脚分开，一只脚定于一点，用另一只脚的脚尖在地上画印，旋转身体，当眼睛将周围的景物环视一周后得到的图形便是圆。显然，“規”（规）的造字本义为以成年人为工具画圆，会意画圆，引申泛指画圆的仪器，如：圆规。

按照这种方式画出来的圆十分标准，后人皆按此法画圆，“规”由此引申为“法度”“章程”“标准”，如：法规、规则、规章。

房屋、宫廷建筑等必须符合一定的规范，要符合规范得事先画好图，然后按图施工，“规”由此引申为“谋划”“打主意”“想办法”，如：规划。

无规矩不成方圆，日常生活中人们常常被劝告要守规矩，遵法度，“规”由此引申为“劝告”“建议”，尤其指郑重地劝告，如：规劝。

窥（窺）（kuī）

穴（洞，窟窿）+规（規）　篆◎

造字本义：“規”的造字本义为以成年人为画圆的工具画圆。以人体为圆规画圆，周围 360° 景物必须尽入人眼才能成圆，“規”由此引申为“环视”“观察”。简化作规。“穴”（洞，窟窿）加“規”组合为“窺”，随“規”简化作“规”类推简化作“窥”，其造字本义为从小孔里看，引申为“从小孔或缝里看”“暗中察看”“观察、侦探”，如：窥探、窥视。

太（tài）

大+丶（“上”的甲骨文“⠆”省“⠂”）　古◎　篆◎

造字本义：（大的）上面（为）更大，会意比大更大，即极大、广大，如：太湖。

极大的东西一定很高，“太”由此引申为“高”，如：太空。

由此进一步引申为“身份最高（与古代皇家、官家有关的）或辈数更高的”，如：太史、太夫人。

汰（tài）

氵（水）+太　篆◎

造字本义：用水淘洗，留下大之又大的（颗粒），即淘洗（米、豆等），泛指留下好的，去掉不合适的，如：淘汰、优胜劣汰。

泰（tài）

大+廾（，双手升举）+水　篆◎

造字本义：在水边洗浴祓禊，行成年之礼，举起双手（）乞求平安。楷书将双手（）与“大”合并为“”，加“水”写作“泰”。

古时人们为男孩举行冠礼，为女孩举行笄礼，标志着孩子已经长大成人，可以婚配。古人举行成年礼往往选在每年三月的第一个巳日（即毒蛇结束冬眠出洞的季节，称“上巳”），在水边举行祭礼，洗濯去垢，消除不祥，保佑人一生远离虫、毒，称为“祓禊”。祭祀完毕，为男孩束发插髻，为女孩束发、绾髻、插簪，宣告孩子已经长大成人。古人为孩子举行成年礼以祓禊，是为了给孩子消灾免祸，永保平安，“泰”由此引申为“平安”“安定”，如：国泰民安。

男女成年，即将开始美好的爱情、婚姻生活，“泰”由此引申为“佳”“美好”，如：否极泰来。

由于今山东省泰安县境内的岱山（又名岱宗）主峰位于靠海的东边，因日出东方，东边为古人视作日出之地。古时皇帝贵为天子，岱山由此被视为天子的福地。加之其崛起于华北平原之东，凌驾于齐鲁平原之上，与平原、丘陵相对高差1300米，形成了强烈的对比，“一览众山小”，在视觉上显得格外高大；其山脉绵亘100余公里，盘卧426平方公里，基础宽大，形体庞大而集中，让人产生一种强烈的厚重、安稳之感，大有“镇坤维而不摇”之威仪。古代皇帝之所以选择岱山为封禅之地，乃希望江山稳固，代代相传，故春秋时更名为“泰山”。

在古人看来，唯山与树能够与天地相接传递信息，能使天子的愿望直达天庭，告知天帝，“泰”由此引申为“通”，如：天地交泰。

由此进一步引申为六十四卦之一，如《易经·泰》：“象曰：天地交，泰。”

立（lì）

大+一　金◎ 甲◎ 篆◎

造字本义：两脚着地或踏在物体上，身体能够完全挺直的人，即直立人。

引申为“直着身体，两脚着地或踏在物体上”，即笔直地站定，引申为“竖起来”，如：直立、挺立、立柜。

由于人是由猿进化来的，由过去的四肢爬行进化到直立行走，两腿承载着全身的重量，决定了人站立的时间不会太久，站或直立行走一段时间，双腿承受不了，必然停下稍作休息。加上人们讲客气，让人站着长时间等总觉得不礼貌，总会很难为情地说“稍站片刻，马上就好”，“立”由此引申为“马上”，如：立刻。

位（wèi）

亻（人）+立　篆◎

造字本义：人笔直站定在所处的位置，泛指所在或所占的地方，如：部位、座位。

引申为“人所处的职务”“人或团体在社会关系中所处的位置”，如：职位、地位。

职务有大小，地位有高低，依次排列，“位”由此引申为“先后顺序的位次”。由此进一步引申为“算术上的数位”，如：个位、十位、百位。

氏（shì）

人+一　甲◎ 金◎ 篆◎

造字本义：依然使用石器，但已经掌握钻孔技术的早期人类。

人类进入石器时代以后，结束了群婚、乱婚，先是以母系，后来以父系为血统族居，“氏”由此引申为“以血缘关系为纽带形成的社会和经济组织”。人们以该组织的标志为家族的符号，即姓。

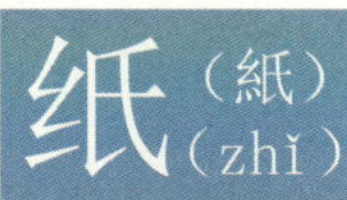

纸（紙）（zhǐ）

纟（糸）+氏　篆◎

造字本义：手持石块将丝状物捣成浆。后来人们发现装过丝、麻之类植物纤维捣成的浆的器物里面，往往会留下薄薄的一层，风干之后脱落，很柔软，可记事，于是发明了纸（紙）。

氐（dī）（dǐ）

氏+丶　金◎　篆◎

造字本义：弯腰站在高处往低处打桩建房的人，读 dī，居住在今西北一带，东晋时建立过前秦、后凉。

打下的桩为房屋之基，宛如树木之根，“氐”由此引申为“根本”，读 dǐ。

低（dī）

人+氐　篆◎

造字本义：人站在高处往下打桩时，头向下垂，泛指向下，如：低头。

当人的头向下放低时，其头部离地面的距离越近，也意味着头部从下至上的距离变小，“低”由此引申为“从下至上距离小”“离地面近（与‘高’相对）”，如：低空、低潮。

由此进一步引申为“在一般标准或平均程度之下（与‘高’相对）”，如：低气压、低声下气、低温、低压。

也进一步引申为“等级在下的（与‘高’相对）”，如：低年级、低档、低级。

底（dǐ）

广（敞屋，泛指房屋）+氐　篆◎

造字本义：面积、范围宽阔的房屋之房基，会意根基、基础，如：底薪。

引申为“事情的根源或内情”，如：摸底。

由于房基位于房屋的最下面，“底”因此引申为“物体最下的部分”“几何图形的基线或基面”，如：锅底、清澈见底。

人们在画画、制图、制订方案时，多先用线条勾勒打底，再在这个基础上一层层丰富，形成草稿。然后又对草稿做多次修改，形成最后的作品和方案，“底”由此引申为“草图、草案、草稿、预备性或试验性的略图或文本”，如：底样、底稿。

如果像堆积物品一样把时间从上至下排列，年末、月末自然排在最下面的位置，“底”由此引申为“尽头”“末尾”，如：年底、月底。

二、知识疯狂补

金文为国家礼制的产物

金文是指铸刻在商、西周、春秋、战国时期青铜器上的铭文字体的总称。

世界上最早的青铜器出现于古巴比伦王国底格里斯河和幼发拉底河的两河流域。我国的夏代开始有了青铜容器和兵器，至商朝得到巨大的发展。商朝政教合一，君权神授，兼君主、巫师于一身的统治者将自己的意图刻在甲骨之上，附会为神的旨意，让大家心服口服地去执行，甲骨文得以大行其道。盘庚迁殷（今河南安阳）之时，开始以钟鼎替代甲骨铸文记事。初时只有寥寥数字，至周初，已达 1200 余字。后古公亶父创制周礼，周朝施行分封，从此，大国分诸国，天下共主，周王始称“天子”。

礼制的建立，让昔日的炊具鼎和乐器钟成了礼之重器，人们将天子祀典、赐命、诏书、征战、围猎、盟约等重大活动或事件刻铸于钟鼎之上，禀告天神，万世流芳。因周朝称铜为金，故将由甲骨文演化来的青铜铭文称为“金文”或“吉金文字”，又因多刻于钟鼎之上，也称“钟鼎文”。钟鼎文自西周早期至秦灭六国，前后共使用了 800 多年，目前已收集 3722 个字，已识别 2420 个。

第八课 老：岁月的精华

远古时期，人类因为人伦混乱吃尽了苦头。那时候，人们不论老少、兄妹都可通婚，结果生出来的小孩多有缺陷。由此，人们终于懂得了建立父子、夫妇、兄弟姐妹等人伦秩序的重要性。以至于每次部落成员聚集在首领的屋内（）议事，所有成员必须像绳捆竹木（）一样长幼有序地围成一圈。根据这一场景人们造了个甲骨文“”，会意条理、次序。后篆文加“人”旁写作“”，简化作“伦”，特指人与人、人与社会之间应当遵守的秩序，这其中的道理即“伦理”。

人伦秩序的建立，让老人有了地位。甲骨文“”中白发如草（）的老夫（），弯腰驼背（），手持（）拐杖（），一副长者风范，楷书为“考”。人们常在墓碑上称死去的父亲为“考”，意在表达父亲永远活在亲人的心里没有死去的一种思念之情。

在人们看来，手拄拐杖的老人年纪还不算最老，于是金文以倒着的人（）替代拐杖（丂）新造了“”，会意头发如乱草丛生的驼背老夫因自然衰老而死亡，篆文为“”，楷书为“老”，生动揭示了人老到极限会死这一自然现象。

老年人年龄大，辈分大，地位自然也大，“老”由此引申为“大”，老大老大就是这么来的。

古代尊老，还体现在对老人的称呼上。

甲骨文“”象形手（）持火把（）在屋内（，即宀）寻物或引路的人，篆文写作“”，隶书为区别于“灾”，变形为“”，楷书为“叟”。古人认为年长者是晚辈的指路明灯，是下一代的领路人，故称其为“叟”。

又，甲骨文“”的本义指“雄性”，被人们理解为“平均分配口粮，扒（）成一堆一堆”，篆文写作“”，楷书为“公”。在人们看来，只有老人办事最公道，处事最公平，所以称其为“公”。由于周天子论功分封诸侯，封功劳最大的人为“公”，人们只好在“公”（）下添“羽”（）取代“公”，称老人为“翁”（），意思是发如白羽的男子。山上的松树千年不倒，鳞片状的树皮酷似老人饱经风霜的皮肤，故名“松”（金：，篆：）。由于松树的寿命很长，故反过来又将长寿的老人比喻为“松”，这就是人们喜欢用绘有“松鹤延年”图案的礼物给老人祝寿的原因。

老人受人尊重还有一个原因，即为下一代人传授生活的技能和为人处事的经验。甲骨文“”象形白发苍苍（）的老人两腿下蹲（），腰靠古代砍柴时用来撑在腰间作短暂休息的拐杖丂（），做细细考问状。这样的场景经历了金文（）、篆文（）时代沿袭到现在，演变成了考试的“考”。

尽管许多人讨厌考试，但我们还是应该尊敬教我们如何生活的老人。俗话说“百善孝为先”，老人是岁月浓缩的精华，一切善行都得从孝敬老人开始。如何尽孝？答案全都藏在汉字里面。

如“孝”，甲骨文“”要求孩子（）守在老人（）身边，像老人曾经抚养小孩那样服侍老人；金文“”和篆文“”则要求孩子乐意做老人的“丂”，一路搀扶老人安享晚年。

如“馊”。篆文“”指食物（）因变质而发出像老叟（）身上散发的酸臭味儿。按常理，如果经常给老人洗澡，身上是不会有异味的。如果连老人身上有异味了还不给他沐浴，古人认为这是不孝的。

又如“瘦”。篆文“”会意人生病发烧卧床（）多日，身体像老叟一样骨瘦如柴。在人们看来，如果连老人的身体突然消瘦了都没有发现，就是一种不孝的表现。

中国历代十分重视孝道，西汉时期，不仅皇帝死了封号带“孝”，如孝文帝、孝武帝等，甚至连特别孝顺的老百姓都能经过推举直接入朝为官，称为举孝廉。孔子以为，尽孝其实并不难，只要做到“色难”就行，即不给难看的脸色给父母看。然而要做到这一点还真不容易，一次不给老人脸色，不难；一辈子不给老人脸色，很难。

一、汉字疯狂+

字根：

造字本义：

头上插簪，伸手（）颤颤悠悠行走，头发乱如丛草（）的驼背老夫（）。作偏旁时泛指“老人”。

老（lǎo） 耂＋匕（倒过来的人，非匕首之“匕”） 甲◎ 金◎ 篆◎

造字本义：头上插簪，头发乱如丛草的驼背老夫因衰老而自然死亡，会意人因衰老而自然死亡，揭示人老了会死的自然现象，如：老去。

古时候人的寿命偏短，五十曰考，七十古来稀，意思是说能活到七十岁的人非常稀少，大多数人到了这个年纪就会死亡，故以七十为老。当然也有过七十而不死者，虽然还活着，但也已十分衰老。“老”由此引申为“人接近自然衰亡的年龄”，泛指五十至七十岁的高龄，即晚年，会意年岁大，跟“少”或“幼”相对，如：年老、衰老。

老人比一般人活得更长久，“老”由此引申为“历时长久”“很久以前就存在的”“陈旧”，跟“新”相对，如：老工厂、老房子。

由此进一步引申为“原来的”，如：老脾气、老地方。

由于大多数人都是平凡人，每天都重复地过着平常的日子，一直到老，“老”由此引申作副词，用在动词前面，表示某种动作、行为或状态在一段较长的时间里一直持续不断发生或时常重复出现，有“经常”“时常”的意思，经常与“是”连用，有强调的意味，如：小孩子，别老问这个啊！

老人阅历丰富，很有经验，“老”由此引申为“娴熟”“富有经验”“阅历深”，如：老练、老辣。

古时老人倚老卖老，或自谦年纪大了糊涂，“老”由此引申为“自称”，如：老妾、老衲。

由于人老了没力气干活，被不孝之子视为累赘、负担，“老”由此引申作后缀，代指“人”，含轻视（后作“佬”），如：庄稼佬、外国佬。

植物与人一样，长到一定时期也会衰亡，“老”由此引申为“（蔬菜）长得过了适口的时期”，跟“嫩”相对，如：油菜太老了。

动植物衰老以后，肉质纤维化，咬不动。食物由于火候大或煎炸时间过长，就像纤维化的动植物的肉咬不动，“老”由此引申为“（食物）火候大”，跟“嫩”相对，如：鸡蛋煮老了。

自然界的所有物体都会因为氧化而消失，“老”由此引申为“某些高分子化合物因氧化而变质”，如：老化、防老剂。

耋（dié）

老 + 至（地里节节长高的双穗嘉禾。当双穗嘉禾成熟以后，茎秆长到极限，不再长高，“至”由此引申为“极”“最”） 甲 ◎ 篆 ◎

造字本义：人老得到了生命的极限，指年纪超过七十岁的老人。

姥（mǔ）（lǎo）

女 + 老 《说文》无，今篆 ◎

造字本义：年纪大的女性，读 mǔ。引申为“婆，丈夫的母亲”，泛指母亲，如：公姥、天姥山。

古时候女性不可以去学堂读书，只能跟着母亲学习女红之类，“姥”由此引申为“女师”，读 lǎo。引申为“以妇道（妇德、妇言、妇容、妇功）教人的老年妇女”“女教师”。

母亲老了以后，成了女儿孩子的外婆，于是“姥姥”成了外祖母的尊称，也作“老老”“姥娘”。

耄（mào）

老 + 毛 《说文》无，今篆 ◎

造字本义：毛发很长的年纪很大的人，指八九十岁高龄的老人，泛指年老，如：耄耋（八十岁的年龄；高龄、高寿）。

引申为“年老昏乱”，如：耄聩（年老糊涂）。

考（kǎo）

耂 + 丂（拐杖） 甲 ◎ 金 ◎ 篆 ◎

造字本义：头上插簪，手拄拐杖，头发乱如丛草的驼背老夫，泛指老人。会意老、年纪大，如：富贵寿考。

古时教育非常落后，为人处事全凭老人的生活经验，代代相传。老人将经验传授给年轻人，常常采取询问的方式检查其学得怎样，“考”由此引申为“查核”“检查”“通过书面或口头回答、现场操作等方式，考查人的技能或知识水平”，如：考试、考查、考核。

由此引申为“审察”“研究”，如：考订、考据、思考、考古等。

古时人们非常怀念死去的父亲，故以“考”尊称死去的父亲，仿佛父亲仍然活在亲人的身边，有永生之意，如：考妣、故显考。

拷（kǎo）

扌（手）+考　《说文》无，今篆 ◎

造字本义：动手击打被考问者，特指动手打人以审问犯人，如：严刑拷打。

◎ 小知识

1.“拷绸”的来历

“拷绸”指以桑蚕吐的丝织成的提花纱罗织物做坯绸，利用含有凝胶与单宁酸的薯莨茎块的汁液，多次晒凉于练熟的坯绸上，晒干后使织物黏聚一层黄棕色的胶状物质，再用含氧化铁成分的泥土均匀地涂布于织物表面，经水洗后，胶状物变成黑色，使织物成为正面是乌黑色而背面黄棕色的产品。因其手感柔润，可以防水、防晒，易洗易干，特别是拷打不乱，经久耐穿，故名“拷纱”，广东人以其制作原料命名为“莨纱”。由于穿着拷绸衣走路时会“沙沙”作响，也叫“响云纱”；旧时上海人以其近似香烟的颜色称其为“香烟纱”；江浙一带则取香烟之“香”称“香云纱”。

2.“拷贝”的来历

由于拷打问询犯人时其审讯笔录必须复制几份存档，又因为钱币（古代以贝作钱币）是先刻模子再重复翻模铸造，都含重复制作之意，故将英文copy汉音译为“拷贝”，会意复写、复制，特指由拍摄成的电影底片洗印出来供放映的胶片。

烤（kǎo）

火+考　新造字，今篆 ◎

造字本义：长时间用火考验的，会意用火烘熟或烤干，如：烤白薯、烤面包。骄阳似火，“烤”由此引申为“暴晒”，如：在烈日下暴烤。

铐（銬）（kào）

钅（金）+考　新造字，今篆 ◎

造字本义：将人控制起来使其失去自由以拷问的金属刑具，如：手铐、镣铐。

引申为“戴上手铐”，如：把犯人铐起来。

孝（xiào）

耂+子　甲 ◎　金 ◎　篆 ◎

造字本义：父母年老时，做子女的时常记得父母将自己从孩子抚养成人的恩德。

老人（父母）把儿孙抚养成人，身体不行了，失去了生活自理能力。儿孙牢记老人的哺育之恩，像小时候父母对待年幼的自己一样反哺他们，“孝”由此引申为“尽心奉养并顺从父母、长辈”，如：孝顺、孝敬。

老人（父母）去世时，子孙披麻戴孝，怀念老人（父母）为自己缝补衣服、遮风挡雨的无私奉献，人们将这种表达怀念亲恩的服装称之为“孝服”，“孝”由此引申为“丧服”，如：戴孝、孝衣。

人们还将这种表达孝的丧礼称之为“孝”，“孝”由此引申为“旧时尊长死后在一定时期内遵守的礼俗”，如：守孝、吊孝。

小知识

古人认为父母将孩子养育到三岁，孩子才能够离开父母怀抱独立行走，这段时间最为艰难。所以，父母死后儿孙守孝三年，就是对父母怀抱我们三年，把我们抚养长大的一点点回报。这三年之内必须守在父母安葬的地方，停止一切娱乐和交际活动表示哀悼，“孝”由此引申为“服丧期”。

哮（xiào）

口+孝　篆 ◎

造字本义：老人（父母）去世，开口大声哭喊表示哀痛，即哭丧，如：哮咷。

引申为“呼喊”“大声吼叫”“急促喘气的声音”，如：咆哮。

由此进一步引申为“野兽的吼声”，如：哮唬（虎啸声）。

二、知识疯狂补

籀文，书写在竹片上的文字

所谓“籀”，即手（扌）持笔将主要的事情书写在竹（⺮）片上保“留”下来，人们将这种文字称为“籀文”。

籀文的发明，源于刻在钟鼎之上的金文记事过于繁复，不利于阅读。周宣王的一位史官为此开动脑筋，想到了将文字书写于薄薄的竹片之上，然后用绳子捆扎成册，于是便有了籀文。人们不知道这位史官的尊姓大名，故名其“籀”。籀文在春秋战国时期流行于秦国，又名“大篆”。籀文的出现，为人们阅读提供了极大的方便，“籀”因此有了“阅读”的意思，如：籀读（读书）、籀绎（阅读并理出文章的脉络）。人们由此以四字一句编成了中国历史上最早的儿童识字课本《史籀篇》。

第九课 示：自然的敬畏

每年四月清明节，是中国人扫墓祭祖的日子。为什么要选择这样一个日子祭祖呢？答案就藏在“祖”字里面。

用绳子绑在棍棒上的磨制石器

甲骨文的“祖”写作“”（且），象形用绳子绑在棍棒上的磨制石器。由于磨制石器的发明改变了人类的生活，故将发明磨制石器的人视为自己的祖先。至殷商时期，人们感激祖先的养育之恩，把祖先当神一样恭敬对待。每至清明，人们害怕倒春寒冻死秧苗，期盼天清气朗，故宰杀牲畜（），血淋淋地（）置于直立的木棍或石柱（）之上，昭告祖先（）恭请其前来享用，以保佑庄稼不受天灾。人们根据这个场景造了个金文“”，取代“且”表义祖先，篆文演变为“”，楷书为“祖”。

人们对祖先的恭敬，源于对大自然的畏惧，怕闪电、怕地震、怕山洪……因为不知道它们如何形成，只能把它们想象成主宰天地的神发怒所致，心想只要献出自己最好的猎物甚至人的生命供他们享用，就会免受灾难。于是动手（）割下猎物的肉（），血淋淋（）地插在棍上，希望天地的主宰及时发现并享用，由此人们造出了甲骨文“”和“”。有的甲骨文为表示摆供的为刚刚宰杀的牲畜，添加四点（）表示正在流淌的血水，写作“”。金文综合甲骨文，写作“”，楷书为“示”，会意将祭品摆出来让神知道，表明自己的心意。后来，人们又在甲骨文“”下加“”造出金文“”（篆文“”），楷书为“祭”，表义以手持肉置于祭台示于神祖，祈求保佑。

祭品摆好后，人们跪在（）祭台之前仰天开口（）表明（）自己的心愿，即甲骨文“”（金文“”，篆文“”），楷书为“祝”，会意对人对事的美好愿望。此后，人（）们睁大眼睛（），虔诚地盯着陈列的祭品（）等待神祖的指示，又造出甲骨文“”，金文添加人的身子为“”（篆文“”），楷书为“視”，简化作“视”，表示看的意思。

随着人们的生活越来越好，愿望也会越来越多。想长寿的，即“示”“寿”为“祷”；想祛病的，即“示”“去”为“祛”；想祈求天神保佑腹中四个月的胎儿“巳（）”平安的，“示”“巳”为“祀”；祈祷出门砍柴（斤）或出征平安归来的，即“示”“斤”

为祈；希望牛羊成群，生活幸福美满的，即“示”“羊”为“祥”；如果渴望家里堆满装酒的“畐”（畐），即“示”“畐”为“福”。“畐”越多，说明可用于酿酒的余粮越多，民以食为天，粮越多，说明人的福气越大，金文的“福”字（篆文“福”，楷书“福”）就这样产生了。

人们最害怕的还是做了亏心事遭天打雷劈，每逢电闪雷鸣，便赶紧摆上祭品（示）反复申辩，以免被闪电（申）击中，于是造了金文“神”（篆文“神”，楷书“神”），表义祭祀天地主宰，说明请求宽恕的理由，保佑自己不遭雷劈。因其申诉的对象为“天地的主宰”，故将其命名为“神”。人们敬畏天神，于是害怕什么便祭祀什么，如害怕土地不长谷物，便“祭”（示）“土”（土）为“社”（金文“社”，篆文“社”），“社”便成了土地之神。人们会集在一起祭祀土地之神称为小“社会”，延伸至共同生活的大范围即为大“社会”。这就是“社会”的来历。

古时人们靠天吃饭，所以爱惜天地万物。人们发现一旦过度砍伐森林，狂风就会“开口吃人”。人们对这种人为的过错进行忏悔，祭祀神祖，以“示”（礻）加“過”（过）组合为“禍”（祸），祈求神祖原谅免受惩罚。清明时节天气转暖，雨季未至，树枯草衰，人们害怕由于自身的过错引发山火烧毁山林，于是林子（林）里举行祭祀（示）活动是被“禁”的；家家户户不准开火，一律吃冷食，于是中国又多了一个节日——寒食节。

“劝君不吃四月鱼，万千鱼仔在腹中……”在古人看来，对天地要有敬畏之心，如果肆无忌惮地过度索取，就会招致大自然的疯狂报复。这就是古人热衷于祭祀的真实原因。

一、汉字疯狂+

字根：

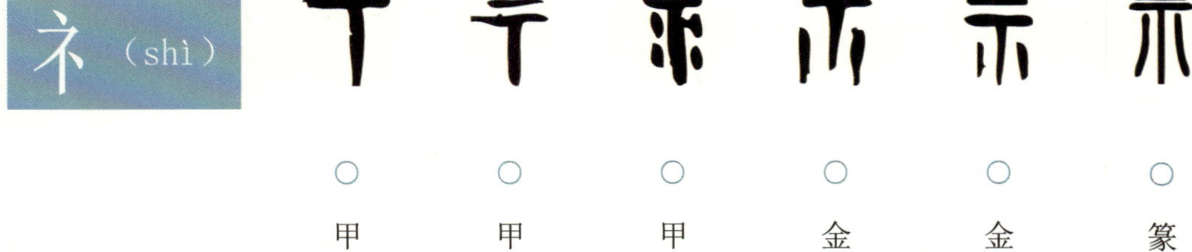

造字本义：

将祭品摆出来让神知道，表明心意，祈求降雨。引申泛指把事物摆出来或指出来使人知道、表明，如：告示、指示、显示、暗示。

祖（zǔ）

礻（示）+且（磨制石器） 甲◎ 金◎ 篆◎

造字本义：祭祀最早使用石器的先人，即祖宗、祖先，泛指自祖父以上各辈尊长。

“祖”为一个家族或民族，甚至是人类的开创者，“祖”由此引申为“初”“开始”“根本”“依据”，即事物的本源，如：祖国。

凡首创者皆为“祖”，如：鼻祖。

祭（jì）

月（肉）+又（右手）+示 甲◎ 金◎ 篆◎

造字本义：以手持肉置于祭台之上，乞求神祖保佑。

禁（jīn）（jìn）

林+示 篆◎

造字本义：在树林里祭祀。古人靠山吃山，由于在树林里祭祀容易引发山火，故禁止在林子里祭祀用火，“禁”由此引申为“不许”“制止”，读jìn，如：禁止、禁令、禁区。

凡所禁之事必须忍耐，否则容易触犯并因此受到惩罚，“禁”由此引申为“受得住”，“忍耐”，读jīn，如：禁受、弱不禁风、不禁笑起来。

祝（zhù）

礻（示）+兄 甲◎ 金◎ 篆◎

造字本义：长兄代表家庭成员祭祀神祖，表达良好的愿望，如：祝贺、祝愿；或用恶毒的言语咒骂，祈求鬼神降祸被骂的对象，如：祝诅。后因“祝”多用于表达良好的愿望，故新造“詶”表义“诅咒”。又因人们多用“詶”为酬应，再以“口”加“祝（省‘示’）”组合为“呪”，会意嘴里念念有词，用恶毒的言语咒骂，祈求鬼神降祸被骂的对象。从此以后，祝“贺”为“祝”，祝“祸”为“呪”（现为“咒”所替代）。

视（視）（shì）

衤（示）+ 见（見） 甲 ◎ 金 ◎ 篆 ◎

造字本义：人们睁大眼睛，虔诚地盯着陈列的祭品等待神祖的指示，会意“看”，如：视力、视线。

引申为“看待”，如：歧视、重视。

也引申为“边走边看”“考察”，如：巡视、监视。

祷（禱）（dǎo）

衤（示）+ 寿（壽，活得长久） 篆 ◎

造字本义：祝告神灵，祈求平安长寿，如：祈祷、祷告。

祛（qū）

衤（示）+ 去 篆 ◎

造字本义：祭神以求去祸除灾。

引申为“除去”“消除”，如：祛湿。

祀（sì）

衤（示）+ 巳（四个月大小的胎儿） 甲 ◎ 金 ◎ 篆 ◎

造字本义：祭神以求腹中胎儿平安。引申为“求神赐予子嗣，人丁兴旺”，泛指置备供品对神佛或祖先行礼，表示崇敬并祈求保佑，即“祭祀”。

祈（qí）

衤（示）+ 斤（砍、劈，引申指一种兵器） 篆 ◎

造字本义：祭祀神祖，乞求外出砍柴平安归来，或保佑征战平安。引申泛指向上天或神明求福，如：祈祷、祈福。

祥（xiáng）

礻（示）+羊　甲◎[ancient form]　篆◎[ancient form]

造字本义：祭祀神祖，保佑羊群多多产羊。古人以羊为食，羊多则食物充足，家庭生活幸福美满，“祥”由此引申为“好的”“美的”“吉利”，如：吉祥、祥云。

福（fú）

礻（示）+畐　甲◎[ancient form]　金◎[ancient form]　篆◎[ancient form]

造字本义：祭祀神祖，保佑年年丰收，有更多的余粮酿酒，确保装满了酒的“畐”（酒坛子）摆满酒窖。藏酒多的人，说明其家境殷实，一切顺利，“福”由此引申为“一切顺利”“幸运”，如：祝福、福气。

◎小知识

清朝咸丰年间的一个春节前夕，恭王府大管家写了几个“福”字，叫人贴在库房和王府的大门上。有一家丁因目不识丁，竟将大门上的“福”字贴倒了。恭亲王的福晋十分气恼，欲鞭罚惩戒。大管家怕福晋怪罪连累自身，慌忙跪倒说：“奴才常听人说，恭亲王寿高福大造化大，如今大‘福’真的倒（到）了，乃吉祥之兆。”恭亲王福晋一听，转怒为喜，心想：“怪不得过往行人都说恭亲王福倒（到）了，吉语说千遍，金银增万贯，一般的奴才，还真想不出这招呢！”于是赏管家和家丁各50两银子。后来，倒贴“福”字的习俗由达官府第传入巷陌人家，贴过后每家都希望过往行人或顽童们念叨几句“福倒了！福倒了！”以图吉利。

神（shén）

礻（示）+申（闪电）　金◎[ancient form]　篆◎[ancient form]

造字本义：祭祀闪电之神，保佑不被雷劈。古人以为闪电变化莫测，威力无穷，“神”由此引申为“天地万物的创造者或主宰者”，如：天神、神灵。

神灵法力无边，非一般人所能理解或做到，“神”由此引申为“不可思议的”“特别稀奇的”，如：神秘、神奇。

由于人的想法像神一样猜不透，“神”由此引申为“意识”“思维”等，如：精神、神志。

社（shè）

礻（示）+土　金◎［古文字］　篆◎［古文字］

造字本义：祭祀土地神，保佑土地多长粮食。引申泛指土地神或土地庙。

◎ 小知识

社稷，土神和稷（五谷）神的总称。远古时代人们靠土地种五谷生存，君主们害怕饥民造反危及政权，每年都要到郊外去祭祀土地神和稷（五谷）神，祈求五谷丰登，国泰民安，社稷因此成了国家的象征。所谓“社稷之忧”“社稷之患”“社稷之危”即国家之忧、国家之患、国家之危。传说尧帝时代，全国洪水滔天，共工氏的儿子句龙在高地挖土堆丘，每丘供25户灾民居住，躲避洪水，称之为“社”。句龙死后，被奉为土神，也叫社神，为了纪念他，人们专门建造了房屋祭祀，称之为“后土”。烈山氏的儿子柱，主管农业，培育出五谷，被夏帝封为稷正（相当于现在的农业部长），其死后，被奉为农神，也叫五谷神。出于对土地的崇拜，从天子到诸侯，凡是有土地者都可以立社，甚至连乡民也可以立社祭祀土神，“社日”于是成为睦邻欢聚的日子，社日演出的戏剧称为“社戏”，晚上举起火把狂欢称之为“社火”。所谓“社会”本义为社日的聚会。现代意义上的“社会”一词来自于日本，对应英文“society”一词，近代学者严复曾译为“群”，指人与人之间互相联系而结成的组织，如：结社。

祸（禍）（huò）

礻（示）+过（過，过错，省“辶”）　篆◎［古文字］

造字本义：因为过失导致灾殃降临，祭祀神祖乞求原谅而免于或减轻惩罚。泛指灾殃、苦难，与“福”相对，如：战祸。

人们之所以害怕灾祸，是因为灾祸往往给人们造成大的损失和伤害，“祸”由此引申为“损害”“加害”，如：祸国殃民、祸害。

二、知识疯狂补

篆文，最早用刀笔书写的文字

籀文因初刻于石鼓，故又名石鼓文。由于石鼓文流行的时候还没有毛笔，人们将竹（⺮）棍削成公猪（豕）尖嘴（彑）的形状，蘸墨写字留印记于石鼓，然后顺着印迹一笔一画用刀精心雕刻，故籀文也因此名“篆”，楷书为“篆”。后周朝四分五裂，诸侯国各自为政，恢复各民族自己的文字。秦始皇统一六国后发现全国“言语异声”“文字异形”，交流不便，政令不畅，一个“宝”字居然有 194 种写法，便命令丞相李斯统一六国文字。李斯将籀文简化，为示区别，称籀文为大篆，称改造后的文字为小篆，合称篆文。

在玉器上雕琢出凹凸的花纹为“瑑”。春秋战国时期至秦以前，人们将玉瑑印章称为“玺”。秦始皇统一六国后，规定天子专用称“玺”或“宝”，官印称“印”，将军用印称“章”，私人用印称“印信”。此时文字已经统一，刻在这些印章上的字体皆为小篆，篆刻由此成了雕刻印章的代名词。

第十课 礼：华夏的国魂

中国自古为礼仪之邦。中国之礼，源于人们对雨水的渴望，雨水不丰沛，牲畜所需的牧草得不到保障，牧民的食物也就失去了来源。为此人们专门发明了一种敲击发声酷似礼器“豆”（）的求雨神鼓（），以祈求天神保佑牧草（）丰美，楷书为“壴”。后来，壴用于战争，人们以草绳鼓槌敲壴为“鼓”（），手持树枝（支）按鼓点指挥部队进攻为“鼓”（）。因古时战争频发，“鼓”字使用频繁，“鼓”由此取代“壴”和“鼓”，成为打击乐器鼓的总称。

祭祀上天，必须心诚。人们毫不吝啬地拿出最珍爱的美玉，击鼓示于神祖，即甲骨文“”。篆文将金文“”（壴）之“”（屮）改作凹槽（），表义盛玉器于豆中。楷书将双玉（）与豆槽（）连体简化为“曲”，与“豆”组合为“豊”，会意盛玉器于礼器豆中，献祭。

献完玉，还得敬酒。于是人们以酒坛子“”（酉）与“”（豊）组合造金文“”，会意用于敬神的甘甜的酒，泛指甜酒，篆文为“”，楷书为“醴”。又以“”（水）加“”（豊）组合造金文“”，会意用于敬神的纯净甘甜的水，篆文为“”，楷书为“澧”。三湘四水中“四水”之一的兰江，因水质特别纯净甘甜而名澧水。

无论是醴，还是澧，都是流体，用流体物质献祭的过程即古文“”，生动再现了古人将圣洁的水或甘甜的酒洒（，乚）在祭台前昭示（）神祖前来享用，楷书为“礼”。然而美酒再甘甜也不如美玉珍贵，为表示对神祖的虔诚，篆文统一为“”，后来由于写起来太麻烦，楷书又回归古文简化作“礼”。

“礼”不仅对祭品和过程有讲究，对敬献祭品的器皿也格外讲究。民以食为天，烹煮食物的器物当然是最理想的祭器。甲骨文“”象形架在片状木材（）之上有提耳（）的陶锅（）。后加以改进，在锅（）下加足（）造出有足之“”。青铜器时代，在器身刻上精美的花纹（）变成金文“”。篆文“”将甲骨文中堆码的片状木材两“片”相背，又将刻有精美花纹的锅搁在上面，楷书为“鼎”，由此完成了鼎从食器向礼器的华丽转身。

鼎的身份发生改变之前曾经历了漫长的巫术时代。巫师以鼎（）祭神占卜（），乞求神祖为迷途之人指明方向，造甲骨文“”，金文为“”（篆文“”），楷书为“貞”

（“贞”）。既然神发出了旨意，当然要意志坚定地服从，故人们以“贞”会意坚定不移。在古人看来，神祖都是道德高尚的人死后升天所化，故用向下入土的倒过来的人（）表示神祖并以鼎（）祭之，金文为“”。人们坚信神祖不会撒谎，故以篆文“”表义不假，楷书为“真”。道教认为，只有洞悉宇宙和人生本原、真正觉悟的人才能成仙，故将升仙之人称为真人。

至夏朝，大禹将天下分为九州，铸九鼎以祭天神，鼎由此成为国家的象征，历代便将定都或建立王朝称为“定鼎”。由于鼎成了传国重器，一般的祭祀只好用圆腹鼓出的“豆”来代替。因豆荚中鼓出的豆类酷似“豆”的器身，故“豆”成了荚果类植物及其种子的通称，如：大豆。

西周时期，周文王之子周公旦将他制定的各种礼节规范用刀（）刻在鼎（）上，提醒人们时刻遵守，即金文“”，篆文为“”，楷书“則”，简化为“则”，从此，《周礼》成了各个朝代遵守的共同准则。春秋时期，孔子提出了“仁”治天下。所谓“仁”，甲骨文（）会意两份（）物质每人（）一份，强调公平对待。金文（）会意两人（）平起平坐（），突出地位平等。籀文（）则突出“二人用心对待”，倡导用爱人之心爱天下之人。因楷书“忈”容易被人理解为“二心”，故篆文传承甲骨文统一为“”，楷书为“仁”。“仁”从此便成为礼制社会的最高道德标准。相传唐太宗时期发生旱灾，老百姓颗粒无收，养不活儿女，只能将他们卖给有钱人做奴仆。为此，唐太宗非常痛心，对大臣们说：“天久旱不雨，上天应该惩罚我，不应该为难老百姓。”于是，他拿出皇宫里的生活费将那些被卖掉的孩子赎回来送还他们的父母。正是因为他以仁爱治国，所以深得民心，使唐朝成了当时世界上最强大的国家。

一、汉字疯狂+

字根：

造字本义：

容器的器腹呈圆形鼓出的高足或有盖的盛物器，特指新石器时代晚期开始出现，盛行于商周时期的一种盛食物的器皿，多陶制，也有青铜制或木制涂漆。豆作为礼器，常与鼎、壶配套使用，成为随葬用的主要器类。古时木豆谓之豆，竹豆谓之笾，瓦豆谓之登。

引申为“酷似豆腹的圆形鼓出之物”。由于豆类植物夹在豆荚间鼓出的果实酷似容器豆鼓出的豆腹，故民间俗称豆类植物“菽”为“豆”，“豆”由此成了豆类植物的总称，如：扁豆、黄豆。

豉（chǐ）

豆＋支（枝省木）　篆◎

造字本义：手持枝叶盖住泡透或蒸煮过的豆子，使其长霉发酵。人们将用这种方法制成的食品命名为“豉”，俗称豆豉，古称“幽菽”，即在幽暗的地方经发酵长霉而制成的豆制品。有咸、淡两种，供调味用，淡的可入药。

登（dēng）

癶（双脚踩着台阶或物件使身体抬升至高处）＋豆　甲◎　金◎　篆◎

造字本义：踩着台阶或物件使身体抬升至高处，双脚并拢，双手捧着装满五谷的豆，倒进官仓（上缴公粮），引申为“人由低处向高处”“上”“升”，如：登山。

人登阶之时，由于每抬高一步用时很短，“登”由此引申作副词，表示“即刻”，如：登时。

古时候，人们把科举或仕途升迁比作登山，实现人生由低处向高处的转变，“登”由此引申为“科举考试中选”“加封”“升任”“进用”“选拔”等，如：五子登科。

古代储粮，用竹篾或稻草扎成谷围，以谷围围成四周封闭的谷仓，往仓中存粮，最后铺盖禾草，形成锥形防雨顶盖。储粮时，人们须借助楼梯之类的辅助物爬上围顶，将粮食倒入仓中，粮食收获得越多，谷围越高，人们往里面倒粮食时楼梯攀得也越高。当五谷丰收之后，人们爬上高高的楼梯往粮仓里面倒粮，即谓五谷丰登，“登”由此引申为“成熟”“丰收”。

粮入官仓，每当有人登上谷围往里面倒粮，都有专门的人称量并予以记录，“登”由此引申为“记载”“记录”，如：登记。

报章发表新闻，乃以公开的方式对事件予以记载，“登”由此进一步引申为“刊载”“发表”，如：登报。

古人希望，人死了能够升天做个神仙，因天高高在上，不登上不了天，“登”由此引申为“升天”“死”，如：登天。

古时唱戏有戏台，角儿在台上演，观众在台下看，角儿登台亮相，意味着演出开始，

“登”由此引申为“出场”“亮相”，如：登场。

当人们由低处往高处攀升时，腿和脚必须踩住附着物，才能使劲，“登”由此引申为“踩”“踏”，后写作“蹬”，如：蹬在窗台上擦玻璃。

使劲时，腿和脚必须向脚底的方向用力，才能将身躯抬升，“登”由此引申为“腿和脚向脚底的方向用力”，后写作“蹬”，如：蹬水车。

当人们穿裤子或鞋的时候，往往需要将脚伸进裤筒或鞋口，腿和脚同时向脚底的方向用力才能穿得进去，“登”由此引申为“穿”，后写作“蹬”，如：脚蹬长筒靴。

古代交通不方便，出门须跋山涉水，“登”由此引申为“上路”，如：登程。

由于茅厕的厕板高于地面，人们如厕须登上厕板，蹲之，待之，“登”因此引申为“蹲”“待”，如：登坑。

橙（chéng）

木＋登　篆 ◎

造字本义：登至高处或蹬起脚就能采摘果实的树木，即橙子树，其果名橙子。

因橙子颜色特征显著，“橙”由此引申作红和黄之间颜色的标准色，即橙色。

凳（dèng）

登＋几　《说文》无，今篆 ◎

造字本义：放在床前踏脚登床的矮小的桌子，会意床前踏具，即踏床。

后来升高，演变成了有腿没有靠背的坐具，如：凳子。

櫈（dèng）

木＋凳　《说文》无，今篆 ◎ 

造字本义：木凳。今写作“凳”。

澄（chéng）（dèng）

氵（水）+ 登　《说文》无，今篆 ◎

造字本义：登山过程中所遇之水。山越高，水越清，登山所遇皆山泉之水，非常之清澈；登上山顶俯瞰山间之水，非常宁静。故以“澄”会意水静而清，读 chéng，如：澄碧。

由此引申为“清澈”“透明”“让水中物沉淀，使清澈”“使清静”“使清明”，如：澄清、澄澈。

在日常生活中，裤子上沾了灰或泥，脚往地上用力一蹬，灰或泥即可抖落，于是人们以“氵”加“登”组合为“澄”用于口语，表义将水中的杂质蹬掉、踢出，即使液体中的杂质沉淀分离，读 dèng，如：把水澄清。

逗（dòu）

辶（辵，走走停停、跑，泛指行走）+ 豆　篆 ◎

造字本义：走走停停或跑，拿豆子招引、撩拨孩子或动物，会“招引、撩拨、调戏”之意，如：逗乐。

由此进一步引申为“相声表演中，演员在叙述故事时组织笑料的一种方法”，如：说学逗唱。

人们用豆子之类的食物逗引小孩或动物时，得先亮一下食物，然后站在原地止住不动或中途停留下来保持不动，引诱其过来，“逗”由此引申为“止住”“停留”或“中途停留”，如：逗留。

由此进一步引申为“时间的延续”“句中的停顿”，如：逗号。

痘（dòu）

疒（病）+ 豆　《说文》无，今篆 ◎

造字本义：因病长出像豆子一样的疮，俗称“天花”“天疮”，即痘疹。

短（duǎn）

矢（箭）+豆　金◎　篆◎

造字本义：以矢量豆，矢比豆长，会意豆不长，泛指不长，指两端空间距离小，跟“长”相对，如：短刀、短裤。

空间距离越短，从起点到达终点所花的时间也少，“短”由此引申为“所花费的时间少”，与“长”相对，如：短期、短工。

耗费时间或空间的长短可受人控制，“短”由此引申为“使不长”，如：缩短。

人的生命有长有短，“短”由此引申为“寿命不长”，如：命短。

短的东西与长的东西比较，缺少一截，“短”由此引申为“缺少”“欠”，如：短缺、短少。

古人希望人人都很完美，做人一旦有一点欠缺或过失，即为有缺点的人，在古人看来，这样的人是不完美的，“短”由此引申为“缺点”“过失”，如：取长补短、揭短。

在古人看来，活的时间越长，见识越多，反之见识越短，见识短的人即浅薄之人，“短”由此引申为“浅薄”，如：目光短浅。

壴（zhù）

中+豆　甲◎　金◎　篆◎

造字本义：甲骨文“屮”（中）“豆”（豆）为“壴”，会意祭祀用的，乞求雨水充足、牧草丰美的，用草绳制成的鼓槌敲击能发出巨大声响的鼓，泛指“鼓”。

鼓（gǔ）

壴+支　甲◎　金◎　篆◎

造字本义：击鼓号令，手持树枝指挥进攻，即击鼓进攻。

引申指圆筒形或扁圆形，中间空，一面或两面蒙着皮革的，以一根或一对木槌敲击时发出咚咚声的打击乐器，如：拨浪鼓、军鼓。

由此引申为“形状、声音、作用像鼓的”，如：耳鼓、鼓板、鼓膜。

鼓必须敲才能发声，由此引申为“使某些乐器或东西发出声音”，泛指“敲击”“弹奏”“拍打”“振动”，如：鼓琴、鼓掌。

古代战时击鼓，是为了集中士兵的注意力，振奋精神，按照鼓点的指令发动攻击，“鼓”由此引申为“煽动”“发动”“振奋”“激发”，如：鼓动、鼓吹、鼓励、鼓舞。

在日常生活中，人们用嘴或风箱吹气，两腮凸起像鼓的形状，“鼓”由此引申为“凸起”“涨大”，如：鼓鼓囊囊、鼓胀。

也引申为“用风箱等扇风”“扇动”，如：鼓风。

瞽（gǔ）

鼓＋目　篆◎

造字本义：像两面蒙皮、中空的鼓一样，眼睛没有眼珠，或有眼珠但看不见，靠木棍敲击地面，像鼓点一样的响声指路的人，会意瞎眼，如：瞽目、瞽者。

引申为“没有识别力”，如：瞽说（瞎说）、瞽言（没有根据和不合情理的话，多用作谦辞）。

丰（豐）（fēng）

丰＋丰＋豆　甲◎　金◎　篆◎

造字本义：击鼓祭祀，祈求山上草木丰茂。由于“豐”中有“丰”，且“豐”与“丰”的部分含义接近，故简化为“丰”，引申指草木茂盛。

进一步引申为“种类多，数量大”“农作物收成好”“富裕”“富饶”，如：丰沛、丰富、丰收、丰美。

由此又进一步引申为“大”“高大”“饱满”，如：丰碑、丰功伟绩。

嘉（jiā）

壴＋加　甲◎　金◎　篆◎

造字本义：古代逢丰收、嫁娶等重大美好事件时举行祭祀庆祝，会击鼓欢歌、加油鼓劲，祈求未来更美好，引申指善、美，如：嘉馐（美味的食品）、嘉言。

进一步引申为“幸福”“吉祥”“欢娱”，如：嘉瑞、嘉庆。

每逢喜庆的事，人们都会讲一些吉利的话，鼓劲、颂扬，“嘉”由此引申为“赞美”“称道、颂扬事物的美好”，如：嘉奖、嘉勉、嘉许。

豊（lǐ）

玉 + 玉 + 壴　甲 ◎ [古文字]　金 ◎ [古文字]　篆 ◎ [古文字]

造字本义：盛玉器于礼器豆中，献祭。

礼（禮）（lǐ）

礻（示）+ 豊　甲 ◎ [古文字]　金 ◎ [古文字]　古 ◎ [古文字]　篆 ◎ [古文字]

造字本义：将玉器盛于礼器豆中用以献祭。由于“禮”字写起来极为繁复，所以取古文“[古文字]”，改献玉为献酒，隶变楷书为“礼”，会意举行仪式，祭神求福，如：礼神、礼佛、礼仪。

久而久之，成了社会风俗，“礼”由此引申为“社会生活中，由于道德观念和风俗习惯而形成的仪式”，如：婚礼、礼服、礼花、礼堂。

周朝的祖先古公亶父发现礼有利于稳固统治地位，于是将其作为一种制度让大家遵守，“礼”由此引申为“符合统治者整体利益的行为准则”，如：克己复礼、礼教、礼制。

在人们看来，做人的基本要求为守礼，所谓礼，即对他人表示尊重和敬意，“礼”由此引申为“表示尊敬”或“表示尊敬的态度和动作”，如：礼让、礼贤下士、礼遇、礼赞。

古人云，来而不往非礼也，意思是说，人与人之间有来有往，为了表示敬意，来往时最好相互赠送一点小小的礼物，“礼”由此引申为“表示庆贺、友好或敬意的所赠之物”，如：献礼、彩礼、礼品、礼金。

醴（lǐ）

酉（酒坛子，泛指酒）+ 豊　金 ◎ [古文字] [古文字]　篆 ◎ [古文字]

造字本义：用于敬神的甘甜的酒，泛指甜酒，如：醴酒。

引申为“甘”“甜”，如：醴泉。

体（體）（tǐ）（tī）

骨＋豊　篆◎體　今篆◎体

造字本义：用于献祭的人或动物连皮带肉的骨头。远古时代，人们一捕获猎物就整只祭祀神祖，然后再分享，后来便形成了献祭、送礼必须是整鱼全鸡的习俗，“體”由此引申为“人或动物全身的总称”，简化为“体”，如：身体、体重、体育、体质。

由此引申为“事物的本身或全部”，如：物体、主体、群体。

由此进一步引申为“物质存在的状态或形状”，如：固体、液体、体积。

由此也引申为“文章或书法的样式、风格”，如：文体、字体、体裁、体例。

文章也好，书法也罢，都有其固定的格式、规矩，“体”由此引申为“事物的格局、规矩”，如：体系、体制、体统。

人的身体有感知，其感知来源于外界对身体的直接刺激，“体”由此引申为“亲身经验、领悟”“设身处地（为人着想）”，如：体味、体谅、体贴、体会。

由此引申为“贴心的”“亲近的”，读 tī，如：体己。

◎小知识

由于“體”字书写太繁复，大约南北朝时期简化为“躰”，会意人的身子依托的根本。“体”字本来与“體”毫无关联，其本义为人像树根（本）一样不会挪动，读 bèn，会“愚笨”之意。大约从元朝开始，有人嫌“躰”字书写仍然繁复，故以“人”代替“身”简化作“体”。因本义为愚笨的“体”字很少被人们使用，“体”便因此取代了“體”和“躰”，并随“體”和“躰”读 tǐ，“身體”便成了“身体”。

彭（péng）

壴＋彡（须毛、花纹、光线或连续不断发出的声音）　甲◎彭　金◎彭　篆◎彭

造字本义：鼓声。

小知识

今江苏徐州在远古时代为蚩尤部落盘踞的地方，炎黄部落经常与之发生战争，战鼓声声，故名“彭地”，又名“彭邑”“彭城邑”。据《通志·氏族略》《姓氏寻源》记载，颛顼的第三个玄孙篯铿，受封于彭地，建立大彭国，称为彭祖，后被商王武丁所灭。大彭国之子孙以彭为姓，传承至今。

大彭国立国达八百余年，后人传说“彭祖寿八百”，实际上指的是大彭国存在的时间。但人们始终相信彭祖真的活了八百岁，都想长寿，于是纷纷以彭祖之名命名山水，如：湖北房山、河南鲁山有彭水，江西有彭泽，四川有彭（祖）山，等等。东晋大诗人陶潜因曾任彭泽县令，故名“彭泽先生”。

在人们的心目中，彭祖是一位养生专家，他懂得将各种动植物制作成营养丰富的美味佳肴，整天持刀剁肉发出嘭嘭如鼓的声音，彭祖因此被人们供奉为烹饪鼻祖，堪称中国第一位职业厨师。

嘭（pēng）

口＋彭　《说文》无，今篆 ◎

造字本义：嘴里发出如击鼓的声音，引申泛指撞击发出的如击鼓的声音，如：一阵嘭嘭嘭的敲门声。

澎（péng）（pēng）

氵（水）＋彭　甲 ◎　篆 ◎

造字本义：水流拍岸发出的如击鼓的声音，读 péng，如：澎湃。

水流拍岸，由于受到阻拦，随着一声巨响，腾得很高，“澎”由此引申为“迸发”“满而溢出”，如：水从堤堰上澎出来。

澎出来的水很有可能打在人的身上，“澎”由此引申为“溅”，读 pēng，如：澎了一身水。

小知识

位于我国台湾岛西部台湾海峡中的澎湖列岛，因港外海涛澎湃，港内水静如湖而得名。澎湖列岛居台湾海峡的中枢，扼亚洲东部的海运要冲，被称为“东南锁匙”，属台湾省。

月（肉）+彭　《说文》无，今篆 ◎ 膨

造字本义：身体像鼓声一样扩散，引申指体积或长度增大，即“胀”，如：膨胀、膨化食品。

◎ 小知识

胖大海，植物名，梧桐科，落叶乔木，单叶，互生，果实略带船形，形似橄榄。干的种子皮带黑褐色，表面有皱纹，浸泡于热水中，身体发胖，膨胀如成海绵状，故名“胖大海”，亦称“膨大海”，是治喉痛、声哑、咳嗽的中药。因以越南大洞山所产最著名，故又名“大洞果”“安南子”。

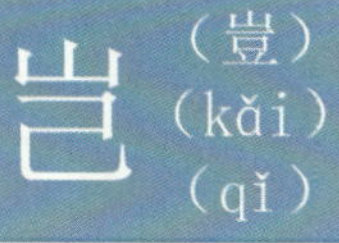

又（持物的左右手，泛指手）+壴　古 ◎ 豈　篆 ◎ 豈

造字本义：手持鼓槌击鼓，后草书楷化，简写作“岂”。

古时候击鼓大致有以下几种情形：

一是打了胜仗凯旋，“岂”由此引申为“军队得胜归来所奏的乐曲”，读kǎi。此义后作“凯”。

军队凯旋之后，人们心情愉悦，生活安乐，“岂”由此引申为“和乐”“安乐”，如：王在在镐，岂乐饮酒（《诗经·小雅·鱼藻》）。此义后写作“恺”。

二是集结部队做讨伐动员，发表战斗檄文，声讨敌人或叛逆的罪行，以达到同仇敌忾的目的。檄文用得最多的语气是反问，故“岂”引申作虚词，用在句中或句首，表示反问，相当于“难道”“怎么”，读qǐ，如：岂非、岂有此理。

由此进一步引申为“比较或更进一层推论”，相当于“何况”，如：岂况（何况）。

由此又进一步引申为“表示估计、推测”，相当于“也许”“莫非”，如：将军岂有意乎。（《战国策·燕策》）

一旦击鼓，人们希望得胜归来，“岂”由此引申为“希冀”，如：追悔过之无及兮，岂尽忠而有功（西汉·东方朔《七谏·沉江》）。此义后写作“觊”。

皑（皚）（ái）

白＋岂（豈） 篆◎

造字本义：白色的物质像密集的鼓声一样覆盖原野，特指覆盖原野的霜雪，引申为“洁白的样子”，如：皑皑白雪。

觊（覬）（jì）

岂（豈）＋见（見） 篆◎

造字本义：手持鼓槌击鼓出征，希望凯旋时还能相见，会意希望、企图。战争很残酷，生还的机会很小，与“觎”（比喻“非分的企求”）组合为“觊觎”，表义非分的希望或企图，即希望得到不该拥有或很难得到的东西。

恺（愷）（kǎi）

忄（心）＋岂（豈） 篆◎

造字本义：奏乐欢迎军队得胜归来，荣归的人和欢迎的人都心情愉悦，会意欢乐、和乐。

凯（凱）（kǎi）

岂（豈）＋几 古◎ 篆◎ 今篆◎

造字本义：奏着欢快的鼓乐，百姓列队举着食案（几）夹道犒劳出征的士兵胜利归来。所谓“箪食壶浆，以迎王师”即为“凯”。

由此引申为“军队得胜所奏的乐曲”，如：凯歌、凯旋。

闿（闓）（kǎi）

门（門）+岂（豈） 篆◎

造字本义：打开门迎接出征的部队胜利归来，会意开门、开启。

由此进一步引申为“启发”“开导”，如：闿导、闿阐。

门一打开，视野显得格外开阔、明朗，“闿”由此引申为“开阔”“明朗”，如：闿明、闿爽。

打了胜仗，军民同乐，“闿”由此引申为“和乐”，如：闿悦、闿悌（平易近人）。

铠（鎧）（kǎi）

钅（金）+岂（豈） 篆◎

造字本义：确保胜利归来的金属护身战甲，即铠甲。

尌（shù）

寸+壴（手之寸腕，泛指手） 金◎ 篆◎

造字本义：高高将手直直地举起，准备击鼓，指击鼓前的预备动作，引申为“竖”“立”“树立”。后只作声旁。

厨 廚（chú）

“厂”（广，宽敞棚屋）+尌 篆◎

造字本义：举刀如举锤击鼓般砍、剁肉和骨，制作菜肴、饭食时经常发出如嘭嘭击鼓之声的简易棚屋，泛指烹制菜肴饭食之处。由于“厂”（岩屋）也引申泛指房屋，所以以“厂”替“广”简化作“厨”，如：厨房。

引申为“主持烹饪的人”“操办官食的官”，如：厨师、厨吏。

橱（chú）

木＋厨　后起字，今篆 ◎

造字本义：厨房里用来存放碗、碟的木柜，如：碗橱、橱柜。

引申指类似于橱柜的用具，如：壁橱、橱窗。

人们受橱柜的启发，制作类似的木柜用来存放衣物，“橱”由此引申为“放置衣服、物件的家具”，如：衣橱、书橱。

蹰（chú）

足＋厨　后起字，今篆 ◎

造字本义：脚围着厨房（锅台周围）走来走去。与“踌”（像高寿的老人一样脚步走得很慢）组合成“踌蹰”，会意人围着锅台转来转去，脚步像高寿的老人走得很慢，形容徘徊不前，犹犹豫豫，后作“踌躇”。

澍（shù）

氵（水）＋尌　篆 ◎

造字本义：手举起鼓槌，高高直立，雨水便及时地降了下来，会意及时雨，如：澍雨、澍霖。

引申为“降雨”“雨水滋润”，如：澍降、澍泽、澍濡。

树（樹）（shù）

木＋尌　籀 ◎　篆 ◎

造字本义：将木像握鼓槌高高立举的手一样直立。人们嫌其书写繁复，将“壴”以“又”（持物的左右手，泛指手）替代简化作“树”，表义“双手（又、寸）扶木，使其立”，会意竖起，引申为“建起”“建立”，如：建树、树立、树碑立传、树敌。

又引申为“栽”“种植”，如：十年之计，在于树木。

由此引申为“栽培、种植的对象”，即木本植物的通称，如：果树、松树。

喜（xǐ）

壴+口　甲◎ 　金◎ 　篆◎

造字本义：击鼓祭祀求雨，雨水从天而降，人们开口欢呼，会意快乐、高兴、使……高兴，如：喜雨、喜出望外、喜剧、喜笑颜开。

引申为“可庆贺的”“可庆贺的事”，如：贺喜、报喜、喜事、喜酒、喜庆。

古时候女人怀孕添丁是非常值得庆贺的，“喜”由此引申为“妇女怀孕”，如：喜信（指怀孕）、喜脉（妇女怀孕的脉象）。

人们都喜欢常有喜事发生，“喜”由此引申为“爱好”，如：喜爱、喜欢、喜闻乐见、喜新厌旧。

由此引申为“某种生物爱好（适宜）某种环境”“某种东西配合什么东西”，如：喜光植物。

嬉（xī）

女+喜　甲◎ 　篆◎ 　今篆◎

造字本义：使女人高兴，逗女人喜欢，引申指无拘束地游戏，如：嬉戏、嬉笑。

进一步引申为“开玩笑，作弄嘲笑”，如：嬉皮笑脸、嬉弄。

熹（xī）

壴+灬(火)　甲◎ 　篆◎

造字本义：喜雨从天而降，人们燃起篝火欢庆。

熊熊篝火，照亮黑夜，“熹”由此引申为“亮”“光明”，如：晨光熹微。

人们围在火边载歌载舞，制作烧烤，热烈欢庆，“熹”由此引申为“炙烤”“炽热”，如：水静则无沤瀴之怒，火消则无熹毛之热。（东汉·赵晔《吴越春秋·勾践归国外传第八》）

嘻（譆）（xī）　口（言）+喜　篆◎譆　今篆◎嘻

造字本义：嬉戏时嘴里发出的语言、声音及所表达的感情。因“譆”多用作语气词，于是改“言”为“口”，简化作“嘻”，如：嘻嘻哈哈。

游戏玩得非常开心，让人欢笑，“嘻”由此引申作象声词，形容吃吃的笑声，如：嘻嘻地笑。

由此引申为“笑”“喜笑”，如：嘻天哈地、嘻嘻。

逗乐之人尽力表现，开心之人连连赞叹，“嘻”由此引申表示赞叹，如：嘻，技亦灵怪矣哉！（明·魏学洢《核舟记》）

或乐极生悲，闯下祸患，“嘻”由此引申为“悲痛”“斥责”“叹息”，如：今者见木兰，言声虽是颜貌殊，惊愕不敢前，叹息徒嘻。（唐·韦元甫《木兰歌》）

由此进一步引申为“强笑”“苦笑”，如：相视而嘻。（西汉·司马迁《史记·廉颇蔺相如列传》）

二、知识疯狂补

“不服周”的“诅楚文”

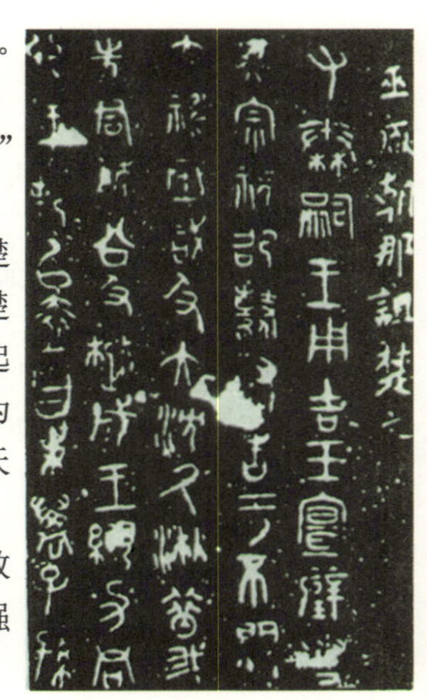

研究书法的人经常会提到一种很古老的文字“诅楚文”。有意思的是，这种文字居然与武汉人的一句口头禅有关系。当武汉人不服气和不甘心的时候喜欢说“不服周”，这“周”居然指的是周朝。

原来，地处荆楚要地的武汉春秋时期隶属于楚国，楚国在周国伐商之初尚牵制商军，支援周；牧野之战后，楚国见周越来越强大，渐渐中立，甚至支援商王，由此引起周的愤恨，埋下了千年的仇怨。周得天下后，仅封楚国为子爵。周昭王时，楚国基本并吞南方，周王大怒，召集天下军队大战于楚，最终，周朝联军败于汉水，周王溺毙。自此楚国开始“不服周”。不服周的楚国自然不把秦国放在眼里，放出话来：“楚虽三户，亡秦必楚。”秦王对强大的楚国恨之入骨，求天神保佑秦国获胜，诅咒楚国败亡，并将这些诅咒楚国的文字刻于石板之上昭告天下，号召大家联合起来反抗楚国，故名“诅楚文”。北宋时发现三块，根据所祈神明分别命名为“巫咸”“大沈厥湫”“亚驼”，具有较高的文学价值、史料价值和书法价值。

第十一课 叩：心灵的皈依

人与动物的不同，在于懂礼。汉字与其他文字的不同，也在于懂礼。中华汉字，作为世界上最有礼貌的文字，一笔一画，彬彬有礼，举手投足，风度翩翩。

在中国人看来，一切都得从“头”开始。知书达礼，才能有头有脸。

甲骨文中兽头为“[古文字]”（首），人头为“[古文字]”（页）。古人担心人们无法区分人头、兽首，所以给人头添加了头发和席地跪坐的人的身躯（[古文字]）。篆文改正坐为直立（[古文字]），写作“[古文字]”，楷书为“頁”。由于书写很麻烦，便将“頁”下像“貝”的部分简化成了“贝”，于是“頁”便成了“页”。

人头（页）以面为界，分为前面和后面。古代的书为单面印刷，阅读时面对书纸，所以古人将书纸有字的一面称为“面”。书纸像人头一样也有两面，与人面对面者为正面，反之为背面，于是“页”便成了书页。

书里面记载了许多讲礼的规矩，例如人们双手捧着装满祭品的豆前去祭祀神祖，敬献时应将捧豆的双手抬至与人体上端酷似豆腹的部位平齐，人们因此将人体的这一部位称之为“頭”。至今，庙里敬香仍然沿袭了这种礼节。因为“頭”字难写，西汉的时候将其简化为“[古文字]”，楷书为“头”。人们都以为那“头”上两点（[古文字]）是头发，其实是“豆”的省略。

到达祭台，行跪拜大礼，头（頁）上的天灵盖正对着青铜大鼎，于是金文将人体的这个部位命名为“[古文字]”（[古文字]）。如果把人体比作一颗钉，“[古文字]”则刚好位于钉（丁）尖的位置，篆文因此简化作“[古文字]”，楷书为“顶”，引申为“最高的”“最上的”“最高最上的部分”。

那么神祖在哪里呢？神祖横躺（[古文字]）在烟雾缭绕的鼎（[古文字]）上，他说的话句句都是真的，所以叫真（眞）人。真人高过人的头（頁）顶，于是人们将比头顶高的地方称为“颠”。后又加“山”为“巅”，表义山顶最高的地方。

神祖降福之后，须进献美酒感恩。古人以敬酒时酒器“酉”（[古文字]）里的酒倒满溢出（[古文字]）、双手（[古文字]）举杯过头为“[古文字]”，金文为“[古文字]”，篆文以腕下一寸的“寸”（[古文字]）取代双手写作“[古文字]”，楷书为“尊”，表示略表寸心，万分尊敬之意。

古时祭祀，除了求雨、祛病，更多的是祈求丰收。金文“[古文字]”再现了人们连根拔起田中之麦（[古文字]），两手合胸，头低至手，感谢神祖，祈祷来年取得好收成的情景。篆文为“□”，楷书为“拜”。在古人的心目中，所有值得尊敬的人都要给予神祖的礼遇，“拜”由此成了日常礼仪，如：拜托、拜年、拜师、拜访等。

但“拜”毕竟过于正式，为此又发明了“□”礼，即与普通人甚至陌生人相遇时，身子略弯，两手（□）抱掌前推至嘴（□）耳（□）之间的高度以表敬意，楷书为“揖”，俗称“作揖”。

对先生作完揖之后，该坐下来读书了。一千四百多年前，中原地区还没有发明椅子。人们席地而坐，臀部紧贴脚踝，上身挺直，双手放于膝上，为此造了甲骨文“□”，楷书为“卩”，表义正坐。金文“□”和篆文“□”看上去比甲骨文显得更加谦卑。接着又发明了一种叩礼，即正坐之人（□）腰身弯曲，以头碰地，直至发出响声（□）为“叩”，响声越大，表明越有诚意，以至于到了日常生活中无所不叩的境地，如：感恩答谢为“叩谢”，虚心求教为“叩问”，诚心求见为“叩见”，等等。尤其是客人到访，主人必须叩迎，为此将头（□）部与地面接触迎接各（□）地来客的部位称之为“額”。由于“客”字更能体现中国礼制，故以“額”取代“頟”表义人脸头发以下、眉毛以上的部位，即脑门子。

终于有一天，“胡床”从西域传到了内地，最终演变成了有靠背、扶手，可双腿自然下垂的椅子。因为舒适，人们很快抛弃了传统的坐礼而选择了胡坐。殊不知，几千年来中国古人之所以选择这样一种难受的坐姿，是因为在他们看来，万物不接地气无法茁壮成长。更重要的是，地无处不在，席地而坐，随遇而安；地又是平的，平起平坐，心平气和。古人选择正坐，不过是想让心与地靠得更近一些，距离近了，心灵才能皈依。

一、汉字疯狂+

字根（一）：

造字本义：

人头，读 xié。

“页”为单字时作“单张书纸”之解，源于纸质书出现之后，书如人，人阅读书籍，书纸与人面对面，故将面对读书之人的书纸称为“面”。人只有一张面，古时候的书为单面印刷，故也只有一面；人头以面（部）为界分成两个部分，面前称前面，面后称后面，单张书纸以纸为界，面对读者的称正面，背对读者的称背面，在人们的心目中，书纸犹如有思想的人头，故将与人头一样有两面的单张书纸称为“页”。因书纸薄如树叶，故取“叶”之近音读 yè，引申作量词。指旧时单面印刷书本中的一张纸。后来技术进步，为了节约纸张改为双面印刷，“页”因此被指双面印刷的书籍、杂志、资料等印刷品的一张纸的一面，但作为印刷术语时，仍指一张，如：打开书的第一页、页码。

也指书籍、杂志、报纸、信件或类似物件的一张纸，如：撕下其中的一页。

颁（頒）（bān）　分＋页（頁）　篆◎

造字本义：将头从中分开。

头部中分“班”（分割玉）开，两鬓成了完整的面，即正面，“颁”由此引申为“鬓”，读 bān，如：颁白（指鬓发花白，后作“斑白”）。

古时，部落首领或帝王将人头（以人头为单位计算人口，附带土地、房屋等）分赐给有功之臣，“颁”由此引申为“赏赐”“分发”，如：颁奖、颁禽（古时天子四季田猎，将所获猎物分赐群臣）。

分赐也好，赏赐也罢，得通过公文的形式昭告，否则就起不到激励的效果，“颁”由此引申为“公布”，如：颁布、颁发。

颠（顛）（diān）　真（眞）＋页（頁）　篆◎

造字本义：头部囟门的中央正对神鼎，叩拜祭祀横躺（匕）在神鼎（県）之上、烟云之中的神祖，引申会意头部上方囟门正中心通过神鼎接收神祖（真）信息的位置，即头顶，泛指顶部，如：颠顶。

由于人头之颠为人体最高的部分，也是人体的起始部位（一切从头开始），“颠”因此引申泛指物体最高、最初的部分，如：颠委（指水的上源和下游）。

由此进一步引申为“高而直立的东西的顶部”，泛指物体的顶部，如：山顶、树顶、云顶。

登过山的人都会有这样的感悟，站在山脚下，山脚为起点，山的最高峰为本次攀登的终点；当人们登上巅峰时发现，山巅被踩在了脚下，“颠”成了“始”，自己的头顶成了“颠”。如果低头往出发的地点一望，山巅成了返回的起点，登山的起点则成了返程的终点，“颠”由此引申为“上下倒置，倒之颠之”，如：颠倒黑白、颠三倒四。

疯癫之人最典型的特征即说话、做事颠倒错乱，没有秩序，“颠”由此引申为“疯狂”“发疯”“发狂”，如：颠狂。后作“癫”。

在人们的印象中，“颠”为很高的地方，一不小心，容易失足坠亡，“颠”由此引申为“陨坠”“覆亡”，如：颠覆。

古时候路面不平，坑坑洼洼。高出地面最高处为凸，低于路面最低处为凹，车轮在凹凸不平的路面上行驶，坐在车里的人会随路面凹凸处于上下起伏的震荡状态，人之颠（即头顶）亦随之上下起伏、震荡，“颠”由此引申为“上下震荡”，如：颠簸。

在这样的路面上别说坐车，即使步行，亦十分容易摔倒，“颠”由此引申为“跌倒”“倒下”，如：颠扑不起。

人经历如此颠簸，自然十分辛苦，“颠”由此引申为“狼狈困顿”，如：颠沛流离。

巅（巔）（diān）

山＋颠（顛）　《说文》无，今篆 ◎

造字本义：山最高的地方，泛指山顶，如：山巅、巅峰。

癫（癲）（diān）

疒（生病发烧卧床，泛指“生病”）＋颠（顛）　《说文》无，今篆 ◎

造字本义：一种临床表现为说话、做事颠倒错乱，语无伦次的病，即精神错乱，言行失常的病，如：疯癫、癫狂、癫痫。

顶（頂）（鼎頁）（dǐng）

丁（鼎）＋页（頁）　金 ◎　篆 ◎

造字本义：人行祭祀跪拜大礼时头部对着神器的部位，泛指头的最上端，即头的最高部分，如：头顶、秃顶。金文“[illegible]”的意思表达得更为明确，“[illegible]”（鼎）和“[illegible]”（頁）组合为“[illegible]”，再现了古时候“顶礼膜拜”的情景，如：头顶、秃顶。

由此引申为“物体的最高部分”，如：山顶、顶峰。

因为顶是最高的，“顶”由此引申为“极”“最”，如：顶呱呱、顶尖。

由此进一步引申为“止境”“限度”，如：浪费没有顶、节约没有顶。

当人头负重时，头顶为支撑负重之物的受力点，“顶”由此引申为“支撑”“承担”“担当”“支持”，如：头上顶着一包东西、顶戴、顶梁柱、顶天立地。

互联网时代，“顶”成了网络专用词。一般论坛里的帖子一旦有人回复，就到主题列表的最上面去了，回复帖子叫作“顶”，表“支持”之意（与“顶”相对的是“沉”）。

古时候，人们运输物品时为了省力，往往先蹲下，将重物放上头顶，然后利用身体的力量挺直身躯，重物随头顶的升高而升高，“顶”由此引申为“迫使某物升起”“从下面拱起”，如：种子发芽把土顶起来了。

当然，头顶的承受能力也是有限的，撑不住了得换人再顶，“顶”由此进一步引申为“接住”“替换”“代替”，如：冒名顶替、顶罪。

撑不住了得换人顶，替换之人与被替换之人的能力大致相当，“顶”由此引申为“相当”“抵得上”“抵用”，如：一个顶俩。

由此进一步引申为“以与转让企业、房屋、土地等财物价值相当的价格转让”，如：把店子顶出去。

人和牛、羊之顶有着明显的区别。牛羊之顶有角，人顶无角。人虽无角，但动物性尚存，遇到威胁时依然会像牛羊一样采取以头在前顶推、抵触、抵、撞的方式反抗，“顶”由此引申为“抵”“冲撞”“对抗”，如：这头牛爱顶人、顶嘴。

由于一人一头，一头一顶，头可计量，顶也可计量，“顶”因此引申作量词，用于计量某些有顶的东西，如：一顶帽子、一顶帐子。

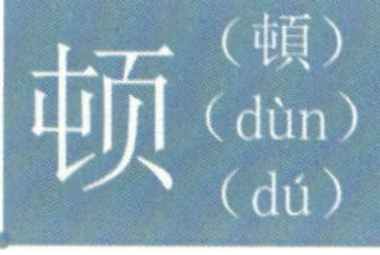

屯（种子萌芽）+页（頁）　篆◎

造字本义：头部按照种子萌芽的轨迹行礼。种子刚破土时，真叶（像豆瓣）及种壳与上胚轴紧紧地贴在一起，形如叩头至地。而后略作停顿，待上胚轴将形似人头戴帽状的真叶完全拱出地面，与上胚轴紧贴在一起的真叶慢慢抬头、直立。古人观察非常仔细，造“顿”为礼，列九拜之一，名“顿首”（磕头，旧时多用于书信）。

古人席地而坐，姿势和跪差不多，行顿首拜时，取跪姿，先拱手下至于地，然后引头至地，再立即举起。因为头触地时间很短，只是略作停顿，“顿”由此引申为“稍停”“暂停”，如：抑扬顿挫、顿号。

当人们十分劳累的时候，需要暂停劳作，稍作休息，“顿”由此引申为“疲乏”，如：困顿、劳顿。

古人行礼非常虔诚，以头磕地十分用力，直至发出声响，“顿”由此引申为“使劲”，特指用脚底或用脚使劲往下踩，如：顿足。

行礼时，头至地稍作停顿后，马上抬头，故“顿”由此引申为“立刻”，如：顿开茅塞。

既然是礼节，理应庄重，故行礼者、受礼者、甚至旁观者的举止必须处置得当，否则就叫失礼，故“顿”又引申为“处理”“安置”等，如：整顿、安顿。

由于古时候每次饭前都要向神祖行顿首礼，感谢赐予食物；或每次做错事都要向神祖顿首忏悔，久而久之，“顿”被用作量词，以计量吃饭、斥责、劝说、打骂等行为的次数，如：一天三顿饭。

另外，汉初有个匈奴族的单于，名叫冒顿，汉译读音为mòdú。

额（額）（頟）（é）

各（客）+页（頁）　篆◎

造字本义：在头部留下印记使其特别与众不同，走到哪里（各地）都能够被认出来。古时为防范战俘、罪奴逃跑，在犯人头部最显眼的地方刺上字或图案，再染上墨，作为受刑人的标志，使其特别与众不同。人的头部最显眼的地方莫过于眉毛以上头发以下的部分，故称其为“頟”。

由于“各”又含“各地”之意，人们也将“頟”理解为头（）部与地面接触迎接各（、）地来客的部位。后人们觉得“頟”之名毕竟与刑犯有关联，不吉利，故以“客”和“頁”组合为“額”替代“頟”，简化作“额”，会意以礼待客，头部轻触地面的部位，泛指人的眉毛之上头发之下的部分，也指某些动物头部与此大致相当的部位，通称额头，俗称脑门。如：额角、额手称庆。

引申为“物体上接近顶端的部分”，如：碑额、崖额。

古人习惯将招牌等牌匾挂在店铺或厅堂正面相当于人的额头的部位，故将店铺或厅堂正面和顶部悬挂的有字的板、牌匾也称为“额”，如：匾额。

由于额头为人脸的最上部，为上限，泛指物体立面的最上部，“额”由此引申为“上限”“限定”“规定的数目”，如：限额、名额、额定、额外。

烦（煩）（fán）

火＋页（頁） 篆◎

造字本义：头上冒火。

头上冒火有两种情形：

一是头痛发热。人的体温异常，会导致患者心里焦躁，家人心里苦闷、急躁，“烦”由此引申为“躁”“苦闷”，如：心烦意乱、烦躁、烦恼、烦闷。

二是事多而杂，怎么理也理不清，躁得头上火冒三丈，“烦”由此引申为“又多又乱”，如：麻烦、不厌其烦。

由此引申作敬辞，表示“请”“托”，会“麻烦请您”“麻烦托您”之意，如：烦劳、烦请。

人多的时候去办事，无异于添乱，“烦”由此引申为“搅扰”，如：烦扰、烦搅。

人事多脾气大，看什么都不顺眼，“烦”由此引申为“厌恶”，如：厌烦、耐烦。

头（頭）（tóu）

豆＋页（頁） 金◎ 篆◎

造字本义：双手捧豆抬举至与人体上端酷似豆腹的部位平齐，人们因此将人体的这一部位称为“頭”。

战国以前无“頭”，称“首”；战国后随着礼制的进一步完善，便出现了“頭”。由于頭字书写繁复，西汉时期人们将其逐渐简化，从居延汉简里可以找到“頭”字简化的轨迹：先是去“百”（首）留“人”（），慢慢地以“”替“豆”（）。后来楷书以引申表义成年人的“大”替换“人”，以“”替代“豆”，“頭”便演变成了现在的“头”，因此“头”上两点（）并非我们通常所理解的头发。

由于“头”字写起来比“首”更为简便，所以人们也称兽首为头，“头”由此引申泛指人体最上或动物最前的部分，如：头骨、头脑。

頭 豆 𠀀 𣀀 汉 头

居延汉简中“頭”字的演变

由于头顶生发，“头”由此引申为“发”“毛发”“所留头发的样式”，如：留头、剃头、平头。

又由于“头”位于人体的顶端，“头”因此引申为“物体的顶端或末梢”，如：手头、笔头、东头、床头。

人的所有部位中，头部五官的特征最为鲜明，所以识别人总是从头部开始，“头”由此引申为“事情的起点或端绪”，如：从头开始、头绪、头头是道。

由此进一步引申为“以前”“在前面的”“上一个”，如：头天（前一天）、头两年（去年和前年，或某年以前的两年）。

亦因此引申为“次序在前”“第一”“最高等级的”，如：头等舱、拔得头筹、头雁、头羊。

远古时期捕获了猎物，头一个要献给部落首领；打仗时，部落首领总是冲在最头前，“头”由此引申为“首领”，如：头目、头领。

部落首领将猎物的头砍下来祭祖，其他部分分给部落成员享用，“头”便成了残余之物，“头”由此引申为“物体的残余部分”，如：零头、布头儿。

由此进一步引申为“赌博或买卖中抽的回扣”，如：凡有卖字画、古董物件的，俱要抽头（清·艾衲居士《豆棚闲话》）。

由于人或动物的“头”可计量，“头”因此引申作量词，用于人时，计量与人有关的事情，相当于“件”“桩”，如：这头亲事，不是情愿与的。（元末明初·施耐庵《水浒传》）

用于牲畜时，计量牲畜的数量，如：一头牛、两头猪。

由此进一步引申为表示估计、不定数量的词，如：三五百头。

因蒜像人头，故北方人也用头计量蒜的数量，如：一头蒜。

古代行军打仗时，每支作战部队都有一个头领，每个头领领到的任务不同，其领头作战的路线亦不同，“头”由此引申为“路”“途径”，如：分头行动。

因为“头”为人体非常重要的器官，头没有了，人整条命就没有了；加上头部的特征最鲜明，见了头部就能识其全部，“头”由此引申指附在某些名词、动词、形容词、方位词的后面，以部分表示事物的全部，读 tou，如：骨头、苗头、念头、甜头。

◎小知识

“头寸”一词来源于中国，旧时银行里用于日常支付的货币为铸有袁世凯图像的银币“袁大头”，十个摞起来刚好是一寸，因此叫“头寸”。

旧时称银行钱庄等所拥有的款项为“头寸”。收多付少叫头寸多，收少付多叫头寸缺，结算收付差额叫轧头寸，借款弥补差额叫拆头寸。另外，“头寸”也指银根。如银根松也说头寸松，银根紧也说头寸紧。

字根（二）：

造字本义：

正坐，即席地而坐，臀部放于脚后跟，上身挺直，双手规矩地放于膝上，身体气质端庄，目不斜视。

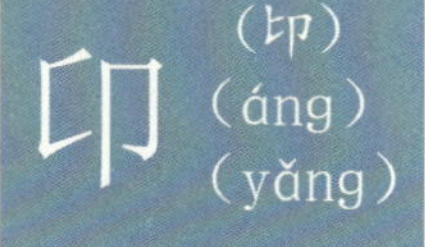

匕（古代带长柄的取食用具，类似于勺、匙）+ 卩　篆 ◎

造字本义：正坐之人以长柄取食用具自己进食。

因以“匕”进食者为持匕者本人，持“匕”进食的目的是填饱自己的肚子，“𠨍”由此引申作人称代词，相当于“我”，简化作“卬”，读 áng，如：招招舟子，人涉卬否。（《诗经・邶风・匏有苦叶》）

远古时期小孩子要学会用“匕”进食相当不易，每成功往嘴里输送一口食物，都会得到父母的激励，“卬”由此引申为“激励”，如：意慷慨而自卬（西汉・司马相如《长门赋》）。此义后写作“昂”。

一受到激励，小孩子的头抬得更高，“卬”由此引申为“抬起”“抬高”，如：卬车以其辕表门（西汉《谷梁传・昭公八年》范守注）。此义后写作“昂”。

之所以用“匕”进食不易，是因为柄太长，食物又烫，往嘴里输送时，必须仰头来接，

“卬”由此引申为“向上”“抬头向上”，读 yǎng，后作“仰”，如：卬望、卬首。

因为人必须抬头向上接受“匕”输送的食物才能生存，“卬”由此引申为“仰仗”“依赖”，如：卬食（依赖别人给予食物为生）。

昂（áng）

日＋卬　篆◎

造字本义：抬头望日，以观天气，泛指仰着（头），如：昂首挺胸。

仰头望日，日在高处，“昂”由此引申为“高”，与“低”相对，如：昂霄（高入霄汉，形容出人头地或才能杰出）。

由此进一步引申为“升高”“高涨”“抬高物价”，如：激昂、昂贵、昂昂、昂扬。

古时候靠天吃饭，看见太阳出来，情绪高涨。当人的情绪高涨或引以为骄傲、自豪时，往往将头抬得很高，“昂”由此引申为“情绪高涨”“高傲”，如：昂然。

仰（áng）（yǎng）

亻（人）＋卬　篆◎

造字本义：他人用长柄取食用具给生活不能自理的人喂食。

每当送食的“匕”凑近被喂的人，出于本能，被喂的人头部抬起，脸向上，嘴巴主动凑上前去，“仰”由此引申泛指脸向上，跟“俯”相对，读 yǎng，如：仰望、仰天大笑。

由此进一步引申为“物体面朝上”，如：仰面朝天。

又由此引申为“把物体翻过来，使底部朝上”，如：仰瓦（凹面向上的瓦）。

日常生活中，人们遇见比自己年长或令人尊敬的人时，总是把自己放在十分低卑的位置，高高地抬起头来注视对方，以示尊敬或敬慕，“仰”由此引申为“敬慕”“钦佩或高度敬重”，如：仰慕、仰韶（传说今河南省三门峡市渑池县仰韶村，为远古时期令人敬重的华夏先祖舜帝作韶乐的地方，故名）。

生活不能自理的人必须依靠他人喂食才能生存，“仰”由此引申为“依赖”“依靠”，如：仰承、仰仗。

由于仰面朝上可观高处，“仰”因此引申为“高”，与“低”相对，读 áng，后作“昂”，如：仰首伸眉（意气高昂的样子）。

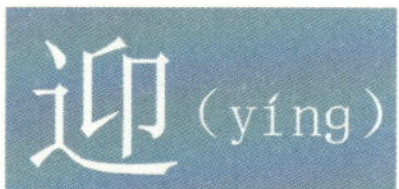

迎（yíng）

辶（辵，慢慢行走的样子）＋卬　篆◎

造字本义：抬头仰面走上前去接待，以示敬重和热情，如：欢迎、迎宾。

由于迎接之时两两相对，“迎”由此引申为“对着”“冲着”“面向着”，如：迎风、迎面。

由此进一步引申为“遇”“相逢”，如：迎霜（遇霜）。

出于礼貌，被迎之人须以礼投合迎者，“迎”由此引申为“顺从或投合”，如：逢迎、迎合。

即（皀）（jí）

白（饭粒，泛指白米饭）＋匕＋卩　甲◎　金◎　篆◎

造字本义：席地正坐，拿起吃饭工具“匕”准备吃饭。甲骨文、金文楷书为“即”，篆文突出持匕吃饭的特征，将装饭器具的高脚“”改为“匕”，写作“”，楷书为“皀”，会意正坐之人就座开始持匕进食。因“皀”书写繁复，取甲骨文楷化为“即”，引申泛指走到自己的位置上开始从事某事，如：即位。

由此引申为“走向”“接近”“靠近”，跟“离”相对，如：若即若离。

古代非常讲究礼仪，什么身份或辈分就只能坐什么样的位置，不能乱坐，“即”由此引申为“就是”，如：知识即力量。

人已就位，马上开始吃饭，“即”由此引申为“正要”“就要”“马上”“就”“便”“立刻”，如：闻过即改、即将。

民以食为天，人正坐于食器前，表明目前或当时正准备吃饭，不是特别重要的事情，不要去打扰他，“即”由此引申为“目前”“现在”“当时”“当地”，如：即日、即刻、即兴发挥。

就算有天大的事情，也要等人家吃完饭再说，这是礼节，“即”由此引申为“假如”“倘若”“虽然”，如：即使、即便。

唧（jī）

口＋即　《说文》无，今篆◎

造字本义：张口就（即）喷，会意突然有力地喷射出，泛指喷射（液体），如：

唧他一身水。

由此引申指喷水的声音，泛指杂乱细碎的声音，如：唧唧喳喳，后作叽叽喳喳。

⺮（竹）+即　金◎　篆◎

造字本义：拿起竹筷吃饭的时候。

因人靠吃饭维持生命，所以吃饭是非常重要的时刻，“節”由此引申为“关键的，能起决定性作用的环节或时机”，读 jiē，草书楷化时将“竹”写成“艹”，演变成“节”，如：节骨眼儿。

因为“节”非常关键，所以人们将古代出使国外所持的验证其身份的凭证称之为“节”，读 jié，如：符节、使节。

竹子、草木之茎，每到一定时候就在关键的地方分枝长叶，“节”由此引申指竹子或草木茎分枝长叶的部分，泛指草木枝干间坚实结节的部分，如：竹节、节外生枝。

竹子或草木以此分界，一段一段地长长，“节”由此引申为“物体的分段或两段之间连接的部分”，如：关节、骨节、两节车厢。

由此进一步引申为“由一整体分成的部分、段、区、片段或章节”“事项”，如：章节、音节、季节、节目。

由此又进一步引申作量词，用于计量分段的事物，如：三节课。

人们阅读的时候，常常将文章精彩的段落抄录下来，“节”由此引申为“局部的”“选择性的”，如：节选、节录。

中国历法把一年分为二十四段，每段开始的名称为“节”，如：节气、节令。

古人每个节气都要举行祭祀活动，人们趁此机会走亲访友，亲人团聚，“节”由此引申为“传统的庆祝或祭祀的日子”，泛指纪念日或庆祝宴乐的日子，如：中秋节、端午节、节日。

古时节日多源于祭祀，祭祀讲究礼度，“节”由此引申为“控制自己的行为，使礼貌”“礼度”，如：礼节。

远古时期，人们感恩天神赐予食物，所以每次捕获猎物，都要将猎物置于祭台上祭祀神祖，祭祀神祖之物是与神祖见面时的礼物，简称为“见面礼”。见面送礼的习俗即源于此。

古人非常珍惜时间，也很节约，对于每餐饭所花费的时间和费用严格限制，“节”由此引申为“省减”“限制”，如：开源节流、节食、节约。

由此进一步引申为“控制”“克制”“自律”“管束”，如：调节、节制、节哀、节育。

由此进一步引申为“严格自律的品格”“操守”，如：气节、节操。

所谓自律，即将自己的某些方面控制在一定的范围内，“节”由此引申为“音调高低缓急的限度”，如：节奏、节拍。

疖（癤）（jiē）

疒＋节（節，省“卄”） 《说文》无，今篆 ◎ 

造字本义：一种长在皮肤上的小疮，外形酷似突起于竹子等草木关键部位（分枝长叶的部位）的疤瘤，因此得名。这是一种由葡萄球菌或链状菌侵入毛囊引起的皮肤病，俗称“疖子”，如：疮疖。

引申指树枝干上的疤结硬块，如：树疖。

栉（櫛）（zhì）

木＋节（節） 篆 ◎

唐代折枝花银栉

造字本义：酷似竹节上密集长出竹枝的梳理头发的木制工具，指梳子或篦子，如：栉佩（梳理用品和佩饰）。

梳齿、篦齿很密，“栉”由此引申为“像梳齿那样密集排列”，如：鳞次栉比。

由此进一步引申为“梳头”，如：栉风沐雨（以风梳头、以雨洗发，形容不避风雨，奔波劳碌）。

之所以将梳齿密集排列，是为了剔除发垢或头虱等污物，“栉”由此引申为“剔除”“清除”，如：栉垢爬痒（去脏抓痒，比喻清除邪恶。出自唐·韩愈《试大理评事王君墓志铭》：“栉垢爬痒，民获苏醒。”）。

卿(qīng)

（卩，反“卩”，与正坐之人相向正坐）+即 甲◎ 金◎ 篆◎

造字本义：席地正坐准备就餐（即）的主人招呼客人、下级或晚辈坐在自己对面一起就餐。

引申为“古代君对臣、上级对下级、长辈对晚辈的称呼”，如：爱卿。

能与主人一起面对面就餐者，说明两人关系十分亲密，“卿”由此引申为“对关系亲密之人（朋友、夫妻间）的爱称”，如：卿卿我我。

夫妻间二人世界的亲密程度超越一切，除了我，就是你，“卿”由此引申为“第二人称”，表尊敬或爱意，如：今卿廓开大计，正与孤同。（北宋・司马光《资治通鉴》）

古代天子为了笼络大臣，有意拉近与他们的距离，显示关系亲密，故将高级官员命名为“卿”，“卿”由此引申为“古时高级长官或爵位的称谓”，如：三公九卿。汉以前有六卿，汉设九卿，北魏在正卿下还有少卿，之后历代相沿，清末始废。

叩(kòu)

口+卩（节）《说文》无，今篆◎

造字本义：正坐之人口朝下，俯首至地磕头，磕出响声，会意磕头、拜，如：叩头。

叩头时，以头击地，“叩”由此引申为“击”“敲打”，如：叩门。

由此进一步引申为“攻打”，如：引兵叩城。（唐・韩愈《唐故检校尚书左仆射右龙武军统军刘公墓志铭》）

古人讲礼，发问之前先叩头，以示诚恳、尊敬，“叩”由此引申为“询问”“请教”，如：叩问。

亦由此引申为“诚恳”，如：叩请。

二、知识疯狂补

隶书，监狱里改造的文字

东汉隶书《西岳华山庙碑》

所谓“隶”，被逮或逮人者也。被逮者为“奴”，逮人者为“吏”。

编撰、整理、改进隶书的程邈，便是秦朝一个级别“属隶”的县狱吏，专门负责文书一类的差事。因性情耿直得罪了秦始皇，被关进云阳狱中，度日如年。当时正值秦始皇推行“书同文”政策，以小篆为全国统一文字。但小篆写起来很费事，程邈就想，何不在狱中创造出一种容易辨认、书写又快的新书体将功折罪呢？于是他开始潜心研究，综合周朝各诸侯国文字的优点，删繁就简，将大小篆的圆转改变为方折，使线条略微宽扁，横长直短。秦始皇见了程邈整理的文字，非常高兴，不仅免了他的罪，还提升他做御史。由于程邈的官职很小，属“隶”，人们就把他编纂整理的文字叫“隶书”。

第十二课 尚：灵魂的故乡

由于历史太过久远，没有人知道自己的祖先长得什么模样。

不过也有例外。

党项人的祖先居然在甲骨文里留下了肖像：两道浓眉（），大胡子三面围“口”（），组合为“”，活脱脱一北方游牧民族彪悍男子的形象。金文“”增加了鼻子（），篆文“”添加鼻梁（丨），楷书为“尚”。

据史书记载，尚人非常崇拜黑色，因而称其“尚黑”，“尚”由此引申为“社会上共同遵从的风俗、习惯”“喜欢”“崇尚”等含义，如：风尚、时尚。

由于“尚”为尚人的头部肖像，头在上，“尚”因此引申为“上”“向上”。这也是皇帝御用的上方宝剑又称为“尚方宝剑”的原因。因手（）心向上（）为“掌”，故造篆文“”来命名手掌。

尚（）人崇尚武力，经常手持武器（）以武力扩大地盘，使统治范围变得更加宽广，篆文为“”，楷书为“敞”，引申泛指房屋、庭院等空间范围大，无遮拦，如：宽敞。

后来，尚族的一支部落归顺夏朝，因其崇拜黑色，夏称其首领为“尚黑”。“尚”（）和“黑”（）组合为“黨”（），颜真卿取“尚人”之意将其楷书简化为“党”。因为这个党姓部落为尚人的一支，故又名“党尚”，音译为党项。党项部落日益强大，最终于公元1038年建立了西夏王朝。

党项人区别于其他游牧民族的一个显著特点为，部落与部落之间的交往仅限于三年一聚的祭天活动。虽然平时不往来，可一旦有部落受到外族侵扰，立马聚集为一个整体，同仇敌忾，禁食肉类，直至斩杀仇人，又回归原来的生活。“党”由此引申为“结伙”“聚集”，进而发展成为由政治理想相同的人结合而成，以执政为目标的政治组织，即政党。

除了政治方面，尚人还深深影响着我们的日常生活，如：服装。尚（）人用条状织物“巾”（）遮蔽下体为“常”，由此发明了世界上最早的围裙。后经过改良，成为正式的服装，于是改“巾”为“衣”（）作“裳”（），与上衣搭配即为衣裳。

又如：住房。尚（）人的住房墙为土砌，顶为土盖，为名副其实的土屋（）。于是人们造了个古文“”命名其屋，篆文为“”，楷书为“堂”。“堂”中正对大门的一间不准住人，设置香案，专供神祖。因为这种布局为尚人的专利，于是人们称作

“堂”，俗称堂屋。直到现在，绝大多数中国民居依然沿袭这种建制。

由于堂是专门祭祖的，为显示尊敬，其空间要高于其他房间，“堂”因此引申泛指空间高大的建筑，如：殿堂、楼堂等。堂屋的主人称为堂主，堂主在堂屋里娶妻，拜天地、拜父母，俗称拜堂。除了祖先，父母在堂里的地位最高，故名高堂。高堂之内以父为尊，故人们尊称别人的父亲为“令尊”；厅堂家务以母为主，故人们尊称别人的母亲为“令堂”。媳妇娶进门，地位相当于贵客，故在我国有些地方称之为“堂客”。每逢家族在祠堂举行重大祭祀活动，同祖父但不同父亲的兄弟姊妹聚集一堂，人们将这种亲戚关系称为“堂”，如：堂兄、堂妹。

显然，“堂”在人们心目中是一个非常神圣庄严的地方，因此人们总是希望人在外表、举止或言语上表现出的尊严如“堂”。人们之所以大多借“堂”来开办私塾，就是希望孩子长大后能够仪表堂堂。孩子们每次进堂学习一会儿，中途出堂休息一会儿，这一进一出即为一堂。古时一堂课的时间长短看老师的心情而定，如今多在 40 ～ 45 分钟之间。民国以后，私塾几乎消失，还好堂屋尚在。想当年，党项人一间堂屋一家人，五百家人为一党，远走天涯偶相逢，眼泪汪汪称乡党。乡党们最惦记故乡的堂屋，因为那里是他们灵魂的归处。

一、汉字疯狂 +

字根：

造字本义：

浓眉、宽鼻、大胡子的北方少数民族，指党项族人的祖先“尚人”。

这些人的长相都差不多，“尚”由此引申为“庶几”“差不多”，如：灵王卜曰：“余尚得天下。”（春秋·左丘明《左传·昭公十三年》）

尚人有“崇尚黑色”等共同的爱好、风俗和习惯，“尚”由此引申为“社会上共同遵从的风俗和习惯等”“喜欢”“爱好”，如：风尚、时尚。

他们特别崇拜黑色的原因是，认为神祖生活在人们看不见的世界里，看不见的即黑暗的，崇尚黑色，是希望得到神祖暗中的保佑，“尚”由此引申为“尊崇”“注重”“仰慕”，如：崇尚、尚文。

这些尚人不管迁徙到哪里，无论生活环境发生怎样的改变，都改变不了他们的信仰，仍然保持着尚黑的习俗，“尚”由此引申为“还”“仍然”，如：尚且、尚来得及。

“尚”为尚人的头部，头部在上；其尚黑，认为黑色至高无上，“尚”由此引申为“上”“往上”“向上”“仰攀（婚姻）”“（向上）荐举”“（为上面）选拔”，如：尚方宝剑。

因“尚”源于非常古老的部落，“尚”由此引申为“久远”“古远”，如：尚远。

又因为尚人多自负、骄傲，喜欢夸耀，“尚”由此引申为“自负”“骄傲”“夸耀”，如：自尚其功。

由于尚部落归顺了夏王，其首领尚黑成了给夏王办事的人，“尚”由此引申为“给帝王管理事务”，如：尚书。

常（cháng）

尚＋巾　篆◎

造字本义：尚人发明的条状织物。

条状织物用作祭祀用的旗或战旗，“常”由此引申为“旗”，如：纪于太常。（《尚书·周书·君牙》

人们将这种织物用于遮蔽下体，“常”由此引申为“尚人用于遮蔽下体的条状织物”，即最古老的裙，如：叔旦泣涕于常，悲不能对（《逸周书》）。后来“常”演变为正式的服装，改“巾”为“衣”，突出其服装属性，特指人们下身穿的衣服，作“裳”。

由于“常”为普通人的日常生活用品，“常”因此引申为“一般”“普通”“平日”，如：平常、正常、常识、常务等。

从此以后人们形成了一种固定的穿“常”习惯，“常”由此引申为“恒久”“不变的”“不止一次”，如：常态、常青树。

由于“常”几乎天天要穿，“常”由此引申表示行为、动作发生的次数多，而且时间相隔不久，如：时常、经常。

由此形成了规律，“常”进一步引申为“规则”“规律”，如：三纲五常、常规。

所谓规律，即曾经发生过的重复发生，“常”由此引申为“曾经”，如：主父常游于此。（《韩非子·外储说左上》）

古时候，做一面旗（即“常”）大约要花费一丈六尺布料，“常”由此引申指古

代的长度单位，相当于一丈六尺，如：寻舒两肱也，倍寻谓之常。（《小尔雅·广度》）

裳（cháng）（shang）

常（省“巾”）+衣　篆◎

造字本义：古人穿的下衣，形状像现在的裙子，男女都可以穿，如：衣裳。

引申泛指衣服，读 cháng，如：脱我战时袍，著我旧时裳。（《乐府诗集·木兰诗》）

用于“衣裳”时，读作 shang。

嫦（cháng）

女+常　《说文》无，今篆◎ 

造字本义：长生不老、衣裙飘飘的尚族女子。

◎小知识

嫦娥，原为恒娥，为上古时期三皇五帝之一帝喾与妃子常仪所生的女儿，后羿之妻。因其貌若天仙，被人们视作仙女，故以“恒娥”命名之。所谓“恒”，即“永久”“永远”；所谓“娥”，乃“手持武器‘我’的女子”，引申为武艺高强、飒爽英姿的美貌女子。显然，“恒娥”即武艺高强、飒爽英姿、长生不老的美貌女子，会“仙女”之意。后来为突出其女性特征，以“女”替“忄”，改作“姮”名“姮娥”。这就是《说文》里无“姮”字的原因。至西汉时期，因避汉文帝刘恒之讳，取其母常仪之“常”，加“女”旁为“嫦”。常的本义为用于遮蔽下体的最古老的裙，因“常”为日常生活用品，人们形成了一种固定的穿“常”习惯，“常”由此引申为“恒久”“不变的”，“女”和“常”组合为“嫦”，会意长生不老、衣裙飘飘的尚族女子，与“娥”组合为“嫦娥”，与“姮娥”所表达的意思是完全一致的。

东汉之前，无任何资料显示嫦娥与后羿是夫妻关系，直到高诱注解《淮南子》才指出嫦娥是后羿之妻。据说嫦娥与后羿开创了一夫一妻制的先河，后人为了纪念他们，演绎出了嫦娥奔月的故事。在道教中，嫦娥为月神，又称太阴星君。

传说嫦娥本是后羿的妻，后羿射下九个太阳后，西王母赐他不老仙药，但后羿不舍得吃，就交与嫦娥保管。后羿门徒蓬蒙觊觎仙药，逼迫嫦娥交给他。嫦娥情急之下吞下仙药，向天上飞去。当日正是八月十五，月亮又大又亮，因不舍后羿，嫦娥就停在了离地球最近的月亮，从此长居广寒宫。后羿回家后心痛不已，于每年八月十五摆下宴席，对着月亮与嫦娥吃饼团聚。这就是八月十五中秋节的来历。

徜（cháng）

彳（岔路，引申指人遇岔路，怕走错路，放缓脚步慢行）+常（省“巾”）　《说文》无，今篆◎ 

造字本义：在岔路口，人不止一次地（常）走来走去。

与表义羊边吃草边慢慢行走的“徉”组合为“徜徉”，表义游牧的人赶着羊群在有岔道的路上慢慢行走，生动描绘了游牧民族放牧时的情景。大清早出去放牧，晚上牧归，一天到晚悠闲地来回，故以“徜徉”引申会意安闲自在地徘徊。

敞（chǎng）

尚+攵（手持器械敲打）　篆◎

造字本义：尚人以武力扩大地盘，使统治范围变得更宽广，会意使统治的范围广，没有阻拦，引申为“（房屋、庭院等）空间范围大，无遮拦”“宽绰”，如：宽敞、敞亮、敞篷车。

尚人以武力攻破（打开）对方（部落）的大门，“敞”由此引申为“打开”“张开”“开”，如：敞着门、敞开。

门一打开，屋里屋外的空间便显露出来，“敞”由此引申为“显露”“露出”，如：打敞穿，即穿在身上使之暴露在外的衣服，指外衣。

尚＋田　《说文》无，今篆 ◎ 

造字本义：取“尚”之“庶几、差不多”的引申之义，会意（价值）差不多的田，泛指“等值”“对等”“等于”“相称”“等同于”，草书楷书简化为“当”（當→尚→当→当），读 dāng，如：旗鼓相当、门当户对。

判断两块地是否价值相等，得地主双方面对面进行比较，单方面说了不算，“当”由此引申为“面对面”“面对着”“向着”“正对着”，如：首当其冲、当面。

评估、比较土地价值的双方必须是对方家里主事的人，能说话算数的，“当”由此引申为“掌管”“掌握”“主持”，如：当家、当局者迷。

评判者自然由各土地所有者家里主事的人担任，“当”由此引申为“担任”“充任”，如：充当、当差。

既然是主事者，就必须为自己做出的决定承担责任，“当”由此引申为“承担”“承受”，如：敢作敢当、当之无愧。

如果双方土地的价值差不多，就应该做出“当”（等值变换）的决定，“当”由此引申为“应该”，如：应当、当然。

如果有一方认为价值不等，即成为谈判顺利进行的阻碍，“当”由此引申为“抵制”“阻挡”“抵挡”，如：螳臂当车。

从谈判开始到谈判结束，再到谈判结果的兑现，有着不同的时间点：

由于谈判是双方的事情，双方必须面对面到场，其前提条件是，双方都有空闲，“当”因此引申为“空闲的时间”“空隙”“空”，如：空当。

由于是面对面地进行，所有的争论都发生在现场，“当”因此引申为“正在（那时候）”“正处于（那地方）”，如：当今、当场。

当双方经过评判共同认可，将所做的决定兑现以后，当（等值）与不当的谈判经过都已成为过去，“当”由此引申为“过去的某一时间”“以往”，如：当日、当时。

由于谈判有时间、地点、当事人，“当”因此引申作代词，相当于“本”“这”，如：当晚、当夜。

在中国古代建筑中，覆盖建筑檐头筒瓦前端的附件有两个功能，一是防水、排水，阻挡雨水对木制飞檐的毁坏，一是遮挡参差不齐的瓦沿，增加建筑的美观，故取“当”之“阻拦”“阻挡”引申之义，名瓦当。

雨水打在瓦当之上发出当当的声音，“当”由此引申作象声词，模拟撞击瓦片、金属器物等发出的声音，如：叮当。

由此进一步引申作后缀，增加语言的音韵美，如：吊儿郎当。

古时候，人们将土地拿出来评估是否等值，多为一方生活难以为继，欲将土地抵押向对方借钱，“当”由此引申为“抵押”“用实物作抵押向对方借钱”“用实物作抵押向对方借钱的经营场所”，读 dàng，如：当票、当铺。

亦由此引申指用于抵押借钱的实物，如：赎当。之所以将家中的物品、财产称之为“家当”，是因为这些家中之物可典当换钱。

由于当铺要赚钱，借给抵押方的钱总是少于实物的实际价值，“当”因此引申为“算是”“抵得上”，如：以一当十、安步当车。

只有当者与被当者双方都认为价格合适，交易才可能成功，“当”由此引申为“合宜”“合适”，如：恰当、得当、用词不当。

一旦交易行为发生，典当物和现金易主，意味着典当人典当所得的现金可以作为自己的财产予以支配，“当”由此引申为“作为”“认为”，如：当作。

被典当人收下典当人的抵押物，以此为对方借钱的保障，“当”由此引申为“以为”，如：当真。

古人对土地看得很重，典当行为发生的时间、地点刻骨铭心。因典当均为现场交易，“当”由此引申指事情发生的时间、地点，相当于“本”“此”，如：当下、当年。

扌（手）+当（當） 《说文》无，今篆 ◎ 

造字本义：取“当”之“抵制”“阻拦”“阻止”的引申之义，会意以手作挡抵制、阻拦、阻止，读 dǎng，如：挡住去路、挡箭牌。

伸手阻拦，客观上遮挡了对方的视线，“挡”由此引申为“遮蔽”，如：山高挡不住太阳。

以手阻拦，阻拦者须与被拦者保持适当的距离，一旦接触，难免发生冲突，“挡”由此引申为“间隙”，如：挡口（机会）。

保持间隙，可以隔热，“挡”又由此引申为“用于隔热、隔风或作为装饰的装置”，如：炉挡。

古时看门者将准备进门的人拦在外面，视进门者不同的身份等级行事，身份低微者，严格盘查，身份高贵者，直接放行，“挡”由此引申为“等级”，如：某些用来表明光、电、热等量的等级的仪器和测量装置，有第一挡、第二挡、第三挡之分。

特别是机器设备，挡的等级不同，其运行的速度也不同，“挡”由此进一步引申指用于调节机械运行速度及控制方向的装置，简称“排挡”，如：高速挡、前进挡。

档（檔）（dàng）

木＋当（當）　后起字，今篆 ◎ 

造字本义：取“当”之“抵制”“阻拦”“阻止”的引申之义，会意木挡板。

引申泛指器物上起防止摔跌、支撑固定或起分隔作用的木条或木板，如：床档。

由此引申为“带格子的架子或柜子”，多用来存放案卷，如：归档、存档。

由此进一步引申为“分类排列、保存的卡片、文件和材料”，如：档案。

档案按轻重缓急分类归档，“档”由此引申为“（按重要性或价值排列的）级别”“（货物）等级”，如：高档商品、低档货。

曲艺、杂技节目表演，每隔一段时间，接着表演下一个节目，“档”由此进一步引申为“曲艺、杂技表演一个节目”，如：先听一档大鼓，再看一档戏法。

档案以格为单位，一格为一档，“档”由此引申作量词，相当于“件”“桩”“批”，如：几档子事一齐来，可把我忙坏了。

由于商业铺面为一格一格，“档”因此引申作方言，指“店铺”，如：大排档。

党（黨）（dǎng）

尚＋黑　篆 ◎

造字本义：崇尚黑色，浓眉、宽鼻、大胡子的北方少数民族，简化作“党”。“尚儿（人）为党”，“党”和“项”的发音合拼为“尚”，显然，“党”者，乃建立西夏王朝之党项族人也，即尚人的后裔。如：上党、党参（多年生草本植物，原产于党项族人聚集的上党地区，故名）。

党项族人有个特点，部落与部落之间的交往仅限于三年一聚会、杀牛羊以祭天的习俗，但一旦有部落受到外族人的伤害，即聚集为一个整体，同仇敌忾，禁食肉类，直到斩杀仇人，“党”由此引申为“结伙”“聚集”“由私人利害关系结成的集团”，如：死党、朋党。

由此进一步引申指由政治理想相同的人结合而成，在一定的纪律下，谋求政治权力，以合法控制政府人事及政策，进而实现其共同政见的组织，如：政党。

能结伙、聚集者，脾气性格必相投也，“党”由此引申为“意气相投的人”，即“朋辈”，如：党友（指志道相近、立场相似的人）。

能为朋辈者，必相互了解透彻，遇事易相互偏袒包庇，“党”由此引申为“知晓，解悟”“偏私，偏袒”，如：党同伐异。

由于党项族人的特点为以部落为划分单位，以姓氏作为部落名称，即一个姓氏为一个党人部落，简称“一党”，逐渐形成了著名的党项八部，“党”因此引申为“古代地方户籍编制单位，五百家为一党”，如：乡党。

赏（shǎng）

尚＋贝（貝，钱贝）　金◎　篆◎

造字本义：取“尚”之“庶几”“差不多”的引申之义，会意与“贝”几乎等值之物，即值钱的宠爱之物。引申为“认识到物的价值或人的才能而给予重视”，如：赞赏、赏识。

物以稀为贵，吸引人前来观看，“赏”由此引申为“因爱好某种东西而观看”，如：玩赏、赏月。

古时候，部落首领、君主等为了笼络人心，激励士气，常常将值钱的宠爱之物送给有功之臣，“赏”由此引申指地位高的人或长辈给地位低的人或晚辈财物，如：赏罚分明、赏赐。

也引申指赏赐或奖赏的东西，如：悬赏、领赏。

由此进一步引申作敬辞，会“给个面子”之意，如：赏脸、赏光。

偿（償）（cháng）

亻(人)+赏(賞)　篆◎

造字本义：给人以与“贝”几乎等值之物。简化为“偿”。

一般在以下几种情况中，人会给他人以财物：

一、借了归还，“偿”由此引申为“归还”，如：偿还。

二、因毁损而赔补，“偿”由此引申为“抵补”，如：补偿。

三、因报答而给予的酬报，“偿”由此引申为“报答”“酬报”，如：无偿献血。

在现实生活中，人们迫切希望欠钱之人尽快还钱的愿望实现，以满足自己的要求，“偿”由此引申为“满足”“实现”，如：如愿以偿。

堂（táng）

尚+土　古◎　籀◎　篆◎

造字本义：尚人居住的土屋。

史料记载，西夏党项族的住房有独特的习惯，即以石头砌房基，以黄土夯墙，又以土盖其顶。住房正中一间专门供奉神，设置香案，人不能居住。显然，汉人的住房深受党项族的祖先尚人的影响。因为只有尚人的土房才有供奉、祭祀神祖的正房，故汉人将供奉、祭祀神祖的正房命名为“堂”，“堂”由此引申为“空间高于一般房间的，专门用于祭祀神祖的正房”，泛指空间高大的建筑物，如：殿堂。

引申泛指房屋的正厅，亦泛指建筑物的大厅，如：堂屋。

古时官府审案，都在衙门大厅，“堂”由此也引申指旧时官府议论政事、审理案件的地方，如：过堂、大堂。

也指署事的官吏，如：都御史称都堂，尚书称部堂，府州县正印官称正堂。

古时候男女成婚，在大堂内举行婚礼要拜父母。父母双双坐在祖先的香案前面，新人既拜了父母，又拜了神祖，是为“拜高堂”，简称“拜堂”。古时奉行男主外，女主内，家中以父亲为“尊”，故人们尊称别人的父亲为“令尊”；厅堂家务以母亲为主，故人们尊称别人的母亲为“令堂”。

古时每逢重大节日，家族举行隆重的祭祀活动，同祖父但不同父亲的兄弟姊妹聚集一堂，祭拜神祖，“堂”由此引申为“同一祖父但不同父亲的兄弟姊妹关系”，如：堂兄、堂弟。

由于堂是祭祀的地方，非常神圣、庄严，如果把人比作一栋房屋，则外表如堂，“堂”因此引申为“人在外表、举止或言语上表现出尊严的”，如：堂皇、仪表堂堂。

因堂较其他房屋的空间要高，“堂”由此引申为“高显的样子”，如：刊层平堂，设切厓隒。（南朝·萧统《文选·张衡·西京赋》）

由于古时商店、厅事、书斋、药号等的牌匾皆挂于房屋的正房之上，“堂”因此引申用于商店、厅事、书斋名称，如：同仁堂、杜甫草堂。

古时私塾多利用祠堂来开办，每上完一节课，离“堂”休息一会儿，“堂”由此引申作量词，用于计量分节的课程，如：一堂课。

大凡“堂里”摆设，不同的物件在一间堂只摆一套，“堂”由此引申作量词，用于计量一套物件，如：一堂家具。

瞠（chēng）

目＋堂　《说文》无，今篆 ◎

造字本义：眼睛睁得像堂屋那么大，会意瞪着眼看，取撑开之“撑”的近音，读 chēng，如：瞠目结舌。

蹚（tāng）

足＋堂　《说文》无，今篆 ◎

造字本义：经过堂屋的时候，脚要小心翼翼地走路，以免惊扰神祖，会意小心翼翼地走路。

当人们经过水淹之地时，脚必须小心翼翼地摸索着走路，以免失足溺水，“蹚”由此引申为“像脚经过堂屋那样小心翼翼地摸索，从浅水中涉过”，如：蹚水、蹚过小河。

因为路被水盖住，不知哪里是路，哪里是坑，只能摸索着前进，“蹚”由此引申为“探路”“摸索”“试验”“试做”，如：蹚路。

农业生产时，先用犁把土翻开，再除去杂草给苗培土，然后双脚小碎步将土踩紧、踩实，那姿态酷似从堂屋走过时脚步小心翼翼的样子，“蹚”由此引申为“用犁把土翻开，除去杂草给苗培土”，如：蹚地。

膛（táng）

月（肉，泛指躯体）＋堂　《说文》无，今篆 ◎

造字本义：人或动物身体像堂屋一样具有高大空间的部位，即“胸腔”，如：胸膛。

引申为“器物中空的部分”，如：枪膛、炉膛。

螳（táng）

虫＋堂　篆 ◎

造字本义：前臂举起两把大刀，像审案时守护公堂的刀斧手的昆虫，俗称刀螂

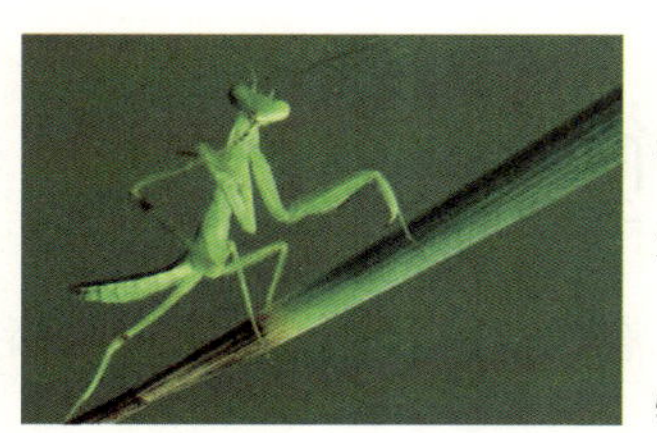

（螂）。与会意益虫的“蜋”字组合为“螳蜋”，指前臂举起两把大刀，似审案时守护公堂的刀斧手的、对农业生产有益（良）的昆虫。

螳蜋确可捕食害虫，对农业有益。它还有一个显著特征，即繁殖能力很强，每个雌虫每次可产4～5个卵鞘，每个卵鞘有20～40个卵。故人们将“蜋”改为“螂”，指特别能产儿郎（子）的昆虫，久而久之，“螳蜋”改作“螳螂”。如：螳螂捕蝉，黄雀在后。

棠（táng）

堂（省“土”）+木　篆◎ 棠

造字本义：能做堂屋门、窗的质地坚硬的树木。海棠、棠梨等都因为木材坚硬，可用于制作堂屋门、窗、粗细家具及雕刻，所以得名。

倘（tǎng）（cháng）

亻（人）+尚　《说文》无，今篆◎ 倘

造字本义：取“尚”之“上”“往上”“向上”的引申义，会意人的头部和身体朝上平卧，引申为“放松，悠闲自得的样子”，读tǎng，如：倘然（悠闲自得的样子）。

当人处于这种看似放松的状态时，假如出现紧急情况，会立刻起身应对，“倘”由此引申作连词，表示假设，如：倘若。

由此引申为不确定，相当于“或许”“大概”，如：倘来之物（指意外得到的，或非本应分得的东西）。

人处于躺卧状态时，情绪很放松，突然出现意外坐起身，表情惊异，“倘”由此引申为“惊异欲止的样子”，如：云将见之，倘然止。（《庄子·外篇·在宥》）

“佯”的造字本义为放羊的人。放羊的人看上去对羊很好，实际上是为了将它们养肥后吃它们的肉，“佯”由此引申为“假装”，与“倘”组合为“倘佯”，会意人躺在草原上放羊，形容人悠闲自在的样子。因与“徜徉”字形近似，二者混淆，后将“倘（tǎng）佯”随“徜”读作也写作“徜（cháng）佯”。

躺（tǎng）

身 + 倘（省“亻”） 后起字，今篆 ◎ 

造字本义：人的身体及脸部朝上平卧，泛指身体倒在地上或其他物体上，如：躺在床上、躺椅。

引申指物体平放或倒在地上，如：荒草躺倒在烂泥里。

人躺卧时必然停止劳动，“躺”由此引申为“停止劳动或努力”，如：不要躺在过去的成绩上睡大觉。

由于人死之后皆为躺状，“躺”因此引申作死的婉辞，如：先母躺了下来，还是很热闹的。（清·吴趼人《二十年目睹之怪现状》）

淌（tǎng）

氵（水）+ 尚 《说文》无，今篆 ◎ 

造字本义：取“尚”之“上”“往上”“向上”的引申义，会意水从上面往下流，泛指往下流，如：淌眼泪、淌汗。

高处的水往下流，流速很快，“淌”由此引申为“迅速流动”，如：流淌。

“淌”有时也用作“淌水”，表义顺着水流方向在浅水里走，如：他咬上了牙，淌着水不管高低深浅地跑起来。（现代·老舍《骆驼祥子》）

趟（tāng）（tàng）（zhēng）

走 + 尚 后起字，今篆 ◎ 

造字本义：取“尚”之“上”“往上”“向上”的引申义，会意身体向上跳跃着跑、跳跃行进的样子，读 zhēng，如：得隽蝇虎健，相残雀豹趟。（唐·韩愈、孟郊《城南联句》）

人在两种情况下会跳跃着行进，一是高兴，欢呼雀跃；一是在浅水中涉水，快速通过。“趟”由此引申为“跳跃着在浅水中通过”。后因“走”被人们理解为“行走”，“趟”由此引申泛指从浅水中走过，如：趟水，后作“蹚水”。

由于此义与“蹚”相近，写起来比“蹚”简捷，于是旧时将“蹚”的部分字义与之合并，以“趟”为正体，于是“趟”便有了“蹚”部分字义，随“蹚”读

tāng，即用犁把土翻开，除去杂草给苗培土，泛指翻土，如：趟地。

由于趟地之时少不了用脚踩紧，压实，“趟”因此引申为“踩”“踏”，如：大洋马一纵一纵地趟起漫天尘土。

又由于用脚趟地或趟水（蹚水）之时，脚很可能会碰到隐藏的异物，“趟”因此引申作方言，相当于“遇”“碰”，如：什么好事都让他给趟上了。

农业生产趟地之时，脚必须来回踩踏多次，“趟”由此引申作量词，计量走动的次数，相当于“次”“遍”“回”，读 tàng，如：他人不在，让我白跑了一趟。

由此引申泛指其他动作的次数，如：火车一天两趟。

由于每次趟地之后都会留下一行行的脚印，“趟”因此引申作量词，计量成行的东西，相当于“行”“条”，如：只隔一趟街。

由此也引申为“行进的行列”“步子”“步伐”，如：跟不上趟、赶趟儿。

由于趟地为程式动作，“趟”因此引申为“套”“套路”，如：趟马（戏曲中表演骑着马走或奔跑的一套程式动作）。

掌（zhǎng）

尚＋手　篆◎

造字本义：取“尚”之“上”“往上”“向上”的引申义，会意手向上，或向上（摊开）的部位。

人的手，自然状态平伸出来，人们通常见到的为手背，朝上翻过来即为“掌”，如：手掌、鼓掌。

脚底板看上去似掌，所以也称为“掌”，由此引申指某些似掌及附着在掌上以保护掌的用具，如：脚掌、鞋掌。

由此进一步引申作方言，指钉补鞋底，如：掌鞋（钉补鞋底）。

因掌为手的着力部位，出击可以打人，“掌”由此引申为“用巴掌打”，如：掌嘴。

手掌弯曲、收缩、用力，可牢牢握持东西，“掌”由此引申为“把控”“握持”“主管”“负责”，如：掌管、掌握。

汉代将掌管礼乐制度等旧制、旧例的官员命名为“掌故”。这些旧制、旧例的出台发生了许多故事，由此引申将历史上的人物事迹、制度沿革等叫作“掌故”。

手掌用力可起支撑作用，“掌”由此引申为“支撑”。

撑（chēng）

扌（手）+ 掌　《说文》无，今篆 ◎ 撐

造字本义：伸手以掌把持、抵住、支住，如：支撑、撑竿跳高、撑门面等。

由此引申泛指支撑之物，如：角撑、给草堆打个撑。

当人们用力握篙抵住河底时，船在力的作用下向前行驶，“撑”由此引申为“用篙使船前进”，如：撑船。

人们的双掌握住物体的同时朝相反的方向用力，可以使合在一起的物体分开，“撑”由此引申为“张开”，如：撑伞。

由此引申也指使保持张开状态的器物，如：撑子（又名“马扎”，俗名撑板凳，2600 多年前发源于齐国故都——临淄）。

当人们往袋子里装东西时，为了多装一点，使劲地将袋口撑开，拼命地往里面塞，塞到实在塞不进了才肯罢休，“撑”由此引申为“充满到容不下的程度”，如：少吃点，别撑着。

由此进一步引申为“强制扩大、扩大”“抢”，如：撑窝儿（抢地盘）。

当两个势均力敌的人以手相抵、互不相让时，二人即处于僵持状态，或者吵嘴，“撑”由此引申为“顶嘴”“争辩”如：撑硬船儿（硬碰硬，不肯迁就）。

二、知识疯狂补

China 源于汉字“秦”

中国的英文名字叫作 China。因为瓷器的英文名为 china，所以许多人以为中国因盛产瓷器，故英译作 China。甚至有人认为瓷器产于古昌南（今景德镇），所以西方人取了“昌南”的谐音，译作 China。

其实不然。

自公元前 9 世纪，周孝王封嬴非子于秦邑，秦国逐渐强大起来。秦人为最早发明用杵捣谷为米的民族，故甲骨文取双手（[illegible]）持午（[illegible]，杵）捣禾（[illegible]）成米为“[illegible]”，金文为“[illegible]”，篆文为“[illegible]”，楷书简化为“秦”，读 qín。China 中的“Chin”为秦（qin）的对音，a 为后缀，代表土地、国土的意思。尽管秦朝只存在了 15 年，但秦始皇（嬴政）建立了中国历史上第一个疆域辽阔、多民族的、中央集权的、空前强大的统一国家，开创了中国历史的崭新局面，并为此后两千多年的中国历代王朝奠定了基础。在西方人眼

里，哪怕秦朝已经灭亡了，“秦”也深深印入他们的脑海，并视“秦”为中国的象征，一直沿用至今。英文 Chinese 翻译成中文即“秦人”。在西方人的眼里，秦人即代表了中国人。至于瓷器音译作 china，是因为瓷器产于 China，为中国特有的物产，故将“C”小写，以此命名。

第三篇

衣食住行

第十三课 衣：时尚的源头

人是地球上唯一懂得穿衣服的动物。

许多人以为，人穿衣是为了保暖或遮羞，其实不然。在此之前，猿人仅依靠体毛就能抵御寒冷，人人赤裸，也就没什么好害羞的了。后来，出于捕猎的需要，在身上盖点竹木枝叶伪装一下，更容易捕获猎物，于是出现了甲骨文“”，象形两根倒立的草。有的还画出了竹节，象形连在一起的竹枝（）。篆文线条化为“”。楷书为“冄”，表义伪装在身上捕猎的竹木枝叶，于是发明了“衣”。甲骨文“”象形留了口子方便头进入（）、能挂在身上的两块缝合的兽皮（）。金文“”的制作材料发生了改变，取而代之的是丝或麻。篆文“”的式样基本定型：左、右衽交领，大宽带束腰。枝叶装则仅偶尔出现在祭祀的场合。祭祀神祖时，人们将枝叶（）挂于肚脐（）以下，写作“”；有的（）披挂于双肩（），写作“”。隶书在“冄”的基础上添加一竖（丨）表示“披挂”，写作“”，楷书为“冉”，表义祭祀时披挂在身上的草木枝叶。当身穿“冉”裙的人从地上起身时，缠绕在身上的草或枝叶如收网一般，层层聚拢、上收，“冉”由此引申为“逐渐”“渐进”，如：冉冉升起。特别是龟或甲鱼的背甲边缘长了一圈软肉酷似草裙，故名“冉”，俗称“裙边”。

好景不长，至殷商时期，这种原始草裙完全演变成了一种丧服。金文“”会意给死去的亲人穿寿衣（），因心里悲痛而开口（）号啕大哭，楷书为“哀”。古人将“”（哀）与“”（冄）合体简化为“”，篆文简化为“”，楷书为“衰”，表义身上披着草木枝叶，哀悼死去的长辈，特指用粗麻布制成的毛边丧服。披麻戴孝的丧葬习俗就是这么来的。后来人们发现，用草或枝叶做成的“衰”可以遮雨，便用不易腐烂的莎草或棕皮等原料制作，以“艹”和“衰”组合为“蓑”，特指这种用蓑草或棕皮编织成的遮雨工具，以区别于作丧服的“衰”。

有意思的是，古代“衣”的发明与“裤”并不同步。战国以前，中原地区的人从来没有穿过裤子，下体靠“裳”遮羞。“裳”起源于尚族人遮蔽下体的巾条状丝织物“常”。之所以又名“裙”，与“群”字的来历有关。甲骨文“”（群）象形手持棍或鞭的人驱赶着羊群，会意统治羊（）群的君王（），即牧羊人。牧羊人放牧时总是赶着一群羊，“群”由此引申为“三个以上的禽兽或人相聚而成的集体”。金文省去两只羊写作“”，篆文为“羣”，楷书为“群”。由于裙子是由三块以上的巾条状丝织物缝合而成的，故“群”（省“羊”）和“常”合体简化作“帬”，后又以“衣”代替“巾”写作“裠”，楷书为“裙”，裙子的称呼就这样产生了。

裙子穿在身上虽然比裤子更方便、舒适，但并不适合游牧民族。游牧的人喜欢骑马，为了防止大腿内侧的肌肉被马背擦伤，于是发明了胫衣，即两胯分别套上裤管用带子系于腰间，裤管与裤管之间没有裤裆。至战国时期，赵武灵王为抗击匈奴而组建骑兵，下令全国人民穿胫衣，胫衣从此由“糸”（糸）和“胯”（胯，省“月”）合体命名为“絝”（篆文“絝”），楷书简化为“绔”。严格意义上来说，“绔”还不能称之为裤，直至唐朝，“绔”才连裆为裤。由于这种裤口袋很多，像储存武器战车的兵器库（庫）一样能装许多东西，故民间以“衣”加“庫”命名为“褲”，简化为“裤”。

衣服和裤子的发明，堪称人类伟大的创举。其不仅能保暖，更重要的是让人的身体不再赤裸，产生一种美轮美奂的隐约之美，“冄”也因此成了时尚的源头。传说最早发明“冄”的人叫华胥，她特别喜欢戴花，就尝试着在衣服上画上各种花卉的图案，显得特别华丽。她又将这些花画在陶器上，发明了彩陶。华胥有一对可爱的儿女伏羲和女娲，他们好奇地问妈妈：“为什么我们部落的旗帜上要画上华丽的花呢？”华胥回答：“因为我们是华人啊！”后来，华人的后裔建立了夏朝，即华夏。

一、汉字疯狂+

字根：

造字本义：

甲骨文“衣”象形留了口子方便头进入（入）、能挂在身上的两块缝合的兽皮（衣）。金文（衣）的制作材料发生了改变，取而代之的是丝或麻。篆文（衣）的式样基本定型：左、右衽交领，大宽带束腰（衣）。楷书将“入”（入）简化为“亠”，向左旋转 90 度依然可以看到“入”的影子（入）；左衽“丿”楷化为“乀”，右衽“丿”楷化为“亻”，组合为“衣”。显然，“衣”的造字本义为身体穿入上装，会意穿上服装，读 yì。

穿衣可以遮盖裸露的身体，“衣”由此引申为“遮盖”“包扎”，如：衣被海内（给全国都带来好处）、衣饰（掩饰）。

人们因此将人穿在上身用以蔽体的东西称为“衣”，指上装，为区别动词“衣”，读yī，如：衣裳。

引申泛指人穿在身上用以蔽体的东西，如：衣服。

由于衣服披或包在人体的表面，“衣”因此引申泛指披或包在物体外面的东西，如：炮衣、糖衣、肠衣。

因胎儿为胎盘和胎膜所包裹，好似胎儿的外衣，于是中医把胎盘和胎膜统称为“胞衣”，如：衣胞。

由此进一步引申为“膜”“薄软柔韧的片、张或层”，如：花生衣。

哀（āi）

衣＋口　甲◎　金◎　篆◎

造字本义：给死去的亲人穿寿衣，（子女）因心里悲痛而开口号啕大哭，引申为“悲伤”“悲痛”，如：哀愁、哀伤。

人哀伤的时候哭声特别凄厉，“哀”由此引申“形容声音凄清尖锐”，如：哀鸿遍野。

这种情形非常令人同情，“哀”由此引申为“同情”“怜悯”，如：哀怜、哀求。

由此进一步引申为“悲叹”，如：哀叹。

人去世以后，亲朋好友都会前去慰问，祭奠，“哀”由此引申为“慰问”“悼念”，如：默哀、哀悼。

在人们看来，只有充满爱心的人才会怜悯别人，“哀”由此引申为“爱”“爱护”，如：国虽弱，令必敬以哀。（《管子・侈靡》）

被（bèi）（pī）（bì）

衤（衣）＋皮　篆◎

造字本义：像衣服一样披或包在物体外面的动物体表组织，会意披或盖在人身上用来保暖的兽皮，泛指睡觉时盖在身上用来保暖的东西，读bèi，如：棉被、被子。

由此引申为“盖”“遮覆”，如：凝霜被野草。（魏・阮籍《咏怀》）

由于人盖在被子之下，身体被“被”盖，“被”因此引申用在句中表示主语是受事者，表示被动，相当于“叫”“让”，如：他被（老板）辞退了。

也引申用在动词前构表示受动，如：被批评、被除数、被动、被告。

由此进一步引申为“遭遇”“蒙受”，如：秦王复击轲，被八创。（《战国策·燕策》）

由于“被”也可以披在人的身上，“被”因此引申为“搭衣于肩背”，后写作“披”，读 pī，如：被明月兮佩宝璐。（战国·屈原《楚辞·九章·涉江》）

将衣服披在身上，即非正式地将衣服穿在身上，“被”因此进一步引申为“穿着”，如：被甲持兵、披麻戴孝。

由于假发如被，将真发覆盖遮掩，“被”由此引申借指“假发”，即“髲”，读 bì，如：被之僮僮，夙夜在公。（《诗经·召南·采蘩》）

毛＋衣　甲◎　金◎　篆◎

造字本义：穿上毛外翻的兽皮上装。

过去人们一直以为人穿上衣服是为了御寒和遮羞蔽体，其实不然。猿人未进化成人以前，冰天雪地照样外出觅食，说明其根本就不怕冷。倒是衣服的发明使得人类的抗寒能力严重退化。早期的人类更不懂得什么是羞耻，之所以人类自发明上衣以后相当长的一段时间才发明裤子（即使有了裤子，也没有裤裆），就是这个原因。人类发明上装（衣），动机为求偶。母系社会时期，男子没有地位，想获得与异性的交配权，必须展示自己强悍的一面，于是将捕获的野兽的皮毛（）剥下来穿（）在上身为表（），意思是说我身体强壮，善于捕猎，跟了我食物不用发愁，更不用担心被别人欺负。显然，“表”会意把思想感情显示出来，泛指“显示”，如：发表、表白。

由此引申为“臣子向君王汇报重大事件并提出自己的见解”。这种汇报一般以奏章的形式出现，“表”由此引申为“古代文体奏章的一种”，用于较重大的事件，如：出师表、表疏（泛指奏章，即古代臣属向帝王进言陈事的文书）。

古人为了将账目统计清楚，受门窗格子的启发，将逐一排列的事项分门别类归入格中，使格中的内容清楚显示，由此发明了表格，“表”由此引申为“用格的形式排列陈述事项的书籍和文件”，如：报表、表格。

古人很聪明，偶然发现太阳照射树木投到地上的阴影，随太阳的位置不同长短也不同，于是，三千年前，西周丞相周公旦发明了一种以测定日影长度来确定时间的仪器，成为世界上最早的计时器。其发明的计时器由两部分组成，即直立于平地上显示日影的标杆和石柱，以及正南正北方向平放的测定表影长度的刻板“圭”。而计时器上的标杆和石柱起到的正是标杆的作用，又能够清楚显示日影的变化，故名“表”，“表”由此引申指“测量日影的标杆”，与圭组合，名“圭表”。由于远古时期第一个穿上兽皮上衣的男性获得了女性的赞美和青睐，于是成了其他男性争相效仿的对象，“表”由此引申为“赞美”“榜样”“模范”，如：为人师表、表扬、表彰。

“表”因此引申为“可随身携带的计时工具”，如：手表、钟表。

因此进一步引申泛指测量某种量的器具，如：仪表。

后来出现了金属的计时或测量用的工具“表”，人们另加意符“金”造“錶”会意。因书写繁复，简化作“表”。

由于树望其梢直立如表，“表”因此引申指“树梢”，如：林表。

另外，由于兽皮衣是远古时期男人们穿在外面展示给心仪的女人看的，“表”因此引申为“外部”“外面”等，与“里”相对，如：外表、仪表、表面。

因此进一步引申为“外衣”，如：表里。

当人体感染风寒以后，古代中医采用以药物等使身体出汗的方法，将侵入体内的寒气排出体外，“表”由此引申为“用药物把感染的风寒发散至身体表面”，俗称发汗，如：表寒气、表汗（发汗）。

中国的原始社会进入父系氏族阶段以后，其亲缘关系按父系的血缘关系排列。父系社会，妻从夫居，女性嫁入男方家庭称为“外”嫁，“外”即“表”，故对同属一个家庭成员中的女性（母）或曾是本家庭成员中的女性（姑）的亲属以“表”相称，如同客人一般，如：中表、表亲、表侄、表兄弟、表姐妹。俗话说“一代亲，两代表，三代无了了”，表亲即外亲，意思是说到了第三代表亲关系已经非常疏离，几乎没有任何联系了。

婊（biǎo）

女＋表　《说文》无，今篆 ◎ 

造字本义：女子身穿艳丽兽毛皮衣向男子求欢。动物界求偶一般是雄性主动，特别是人类，倒过来则被视为不正常，这类人被称为“婊子”，即妓女。

裱（biǎo）

衤（衣）+ 表　《说文》无，今篆 ◎

造字本义：给物体的表面穿上衣服，如：裱糊。

后随着书画事业的日益繁荣，“裱”成了装裱字画的专用词，会意给绘画作品穿上衣服，特指用纸、布或丝织品做衬托，把字画书籍等装潢起来，或加以修补，使美观耐久。如：裱画。

裘（qiú）

求 + 衣　甲 ◎　金 ◎　篆 ◎

造字本义：伸手帮异性穿上带毛的皮衣，把握分寸地求爱，引申为“求”“求取”，如：熊罴是裘（《诗经·小雅·大东》）。后作“求”。

由于“裘”很珍贵，人人都想得到送给异性求欢，导致珍贵的毛皮兽大量减少，很难捕捉。于是人们从金文“”中分化出“”，篆文为“”，楷书为“求”，会意设法得到动物的毛皮制作珍贵的裘，泛指设法得到。

显然，正是由于裘的珍贵导致毛皮的供不应求，“裘”由此引申为“能打动女性的珍贵的动物皮毛上装”，引申指“人人都想得到的毛外翻的兽皮上装”，泛指高档皮衣，如：貂裘、裘皮。

引申为“穿上皮衣”，如：裘马轻肥（衣轻裘，乘肥马。比喻生活富裕，放荡不羁）。

也引申指古代制皮工匠的一种，如：裘匠（加工裘皮的工匠）。

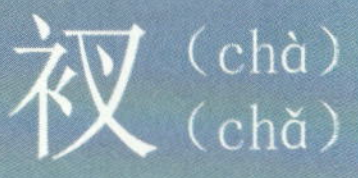

衩（chà）（chǎ）

衤（衣）+ 叉　《说文》无，今篆 ◎ 

造字本义：衣服旁边分张开口的地方，读 chà，如：开衩。

特指裙子正中开衩的地方。

由于贴身的内衣短裤两只裤脚分张如叉，“衩”因此引申指“短裤”，读 chǎ，如：裤衩。

初（chū）

衤（衣）+刀　甲◎　金◎　篆◎

造字本义：穿上装的第一步，是用刀将整块兽皮割开一个可供头进出的口子（领口）。

因为原始社会只有兽皮，穿衣服的第一步是将兽皮割个洞，套在脖子上，用藤条或皮筋束腰裹紧，“初”因此引申为“起始”“开端”“次序居第一”，如：初始、初步。

由此进一步引申作副词，表示时间、频率，相当于“才”“刚刚”，如：初生、初凉。

又进一步引申作前缀，加在“一”至“十”的前面，表示农历一个月前十天的次序，如：三月初一、五月初五。

因“初”为最原始的，为事物的本源，“初”因此引申为“原来的”“本来”“本原”，如：和好如初、初衷、初心。

由此进一步引申作副词，表示“往昔”，如：当初。

裸（臝）（⿳亡口⿲月衣凡）（luǒ）

衤（衣）+果　篆◎

造字本义：篆文“”会意在限定的范围（，口）内双手牢牢抓住（，廾，双手抱持。简化作“凡”。）逃亡（）的人，剥去衣（）服露出身体（，月，即肉，泛指身体），进行盘问、审讯。楷书为“**⿳亡口⿲月衣凡**”。引申为“赤身裸体，光着身子”。“**⿳亡口⿲月衣凡**”（省“衣”换“果”）为“臝”，会意苹果、梨子等外表没有包裹毛、羽、鳞、甲的光着身子的果实，引申为“赤身裸体，光着身子”。由于“**⿳亡口⿲月衣凡**”“臝”二字书写繁复，又皆引申为“赤身裸体，光着身子之意”，故取“**⿳亡口⿲月衣凡**”之“衣”、“臝”之“果”合并简化为“裸”，表义赤身露体，光着身子，如：裸体、裸露。

因“臝”与“**⿳亡口⿲月衣凡**”合并简化为“裸”，故“裸”也包含了“臝”之本义，指外表没有包裹毛、羽、鳞、甲的光着身子的果实，泛指动植物外面没有毛、羽、鳞、甲或其他东西包裹的，如：裸芽、裸虫（指没有羽、毛、鳞、甲的动物，包括人类、蚯蚓等）。

由于短毛的兽类远观好像裸露着身体，“裸”因此引申为“短毛的兽类”，如：裸物（短毛的动物）。

衲（nà）

衤（衣）+纳（省“纟”） 《说文》无，今篆 ◎ 

造字本义：将丝线穿进针里，扎进衣物里面，会意缝补衣服，泛指缝补、补缀，如：百衲衣。

由于僧徒的衣服常用许多碎布补缀而成，“衲”因此引申为“僧衣”的代称，如：衲衣。

由此进一步引申为“僧徒自称或代称”，如：老衲。

袍（páo）

衤（衣）+包 篆 ◎

造字本义：能将身体整个包裹起来御寒的长衣，特指有夹层，中间絮有丝绵的长衣，如：棉袍、袍子。

引申泛指中式长衣，其形制不分上衣下裳。本为闲居之服，汉以后用作朝服，如：长袍、旗袍。

因为袍穿在最外面，“袍”由此引申泛指外衣，如：战袍。

裙（qún）

衤（衣）+群（省“羊”） 篆 ◎

造字本义：“群”（省“羊”）和“巾”组合为“帬”，会意把许多小片树叶、兽皮或条状巾帛连接起来，做成的遮蔽下体的衣服，即“裳”，泛指一种围在腰以下的服装。后来，为突出其服装的特点，改“巾”为“衣”写作“裠”，规范化写作“裙”，如：连衣裙、裙子、裙带关系。

由此引申为“像裙子的东西”，如：围裙、墙裙。

衫（shān）

衤（衣）+彡（花纹或风吹的痕迹）　篆◎

造字本义：挡风或挡汗的上衣或单褂，如：长衫、衬衫。

“衫”有内外之分。“褙子”为有里子的对襟夹外衣，用于挡风尘。“半臂”又叫“半袖”，袖长及肘，衣身很短，也有无袖式样。从隋代开始流行，到宋时袖子延长，作为内用的衫，即贴身穿用的汗衫，有大襟和对襟两种形式。汗衫被汗水浸湿后，留下汗渍，像花纹，故名“衫”。

衫有尊卑之分，如：“中单”为夏商周时期朝廷用衫，而“布衫”为平民穿用的粗布短衣。

引申泛指衣服的通称，如：衣衫。

袭（襲）（xí）

龙（龍）+衣　甲◎　金◎　篆◎

造字本义：甲骨文“”象形蜥蜴（）蜕皮（）。金文会意蛇蜕皮以后变成两条龙（古人认为龙的形象为蛇与蜥蜴的合体），一条是龙，一条是龙蜕下来的皮，即龙衣（），写作“”。篆文承接金文简化为“”，楷书为“襲”，简化为“袭”。

龙的演变经过了一定的阶段。龙的甲骨文“”为蛇（）的头顶加了个部落首领惩戒罪奴的刑刀“”（辛），会意“蛇王”。就好像在鸟的头上加“辛”会意候鸟之头鸟神化为“凤”一样，将蜥蜴与蛇合体，“蛇王”演变成了龙。这就是至今有许多地方仍然将蛇称为龙的原因。

蛇和蜥蜴都蜕皮，龙作为它们的合体当然也蜕皮，于是便有了金文“”。显然，“袭”的造字本义为龙（蛇、蜥蜴等）蜕下的皮。

蛇蜕皮的时候是身体最虚弱的时候，趁此机会容易抓捕，“袭”由此引申为“趁敌人不备时攻击”，如：偷袭、突然袭击。

由于蛇衣（蜕）为蛇的死皮，“袭”因此引申为“死者穿的衣服”，如：袭衣（尸衣，也指古代行礼时穿在裼衣外面的上衣）。死者与生者属于两个世界的人，死者与生者衣服的区别在于，死者的服装为左衽，生者的为右衽。

由此进一步引申为“（给死人）穿衣”，如：袭尸（为死者穿衣）。

因衣服可计量，“袭”由此引申为量词，计量衣服的套数，如：袭衣兼食（成套衣服、多盘菜肴，谓生活优裕）。

衣服有时也能盖在人的身上，“袭”由此引申为“盖”，如：袭裘（古代盛礼时，掩上裼衣而不使羔裘见于外）。

古时贵族下葬，棺椁重重，好似死人穿的衣服，一层一层，“袭”由此引申为“衣上加衣”“棺上加棺”“层”“重”“重叠”“重复”，如：棺椁数袭。（《吕氏春秋》）人们害怕死人，老远就感觉一股阴气扑来，“袭”由此引申为“熏染”“扑来”“触及”，如：寒气袭人。

由于蛇蜕皮，代代相承，“袭”由此引申为“照样做”“照样继续下去”“继承”，如：沿袭、世袭。

因为蛇衣为蛇蜕下的皮，与蛇身相合，“袭”由此引申为“合”“和”，如：天地比，齐秦袭。（《荀子·不苟》）

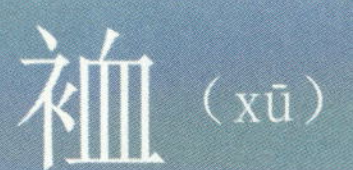

衤（衣）+恤（怜悯，省“忄”）　近代新造字，今篆◎ 

造字本义：令人怜悯的人穿的服装。

“衤血”的历史不长，最初原为西方干粗重体力活的工人们穿用的内衣，衤血与上身构成“T”字形，故名“T-shirt”，传入中国时，人们将其音译作“体恤衫”，会意令人同情的人穿的内衣，亦名“T恤”。后来T恤大受欢迎，为了显得其高贵，新造“衤血”以命名。由于人们习惯了称其为“T恤”，“衤血”字并未流行开来。

依（yī）

亻（人）+衣　甲◎　金◎　篆◎

造字本义：穿了上装的人。

人们靠兽皮制成的上装吸引异性交配，“依”由此引申为“靠”“仰仗”“仗恃”，如：白日依山尽，黄河入海流。（唐·王之涣《登鹳雀楼》）

当某人对别人形成了依赖，所有的事情不得不服从，“依”因此引申为“顺从”“答应”，如：百依百顺、依从。

由此进一步引申为“原谅”“宽恕”，如：你要是把这些资料弄丢了，我可不依你。

所谓顺从，即按照别人的要求去做，不得违背，“依”因此引申为“按照”，如：依照、依旧。

爱恋男女相互依偎，显得非常亲热，“依”由此引申为“亲密的样子”“爱”，如：依人（与人亲近而不离群）。

森林中的树木非常茂密，树与树之间相互依偎，“依”由此引申为“茂盛的样子”，如：依彼平林，有集维鷮。（《诗经·小雅》）

铱（銥）（yī）

钅（金）+ 衣　近代新造字，今篆 ◎ 銥

造字本义：一种外表如穿上了五彩霓裳的金属元素。

铱元素的名称源于拉丁文，原意是“彩虹”。

1803 年，英国化学家坦南特、法国化学家德斯科蒂等用王水溶解粗铂时，从残留在器皿底部的黑色粉末中发现了两种新元素——锇和铱。

1803 年，法国化学家沃克朗把该粉末来回在酸碱中浸洗，取得了一种挥发性氧化物。他认为这是新元素的氧化物，并把新元素命名为“ptene”，源于希腊文的“πτηνος”（ptènos），即“有翼的”。同年，英国化学家史密森·特南特将这种王水溶解粗铂后的残留物与氢氧化钠和氢氯酸进行连串反应之后，制成了一种深红色的晶体。由于铱的许多盐都有鲜艳的颜色，像外包了一层五彩的衣，故特南特取希腊神话中的彩虹女神伊里斯之名将其命名为“Iridium”。因彩虹的中文名为“霓”，像彩虹一样美丽的衣裳为“霓裳”，故新造“铱”字作为“Iridium”的音译化学用名。

装（zhuāng）

壮（身体强盛，可当士兵，可筑墙）+ 衣　篆 ◎ 裝

造字本义：穿上衣服，带上换洗衣服、被褥等去筑墙或打仗，泛指外出时携带的衣物、被褥等，如：整装待发、行装。

外出携带的行李，主要是换洗的衣服，“装”由此引申为“衣服”，如：服装、银装素裹。

衣服有不同的式样，“装”由此进一步引申为“衣服的式样”，如：西装、中山装。

外出远行，除了携带换洗衣服，还要随身携带其他常用的物品，“装”由此引

申泛指物品，如：装送（嫁妆）。

早期的人类穿衣物是为了求欢，后来懂得了羞耻，便用之以遮丑，“装”由此引申为“用服饰改变人原来的面貌”“修饰”“打扮”“布置”“点缀”等，如：化装、装扮、装饰、装门面。

由此进一步引申特指“为化装时穿戴涂抹的东西”，如：上装、卸装。

由此又进一步引申指“对书籍、字画加以修整或修整成的式样”，如：装订、装裱。

演出时，化了装的人扮演的角色并非真实的本人，只是扮成了戏中的人物，“装”由此引申为“故意装出某种动作或姿态，以掩盖真相”，如：假装、伪装、装糊涂、装样子。

演员演出时，不同的服装造型得配备不同的道具、设备，才能充分展现其角色的个性，“装”由此引申为“装配”，如：安装。

每次外出，携带的物品多，需要放进袋子或匣子里便于随身携带，不遗漏，“装”由此引申为“把东西放进器物内”“把物品放在运输工具上”，如：装入、装载。

由此进一步引申为“贮放”“藏”“运载”，如：乃装黄金千溢，置褐器中。（西汉・司马迁《史记》）

二、知识疯狂补

魏碑，民族文化融合的丰碑

中国是一个多民族的国家，中华文明是多民族文化融合的结晶，汉字也不例外。书法中的魏碑便是最典型的成果。

原始的石碑起源于北方的少数民族鲜卑族。“卑”的甲骨文“[illegible]”象形人手持遁甲一样的鬼脸面具跳大神（巫术活动）。卑人既捕鱼，又牧羊，因其兼具渔猎和游牧民族的特征，故汉语音译作“鲜卑”。鲜卑人伴水和草而居，经常到很远的地方去游牧，为防止返回的时候迷路，常常在路边堆一堆石头做记号，这是最原始的路碑。后来，有亲人在途中死去，埋在途中，后人担心回来祭祀的时候找不到地方，故立一块大一点的石头作为标记，即为最原始的墓碑。公元 386 年，鲜卑族后裔拓跋珪在盛乐（今内蒙古呼和浩特市和林格尔县）建立政权。拓跋珪为加强对汉人的统治，自称是黄帝的后裔。因黄帝的发源地为战国时魏国之所在，故以“魏”为国号，史称“北魏”。北魏孝文帝雄才大略，提倡汉化。随着佛、道之学勃然兴盛，写经成为树立功德的一种流行方式。凡新建寺塔、塑造佛像，必延聘文学之士，撰写文章以记其事。或凿石以作碑碣，或就天然岩壁摩崖刻写，一时间刻石佛记文字漫山遍谷，不下数千万，魏碑应运而生。魏碑书法笔画严谨、朴厚灵动，丰腴不失板刻，上承汉隶，下开唐楷，兼有隶楷两体之神韵，堪称汉碑中的上品。

第十四课 禾：生存的基础

早期人类以吃植物的籽实为主，后虽大量食用肉类，但粮食依然不可或缺。常言道“家中有粮，心中不慌”，从“稳”的篆文（）便可窥得古人这一心思：只有手抓（）住禾（）用工具（）捣成米扫（）到一起归仓，心（）里才踏实。

古代中国主要的粮食作物大致有稻、黍、稷、麦、豆，俗称“五谷”。

稻的甲骨文“”象形从舂米的臼（）里取出经过舂捣后获得的口（）粮“米”（）；金文（），加手（），表明放在石臼（）里捣的作物为禾（）类；篆文为“”，指适宜在南方生长需舂捣才能获得籽实的作物，多指水稻。

黍的甲骨文“”象形泡在水（）里的作物（）籽实（）；金文简化为“”；篆文为“”，指用水长时间浸泡后可酿酒、煮粥或发酵蒸馍的粮食作物，俗称“黄米”。

稷的甲骨文“”会意籽实经过发酵后能变成酒（）的作物（）；籀文“”会意一种能让人像酒鬼（）一样曲线行走的禾类植物；篆文“”将曲线细化为像幼儿一样张开两腿晃晃悠悠行走（）；金文“”更是将其请上祭台（）；楷书为“禝”，指谷神。谷神“禝”与土地神“社”组合为“社稷”，社稷事关百姓生死，国家存亡，“社稷”由此成了国家的代名词。

远古时期农业技术落后，在田里撒了麦种就走，等麦熟的时候再来，故“来”的甲骨文以麦（）来表示，篆文为“”，楷书为“來”，简化作“来”。人们割完麦沉甸甸地背着走走停停（夊）回家，便以“来”（）和“夊”（）组合为“”，会意背回家的收获之物，篆文为“”，楷书为“麥”，简化为“麦”。

这五谷中，唯豆不属于禾类。那么这禾究竟是什么作物呢？

答案在篆文“”字里。禾的果实即“稞”，显然禾指的是生长在新疆、青藏高原的青稞。甲骨文为“”，金文为“”，篆文为“”。因为黍、稻等长得像稞，故禾成了谷类植物的统称。

由于禾是人们生存的基础，故有关禾的汉字涵盖了谷物从生长、收割、储藏到分配的各个环节。如像被禁锢在刑具中间的囚犯（）一样栽种在穴坑中央的禾苗（）为“”，楷书为“秧”；谷物（）扬花、穗上的谷粒灌满了奶（）一样的浆汁，长势喜人为“”，楷书为“秀”；用刀（）割禾（）收获的谷物（）为“”，篆文（）省去收获的谷物，楷书为“利”；将谷物（）运回家（）中为“”，楷书为“稼”。

当然，运回家的禾（）并非全归己有，这些以“且”（，磨制石器，特指石镰刀）收割的“禾”，一部分上缴地主作为田赋，即“租”（）；一部分作为交换（）冲抵徭役或兵役的为（），即“税”；按一定程序层层呈（）贡供养首领或君主的为“”，即“程”。这样一来，便所剩无几了，只有伸手扒进怀里（）运回家中的禾（）才是实实在在的收获，篆文为“”，楷书为“私”。

至夏商周时期，居然发现了超级稻。甲骨文“”，象形土里（）节节生长的“一禾两穗”（）的嘉禾，篆文为“”，楷书为“至”。当“至”成熟的时候，收割的人也到了，“至”由此引申为“到”，如：夏至、冬至。

人（）至嘉禾（）的种植地收割为“”，篆文（）以“人”换“刀”（），楷书为“到”。人（）持刀（）割嘉禾（），嘉禾横躺于地为“倒”，引申为“人或竖立的东西横躺下来”。嘉禾割倒以后，人们将其穗子朝下捆扎起来，挑回晒场，“倒”由此引申为“颠倒”，如：“倒立”。嘉禾（）地里寄生着一种吸食人血的虫（）“”（篆），楷书为“蛭”，俗称“蚂蟥”。

周朝的时候，周成王将唐国封给了弟弟叔虞，叔虞特别重视农业生产，有一年地里竟然长出了两株（）罕见的嘉禾——“至”。叔虞说：“如果全国都栽这种禾，老百姓的粮食就有保障了。”于是将“至”献给了国王哥哥作为种子，希望国家年年丰收、蒸蒸日（）上。人们造甲骨文“”将这个故事记录下来，经过篆文（）和楷书（）的演变，简化作“晉”，后人将其进一步简化为“晋”。叔虞之子为纪念父亲，改国号为“晋”。因今山西的大部分地区在春秋时期为晋国所有，“晋”便成了山西的简称。

一、汉字疯狂+

字根：

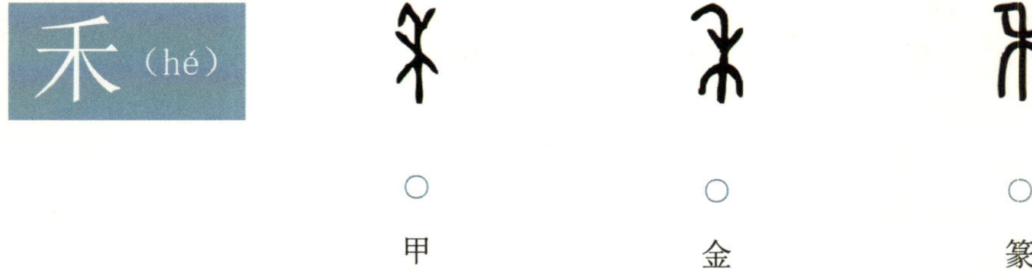

造字本义：

禾的果实即稞，指大麦的一种。显然禾指的是生长在新疆、青藏高原的青稞。因为谷子、黍、稻等长得像稞，故“禾”成了谷类植物的总称，如：禾黍、禾谷。这就是甲骨文（[甲骨文字形]）象形青稞，而金文（[金文字形]）象形谷子的原因。显然，至金文时代，谷子已经成为人们的主食。

由于南方大量种植水稻，至今仍将栽水稻称之为栽禾，“禾”由此引申特指“初生没有吐穗的水稻”，如：禾田（稻田）、禾稻（稻谷）。

稗（bǎi）

禾＋捭（两手横向对外旁击；掰开，分开。省“扌”）　篆◎[篆书字形]

造字本义：似禾非禾的有害植物混杂在水稻中生长，人们将其拔起，将其抛向田边暴晒至其枯槁，防其继续危害水稻。故人们以“禾”和“捭”（省“扌”）组合为“稗”，会意混在农作物之间破坏作物生长的，必须拔出并双手左右开弓将其抛向田边的“低劣植物”，如：稗草、稗秕。

因稗这种植物人不能食，还危害水稻，被抛弃野外暴晒，不被人重视，“稗”由此引申为“野外不被人重视的”“微不足道的”，如：稗官野史。

因此进一步引申为“非正统的”，如：稗政（指不良的政治措施）。

其实，稗也并非一无是处。它既可酿酒，也可作动物饲料，作饭食能益气宜脾，其根和苗能治跌打损伤，将其捣碎敷在患处可以马上止血。

秕（bǐ）

禾＋比（“并列”“并排”，引申为“紧靠”“挨着”）　篆◎[篆书字形]

造字本义：禾苗肩并肩，挨得太紧，引申指禾因挨得太紧（密度过大），通风透光不好而结出的不饱满或虚空的籽粒，即“瘪谷”，如：秕谷子、秕糠。

相对于饱满的谷子而言，“秕”属于不好的谷子，“秕”由此引申为“坏”“恶”，如：秕政（弊政，指不良的有害的政治措施）。

由此进一步引申为“败坏”，如：秕敝（败坏，破旧）。

秉（bǐng）

禾 + 又（持物的右手，泛指手） 甲◎ 金◎ 篆◎

造字本义：伸一只手（又），从旁边握持禾之介于根与籽实间的部位（举刀收割）。引申为“手持”“手握”，如：秉笔、秉穗。

割禾，需一手抓住禾之介于根与籽实间的部位，即禾的柄部，一刀下去即决定禾之生死，“秉”由此引申为“（权）柄”“权力”，如：治国不失秉。（《管子·小匡》）

因此进一步引申为“主持”“掌握”，如：秉公执法。

主持往往会延续一段时间，“秉”因此引申为“保持”“坚持”，如：君子秉心。（《诗经·小雅·小弁》）

稠（chóu）（tiáo）（diào）

禾 + 周 甲◎ 篆◎

造字本义：“禾”和“周”（厚厚的密不透风的古钟的钟壁，引申为“致密”“严密”“紧密”）组合为“稠”，会意禾像钟壁一样排列得密不透风，指禾多而密，泛指多而密，读 chóu，如：稠密。

由此引申为“浓厚”，与“稀”相对，如：粥很稠、黏稠。

密植的禾，经过调整，可以变稀，“稠”由此引申为“调和”，读 tiáo，如：其于宗也，可谓稠适而上遂矣。（《庄子·天下》）

又用作“稠（diào）整”，指动摇的样子，如：嘻嘻旭旭，天地稠整。（西汉·扬雄《河东赋》）

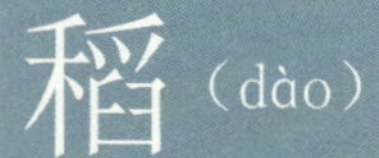

稻（dào）

禾 + 舀 甲◎ 金◎ 篆◎

造字本义：“舀”的造字本义为伸手将禾放进臼里舂捣，取出米。“禾”和“舀”

组合为“稻”，会意经舂捣才能获得米粒的禾类植物，如：稻草、稻谷。

稻原产于中国南方，为一年生草本植物，在温暖气候下广泛栽培，种子用作人类主食，谷壳和其他副产品可饲养家畜，稻秆用来造纸。稻分水稻和旱稻，通常指水稻。籽实叫谷子，碾制去壳后叫大米。唐、宋以后，南方一些稻区进一步发展成为全国稻米的供应基地。唐代韩愈称“赋出天下，江南居十九”，民间也有“苏湖熟，天下足”和“湖广熟，天下足”之说，充分反映了江南水稻生产对于供应全国粮食需要和保证政府财政收入的重要性。

秆（稈）（gǎn）

禾＋旱（干） 篆◎ 

造字本义：经太阳晒干后去掉叶和籽实的像树干一样的禾类植物的茎，泛指草木的茎。

“秆”与“稈”的区别在于，“秆”指未经太阳晾晒或晾晒过的所有草木的茎，而“稈”为晒干后的茎。因意义相近，“秆”又便于书写，于是合并为“秆”，如：麦秆、棉花秆。

稿（gǎo）

禾＋高 篆◎ 

造字本义：长至最高，再也长不高的、去掉了籽实像高龄的老人一样枯萎的禾的茎叶，泛指禾秆，如：稿苗、稿人（稻草人）。

引申为“干枯”，如：稿茎（枯干的草茎）。

“稿”与“槁”的区别在于，“稿”指枯草，“槁”指枯木。

人们将枯草垫在床板上打底防潮，增加柔软度，使人睡起来更舒适，由此引申为“文字、图画的草底”，比喻事先考虑的计划，如：草稿、稿件。

进一步引申指已刊行，但作者仍以为未周备，有待修订整理的书籍，如：中国史稿、稿定（指著作已经完成定案，即可付印）。

所谓草稿，虽未最后完工，但已经很有模样，“稿”由此引申为“样子”“模样”，如：我看见哥儿的这个形容身段，言谈举动，怎么就和当儿国公爷一个稿子。（清·曹雪芹《红楼梦》）

香（馫）（香）（xiāng） 禾（黍）+甘（甜） 甲◎[illegible] 篆◎[illegible]

造字本义：甲骨文“[illegible]”会意口（[illegible]）里吃着禾（[illegible]）的籽实（[illegible]）做成的食物，特别香甜。楷书为“香”。篆文进一步明确散发香味的禾为“黍”，写作“[illegible]”；楷书为“馫”。隶书承接甲骨文“[illegible]”简化作“[illegible]”，楷书为“香”，会意谷物饭食的清香，泛指五谷之香，如：稻花香里说丰年（宋·辛弃疾《西江月·夜行黄沙道中》）。

泛指好闻的气味，与“臭”相对，如：芳香、香味。

由此进一步引申指一些天然或人造的有香味的东西，如：麝香、沉香。

特指祭祖、敬神所烧的用木屑掺上香料做成的细条，如：烧香拜佛、香火。

人们喜欢闻芳香的味道，“香”由此引申为“受欢迎”，如：这首歌曲很吃香、香饽饽。

之所以受欢迎，是因为闻了很舒服，“香”因此引申为“舒服”，如：睡得香。

芳香的五谷味道十分好，“香”由此引申为“味道好”，如：这鱼做得真香。

由于女子喜欢用带香味的化妆品进行修饰，“香”因此引申“形容有关女子的事物”或指“年轻貌美的女子”，如：香车宝马、香消玉殒（比喻女子死亡）。

恋爱中的男子喜欢亲吻散发着香味的女子，“香”因此引申为“亲”“亲吻”，如：香一个。

通常，不同的花会散发出各自不同的香味，“香”因此引申指“花”，如：香祖（兰的别名）。

大凡口碑很好的人，人们口口相传，其名声像香味一样传播得很远，“香”因此引申为“好的名声”，如：留香百世。

秀（xiù） 禾+乃 篆◎[illegible]

造字本义：“乃”的造字本义为人或动物的乳房。“禾”“乃”为“秀”，其造字本义为禾抽穗灌浆，籽实颗粒逐渐饱满。因浆白如乳，故将植物吐穗开花、籽实灌浆称为“秀”，如：秀穗、秀而不实（禾谷吐穗开花而不结实）。

引申指“草类结实”，如：秀孚（开花结实）。

也引申指“草木之花”，如：兰有秀兮菊有芳，携佳人兮不能忘。（西汉·汉武帝《秋风辞》）

因抽穗灌浆为植物最为关键的成长期，“秀”由此引申为“成长”，如：秀茂（生长茂盛）。

植物抽穗扬花时期，是看上去最青春漂亮的时候，“秀”由此引申为“美好”“美丽而不俗气”，如：清秀、秀丽。

由此进一步引申为“茂盛”，亦指茂盛的草木，如：秀草（茂盛之草）。

饱满的籽实结成最好的粮食，“秀”由此引申为“特别优异的”，多指人品德美好，也指“特别优异的人”，如：优秀、新秀。

透（tòu）

秀＋辶（辵） 篆◎

造字本义：“辵”的造字本义为人行至岔路口，担心走错路，不知不觉放慢脚步，走走停停。泛指慢步行走，作偏旁时写作“辶”。“辵”（辶）和“秀”组合为“透”，会意长时间慢步行走，汗水从身体里渗出，像禾谷灌浆一样，被衣服充分吸收。会意达到饱满、充分的程度，如：熟透。

汗水很快穿通了衣服的布料，“透”因此引申为“通过”“超过”“穿通”，如：渗透、透视。

汗水完全湿透，“透”因此引申为“彻底”“完全”，如：透悟。

汗水穿通布料，显露出来，“透”因此引申为“泄露”“显露”，如：白里透红、透露。

负罪之人得到消息赶快逃亡，“透”因此引申为“逃走”“奔逃”，如：透走（逃走）。

当行走之人过于劳累时，显露出来的汗水四处流淌，湿透全身，“透”因此引申为“通达”，如：透彻。

当然，这种情况只会出现在汗水极度饱满的情况之下，“透”因此引申为“极度”“极其”“更加”，如：恨透了。

因为“透”指走路时汗水往外冒（跳），“透”因此引申为“跳”“跳跃”，如：透水（跳水）、透井（跳井）。

莠（yǒu）

艹（艸，泛指草）+ 秀　篆 ◎

造字本义：混杂于禾中与禾抢肥抢水，外形酷似抽穗灌浆的禾，但籽实不能食用的草本植物，即“狗尾草”，如：维莠骄骄。（《诗经·齐风·甫田》）

泛指“恶草”，常用以比喻恶人、俚人，如：良莠不齐、莠民（坏人）。

诱（誘）（yòu）

讠（言）+ 秀　篆 ◎

造字本义：用美丽、甜蜜的语言引导，引申为“欺骗”，如：引诱、诱骗。

引申为“引导、劝导”，如：循循善诱。

由此进一步引申为“向导”“引路”，如：诱接（招引接纳、诱纳）。

秧（yāng）

禾 + 央　篆 ◎

造字本义：栽在像刑枷枷洞一样的土穴正中心的禾苗，指谷类植物的幼苗，特指稻的初生幼苗，如：秧马（古代农民拔秧时所坐的器具）。

泛指草木初生可以移植的幼苗，如：菜秧、瓜秧。

秧苗很嫩，生命脆弱，犹如刚出生的动物，“秧”因此引申为“某些可饲养的幼小动物”，如：鱼秧、猪秧。

由此进一步引申为“栽培”“栽种”“畜养”，如：秧豆角、秧几棵花、秧一盆鱼。

因稻秧需要插入水田的泥里才能成活，“秧”因此引申为“插（秧）”，如：唤客煎茶山店远，看人秧稻午风凉。（北宋·黄庭坚《新喻道中寄元明》）

移（yí）

禾 + 多（宜，省“宀”）　篆 ◎

造字本义：将禾苗从苗圃里取出，栽到适宜生长的地方，泛指将秧苗或树木移走并栽种在另一个地方，如：移栽、移植。

引申为“改换原来的位置”，如：转移、移动。

由此进一步引申为“变动”“改变”，如：移心（改变心意）。

秩（zhì）

禾+失　篆◎

造字本义：“失”的造字本义为将手里的东西抛出去，被抛出去的东西像种子屈曲萌芽一般呈曲线坠落，会“抛”“掷”“丢”之意。“禾”和“失”组合为“秩”，其造字本义为将手上的禾（谷子）丢出去，层层堆码。

堆码的谷子越聚越多，“秩”由此引申为“聚积”，如：秩秩（积聚的样子）。

禾一层一层按次序堆码，“秩”由此引申为“按次序排列”“有条理，不混乱的情况”，如：秩序。

古代官员的官职由低到高有秩序地排列，“秩”由此引申为“古代官职的级别”，如：秩礼（古代辩上下、贵贱之礼）。

官吏按不同的级别获得俸禄，“秩”由此引申为“古代官吏的俸禄”，如：秩俸（俸禄）。

人们采取抛掷的方式层层堆码货物时，为了便于总数清点，总是以十为单位十件十件地堆码，“秩”由此引申用作计算时间的单位，十年为一秩，如：七秩寿辰。

春夏秋冬，四季轮回，每至秋收，就到了人们抛掷堆码禾草的季节，“秩”由此引申为“常态”，如：秩官（常设之官）。

二、知识疯狂补

宋体并非发明于宋代

在当今汉字字体中，应用最广泛的当属宋体。然而，宋体却是在明朝才出现。明朝出版界多翻刻宋本，为求便捷和美观，人们在末端添加装饰部分（即“字脚”或“衬线”），这是为适应雕版印刷而出现的一种汉字字体。清康熙十二年（公元 1673 年），康熙皇帝下令：“此后刻书，凡方体称宋体字，楷书均称软字。”自此，中国文人习惯称明代刊本字为“宋体”。因宋体盛行于明朝，日本于 19 世纪制造铅字字模时，称此字体为“明朝体”。至 20 世纪中叶，从铅字凸字排版过渡到照相排版时，中国台湾从日本引进照相排版及相关字模，连带引进“明体”一词，台湾华康科技于 20 世纪 80 年代制作电脑字形时，也以“明体”称呼，但台湾教育主管部门则称“宋体”，并为此制订标准，称之为“标准宋体”，简称“标宋”。

宋体既然姓“宋”，也并非与宋朝毫无关系。宋钦宗时期，宰相秦桧发现来自全国各地的公文字体不一，很不规范，于是仿照宋徽宗赵佶的“瘦金体”创造了一种工整划一、简便易学的独特字体。他用这种新字体誊写奏折引起了宋钦宗的注意，宋钦宗令秦桧将其书写范本发往全国各地，要求统一按范本字体书写公文。这种字体便是明朝印刷用的“宋体”的雏形。

第十五课 皿：生活的气象

远古时代，人们用手抓饭。后来懂得了借助贝壳去深沟里舀水，便有了“皿”。人们将皿做成高足便于握持和防烫，即甲骨文“[古文字]”。至青铜时代，皿越来越重，便加双耳（[古文字]）方便提携。后皿越造越大，变成了“器”，皿便显得不再那么重要，篆文“[古文字]”因此特别突出高脚，将器身（[古文字]）变小。至唐代，书法家颜真卿将器身彻底抹去，楷化为“皿”。

金文“[古文字]”和“[古文字]”会意人（[古文字]）扑在水缸缸沿朝里面大声喊叫，气流传声，碰壁产生回鸣（[古文字]），发出类似“汪汪”的犬（[古文字]）叫，仿佛到处都有人开口说话（[古文字]）。篆文统一为“[古文字]”，楷书为“器”。因“器”借气流传声，因此取“气”近音读 qì。皿放大为器，归为一类，即为“器皿”。

不同的皿有着不同的用途，不可混用。

如屠宰用“[古文字]”，会意用刀（[古文字]）宰杀分割（[古文字]）牲畜时放血、褪毛、清洗内脏用的口大底小的器皿（[古文字]），篆文为“[古文字]”，楷书为“盆”。

洗手用“[古文字]”，金文（[古文字]）会意皿（[古文字]）中用水（[古文字]）清洗双手（[古文字]），篆文为“[古文字]”，楷书为“盥”。

喝茶用“[古文字]”，即斩断（[古文字]）树根（[古文字]）使其停止生长，将其制成茶杯，楷书为“盃”。后以木（[古文字]）挖空制成口（[古文字]）杯，篆文为“[古文字]”，楷书简化为“杯”。喝茶讲究的人受拦腰截断蓄水分流的水利工程“[古文字]”（中）启发发明了“盅”，将一壶茶从壶中分流至各个皿（[古文字]）中给大家分享，金文为“[古文字]”，篆文为“[古文字]”。比盅大一点的为“[古文字]”，一壶茶像被武器（[古文字]）戳碎细分后分装于浅而小的杯中，即“盏”。篆文改为玉制，写作“[古文字]”，楷书简化为“盏”。

洪洲窑五盅盆

鹧鸪斑兔毫盏

喝酒用“”。因酒皆由禾酿制而成，故皿中之酒以禾来代替，篆文为“”，楷书为“盉”。

吃饭用“”。夕阳西下（），心事重重的人卷曲着身体（）辗转反侧睡不着为“”。“”和“”组合为“盌”，会意“抓在手上转过来转过去得心应手的口大而圆的饭钵”。后来，人们掌握了瓷泥矿石烧瓷的技术，故以“石”替“皿”并添加表义房子的“宀”写作“碗”，表义家用的饭碗。

上菜用“”。远古时代人们将泥块压扁做底，将湿泥搓成长条，绕着压扁的泥块周围盘旋，手持陶拍拍打（），以手沾水将泥块和湿泥接缝处抹平，手拉风箱（，凡，风箱的手柄，借指风箱），放在火上烤，制成的内空敞口（）装食物用的器皿即为“盤”。因盘为器皿，故金文（）改“口”为“皿”。篆文时代，发明了往餐桌送菜的木盘，写作“”。楷书统一简化作“盘”。

“益”的甲骨文（）、金文（）、篆文（）均象形皿中盛满热气直冒（）的开水（、），表明远古时代人们便懂得了喝开水对身体有好处的道理，楷书为“益”，跟“害”相对，如：益虫、益处。又加水（）为“”，楷书为“溢”，表义水必须烧到沸腾漫出才对身体有益，会意漫出。

最有趣的是人们以一个皿字为纽带，完整演示了小孩洗澡的全过程，非常生动。

孩子（）出生得丢在盆（）里洗头澡，篆文为“”，楷书为“孟”。因为是人生的第一个澡，故“孟”含第一、最大的意思，如兄弟排行最大的称“孟兄”，春季的第一个月称“孟春”。

小孩（）喜欢乱动，必须将其约束在澡盆（）的范围（），篆文为“”，楷书为“昷”，简化为“昷”，会意人脱光衣服在盆里洗澡。

给小孩洗澡（）的人多为家中年长的女人（），故造篆文“”，楷书为“媪”，指老年妇女。

洗澡（）时必须把冷水（）加热至暖而不烫为宜，故以篆文“”表义加热、不冷不热，楷书为“温”。

如果水温太冷或太热，洗澡（）的孩子会因为不舒服而心里（）生气，篆文为“”，楷书为“愠”，会意含怒、生气。

水温正好，年长的女人伸手（）将孩子按进澡盆，篆文为“”，楷书为“揾”，引申为“按”。

洗澡的孩子（）被裹在湿热的水汽（）中为“氲”，人们经常用“氤氲”来形容这种烟云弥漫的氛围。

回过头来，我们将这些含“昷”的汉字连贯起来，好似观看一部精彩的生活大片，非常温暖。

东汉的时候有个叫黄香的小朋友，他九岁时母亲就去世了。黄香对父亲特别孝顺。冬天的夜晚特别寒冷，黄香捧书的手被冻得通红。他想，这么冷的天气，父亲一定很冷，于是悄悄走进父亲的卧房，用自己的身体温暖父亲的被窝，“黄香温席”的故事就这样传开了，人人都夸黄香是个好孩子。

字根：

造字本义：

有足的食器，泛指碗碟杯盘一类的饮食用具，如：器皿。

盎（àng）　央+皿　篆◎

造字本义：“央”的造字本义为把罪奴的头卡在木枷的正中间，限制其自由，泛指中心、正中间，引申为“灾祸”。“央”和“皿”组合为“盎”，其造字本义为储存粮食、酒等生活物质的中间鼓出、大腹小口、预防灾祸度饥荒的盛（储）物器，如：盎中无斗米储，还视架上无悬衣。（《乐府诗集·东门行》）

“盎”装满了东西就会溢出，“盎”由此引申为“充溢”，如：兴趣盎然。

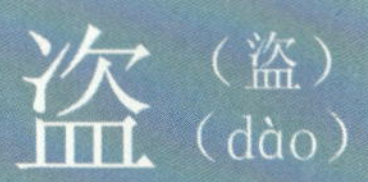

次+皿　甲◎　篆◎

造字本义：“次”的造字本义为想得到某种欠缺的东西而流口水。“次”和“皿”组合为“盜”，简化为“盗”，会意垂涎人家的器皿，偷偷拿走据为己有，会意偷东西，如：偷盗、欺世盗名。

引申为“偷盗财物的人”，如：盗贼。

盗贼也分几类：胆小的暗偷，胆大的明枪。“盗”由此引申为“抢掠劫持”，如：遂共盗而残之。（《列子·说符》）

也引申为“抢劫财物的人”，如：强盗、海盗。

由此进一步引申为“用不正当的手段营私或谋取”“窃据”“篡夺”，如：盗篡。

由此引申为“对反叛者的贬称”，如：盗乱。

在古人看来，诈骗也是一种盗窃行为，“盗”由此引申为“诈骗”“骗取”，如：盗言（巧诈甜美的言辞）。

显然，盗窃行为侵犯了人家的财物所有权，“盗”由此引申为“侵犯”，如：盗边（侵犯边境）。

古时候，男子将妻妾视作私有财产，男子与别人妻妾私通即为盗，“盗”由此引申为“私通”，如：闻平居家时，盗其嫂。（东汉·班固《汉书·陈平传》）

在朝廷看来，向老百姓征收税赋是理所当然的事情，百姓逃避不交，等于盗窃国库钱财，“盗”由此引申为“逃避”，如：盗税（逃避纳税）。

盗窃毕竟是见不得人的事情，多在暗中进行，“盗”由此引申为“偷偷地”“暗中地”，如：盗汗（一种不自觉流汗的症状。大多是因阴虚内热，或情绪紧张迫汗而出的结果）。

盥（guàn）

𦥑（jú，双手）+ 水 + 皿　甲 ◎　金 ◎　篆 ◎

造字本义：在盆子里洗手，如：沐者，去首垢也。洗去足垢，盥去手垢，浴去身垢。（东汉·王充《论衡·讥日》）

引申泛指洗涤，如：盥洗。

由此进一步引申为“除”“净”，如：盥涤（清除）。

也引申指古代洗手的器皿，如：盥盆。

古人祭祀地神时，像泼洗手水一样将血和酒泼在地上，血和酒很快渗透到地下，人们认为这样可以达之于神，于是将这种“灌祭”礼称之为“盥”，如：盥献。

盒（hé）

合 + 皿　后起字，今篆 ◎

造字本义：带盖的，底盖相合的盛东西的器物，如：果盒、铅笔盒。

尽（盡）（jìn）（jǐn）

聿＋火（灬）＋皿　甲◎　金◎　篆◎

造字本义：甲骨文“”象形吃完饭后，随手（）扯起一把带根的草木（），将附在器皿（）上的食物残渣、油污彻底清洗干净。金文写作“”。篆文改用草木灰（）清洗器皿，写作“”。楷书为“盡”。“”的造字本义为手持截去枝叶的小树将火扒开，使熄灭，引申指物体燃烧后剩下的东西，即草木灰。简化作“”。“”加“皿”为“盡”，其造字本义为吃完饭后，用草木灰将附在器皿（）上的食物残渣、油污彻底清洗干净。依据草书简化为“尽”，读 jìn。从汉代史游、东晋王羲之、唐太宗李世民、唐代孙过庭的书法，到宋代《古列女传》和《大唐三藏取经诗话》，我们可以大略看到这个字的演化过程。

汉代史游　东晋王羲之　唐太宗李世民　唐代孙过庭　宋代《古列女传》和《大唐三藏取经诗话》

这个字的简化差点毁灭了一段历史。从“盡”字我们可以得知，篆文时代普通老百姓洗碗的去污剂为草木灰。之所以选择草木灰，是因为其内含碳酸钾，遇水电离出氢氧根离子，与油脂（高级脂肪酸的甘油酯）发生皂化反应，生成可溶于水的高级脂肪酸钠和甘油，从而洗去油污。

洗完餐具上附着的残渣油污，餐具中什么也没留下，意味着用餐完毕，“尽”由此引申为“器物中空”“竭”“完”“没有了”“完毕”，如：说不尽、取之不尽。

用完餐的餐具必须全部、彻底洗干净，否则容易滋生细菌使人生病，“尽”由此引申为“都”“全”，如：尽然、尽收眼底。

清洗餐具时，全神贯注，竭力洗净，“尽”由此引申为“全部用出”“竭力做到”“努力完成”，如：人尽其才、尽心尽力。

直至清洗到不见任何污渍，干净得不能再干净，“尽”由此引申为“到……底”“到……尽头”“达到极限”，如：山穷水尽、尽善尽美。

人的生命达到极限即为“死”，“尽”由此引申为“死”，如：自尽。

由此进一步引申为“力求达到最大限度”“极”“最”，读 jǐn，如：尽量、尽管。

盔（kuī）

灰＋皿　《说文》无，今篆◎

造字本义：覆盖器皿挡灰的盖。如陕西省关中地区的传统风味面食小吃锅盔即因形似锅盖而得名。

因许多地方的锅盖为半球形，“盔”由此引申泛指形状像半球形锅盖的，如：盔顶。

由于战场上用来保护头部的帽子形似锅盖，“盔”因此引申指用来保护头的帽子，多用金属制成，如：头盔、盔甲。

引申泛指像头盔一样的器皿，如：瓦盔。

盆（pén）

分＋皿　甲◎ 　金◎ 　篆◎

造字本义：屠宰分割牲畜时放血、盛水褪毛、接内脏用的器皿，泛指盛东西或洗涤用的器皿，通常为圆形，口大底小，比盘深。之所以做成口大底小，是为了既扩大接收面，又便于聚集，像漏斗一样，不同的是漏斗无底盆有底，如：脸盆、盆景。

引申为“盆状之物”，如：盆地、盆腔。

因器皿为盛物用的，皆习惯用作量词使用，“盆”也不例外，引申用于计算一般容器盆所盛数量的单位，如：泼一盆冷水。

盛（chéng）（shèng）

成＋皿　甲◎ 　金◎ 　篆◎

造字本义：往器皿（）里满满地装食物，直至有汤汁（）溢出，以庆祝打了胜仗开拓了新的疆土（，成，占领敌方阵地，用武器在地上钉桩，表示将占有的土地归为己有），引申泛指把东西放在器具里，特指把饭菜等放在碗、盘里，读chéng，如：盛饭、盛汤。

由于器皿皆有容量，盛满则溢，故器皿能容纳多少便只能盛多少，“盛”由此引申为“容纳”，如：礼堂能盛三千人。

打了胜仗开拓了新的疆土是值得好好庆祝的大喜事，其仪式必然隆重，其场面必然宏大，“盛”由此引申为“隆重”，读 shèng，如：盛大、盛典。

用于庆祝的食物亦必然丰富，“盛”由此引申为“众”“多”“极充足”“丰富”，如：丰盛、盛产。

参加庆祝的人们情绪强烈、高涨，“盛”由此引申为“强烈”“生命力强或情绪高涨”“大”，如：年轻气盛、盛气凌人。

受情绪的感染，人们相互庆祝时动作用力大，各种行为的程度深，“盛”由此引申为“用力大”“程度深”“极力”，如：盛赞、盛夸。

所表达的感情亦深，“盛”又由此引申为“深厚”，如：盛情、盛意。

在这种情绪的感染下，广为庆祝，“盛”由此引申为“范围广大”“广泛”，如：风气很盛、盛行。

到处一派喜庆，呈现出国富民强，欣欣向荣的景象，“盛”由此引申为“美好”“华丽”“繁荣”“兴旺”，如：茂盛、盛世。

盘（盤）(pán)

般＋皿　甲◎　金◎　古◎　篆◎

造字本义：甲骨文“”，“”为“般”，“”为“口”，组合会意人（将泥料制成长条形，以螺旋式的方法由下向上盘筑成器形，同时手持陶拍拍打），用手沾水将器内外接缝处抹平，手拉风箱（，凡，风箱的手柄，借指风箱），放在火上烤，制成内空敞口（）的装食物用的器皿，描绘的是远古时代人们制作陶器时的情景。人们刚开始试着做陶器的时候，只是在一块扁平的泥土上用泥条围圈粘上一道泥边，然后用火烧，烧成的东西扁而浅，且敞口，即盘的雏形，因此命名为“”。

金文“”会意将手持工具（，攴、攵）敲打制成的泥坯放在风箱炉灶上烧得通红（，丹，放在风箱炉灶上的东西烧得通红，引申指“红色”），制作成装食物的器皿（），楷书为“盤”。

古文“”明确制作的是金属器皿，楷书为“鎜”。

篆文“”显示为木制，楷书为“槃”。

显然，“盤”指的是泥制的盛放物品的扁而浅且敞口的用具。“鎜”指的是金属制的盛放物品的扁而浅的用具。“槃”指的是木制的、运送菜肴用的托盘或盛水供盥洗用的承水盘。因盤、鎜、槃皆扁而浅，故三字合并为“盤”。“般”的造字本义为制造、制作或擅长制作的工匠（如公输般）。“般”和“皿”组合为“盤”，会意用泥条蜿蜒堆砌制坯，烧制扁而浅且敞口的盛物器，也指（用这种方法）烧制成的器皿，泛指盛放物品的扁而浅且敞口的用具。简化为“盘”，如：茶盘、冷盘。

由此引申为“形状像盘或有盘的功用的东西”，如：棋盘、算盘。

因盘可计量，“盘”因此引申作量词，用于物量或动量，如：一盘磨、再下一盘（棋）。

由于原始的盘是用泥条螺旋式堆粘制坯烧制而成，“盘”因此引申为“回旋”“回绕”“屈曲”“围绕”“缠绕”，如：盘旋、盘剥。

也引申为“垒”“砌”，如：盘灶、盘炕。

由于古代的货币为中间有孔的金属硬币，常用绳索将一千个钱币串成串再吊起来；人们在出远门办事探亲之时，只能带上笨重的成串铜钱，把铜钱盘起来缠绕腰间，既方便携带又安全，因此古人将这又“盘”又“缠”的旅费称作“盘缠”，如：盘资。

远古时代要制成一件陶器，必须将泥条反复地盘，边盘边观察其是否走形，“盘”由此引申为“仔细查究”，如：盘问、盘查、盘货、盘算。

信息时代，人们将商品或股票的交易价格在盘一样的显示屏上陈列展示，“盘”由此引申指商品或股票的价格，如：开盘、收盘。

由此进一步引申为“经过合法手续索取一定报酬而办理或协商转交权力、所有权、财产等”“转让（工商企业）”，如：出盘、清盘。

因盘的功能是装食物，食物在厨房里制作好以后装盘，然后将装着食物的盘子经过短途运输端上餐桌，“盘”由此引申为“搬运”，如：盘运。

游走在古时的街巷，巷子如制盘之泥条弯曲回环，“盘”由此引申为“游串”“串街走巷”，如：盘街（走街串巷）、盘术（相面、算卦的术士沿街卖艺）。

穿街走巷乃百姓最常见的娱乐，“盘”由此引申为“娱乐”，如：盘游（游乐）。

小知识

盘姓源于风姓。伏羲的后裔炎帝和黄帝发生部落冲突，炎帝战败，其部落一部分归顺了黄帝，另一部分一路南迁，与当地土著逐渐融合，演变成了苗、彝、瑶、畲等少数民族。这些民族为了自身安全，不敢公开自己是伏羲之后炎帝的子孙，不得不将祖先伏羲改名换姓。因伏羲发明了厨具“盘”，又受匏瓜的启发而刳木成舟，故称其为“盤（盘）瓠（匏的一种）”，汉语译音为盘古。后人又以“般”（省“殳”）“伏”（省“亻”）“皿”为“**盤**”，来命名刳木为舟的伏羲（盘古）发明的扁而浅且敞口的器皿。“**盤**”即“盘”，因难于书写，遭废弃。

磐（pán）

盘（省“皿”）+石　《说文》无，今篆 ◎ 

造字本义：迂回层叠的巨石，如：磐石。

由此引申为“大”，如：磐礴（雄壮；宏伟）。

由于磐石非常牢固，“磐”由此引申为“牢固”，如：磐峙（安然耸立）。

昷（昷）（wēn）

口+人+皿　篆 ◎

造字本义：将人（ 刀 ）固定在盆的范围（ 口 ）之内，会意人脱光衣服后进入盆中准备洗澡。楷书简化作“昷”。

媪（ǎo）

女+昷　篆 ◎

造字本义：帮人洗澡的女人。日常生活中，人们见得最多的是母亲给孩子洗澡的情景，故以此称呼母亲，如：卫君自请薄媪。（《韩非子·外储说右上》）

由于日常生活中给人洗澡的人，大多是已婚妇女，“媪”由此引申作妇女的通称，如：昂年五岁，乳媪（奶母）携抱匿于庐山。（唐·李延寿《南史·袁昂传》）

当然，年轻的父母十分忙碌，给子女洗澡的事情更多的时候由家里的老年妇女（男方的母亲或奶奶）来完成，故以“媪”会意老年妇女，如：翁媪。

与“媪”相对者为“瓮”（酒坛子），意即老头子整天抱着个酒坛子，便以酒坛子表示对老年男子的尊称。后来讹变为“翁”（鸟颈毛，意为白发苍苍）。而老年妇女的工作主要是带孙子，最有代表性的是给孙子洗澡，被封“澡盆子”。这酒坛子和澡盆子搁在一块即“翁媪”，俗称“爹爹婆婆”。

温（溫）（wēn）

氵（水）+昷　篆 ◎

造字本义：把水烧热，倒在盆里洗澡，会意加热、使暖和，简化作“温”，如：

把酒温一下。

洗澡水不宜太烫，以不冷不热为宜，“温”由此引申为“不冷不热”，如：温带。

人们考量冷热程度，一般以不冷不热的水温为刻度参照标准，“温”由此引申为“热度”“冷热程度”，如：气温、温度。

人的体温一旦超过不冷不热的水温这个标准，说明身体患病，中医将其统称为“急性热病”，如：温疟（中医指先发烧后发冷的疟疾）。

水温在不冷不热之时最令人感到舒服，“温”由此引申形容人的性情、态度、言语等体贴、暖和，如：温和、温柔。

由此引申用于敬称和祝颂之辞，如：温居（旧时指前往亲友新居贺喜）。

由于水加热至不冷不热的程度，需反复添柴升温一段时间；学习亦如此，需反复复习巩固才能牢牢掌握知识，“温”由此引申为“复习”，如：温故知新、温课。

在古人看来，不冷不热的环境或食物有利于人体健康，“温”由此引申用于中医，指补养，如：温补。

瘟（wēn）

疒（病）+温（省“氵”）　今篆 ◎

造字本义：体温异常的疾病。

因人或动物的急性传染病大都伴随着体温异常，“瘟”由此引申为中医所指人或动物的流行性急性传染病，如：瘟疫、瘟神。

得了瘟病之人神情呆滞，没朝气，这种人表演戏曲，其效果可想而知，“瘟”由此引申为“戏曲表演沉闷乏味”，如：情节松，人物也瘟。

瘟疫如果得不到及时治疗，人会因脑细胞受到损伤而变傻，“瘟”由此引申为“愚笨的”，如：他这人真瘟。

氲（yūn）

气+温（省“氵”）　今篆 ◎ 

造字本义：湿热水汽。

“氲”的造字本义为“由来之气”，指天地未分前的混沌之气，即“元气”。古人之所以认为“混沌之气”具有湿热特性，是因为古宇宙创生理论乃古越族所创，古越族人发现日照水温升高造成大量海水蒸腾，形成散漫的湿热雾团，无数个湿热雾团同向旋转，形成一个整体，即台风。台风越长越高，旋转快，轻扬上升形成“天”，重浊下降成为“地”。人们从未见过混沌之气，以为其成因与湿热的台风一样，如出一辙，故以“氤氲”表示混沌之气飘荡聚合，轻扬者化为天，重浊者化为地的变化过程。

血（xuè）（xiě）

丿+皿　甲◎　金◎　篆◎

造字本义：宰杀牲畜时，滴进器皿里的维持动物生命的液体，泛指人或动物体内循环系统的不透明液体，多为红色，味咸而腥，读 xuè，如：贫血、心血。

口语读 xiě，如：流了一点血、鸡血、血的教训。

妇女每隔一个月左右，子宫内膜发生一次自主增厚，血管增生，腺体生长分泌及子宫内膜崩溃脱落并伴随出血，“血”由此引申指妇女的月经，如：经血、血崩。

当人十分悲痛长时间哭泣时，眼睛因充血变得通红，“血”由此引申为“悲痛的泪水”，如：老夫哭爱子，日暮千行血。（唐・顾况《伤子》）

由于血有黏性，易沾染，“血”因此引申为“黏”“沾”“染”，如：兵不血刃、血衣（沾血的衣服）。

杀人多见血，“血”由此引申为“杀伤”“杀害”，如：血风肉雨（形容剧烈残酷的搏斗或屠杀）。

由于人血为红色，“血”因此引申为“红色”，如：血殷（暗红）、血旗（红旗）。

古时人们衡量一个人对其是否忠诚，就看其愿不愿意为之流血牺牲，“血”由此引申为“赤诚”，如：血气之勇（指一时感情冲动而产生的勇气）。

赤诚之人，刚强热烈，“血”由此引申为“刚强热烈”，如：血性、血气方刚。

古时人们认为男女结合，男方的精血注入女方体内，女性受精孕育胎儿，胎儿靠女性的血液提供营养，二人血液高度融合，养育新的生命，并由此不断繁衍，形成一个庞大的与这对男女有血的关系的庞大家族，“血”由此引申为“人类因生育而自然形成的关系”，如：血缘、血统。

盈（yíng）

甲◎　古◎　金◎

乃+夊（又）+皿　篆◎　马王堆帛书◎

造字本义：甲骨文一形“”象形“两人（）进入洗澡盆（）后，盆里的水

（ ）升高漫出”。甲骨文二形“ ”会意“人赤脚裸身进入澡盆，盆里的水（ ）升高漫出”。甲骨文三形去掉“人”和“水”，简化作“ ”，楷书为“盈”。古文承接甲骨文二形省“水”简化作“ ”。

金文“ ”会意乳房里的奶（ ，乃）像人进入澡盆洗澡水上升漫出，指孕妇乳汁分泌过多，乳房膨大肿胀。马王堆帛书“ ”添加右手（ ，又，持物之右手，泛指手），会意乳汁分泌过多，肿胀疼痛，用手将多余的乳汁挤出。楷书简化作“盈”。显然甲骨文“ ”“ ”“ ”和古文“ ”与金文“ ”为不同的字，金文“ ”为以甲骨文“ ”“ ”“ ”和古文“ ”为字根另加义符“ ”（乃）的新造字。由于人们习惯于用“溢”表义“漫出”，故甲骨文“ ”“ ”“ ”和古文“ ”遭弃用。

“乃”的造字本义为“乳房”，俗称奶，引申指“乳汁”。“乃”“又”“皿”为“盈”，会意乳房里的乳汁膨胀，疼痛难忍，用手挤出，引申为“有余”“多余”“多出来”“余出”，如：盈余、盈亏、盈利。

由此引申为“超过”“溢出”，如：水流而不盈。（《易经・坎》）

乳汁不断分泌，量逐渐增加，乳房不断长大，“盈”由此引申为“长”“增加”，如：盈耗（增减）。

乳汁充满了整个乳房，“盈”由此引申为“充满”“丰足”“众多”，如：车马盈门。

乳房丰满，乃生殖力旺盛的象征，故古人以乳房丰满为美，“盈”由此引申为“丰满”“匀称好看”，如：丰盈。

由此进一步引申为“圆满，无残缺”，如：三五而盈。（《礼记・礼运》盈：月光圆满）、盈月。

也引申为“盛”“旺盛”，如：彼竭我盈，故克之。（《左传・庄公十年》）

楹（yíng）

木＋盈　篆◎

造字本义：厅堂前部超出（盈）墙面的木柱，如：楹柱（厅堂前部的柱子）。

因房屋楹柱可计量，“楹”由此引申作量词，用作计算房屋多少的单位，一列为一楹，如：有屋三楹。

小知识

楹联为悬于门旁或柱子上的对联，起源于古人用来驱邪避鬼、护卫安全的一种图腾，称“桃符”。五代后蜀主孟昶在寝室门板桃符上题词：“新年纳余庆，嘉节号长春。”谓文“题桃符”，乃中国最早的对联，也是第一副春联。楹联字数多寡无定规，但要求对偶工整，平仄协调，为诗词形式的演变。

益（yì）

水（横躺为“⺌”）+ 皿　甲 ◎　金 ◎　籀 ◎　篆 ◎

造字本义：水烧开从器皿中溢出。

因为喝烧开的水对身体有好处，“益”由此引申为“好处”“帮助”，跟“害”相对，如：利益、益虫。

水烧开水位上涨，从器皿中漫出，“益”由此引申为“水涨”“水漫出”，如：澭水暴益。（《吕氏春秋・察今》）

水受热汽化，水的体积增加；加之人喝了烧开的水，开水杀死了生水中的细菌和病毒，能增强身体的抵抗力，“益”由此引申为“在某些方面增加（如体积、数量、程度等）”，如：延年益寿、损益。

因“油”为水状物，古时候谁家有充足的粮食喂猪，谁家养的猪、羊膘就厚，膘上的油多了就会像烧开的水一样流出来。那时食用油非常珍贵，谁家里养的肥猪、肥羊越多，谁就越富裕，故人们常以“富得流油”来形容人们富有，“益”由此引申为“富裕”，如：其家必日益。（《吕氏春秋・贵当》）

烧煮的时间越长，溢出的水越多；且喝了开水，人的抵抗能力增强，意味着人更加长寿，“益”由此进一步引申作副词，表示“更加”，如：精益求精、日益壮大。

嗌（ài）（yì）（wò）

口 + 益　金 ◎　籀 ◎　篆 ◎

造字本义：金文“[古文字]”会意有利于（[古文字]，“益”的籀文，“[古文字]”的简写，会意“水源充足，有益于草木的生长，枝叶繁茂”，泛指“有利于”）身体健康的（食物、氧气、水等）物质通过口（[古文字]）腔进入人体的通道。籀文加“口”为“[古文字]”，画出了人头鼻子以下的部分（[古文字]），意思表达得更为确切。篆文规范化，写作“[古文字]”，楷书为“嗌”。“口”

和“益”组合为“嗌”，其造字本义为滋养身体的氧气、水、食物等物质通过口腔进入人体内的通道，即“咽喉”，读 yì，如：咽，又谓之嗌，气所流通，厄要之处也。（汉・刘熙《释名》）

因为咽喉是维持生命物质的必经之路，“嗌”由此引申为“交通要道”，如：嗌者，扼也，扼要之处也。（清・段玉裁《说文解字注》）

当人们嘴里吃进有利于身体健康的爽口食物时，非常开心，往往会发出快乐的笑声，“嗌”由此引申为“笑的样子”，读 wò，如：一幸得胜，疾笑嗌嗌。（西汉・韩婴《韩诗外经》）

由于“嗌”为呼吸的唯一通道，一旦塞住即窒息死亡，“嗌”因此引申为“咽喉阻塞”，取“哎”的惊呼之声读 ài，如：嗌不能言、嗌喉（上吊身亡）。

进一步引申为“话语中断”，如：说到这里，就嗌住了。

缢（縊）（yì）

纟（糸，细丝或绳。作偏旁时写作“糹”）+嗌（省“口”）　篆◎

造字本义：用丝绳勒紧喉咙，即“用绳子勒死”之意，引申为“吊死”，如：自缢、缢死。

隘（ài）

阝（阜，有上下台阶的土山。作偏旁时写作左“阝”）+嗌（省“口”）　籀◎　篆◎

造字本义：籀文“䦢”，“阝阝”会意土山对峙；“嗌”（嗌）则省“口”为“益”（益，益），组合会意两山对峙间如咽喉一样狭窄的通道。篆文简化为“隘”。楷书为“隘”，会意土山之间的咽喉部位，引申为“险要的通道”，通常处在陡峭山谷的两个山峰之间，如：关隘、隘路（狭窄而险要的道路）。

由此进一步引申为“狭窄”“狭小”，如：隘口（狭窄的山口）、隘巷（简陋狭窄的巷子）。

由此又进一步引申为“心胸狭窄”，如：狭隘。

谥（謚）（shì） 讠（言）+益 篆◎

造字本义：（人死后）说（人家）好处，取祭祀之“祀”近音读 shì，意思是人死后人们评价他尽量说好话。后作为君主时代帝王、贵族、大臣等死后依其生前事迹所给予的称号，即谥号。如齐宣王的“宣”，楚庄王的“庄”，诸葛亮谥“忠武”，岳飞谥“武穆”。

引申为“叫（作）”“称（作）”“授予”“加封（尤指死后追封）”，如：谥告（赠谥的文告）、谥典（赠谥的典礼）。

溢（yì） 氵（水）+益 篆◎

造字本义：烧开的水沸腾漫出器皿，会“充满而流出”之意，如：热情洋溢、溢于言表。

一旦洪水漫堤，就会淹没大片庄稼和房屋，“溢”由此引申为“水泛滥成灾”“淹没”，如：溢涌（洪水腾涌）。

由于唯水高出堤面或器身，方可漫溢，“溢”因此引申为“过多”“超过”，如：溢额（超额）。

在人们看来，若做人超过了上限即为过分，“溢”由此引申为“过度”“过分”，如：溢美之词。

做人之所以过分，是想实现非分之想，“溢”由此进一步引申为“非分”，如：溢利（非分的盈利）。

因水满方溢，“溢”由此引申为“满”“充塞”，如：溢满。

水溢出之时，显得气势很盛，“溢”由此引申为“盛”，如：溢刚。

盂（yú） 于+皿 甲◎ 金◎ 篆◎

造字本义：“于”（亐）的造字本义为用加长的拐杖（亐）挑着货物，顺着蜿蜒的道路（丂）运往目的地。“于”和“皿”组合为“盂”，会意拄着拐杖将货物运往目的地途中用来盛饮食或其他液体的圆口器皿，泛指盛饮食或其他液体的圆口器皿，如：水盂、痰盂。

亦音译，作佛教用语，如：盂兰盆会（每逢农历七月十五日，佛教徒为超度祖先亡灵所举行的仪式。道教名中元节）。

盏（盞）（zhǎn）

戈 + 戈 + 皿　篆 ◎

造字本义：像双戈（兵器）碎尸那样，将茶细分成许多份，倒于浅而小的杯中。引申指浅而小的杯子，随“戔”之双“戈”合体简化为“戋”而类推简化为“盏”，如：酒盏、茶盏 。

引申指似盏的浅盆状器物，如：灯盏。

由于盏可计量，盏由此引申作量词，作为酒、茶或灯的计量单位，如：一盏灯。

盅（zhōng）

中 + 皿　金 ◎　篆 ◎

造字本义：常置于茶盘或酒盘的中央，用来分倒壶中茶、酒的器皿，相当于现在的品杯，如：酒盅、茶盅。盏常与盅通用，二者的区别为，盅比盏大。

二、知识疯狂补

“方块字”的由来

楷书也叫正楷，从程邈创立的隶书逐渐演变而来，更趋简化，横平竖直。《辞海》解释说它“形体方正，笔画平直，可作楷模”。

楷书大约在东汉末年形成，到魏晋时代逐渐成熟。它保存了隶书的结构，去掉了隶书的波挑，把隶书的扁形，改为基本上呈正方形。后来人们常把汉字称为“方块字”，就是针对楷书讲的。由于楷书比隶书好写，比草书好认，所以魏晋以后就逐渐取代了隶书，成为通用字体。六朝以来，这种新字体被称为“真书”“正书”。到了唐代，这种字体又有了大的发展，由于它可作人们学习模仿的楷模之缘故，故被称为“楷书”。

第十六课 家：幸福的港湾

人们都说家是温暖的港湾，可为什么在甲骨文“”（家）里避风的不是人而是公猪“豕”（）呢？

答案得从“户”字说起。

古代民居多以家族为单位，绕祖屋向四周不断扩建形成独立群落。为了安全，整个建筑群只开一扇进出的大门，一门一户，甲骨文就画了半扇门（）表义“户”，篆文为“”。古时并非人人会捕猎，户里相继结婚分家的子孙便以家为单位，人猪混居各自养猪以保障全家的油脂和肉食供应，猪由此成了家的标志，金文为“”，篆文为“”，楷书为“家”。人们担心死后在阴间吃不上肉，又在阴宅（）里陪葬一头猪，造金文“”，会意坟墓，篆文为“”，为区别于阳宅（家），楷书以“冖”替代“宀”写作“冢”（因猪陪葬时被捆了脚，所以“豕”上多了一点写作“豖”）。

古人认为，人结了婚即安了家。但安家的前提是安定。如果人正（）式有了自己的房屋（），就会固定下来不再漂泊，于是造篆文“”，楷书为“定”。又认为，人有了房屋（）就像草木生长有土地作为依托（），家庭便有了依靠，故又称住房为“宅”，甲骨文为“”，篆文为“”。

远古社会进入父系时代以后，女子的地位急剧下降。在人们看来，女子（）只有待在房子（）里才没有危险，不受威胁，故造甲骨文“”，篆文为“”，楷书为“安”，泛指没有危险，不受威胁，如：平安、安全。这就是人们常说“男主外，女主内”，女儿未出嫁之前只能守在闺阁里不能随便外出抛头露面的原因。

女（）儿长大了不能老待在家里，得找个心仪的对象，去男方家里组建新家（），有丈夫的保护最安全，于是造篆文“”表义女子结婚，楷书为“嫁”。男婚女嫁，夫妻同心，生活在这样的窝里十分安心快乐，俗称安乐窝。

然而古人要安心生活并不容易，最怕被盗抢，只好在房里（）设置一些抽屉（）隐藏财物，金文为“”，篆文为“”，楷书为“宁”，即安宁。将古代货币“贝”（）储备在抽屉（）里为“”，楷书为“貯”，简化为“贮”，会意储存。储备了充足的钱财，才能安心（）在家端着一碗（）饭靠在“”（丂，拐杖）上吃得香甜，篆文为“”，楷书为“寧”，简化为“宁”，会意心里踏实、安心。

即便如此，还是难挡窃贼。甲骨文“”会意主人手持器械（）追打溜进房子（）里伸长手（）偷东西的贼，金文为“”，篆文为“”，楷书为“宄”，指作乱或盗窃的人。接着又造金文（），会意寸步不离，严防死守，不让一寸（）家（）财丢失。篆文为“”，楷书为“守”。

守，是因为古人特别看重家，认为家是叶落归根的地方，祖宗出生在哪里，就要回到哪里。故每家（）都设有摆满各种祭品祭祀祖宗的祭台（），即甲骨文“”，金文为“”，楷书为“宗”。祖宗在屋（）前屋后种下了许多树（），前人栽树，后人乘凉，没有人会去砍这些树，谁也不愿意自己的家族像树一样在自己的手上断了根。于是造甲骨文“”，会意屋前屋后祖先留下来的树木。篆文为“”，楷书为“宋”。周朝时，周成王平定了商纣王的儿子武庚发动的叛乱，大度地封了纣王同父异母的兄弟微子启到商朝的发源地商丘去当国王，并赐国名为“宋”，意在勉励他好好守护祖先的宗祠，复兴商朝祖宗的家业。其后代以宋为姓，传承至今。

现代人也看重家，认为家是个能勾起回忆的地方。滴水成冰（）时，父母纵使光脚睡（）在破房（）的草堆（）里冻得瑟瑟发抖，也不让我们冻着，古人之所以造金文“”会意穷、冷，就是想提醒我们，烤火的时候别忘了在老家受冻的父母。篆文为“”，楷书为“寒”，看了就让人感动。赶上炎热的夜晚，疲倦的父母强打精神，守在闷热的屋（）里用帚（）草扎成扇为我们扇风驱蚊，不为别的，就为我们做个好梦。甲骨文“”完整记录下了这催人泪下的一幕，篆文刻意添加床（）及床上酣睡的人，楷书为“寝”，提醒我们不要忘记父母为我们打扇睡觉的那个地方。

古人怕自己忘本，又造了个篆文“”，楷书为“寞”，将白发苍苍的父母睡在老屋（）的草席（）上没人说话，只能自言自语（）的情形表现出来。有个老头将在京城里做官的儿子告上了衙门，县官问：“是你儿子每个月不给你饭钱所以你要告他？”老头回答说：“我告他不是为了钱，就希望他每年能回来看看我！”这个故事提醒我们，父母老了很寂寞！常回家看看吧，他们就想和你说说话。

一、汉字疯狂+

字根：

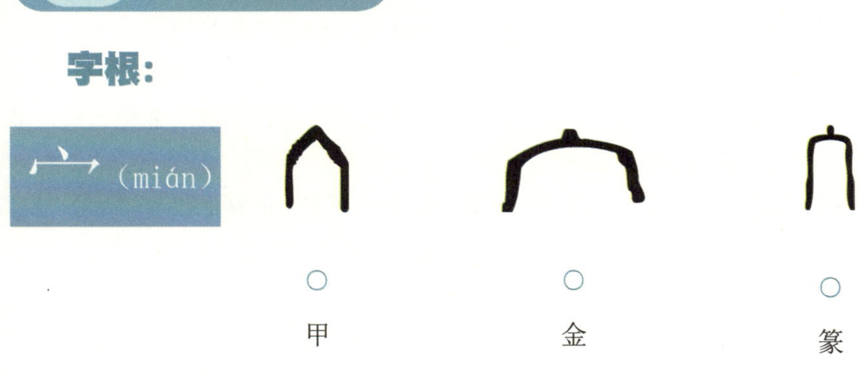

造字本义：

原始社会时期，不同的地区、不同的时代其原始的房屋差别很大。有四周都是岩壁的“穴”；三面为岩壁一面敞开的“厂”；就着“厂”搭一节篷以扩大居住面积的“广”；半地穴式坡顶无门的“亼”；先在圆形基址上筑墙，墙上覆以圆锥形屋顶，顶上开窗，下有门，半地下的“宀”。后来全部建于陆上，坡顶加东南西北四堵墙共六个面，故名“六”。

由于“宀”将屋内的空间整个覆盖起来，“宀”因此引申为“覆盖”，如：乾，颠宀勹盈。（《气坟·归藏易》）

安（ān）

宀+女　甲◎　金◎　篆◎

造字本义：远古社会进入父系时代以后，女子的地位急剧下降，成了抢掠、奸淫的对象，故“宀”和“女”组合为“安”，会意女子只有待在房子里才没有危险，不受威胁，泛指没有危险，不受威胁，如：平安、安全。由此形成了“男主外，女主内”，女儿未出嫁之前只能守在闺阁不能随便外出抛头露面的习俗。

待在家里，生活平静，稳定，“安”由此引申为“平静、稳定”“使平静，使安定”（多指心情），如：心神不安、安身立命。

在战争频繁的远古时代，平静稳定的生活是人们最大的满足，“安”由此引申为“对生活工作等感觉满足合适”“习惯，满足于”，如：心安、安贫乐道。

人的生活一安逸，生活节奏亦慢，“安”由此引申为“缓慢”，如：安步当车。

在人们看来，贵重的东西只有放在家里最安全，因为家里经常有人在，“安”由此引申为“放置”，如：安排、安置。

为了使家里更安全，通常会安装一些安全的设施，如门、篱笆墙等，“安”由此引申为“装设”，如：安装。

安装上去了，就从此存在，“安”又由此引申为“存着、怀着（某种念头，多指不好的）”，如：他安的什么心。

社会动荡，总是给人不安全的感觉，不知道哪里存在安全的漏洞没有堵死，“安”由此引申表示疑问，相当于“哪里”“岂”“怎么”“何”“什么”，如：皮之不存，毛将安附？（《左传·僖公十四年》）

“安”也用作音译，如：安倍、安琪儿。

鞍（ān）

革（皮革）+ 安　篆 ◎

造字本义：放在骡、马、骆驼等牲畜背上供人安稳舒适骑坐或载物的皮革制的器具，如：马鞍、鞍马劳顿。

桉（ān）

木 + 安　篆 ◎

造字本义：安稳放置物品的木制器具，指古代有短脚、盛食物的木托盘。

◎ 小知识

1890 年，我国开始引种原产于澳大利亚的常绿乔木、桃金娘科桉属植物 eucalyptus。清宣统二年（公元 1910 年），清朝驻意大利大使吴宗廉翻译《桉谱》一书。因为桉树木质坚韧、纹理美观，可制作家具，当然也可制作短脚盛食物的木托盘“案”；又因桉树能预防流行性感冒、流行性脑脊髓膜炎、上呼吸道感染、咽喉炎、支气管炎、肺炎，以及急、慢性肾盂肾炎、肾炎、痢疾、皮肤湿痒、脚癣等疾病，能使人安定舒适，转危为安，故取名“案”树。为了区别于“案”，吴宗廉最终选择了“案”的异体字“桉”，读 ān。

桉树种类多、适应性强、用途广。桉树木材大多既重且较坚硬，抗腐能力强，可用于建筑、枕木、矿柱、桩木、家具、火柴、农具、电杆、围栏以及碳材等。澳大利亚科学家利用 X 光射线在桉树的叶子中发现了微量黄金，这是人类首次在生物体内发现自然存在的黄金。但桉树的快速生长需要大量的水资源，大面积种植会导致当地地下水位下降、土壤保水能力降低，长此以往会导致土地板结甚至土壤沙化。桉树对于土壤中的肥料需求量巨大，凡是种植过桉树的地区，土地肥力都会有不同程度的下降乃至枯竭，桉树因此被人们冠上“霸王树”的恶名。

铵（銨）（ǎn）

钅（金）+氨（省“气”） 近代新造字，今篆 ◎ 

造字本义：氨分子与一个氢离子配位结合形成的化学性质类似于金属离子的离子，即“铵离子”，亦称“铵根”。如：氯化铵、硫酸铵。

宫（gōng）

宀+吕 甲 ◎ 金 ◎ 篆 ◎

造字本义：“吕”的造字本义为天上的云和云投在地上的阴影，引申为“紧密相连”“密不可分”。“宀”和“吕”组合为“宫”，会意许多房间紧紧相连的房屋，如：宫室、少年宫、文化宫。

秦汉以后，专指帝王的住所，如：宫殿。

引申借指帝王，如：宫宇（帝王所居的宫室殿宇）。

由此进一步引申借指后妃，如：宫主（古代高丽国臣民对本国后妃的称呼）。

太子为皇位的继承人，即未来的皇帝，“宫”由此引申指太子，如：宫保（即太子少保，二品官阶，可用一品顶戴）。

古代皇帝认为自己为天子，其“父”为天神，天神居住的房屋自然亦称为宫，“宫”由此引申为“神仙居住的房屋”，如：天宫、龙宫。

由此也引申为“宗庙”“道观”，如：宫观。

由于妇女产生月经和孕育胎儿的器官有三个“房间”，一个是孕育胎儿的“宫腔”，还有两个房间为卵巢，似“宫”。因其功能为孕育孩子，故名子宫。

中国古代五音“宫、商、角、徵、羽”之“宫”，源于深宫之内不得大声喧哗，早晚鸣钟启闭城门声音低沉威严，故以此命名五音之中的第一级音（最低音）。

由于古代的宫廷即代表朝廷，各级官府即为宫府，如：县治宫储，设共具，而望幸。（东汉·班固《汉书·食货志下》）

字（zì）

宀+子 金 ◎ 篆 ◎

造字本义：孩子长大成人，可以单独成家养育小孩。

周朝以前，流行成丁礼（成人礼），即氏族中的未成年者，可以不参加生产、狩猎活动，也不必参加战争，氏族对他们有哺育和保护的责任；但在他们达到成人的年龄后，氏族则要用各种方式测验其体质及生产、战争技能，以确定其能否取得氏族正式成员的资格。至周朝，正式将其确定为一种为年轻人具备进入社会的能力和资格而举行的人生礼仪。礼仪规定，男子二十岁的时候加冠，并正式取名（此前所用之名为乳名），称为“冠礼”；女子十五岁盘发插笄，标志着可以出嫁，称为“笄礼”。女子与男子不同的是，必须等到正式出嫁时才正式取名。当男、女都有了正式的名，标志着他们可以单独成家养育孩子，古人将这种男、女正式取名允许婚嫁的仪式称为“字”，如：待字闺中，即女孩到了取“字”出嫁的年龄还未出嫁，父亲无法为她取“字”，不得不留在闺房中等候取字时机的到来。

人一旦成年或出嫁，就有了正式的名，为区别于乳名的名，古人将这种正式的名称为“字”，有了这个“字”，标志着可以单独成家养育孩子了，“字”由此引申为“人的别名”，即“区别人与人之间的语言符号”，如：表字。字和名常有意义上的联系：自称用名，表示谦虚；称人用字，表示尊敬。如：陈胜者，阳城人也，字涉。（西汉・司马迁《史记・陈涉世家》）

由于先秦以前的人以单字为名，即单名，一名一字，一字一名，“字”因此引申为“用来记录语言的符号”，如：汉字、文字。

文字有不同的字体，不同的人书写形成了不同的风格，“字”由此引申为“文字的不同形式”“书法”“书法的派别”，如：他写得一手好字、字体、字迹。

由此进一步引申为“书法的作品”，如：字画、字帖。

每个字有每个字的读音，“字”由此引申为“字的音”，如：咬字、字正腔圆。

古时商业往来，必须立下文字并签上名字作为依据，“字”由此引申为“用文字写成的凭据、字条或短柬”“合同”“契约”，如：立字为凭、字据。

由于古时男女有了字，即标志着可以成家生孩子，“字”由此引申为“生子”“怀孕”“哺乳”，如：字孕（到了年龄怀孕，泛指怀孕）。

由此进一步引申为“抚养”“养育”“教养”“教育”“传授知识”，如：字而幼孩，遂而鸡豚。（唐・柳宗元《种树郭橐驼传》）

由此又进一步引申为“爱”，如：字孤（抚爱孤儿）。

古代朝廷治理少不得公文，公文离不开文字，“字”由此引申为“治理”，如：防民之理甚周，而不至皎察；字民之方甚裕，而不至使侵牟。（唐・刘禹锡《答饶州之使君书》）

由于古时候人们用字用得最频繁的是写信，“字”因此引申为“书信”，如：亲朋无一字，老病有孤舟。（唐・杜甫《登岳阳楼》）

二、知识疯狂补

行书与草书，懒人的发明

自发明毛笔以后，人们开始普及写字。但无论是篆体还是隶书、楷书，都要一笔一画地写得端端正正，写起来费时费力。有的人偷懒，将有些难于书写的较为繁复又不甚重要的笔画草草率率地一笔带过，发现这种字体不仅保持了正体字的形体，而且写起来非常自由，速度很快，如行云流水，故名行书。

还有比发明行书者更懒的人，书写更自由，省去的笔画更多，书写速度较行书更快，看上去非常潦草，故名草书。早期的草书还有所顾忌，保持了隶书的某些章法，名章草。从东汉后期到魏晋时期，草书脱去了隶书笔画的痕迹，大量使用连笔，称今草。到了唐代，草书进一步发展，写起来龙飞凤舞，奔放不羁，称狂草。行书介于楷书和草书之间，楷书成分多草书成分少的叫行楷，楷书成分少而草书成分多的叫行草。由于草书大量使用连笔，只存字的轮廓，以求书写神速，所以普通人难于辨认，影响了它的交际功能。因此，尽管草书出现较早，却始终没能成为通用字体。但人们从此学会了偷懒，采用草书楷化的方法，将笔画繁多的汉字进行简化，许多简化字就是这样来的，如东（東、东）、为（為、为）、长（長、长）、书（書、书）、专（專、专）。

第十七课 舟：河中的蚂蚁

人类最早的水上交通工具并非独木舟。当人还是猿时就喜欢跳上浮木随波逐流。进化为智人后学会了划独木过河。又受捆扎制作将野兽排除在外的篱笆门“非”的启发，动手（）将树木排扎成非（）状，由此发明了“”，金文为“”，篆文为“”，楷书为“排”。经过改良，伐木为“栰”，即木筏；改为竹（）制，即竹筏。

筏与排都有致命的弱点，即水常常漫过竹木将人浸在水中。人们发现，空的东西在水里总是不沉，于是把树干（）挖空（）发明了独木舟（）。不久又造出了有头有尾有舷的“”。金文（）加舵（），篆文为“”，楷书为“舟”。舟靠岸需要码头，古人便借双手紧握（）直直插入（）河底的竹篙迫使舟（）停的甲骨文“”（津）来会意。此前人们发现，候鸟（）每年越过淮河（）南北迁徙，由此命名为“”，金文为“”，篆文为“”，楷书为“淮”。殷商时期，人们频繁驾舟往来淮河两岸，便“”（淮）下加“”（舟）造金文“”取代了甲骨文“”，特指淮河两岸的码头，泛指码头。篆文（）虽经变形，但双手撑篙停船之人（）及淮河之淮（）的形象依然清晰可见。楷书简化为“津”。因天津曾为淮河入海口著名的码头，所以简称津。

随着舟的普遍使用，人们驾舟的技术越来越高。甲骨文“”（朕）象形人站在岸边用篙将船撑开一条缝，然后双手撑杆，借助竿子的弹力身体悬空，跳到舟上将舟撑离。金文为“”。篆文（）添加表义扒开、分离的“八”，隶书将“”简化为从“月”（肉，肉体）、将“八”倒书为“”写作“”，楷书为“朕”，会意双手撑杆，使本人身体腾空，“朕”由此引申为“我的”。后秦始皇接受丞相李斯的建议，将“朕”作第一人称供皇帝专用，意思是舟所行之处，都是朕的统治范围。一直到辛亥革命结束中国帝制，“朕”这个称谓才退出历史舞台。

历史上，中国的造船技术始终世界领先。甲骨文时代即已出现带部落首领住舱（），舱前有聚会、议事广场（）的大舟（）“”，篆文为“”，楷书为“艅”。春秋时期吴王将坐船取名为“艅艎”，会意“专供我（余）皇帝乘坐的空间巨大的船（舟）”。

金文时代，又造出了能顺着山谷出山口（）并沿大江大河航行的舟（），即“”，篆文为“”，楷书为“船”。船被用于军事，两艘并为“方舟”名“”，楷书为“舫”。

舫还配备了快速挺（廷，□）进辅助作战的轻便小舟“□”，楷书为“艇”。如今舫早已失去军事意义，变成了雕梁画栋的游船，即画舫。

画舫最多的是杭州。杭州的得名与航运有关。篆文“□”象形舵手双脚稳稳站（□）立驾舟（□）稳稳行驶，楷书为“航”。因运木之舟常年往来于浙江余航，故以“木”替“舟”造篆文“□”，更名为余杭。后隋文帝在余杭设州，故名杭州。

在离杭州不远的海边，海船无法靠岸，人们用三块木板制成小舟“舨”，穿梭往返于大山一般的母船（舟）“舢”与码头之间，故名舢板。内河也发明了一种类似的渔舟，风浪一来，便像蚱蜢一样“乍”地扎进水中“猛”然不见，得名“舴艋”。

水上行舟比捕鱼更为危险。为安全起见，古人发明了航标。舟（□）船按照航标（□）的指示顺航道快速航行，所行之处留下长长的水波（□）为“□”（yú），说明金文时代我国的航标设施即已十分完备。篆文为“□”，楷书简化作“俞”。俞行的舟船宛如河流中忙碌的蚂蚁，不停地将货物卸下，又不停地将车上的货物运走，“□”和“□”组合为“□”，楷书为“输”，即运输。航运途中，两岸风景迷人，人们把“□”和“□”组合为“□”，会意心情舒畅，篆文为“□”，楷书为“愉”。就怕遇到滩多水（□）急、暗礁密布、靠航标（□）都很难安全通行的河流“渝”（□）。嘉陵江即因此古称渝水。隋文帝在此设渝州，“渝”便成了重庆的简称。又由于渝水经常发洪水，水由清变浊，“渝”便有了“改变”之意。唐朝安史之乱时，将领张巡被困，手下大将南八突破重围向河南节度使贺兰进明告急，贺兰进明喜欢南八勇猛，想留为已用，天天好酒好肉招待，就是不发兵救援。南八箭射城中佛塔，发誓回来报不救之仇。此为“矢志”。后南八被俘，叛军劝南八投降，南八就义前对张巡说：“不为不义者屈的想法没有改变。”此为“不渝”。这就是“矢志不渝”的来历。

一、汉字疯狂+

字根：

造字本义：

短距离横渡的水上交通工具。

舟与船的区别在于，船用于远距离航行，舟多做横渡之用。先秦多用“舟”，汉以后用“船”的渐多起来。

由此引申为“用船过渡”，如：就其深矣，方之舟之。（《诗经·邶风·谷风》）

船（chuán）

舟+㕣　金◎　篆◎

造字本义：“八”（扒开）和“口”组合为“㕣”，其造字本义为“张口”。引申指“两山夹峙，如人张口的地貌”。“舟”“㕣”为“船”，引申为“在两山夹峙、如人张口的地貌里航行的舟”，会意在山间河流长距离往来的水上交通工具，泛指水上的主要运输工具，如：轮船、船舶。

引申为“用船运载”，如：蔡人告饥，船粟往哺。（唐·韩愈《平淮西碑》）

也引申指似船的交通工具，如：太空飞船。

俞（俞）（yú）（shù）

亼+舟+巜（河水水流，引申指水沟，河道）　金◎　篆◎

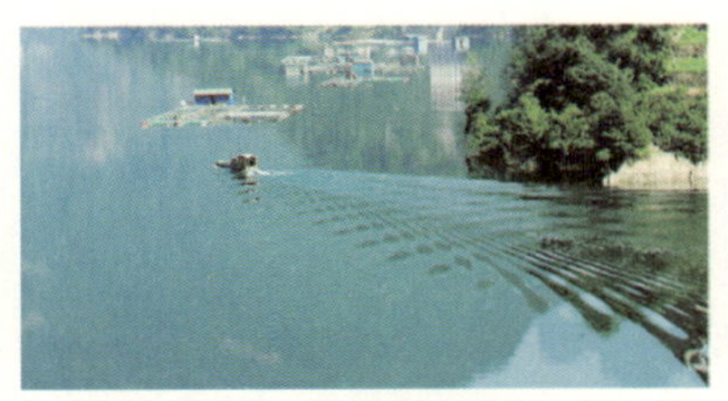

造字本义：金文一形“”，会意舟（）按照航标的指示（）顺着航道航行。金文二形“”在一形的基础上加了一道“”，表示河岸。楷书为便于书写将“舟”简化作“月”写作“俞”，会意舟船按照箭头的指示（航标的指引）顺着航道快速航行，所行之处留下长长的水波纹，即顺着航道行舟之意。由于许慎的误导，人们以为“俞”的本义为挖空树木做船，于是想当然将“俞”中之“巜”改为“刂”（刀），似乎这样更形象，于是生造了一个错别字“俞”替代了“俞”，这样一改，反倒失去了“俞”字原有生动的画面感。

大凡行船之人都懂得，如果不按航标航行，极有可能触礁翻船。也就是说，为了安全起见，只有设置了航标的安全航道才允许行舟，“俞”由此引申为“允许”“答应”，如：俞旨（表示同意的圣旨）。

由此进一步引申作文言叹词，犹言“然”，表示应答或肯首，相当于“是”“对”，如：俞允。

显然，如果严格按照航标行船，必然安然，“俞”由此引申为“安然”“安定”，如：俞然（安然，安定的样子）。

行船之人认为航行安全是最令人高兴的事情，“俞”由此引申为“愉快”，如：俞俞（和乐愉快的样子）。

由于人体内神经纤维密布，像河道一样呈网络状分布，是为经络。经络是运行气血、联系脏腑和体表及全身各部的通道，是人体功能的调控系统。经络与经络之间相互连接，其接点犹如航道上的航标，人体脏腑经络气血在此输注出入，故名“俞”，即穴，因人体脏腑经络气血在此输注出入，故取“输”近音读 shù。后为突出人体器官之特性，加“月”（肉，肉体。泛指身体的某个器官）为“腧”，特指人体上的穴道，如：腧穴。

输（輸）（shū）

车（車）+俞　篆◎輸

造字本义：将车子上的货物搬上舟船，按照箭头的指示（航标的指引）顺着航道快速航行，所行之处留下长长的水波纹，会意用不同的交通工具按照规定的线路把物资或人从一个地方（转）运到另一地方，泛指运送、转运，如：运输、输送。

古代运输的除了军事物质和少量商贸物质，要么是朝廷征缴的物质，要么是朝廷赈灾的物质，“输”由此引申为“赠送”“捐献”“贡献”“报效”“交出”“缴纳”，如：输财助边（捐献财物，帮助边境的防卫）、输力。

那时候通信不发达，许多消息或意图靠车、船等运输工具顺带表达，“输”由此进一步引申为“传达”“表达”“吐露”，如：输心贴意（真心实意）、输情（表示真情）。

远古时代从事运输者，多为接受劳役罪罚的战俘、罪奴，“输”由此引申为“罚役”，如：输徒（罚作劳役）、输役（因犯罪罚作劳役）。

古时候人们聚众赌博，将钱堆码在自己面前，赌输了，将输掉的钱币像运货一样输送到赢家一边，输掉的越多，输走的越多，“输”由此引申为“负”“失败”，跟“赢”相对，如：输赢。

“输”与“運”（运）的区别为：“運”（运），靠（军队）人工搬运；“输”，用车、船等交通工具运送。

偷（媮）（tōu）

亻（原为“女”，后以“亻”替“女”）+ 俞　篆 ◎

造字本义：古时候，跑船的一旦出去，要很长时间才能返回家中，上岸最喜欢逛窑子。人们受到启发，将皮肉生意做到了船上，一边游船，一边偷欢，很有情调，于是以“女”和“俞”组合为“媮”，表义烟花女子在船上与人偷欢，舟船按照箭头的指示（航标的指引）顺着航道航行，所行之处留下长长的水波纹。

这些以出卖身体为业的女子只顾挣钱，对客人没有感情，所有的亲昵爱抚都是应付，“媮”由此引申为“苟且敷衍，只顾眼前”“女子逾越本分，不守妇道”，如：媮（偷）安、媮（偷）情。

这些烟花女子为了博得嫖客的青睐多挣钱，总是想尽各种办法讨好客人，其性狡黠，故许慎曰：“媮，巧黠也。”

显然，那些上花船嫖妓之人，皆为忙里抽空寻乐，“媮”由此引申为“抽出（时间）”“巧取”“暗取”，如：忙里媮（偷）闲、媮（偷）工减料。

嫖妓毕竟不是光彩的事情，只能瞒着家人、邻里，“媮”由此引申为“瞒着人”“秘密地”“不光明地”，如：媮（偷）看、媮（偷）听。

由此进一步引申为“瞒着人私下里拿走别人的东西，据为己有”，即窃。由于偷窃是人人痛恨的行为，且偷窃之人有男有女，为区别于“媮”，故以“亻”（人）替“女”，另造“偷”，表义窃取，趁人不知时拿人东西，如：偷盗、偷梁换柱。

后人们多习惯于用“偷”，于是以“偷”兼并“媮”并以“偷”为正体，“媮”不再使用。

渝（yú）

氵（水）+ 俞　篆 ◎ 

造字本义：滩多水急，暗礁密布，河道弯曲，需设置航标才能安全通行的河流。如：重庆境内的嘉陵江即如此，故古称渝水。隋文帝在今重庆市置渝州，因水而名，“渝”由此成为重庆的简称。

大凡需设置航标才能安全通行的河流，经常洪水泛滥，“渝”由此引申为“泛滥”，如：渝溢（盈溢）。

这类河流一般含沙量大，枯水季节清澈，洪水季节浑浊，水色随水流量的变化而变化，“渝”由此引申为“水由净变污”，故《说文》曰：“渝，变污也。”

由此进一步引申为“变”“改变”，如：忠贞不渝、矢志不渝。

由此又引申为“违背”，如：渝约（违约，失约）。

瑜（yú）

王（玉）+ 俞　篆◎

造字本义：经河水千万年打磨自然显现光华的形似鹅卵的美玉，特指原产于新疆地区的和田玉，古称昆仑玉，俗称真玉。和田玉本身不是地域概念，并非特指新疆和田地区出产的玉。我国把摩氏硬度在 6.0 ～ 6.5 之间、透闪石成分占 98% 以上的玉石都命名为和田玉，也称为软玉，与湖北绿松石、河南南阳玉、辽宁岫岩玉并称为中国四大名玉。

泛指最美的玉，如：瑕不掩瑜。

由此引申为“玉的光彩”，比喻优点，亦形容美好，如：瑜璟（玉的光彩。比喻美德）。

◎ 小知识

瑜伽，为印度梵语“yug”或“yuj”的音译，其含意为“一致”“结合”或“和谐”。瑜伽源于古印度，是古印度六大哲学派别中的一系，探寻“梵我合一”的道理与方法。而现代人所称的瑜伽，则主要是一系列通过提升意识，帮助人类充分发挥潜能，改善人们生理、心理、情感和精神，达到身体、心灵与精神和谐统一的修身养性的运动方法，包括调身的体位法、调息的呼吸法、调心的冥想法等。大约在公元前 300 年，印度的大圣哲帕坦伽利（英文：Patanjali）创作了《瑜伽经》，印度瑜伽在此基础上才真正成形，瑜伽行法被正式定为完整的八支体系，帕坦伽利因此被尊为瑜伽之祖。由于瑜伽讲究在有山有水、天人合一的环境中，通过运动身体和调控呼吸控制心智和情感以保持健康的身体，与水磨成玉的“瑜”一样，乃长期修炼的结果，于是汉译时取了“瑜”和“帕坦伽利”的“伽”，译作与印度梵语“yug”或“yuj”近音的“瑜伽”。

蝓（yú）

虫 + 俞　篆◎ 

造字本义：蠕动所经地带留下白色黏液轨迹，像顺着航道快速航行的舟船，所行之处留下长长水波纹的虫子。

软体动物鼻涕虫，外表看起来像没壳的蜗牛，身体能分泌黏液，爬行后留下白色条痕。其身体蠕动时，看似在白色水道上行走的舟船，故名“蝓”。与“蛞”组合为“蛞蝓”，表义蠕动时像流水行舟，危害农作物影响农产品收成的虫子。学名 Agriolimax agrestis Linnaeus，腹足纲，柄眼目，蛞蝓科。又称水蜒蚰。身体圆而长，没有壳，表面多鼻涕样黏液，头上有长短触角各一对，眼长在长触角上。背面淡褐色或黑色，腹面白色。雌雄同体。昼伏夜出，吃植物的叶子，危害蔬菜、果树等农作物。

愉（yú）

忄（心）+俞　金◎［金文字形］　篆◎［篆文字形］

造字本义：心情怡然、舒畅地驾驶舟船，使之按照箭头的指示（航标的指引）顺着航道快速航行，舟船所行之处，留下长长的水波纹，会“快乐”“适意”之意，如：愉快、愉悦。

榆（yú）

木+俞　甲◎［甲骨文字形］　篆◎［篆文字形］

造字本义：木纹像舟船航行时留下的长长水波纹的树木。

榆树主产温带，落叶乔木，树高大，遍及北方各地，尤其黄河流域，随处可见。榆木木性坚韧，纹理通达清晰，像船行过后在河道上泛起的美丽波纹，是制作家具的名贵材质。其果实因形似铜钱而又名榆钱树，如：桑榆暮景、榆木脑袋。

揄（yú）

扌（手）+俞　篆◎［篆文字形］

造字本义：挥手指引舟船按照箭头的指示（航标的指引）顺着航道快速航行，舟船所行之处，留下长长的水波纹，引申为“高举”“指引”“挥动”“带领”，如：揄扬（赞扬；宣扬）。

逾（yú）

辶（辵）+俞　金◎[seal]　篆◎[seal]

造字本义：水中航行的船因速度快于慢慢行走（辵）的人，因此而超越，会意超过，引申为“越过”，如：年逾六十、逾期、逾越。

之所以超越，是因为速度更快，“逾”由此引申为“更加”，如：逾加，后作“愈加”。

所谓超过，即以比对方更快的速度比欲超越的对象走得更远，“逾”由此引申为“远”，如：逾望。

觎（覦）（yú）

逾（省“辶”）+见（見）　篆◎[seal]

造字本义：越级求见。

古时候等级森严，越级求见视为非礼，“觎”由此引申为“非分的企求”，如：觊觎。

谕（諭）（yú）

讠（言）+俞　篆◎[seal]

造字本义：利用顺着航道航行的舟船顺带公文，沿途告知，即“传达”，旧时指上告下的文告、指示等的通称，多用于上级对下级或长辈对晚辈，引申为“告诉”“吩咐”，如：手谕、谕旨。

既然是传达，就要将意思传达清楚，使人明白，“谕”由此引申为“明白”“懂得”，如：先生坐，何至于此！寡人谕矣。（《战国策·魏策》）

人们在日常交流过程中，为使人更加明白，通俗易懂，常常用某些有类似特点的事物来比拟想要说的某一事物，“谕”由此引申为“打比方”，在修辞学上称作比喻，如：请以市谕：市，朝则满，夕则虚。（《战国策·齐策四》）后以“喻”替之。

喻（yù）

口＋俞　篆◎ 今篆◎

造字本义：同“谕”，指口头传达。引申为“说明”“告知”“吩咐”“开导”，如：晓喻、不可理喻。

引申为“明白”“了解”，如：家喻户晓、不言而喻。

人们在日常交流过程中，为使人更加明白，通俗易懂，常常用某些有类似特点的事物来比拟想要说的某一事物，“喻”由此引申为“打比方”，在修辞学上称作比喻。

古造字之时本无“喻”，为“諭”（谕），因古时谕多用于皇帝对下吩咐事情，为避讳，另以“口”和“俞”组合为“喻”替之。后二字表义有分工，“谕”侧重于语言文字传达，“喻”侧重于口头说明、传达。

愈（yù）

俞＋心　金◎ 篆◎

造字本义：舟船按照箭头的指示（航标的指引）顺着航道快速航行，闯过险滩之后，所行之处留下长长的水波纹，令人心情怡然，舒畅。

人生病之后恢复健康，犹如舟行江河，闯过险滩，自然令人高兴，故以“愈”会意病好后的心情，引申为“病好”，如：病愈、痊愈、伤口愈合。

在人们看来，人的健康比什么都重要，“愈”由此引申为“胜过”，如：一暴之功，犹愈于十日之寒也。（清 • 顾炎武《与潘次耕札》）

病愈得越快，人的心情越加畅快，“愈”由此进一步引申作副词，表示“更加”“越发”，如：生活愈来愈好。

瘉（yù）

疒（病）＋俞　篆◎

造字本义：病像舟船安全通过险滩，所行之处留下长长水波纹，形容病人的病情度过了危险期，慢慢好转，会“病好”之意。

二、知识疯狂补

汉字的输出与外来文化的“倒灌”

中原文字发明以后，分三条路线开始传播。一条向南，从黄河到长江，继续向南，传到了今广西壮族自治区和越南，产生了壮字和喃字；一条向东，从黄河到辽河和鸭绿江，传到了朝鲜和日本，产生了谚文和假名；一条向北，传到了我国现在的内蒙古、辽宁、吉林、黑龙江、宁夏和甘肃，产生了契丹字、女真字和西夏字，形成了涵盖中国、日本、朝鲜、韩国、印度、新加坡等国直至马来半岛的汉字文化圈。然而，我们在输出汉字的同时，也不断遭遇外来文化的“倒灌”。

第一次始于佛教的“入侵”，如茄子的“茄”、袈裟的“袈”、胡笳的“笳”、瑜伽的“伽”都源自于佛教的梵语音译字“迦”，意思是来自于佛国（迦）的植物、僧衣和乐器。至唐朝唐僧西游印度取回真经，梵文“倒灌”达到顶峰，如阿弥陀佛、释迦牟尼都是梵文“倒灌”的产物。

第二次源于清末，第一批“睁眼看世界”的仁人志士喊出了“师夷长技以制夷”的口号，日本汉字、词大量进入中国，如：瓦斯、淋巴、俱乐部、吨、科学、绝对、积极、消极、错觉、催眠、象征、大本营、抽象、劳作、权益、校训、茶道、民主、革命、经济、生产、政治、消费等等。这些耳熟能详的词语都来自日本。直到1949年新中国成立以后，这种“倒灌”才放慢脚步。

第十八课 车：逝去的辉煌

车是什么时候发明的始终是个谜。早在甲骨文年代，车（）不仅有车轮、车轴，还有车轭（），有的车（）还画出了蒙古族人装帐篷和财物的勒勒车的箱体（），显示那时候的车已非常精美。金文里出现了两匹马拉的车（），人们取其前部（）为“”表示双马牵引，篆文增加车身写作“”，楷书为“两”，表示一双。后人加“車”旁新造了“辆”（）作量词，专门计量车的数量，如：一辆马车。秦始皇统一六国后，取两马（）并（）驾齐驱之意将其命名为“骈”（），又取三的大写“叁”（）将三匹马（）拉的车，命名为“骖”（）。在此之前，车的标配是四（）马（）共拉一车，即“驷”（）。所谓“一言既出，驷马难追”，意思是话说出了口，就是套上四匹马拉的车也难追上，比喻说话算数。

有人认为黄帝因发明了车所以名轩辕，可甲骨文里却没有轩辕二字。金文中以裁（）掉枝叶（）的树干（）围成的前高后低的车栏为“”，篆文为“”，楷书为“軒”（轩）。直到秦汉“辕”才姗姗来迟。“袁”（）的本义为动手将衣（）服折叠、裹成圆形（）包袱，然后用草（）绳将包袱套在身上，出门远行，会意收拾整理衣服（准备远行）。“車”（）和“袁”（）组合为“轅”，简化作“辕”，会意车上像挂行李一样套马的直木，即车前驾牲口的直木。显然，轩辕黄帝发明的不是车，而是一种没有轮的橇。

那么轮究竟是由谁发明的呢？

远古时代，北方高车族的牧民每年都要将牧草割下卷成草卷以备牲畜过冬。人们由此受到启发，用圆木做成了没有辐的实心车轮，当时并未取名，直至秦朝才造了篆文“”，表义如完整圆形玉石（）的车轮，楷书为“辁”。大约在夏朝的时候，归顺夏朝的薛（今山东滕州东南）人奚仲，将实心车轮改进为带辐条的空心车轮。篆文取竹木（）聚合（）绳捆（）如轮（），加“車”旁命名为“輪”（），简化为“轮”。奚仲因此被夏王禹封为专门管理车辆的“车正”。商朝的第三位首领相（）土用竹子将车的四围密密绑扎，以防人、物坠车，后人为纪念他，将这一发明命名为“箱”（），意思是由相土发明的竹（）制车厢。后加顶以遮风挡雨，车“箱”如“屋”，又以表义宽敞房屋的“广”替代“⺮”写作“廂”，简化作“厢”，

“车箱”由此变成了“车厢”。

人们最初发明车主要是为了运输，后来发现“车”可凭借牛马等强大的爆发力快速进入或脱离敌方阵地，车由此演变成为战争工具。金文中出现了大量加戈（）的战车（），籀文为“”，楷书为“”。战时部队驻扎，战车将按作战单位均匀（）分布的士兵、武器或物质围起来形成营垒，以防敌人袭击，人们将这样的作战集群称之为“”，篆文为“”，楷书为“軍”，简化为“军”。闲时战车集中于宽敞的房屋（）予以保管，这种保管战车（）、武器等大型物资的宽敞建筑称之为“”，篆文为“”，楷书为“庫”，简化为“库”。

由于战车带来战争，老百姓深恶痛绝。他们最喜欢的是独轮车。金文“”就是由其演化而来的。楷书为“車”。人们给这种车的车把装上类似于拐杖“丂”（）的支木，可以随时放下来张口（）喘气小憩（），于是发明了“軻”（），楷书简化作“轲”，俗称鸡公车。至唐代，民间多用牛车，东汉时取以牛拉车（）之意将“車”简化作“车”。到了宋朝，官员们摆威风，刻意去掉车轮，由四人或八人伸长手（）抬着轿杠，将车（）厢高（）高抬起，人们由此新造一字，将其命名为“”。因抬轿之人将轿“高”高抬起，手舞足蹈（夭），酷似踩高跷之人“喬”（乔），故以“喬”替“”将“”楷书为“轎”，简化为“轿”。晚清的时候，军阀袁世凯给慈禧太后送了中国第一台小汽车，坐惯了轿子、马车的老太后第一次见到了不用马拉就能跑的洋车，非常惊讶。

一、汉字疯狂+

字根：

车（車）（chē）（jū）

甲	金	金	篆	居延简汉

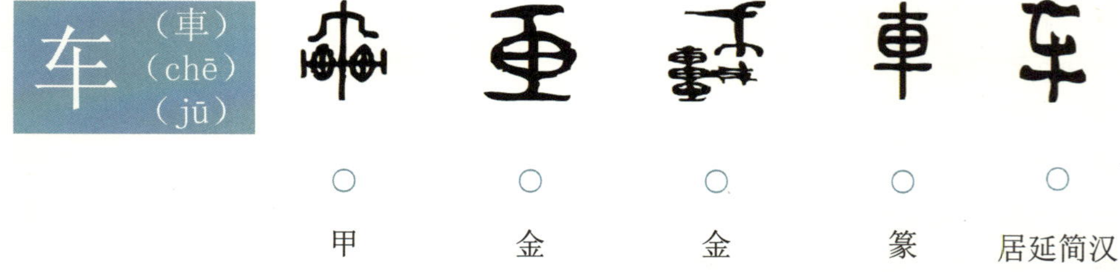

造字本义：

甲骨文“”象形有车辕（丨）、车轭（）的双轮（）车。金文中的车出现了显著的变化，一是发明了独轮车“”，二是车上配置了武器戈（），成了真正的战车“”。楷书为“”。篆文承接金文一形，写作“”，居延汉简省去车轮，保留车辕、车轭（），简化作“”（独辕车），楷书为“车”，读 chē，泛指陆地上有轮子的运输工具，如：汽车、安步当车。

引申为“战车”“兵车”，如：车辚辚，马萧萧，行人弓箭各在腰。（唐•杜甫《兵车行》）

由于所有的车都有可旋转的轮轴，“车”由此引申为“利用轮轴旋转的工具”，如：水车、纺车。

由此进一步引申为“用水车升高水位”，如：车水（用水车排灌）。

车轮转动，可以带动车身转弯，“车”由此引申为“转动（多指身体）”，如：他车身离开了报告厅。

因车高于地面，要驾驶或坐车需登（乘）上去，“车”由此引申为“乘车”，如：济济群英，车的车，步的步，陆续来了。（清•心青《女界文明灯弹词》）

车床加工部件，靠车轮飞速旋转切削使之成型，“车”由此引申为“用车床加工工件”，如：车出一副桌子的腿、车零件。

引申为“车床或其他机器”，如：车床。

由于车所载之物可计量，“车”由此引申作量词，计量一车所载货物的重量，如：两车干柴。

因为牙床看上去像安装了许多车轮的车，“车”由此引申为“牙床”，如：车辅相依（牙床和颊骨互相依存，比喻事物互相依存）。

古时为区别民用车与战车，将战车之车读 jū。受战争的启发，人们发明了象棋，棋中之车为战车，故读 jū。

辈（輩）（bèi）

非+车(車)　篆 ◎ 輩

造字本义：“非”的造字本义为不让陌生人、野兽等进入的护院门，即门扉，泛指门扇、窗扇、菜园门等。“非”和“车”组合为“辈”，会意战车按秩序排列布阵牢固，不让敌方攻，如门扉，引申为“计量车阵的单位”，如：若军发车，百辆为辈。（《说文》）

也指车列、车队，如：稠人广众，荐宠下辈。（西汉•司马迁《史记》）

战车通常根据王、侯、帅、卒等不同的身份、规格按等级秩序排列，后被古人借用为宗族用词，将宗族成员从祖宗开始，按高祖辈、曾祖辈、祖辈、父母辈、平辈、矮辈等世系次第、血系秩序、长幼顺序排列，一代人为一辈，表示家族中长幼的秩序、等级。“论资排辈”就是这么来的。如：长辈、辈分。

按传统，每个人都有固定的“辈分”与之对应，且终其一生，不可变更。因辈分简称“辈”，“辈”由此引申为“一生”“一代”，如：一辈子。

同一个家族同一辈的子孙很多，成批成批，“辈”由此进一步引申为“成批地”“批”，如：人才辈出。

古人采用以“辈”排序的目的，是为了防止因乱辈分而乱了伦理，按“辈”取名，乃通常的做法，即将代表“辈”的那个字嵌在名字中间以排序。由于每个人的“辈”都是由祖先将不同的字按顺序排好传下来的，“辈”字便成了一个人家族等级的标志，“辈”由此引申为“等”“类”“等级”“类别”，如：我辈、鼠辈、无能之辈。

辍（輟）（chuò）

车（車）+叕　篆◎

造字本义：“叕”的造字本义为用针线将网上的破洞联结起来，使其缝隙变小，即“补网”。破洞补好之后，暂停一下，检查看有没有其他需要补缀的地方，“叕”由此引申为“止”“中途暂停”。“车”和“叕”组合为“辍”，会意让跑在前面跑得快的车中途停止，等待掉队的车子跟上来再继续前进，引申为“中途停止”“废止”，如：辍学、辍笔。

由此进一步引申为“放下”“舍弃”，如：辍食弃餐。

辐（輻）（fú）

车（車）+幅（省“巾”）　篆◎

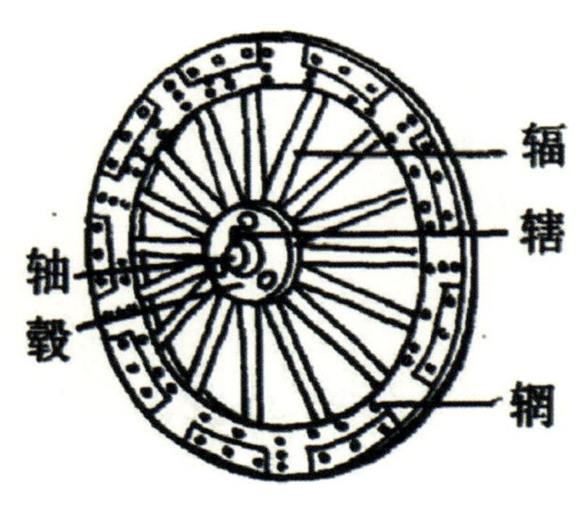

造字本义：“幅”的造字本义为用装满酒的祭器“畐”祈福时用来祭献神祖的长条状织物。在古人看来，用于祭献的长条状织物“巾”不仅要长，还要宽，这样才显得虔诚，“幅”由此引申为“宽的布帛”。由此进一步引申为“布帛的宽度”，泛指宽度，引申为“边缘”。古时以幅员表示疆域，圆形的疆域酷似车轮，于是人们以“車”和“幅”（省“巾”）组合为“輻”，命名连接车轮边缘（员）与轮毂之间支撑轮圈的细条，简化作“辐”，如：轮辐、辐射。

轨（軌）（guǐ）

车（車）+九　篆◎

造字本义："九"的造字本义为伸长手或伸得长长的手。"車"和"九"组合为"軌"，简化作"轨"，会意车轮滚过，留下的像不断伸长的手一样的痕迹，即车辙，引申为"一定的路线"，如：轨迹、轨辙。

由此进一步引申为"道路""途径"，如：轨途（道路）。

车辙间的距离即车轮间的距离，"轨"因此引申为"车两轮间的距离"，如：轨距。

车不离轨，"轨"由此引申为"法则""法度"，如：行为不轨。

"法则""法度"必须遵守，"轨"因此引申为"依循""遵循"，如：轨承（遵循承奉）。

有许多交通工具按照固定的道路行驶，如：火车。"轨"因此引申为"道"，如：单轨、双轨。

由于车轮的周长是固定的，乘以行驶的时间可以计算出行驶的距离，"轨"因此引申为"统计"，如：轨官（古时主掌会计事宜的官）、轨数。

在人们看来，人只要做了坏事，总会像车过留下车辙一样留下蛛丝马迹，"轨"因此引申指盗窃或作乱的坏人，如：奸轨，后作"奸宄"。

轰（轟）（hōng）

车（車）+車+車　篆◎

造字本义：三辆或多辆车同时行驶发出的巨大声音。因难于书写，将底下两车以"双"替代，简化作"轰"，如：轰隐（成群车队的喧闹声）。

引申作象声词，模拟雷鸣、炮击、爆破等类似于群车行驶时发出的巨大声音，泛指"发出震响"，如：轰隆隆、轰鸣、轰然、轰动。

由此进一步引申为"枪炮、雷电等对准或瞄准爆发""猛烈攻击"，如：炮轰、雷轰。

战场上，人们端着枪炮把敌人追得四处逃散，"轰"由此引申为"驱赶""赶开"，如：轰麻雀、轰蚊。

当人们在一起聚会时，遇到快乐的事情，大家会猛然爆发出笑声等，"轰"由此引申为"笑闹""狂放"，如：轰斗。

辕（轅）（yuán）

车（車）+袁　篆◎轅

古代耕地农具——曲辕犁

造字本义："袁"的造字本义为动手将衣服折叠、裹成圆形包袱，然后用草绳将包袱套在身上，出门远行，会意收拾整理衣服（准备远行）。"車"和"袁"组合为"轅"，简化作"辕"，会意车上像挂行李一样套马的直木，即车前驾牲口的直木，如：车辕。

古代帝王外出止宿时，于险阻处置车为屏藩，仰两车使辕对峙如门，称辕门，如：辕垣（官署）。

由此引申为"军营之门或行馆，即长官设在战场上的司令部或官方的衙署"，如：辕门抄（清朝督抚官署抄寄属下州、府、县的公文或情报）。

由于古时车都有辕，"辕"由此引申借指"车"，如：辕辙（车迹）、辕议（车夫的议论，泛指街谈巷议）。

史书记载，轩辕氏最早发明了车。然而他发明的车并无车轮，实际是加了轩和辕的橇。后人得到启发，在这种轩辕车的下面装犁，以人力拉辕，犁田非常省力，于是称之为"犁辕"，简称为"辕"。唐代由直辕改进为曲辕，称之为"曲辕犁"。因其首先在苏州等地推广应用，又称为"江东犁"。

园（園）（yuán）

囗（四围、范围）+辕（省"车"）　篆◎

造字本义：在一定的范围内用犁辕耕地翻土、种植蔬菜、花果、树木，会意种蔬菜、花果、树木的地方。由于"園"多为圆形，又由于"元"的本义为人的头顶，而人的头顶为圆形，故取"元"之"圆"意取代"袁"，将"園"简化作"园"，如：果园、菜园、园丁、园艺。

引申指供人憩息、游乐或观赏的地方，如：公园、戏园、动物园。

历代帝王以及亲王、妃嫔、公主之墓占地面积巨大，种植了许多名贵花草树木，因此称园，如：陵园、寝园。

猿（yuán）

犭（兽）+ 辕（省“车”）　篆◎　今篆◎

造字本义：长臂如车辕、形态与猴相似的动物，如：猿人。“猿”字出现很晚，古时名“蝯”，会意善于攀“援”（省“扌”）之“虫”（兽）。

军（軍）（jūn）

匀 + 车　金◎　篆◎

造字本义：以战车为单位均匀分配人马、物质，形成营垒，会意驻扎、营房，简化作“军”，如：军营。

引申泛指军队的编制单位。商朝时，战车每车驾两匹或四匹马，每车载甲士三名，按左、中、右排列。左方甲士持弓，主射，是一车之首，称“车左”，又称“甲首”；右方甲士执戈（或矛），主击刺，并有为战车排除障碍之责，称“车右”，又称“参乘”；居中的是驾驭战车的御者，只随身佩带卫体兵器短剑。至周朝，“五旅为师，五师为军”（《周礼・小司徒》）、“万人为一军”（《国语・齐语》）。至汉朝，平均每三名步兵配备一辆战车，平均每两名步兵分摊一名骑兵。如：歼敌一个军。

“军”这一编制沿袭至现在，为“师”的上一级。

由此引申指武装部队，如：军队、军阀。

军队为有组织的大集体，“军”由此引申泛指有组织的集体，如：劳动大军。

军队必须从成年男子中招募士兵，“军”由此引申为“参加部队作战”，如：从军。

军队按作战职能分工不同，士兵的种类亦不同，“军”由此引申为“兵种”“军事组织的一个部分”，如：海军、空军。

也引申泛指“士兵”。明初实行卫所制度，其士兵的正式名称为“军”，如：军丁。

挥（揮）（huī）

扌（手）+ 军（軍） 篆 ◎ 

造字本义：动手安排部队有序驻扎、排兵布阵、举手发布命令指挥部队攻击，泛指“指派、命令”，如：指挥、挥师。

军队首领发布攻击命令的时候，习惯右手直指前方，示意部队向前攻击；挥舞右手，示意后面的人跟上；或摇摆双手，示意按兵不动等。“挥”由此引申为“舞动”“摇摆”，如：挥动、挥舞。

鸟儿舞动翅膀，飞向高空，“挥”由此引申为“飞翔”，如：挥忽（飘然而逝）。

部队首长手一挥，手握弓箭的士兵像雨一样地将箭射出去，“挥”由此引申为“抛洒”“甩出”，如：挥泪、挥霍。

射出去的箭或攻击的士兵四处扩散，“挥”由此引申为“散发”“发扬”，如：发挥、挥斥方遒。

辉（輝）（huī）

光 + 军（軍） 篆 ◎ 

造字本义：供营垒夜间照明的火把发出的光，亦写作“煇”（与“辉”合并，遭废弃），泛指“光”，如：光辉。

由此引申为“产生光彩”“照耀”，如：石韫玉而山辉，水怀珠而川媚。（西晋·陆机《文赋》）

晖（暉）（huī）

日 + 军（軍） 篆 ◎

造字本义：太阳环状（如战车扎营环抱）散射的光辉，泛指日色、阳光，如：朝晖夕阴，气象万千。（宋·范仲淹《岳阳楼记》）

引申为“光辉”“光彩照耀”，如：阳春布德泽，万物生光辉。（《古乐府·长歌行》）

古人在古琴琴面镶嵌 13 个由金、玉或贝等制成的琴徽，作为琴弦音位标志。因琴面为深色，琴徽为白色或金色，像太阳一样熠熠生辉，故也名“琴晖”。

荤（葷）（hūn）（xūn）

艹（艸，泛指草）+ 军（軍） 篆 ◎ 

造字本义：北方少数民族（匈奴）军人喜欢吃的葱、蒜等具有特殊气味的蔬菜，读 hūn，如：荤辛。

中原汉人最初接触葱、蒜等“荤菜”源于与匈奴的战争。汉兵发现，匈奴兵普遍喜欢吃一种辛辣刺激的蔬菜（葱、蒜等），还喜欢喝粥，故称其为“獯鬻”。又专门造了一个“荤”字命名这些匈奴兵喜欢吃的具有特殊气味的植物，读 hūn。“獯鬻”因此又汉译作“荤粥”，但“荤”随“獯”读 xūn。

◎ 小知识

“荤”跟肉类扯上关系，跟佛教戒律有关。佛教徒称葱、蒜、韭、薤、芫荽为五荤，在梁武帝以前，中国僧人只是戒荤，可以吃肉。梁武帝强力推行戒腥后，僧人开始戒荤腥。但在佛教典籍中只有“戒荤”，久而久之，人们便将肉和荤联系起来，约定俗成，“荤”便开始指代肉类，与“素”相对，读 hūn，如：吃荤、荤菜。

古时候，部队的生活很枯燥，好像肉里不放佐料一样没味道，故士兵们经常会聚集在一起讲一些淫秽的故事当佐料以逗乐，“荤”由此引申指低级、粗俗的语言或故事，如：这人说着说着就带上了荤字儿、荤段子。

浑（渾）（hún）

氵（水）+ 军（軍） 篆 ◎

造字本义：河流奔涌，发出像军队厮杀的巨大声响，指大水涌流声，如：财货浑浑如泉源。（《荀子・富国》）

水声大的河流流速很急，多含泥沙，“浑”由此引申为“混浊”，如：浑水、浑黄。

其景观声势浩大，非常壮观，“浑”由此引申为“大”，如：浑大、浑浩。

如果人的思维像浑浊的河水一样不清晰，就会犯糊涂，“浑”由此引申为“糊涂”，如：浑话、浑浑噩噩。

浑浊的河水颜色单一，给人一种色彩很纯的感觉，“浑”由此引申为“纯”“无杂质”，如：浑黄（纯黄色）。

由此进一步引申为“天然的”“质朴”“朴实”，如：浑朴、浑厚。

浑浊的河水看上去整个都是黄泥的颜色，“浑”由此引申为“全”“整个”“都”“皆”“简直”，如：浑身、浑然。

河水浑浊的原因，是由于泥沙的混合，“浑”由此引申为“混同”“混合”，如：浑杂。

诨（諢）（hùn）

讠（言）+浑（省“氵”） 《说文》无，今篆 ◎ 

造字本义：说的话让周围的人发出如大水涌流般的笑声，会意开玩笑，诙谐可笑的话，如：插科打诨、诨名。

皲（皸）（jūn）

军（軍）+皮　篆 ◎

造字本义：军人的皮肤。

由于军人长期野外作战，皮肤因暴露于风中而发生破裂，“皲”因此引申为“皮肤因寒冷干燥而破裂”，如：皲裂。

晕（暈）（yùn）（yūn）

日+军（軍）　甲 ◎　篆 ◎

造字本义：甲骨文“”象形“太阳（）周围的光圈（）”，指日光通过卷层云时，受到冰晶的折射或反射而形成的一种大气光学现象，即日晕。篆文时代，日晕被视为战争或者武力的预兆，故以篆文“”取代甲骨文“”，会意预示军事攻击（战争或武力）的太阳的光圈，楷书为“晕”，读 yùn，如：日晕有白虹贯内出外者，从所止战胜（《杂兵书》）。

泛指太阳或月亮周围形成的光圈，如：日晕、月晕。日晕多出现在春夏季节，民间有“日晕三更雨，月晕午时风”的谚语，意思是说，若出现日晕的话，夜半三更将有雨；若出现月晕，则次日中午会刮风。

由此引申为“环形花纹或波纹”，如：水晕。

由于日晕光影模糊，“晕”由此引申为“光影或色彩四周模糊部分”“模糊的光彩”，如：霞晕、墨晕。

由此进一步引申为“液体或气体慢慢地环状荡开、扩散，呈现模模糊糊的效果”，如：墨迹慢慢晕开。

当人原地高速旋转时，会出现观影模糊、头发昏的感觉，“晕”由此引申为“头发昏，有旋转的感觉”“昏迷，神志不清醒”，读 yūn，如：头晕眼花、晕眩。

运（運）（yùn）

辶（辵，泛指行走）+ 軍（后以“云”替代） 篆◎

造字本义：部队转战、调动、迁移。由于难于书写，另造“运”字予以替代，会意像云一样慢慢行走、移动，泛指循序移动，如：运动、运行。

由此进一步引申为“挥动”“行驶”，如：运斤（挥动斧头砍削）、运舟（行船）。

随军物资需用交通工具搬送，“运”由此引申为“搬送”，如：空运、海运。

所运者，都是对方等待使用的物品，“运”由此引申为“使用”，如：运用、运算、运笔、运筹帷幄。

人一生在迁徙、运动的过程中，会遇到各种各样的经历，“运”由此引申为“人的遭遇，亦特指迷信的人所说的遭遇”，如：好运、命运。

库（庫）（kù）

广 + 车（車） 篆◎

造字本义：兵车藏在房屋一类的建筑内，指储藏武器、战车的地方，即军械库，泛指收藏兵器和兵车的处所，如：兵库。

引申泛指贮存东西的房屋或地方，如：仓库、库房。

斩（斬）（zhǎn）

车（車）+斤　篆◎

造字本义：立于战车之上挥舞刀、戈劈、砍（斤），泛指“战场杀敌”“杀”，如：过五关斩六将。

战场杀敌，砍断敌人的头颅，“斩”由此引申为“砍”“砍断”，如：披荆斩棘、斩草除根。

由此进一步引申为“剪裁”，特指丧服不缉下边，如：斩衰（粗麻布丧服，不缝边，是五种丧服中最重的，服期三年）。

由此又进一步引申为“断绝”，如：斩了（断了；绝了）。

古时死囚多行砍头之刑罚，“斩”由此引申为“古代死刑的一种”，如：问斩、斩首。

行刑时，用刀斩人，用时非常之短，眼睛一睁一闭的工夫，咔嚓一声，死囚眼前一黑，命就没了，“斩”由此引申为“眼睛一睁一闭”“眨”，如：斩眼。

因“斩”所经历的时间非常短，一刀下去截面特别平，特别新，特别干脆，“斩”由此引申作副词，表示“非常”“特别”，如：一斩齐。

惭（慚）（cán）

忄（心）+斩(斬)　篆◎

造字本义：心受斩刑，形容因犯错而心存某种罪恶感，如：大言不惭、惭愧。

渐（漸）(jiān)(chán)(jiàn)(qián)

氵（水）+斩（斬）　篆◎ 

造字本义：斩断古越国（疆域）头部的河流，读 jiàn，指横贯今浙江头部的新安江及其下游钱塘江，由于河道在杭州附近曲折呈“之”形，故又名之江、曲江、浙江。又因流经古钱塘县（今杭州）而得名钱塘江。

由于天体引力和地球自转的离心作用，加上杭州湾喇叭口的特殊地形，古渐江（今钱塘江）每天出现两次潮汐。潮水一点点长高，慢慢地涌过来，“渐”由此引申为“慢慢地”“一点一点地”“逐步”，如：逐渐、渐渐。

慢慢地，潮水越来越大，“渐”由此引申为“加剧”，如：疾大渐，惟几（《尚书·

顾命》）。

等潮水涌到面前，感觉水立刻陡涨，逃之不及，“渐”由此引申为“立刻”，如：正是严冬天气，彤云密布，朔风渐起，却早纷纷扬扬卷下一天大雪来。（元末明初·施耐庵《水浒传》）

古人经过长期的观察，发现渐江潮很有规律，一旦发生异常，预示着有大的自然灾害发生。人们由此得到启示，即所有坏的结果（灾难）的发生都有一个慢慢积累的过程，在慢慢积累的过程中，总会表露出这样或那样的迹象，“渐”由此引申为“征兆”“迹象”，如：防微杜渐。

人们在治理洪水的过程中总结出经验，即宜疏不宜堵，最科学的方法是顺着水势，开挖河道，让河水慢慢分流，“渐”由此引申为“疏导河川”，如：禹之功大矣，渐九川，定九州。（西汉·司马迁《史记·越王勾践世家》）

古人饱受渐江潮汐之苦，大潮冲垮堤岸，浸没农田，“渐”由此引申为“浸”“浸泡”“淹没”，读 jiān，如：渐渍。

古时织染，需将素布长时间浸泡在燃料中，“渐”由此引申为“熏染”“可染”，如：渐染。

由于渐江潮具有欺诈性，看似平静，一旦涌过来，威力巨大，十分危险，“渐”因此引申为“欺诈”，如：渐诈。

其危险深深地潜伏，“渐”由此引申为“潜伏”“隐藏”，读 qián。如：渐心（潜心）

渐江最后的归宿为，经杭州湾喇叭口流入大海，“渐”由此引申为“流入”，读 jiān，如：东渐于海。（《尚书·夏书·禹贡》）

由于渐江潮与河岸相碰，涌起惊天巨浪，“渐”由此引申为“高”“险”，读 chán，如：渐渐之石，维其高也。（《诗经·小雅·渐渐之石》）

潮头退去，潮水顺着河岸像眼泪一样往下流淌，“渐”由此引申为“眼泪纷纷流下的样子”，如：肠纷纭以缭转兮，涕渐渐其若屑。（西汉·刘向《九叹》）

堑（塹）（qiàn）

斩（斬）+ 土　籀 ◎ [籀文]　篆 ◎ [篆文]

造字本义：籀文“[籀文]”会意把土斩开，挖成沟，灌水，和平时期，放下吊桥予以通行；受到攻击时，收起吊桥，断绝交通，使敌人进攻受挫。篆文省“氵”（水）写作“[篆文]”，楷书为“塹”，简化为“堑”，如：堑山堙谷。（西汉·司马迁《史记·秦本纪》）

引申为“护城河”“壕沟”，如：天堑。

军队攻到城前，为壕沟所阻，进攻受挫，“堑”由此引申为“挫折”，如：吃一堑，长一智。

暂（暫）（zàn）

斩（斬）+日　篆 ◎

造字本义：时间像问斩一样，手起刀落一瞬间。指时间短，跟“久”相对，如：短暂。

引申为“短时间内”，如：工作暂告一段落、暂时、暂停。

由此进一步引申为“刚刚”“方才”，如：逢观暂巧笑，还泪已啼妆（南朝梁•何逊《七夕》）。

行为在一瞬间内发生，显得十分突然，“暂”由此引申为“仓促”“突然”，如：如听仙乐耳暂明（唐•白居易《琵琶行（并序）》）。

崭（嶄）（zhǎn）

山+斩（斬）　后起字，今篆 ◎

造字本义：像刀斩劈过的山，悬崖林立，巍峨高耸，会意山高而险峻的样子，如：崭崖、崭露头角。

大自然的鬼斧神工，让这些山的面特别平，特别陡，看上去也特别新，“崭”由此引申作副词，表程度，相当于“很”“特别”“非常”，如：崭亮、崭新。

因人们习惯将崭与新联系在一起，总认为新的就是好的，“崭”由此引申作方言，表示“好”“优异”，如：做孩子们的棉衣这种布是很崭的。

轧（軋）（zhá）（yà）（gá）

车(車)+乚(yà)　篆 ◎

造字本义：“乚”的造字本义为流出或往下流的液体。“車”和“乚”组合为“軋”（轧），会意车轮滚压，血流出来，指古代车碾酷刑，取车碾时受刑者发出的惨叫“呀”之近音读如 yà，如：罪小者轧。（西汉•司马迁《史记•匈奴传》）

由此引申为“碾”“滚压”“圆轴或轮子等压在物体上转”，如：轧棉花、轧花机。

车碾之刑十分残酷，用刑时受刑者会忍不住发出“呀”的惨叫，“轧”由此引申作象声词，模拟车轮子、机器开动时发出的声音，如：缝纫机“轧轧轧”地响着。

车轮碾过会将受刑者压成条、饼状，“轧”由此引申为“用机器把钢坯压成一定形状的钢材”，读 zhá，如：轧钢。

由此引申作方言，会意挤、拥挤，读 gá。

由此又引申为挤（聚）在一块“结算”“核对”，如：轧账。

“挤”的结果是拉近距离，便于结交，“轧”又由此引申为“结交”，如：轧朋友得小心。

拉近距离可以观察得更仔细，“轧”由此进一步引申为“观察”“揣测”，如：轧苗头。

载（載）（zài）（zǎi）

𢦏+车(車)　金◎　篆◎

造字本义：“𢦏”的造字本义为以戈伐木并分割成作挑屋梁的立柱，引申为“分割”“割裂、割断”，为“裁”的本字。“𢦏”和“車”组合为“載”，简化为“载”，会意以戈伐木并分割成作挑屋梁的立柱，装车运走，会意用车船等装运，读 zài，如：载客、载货。

引申指所装运的物件，如：装载。

也引申指用来装载的车、船等工具，如：予乘四载，随山刊木。（《尚书·益稷》）

古时候车子运木，人坐在木上人随车走，“载”因此引申为“乘坐”，如：搭载、载体。

由于运木的车子一辆接着一辆，络绎不绝，“载”因此引申作连词，相当于“又”“且”，如：载歌载舞。

又由于运木的车子一辆接着一辆占满了道路，“载”因此引申为“充满道路”，如：风雪载途、怨声载道。

大凡车都是有容量的，故“载”由此引申作量词，用于计量车所载货物的容量，一般一车为一载，如：稽麦百载，天子使祭父受之。（战国·《穆天子传》）但少数民族用作计量单位时以四十两为一载，如：度用手，量用箩，以四十两为一载，论两不论斤。（明·朱孟震《西南夷风土记》）

由于所载之木有重量，车子必须承受得起，“载”因此引申为“承受”“负担”“承担”，如：承载、载重。

由此进一步引申为“担任”“担负”，如：载负。

由此又引申为“事”“事业”，如：有能奋庸，熙帝之载（《尚书·舜典》）。

在人们看来，挑梁运回来乃造屋的第一步，“载”由此引申为“开始”，如：春日载阳。（《诗经·豳风·七月》）

唐虞时代，人们发现太阳每天从东到西升起降落，周而复始，于是把太阳想象成为坐在车上白天黑夜转圈的神的形象，于是有了太阳之母“羲和赶车”的传说。后来人们又发现太阳每天白天黑夜转圈，转一小圈为一昼夜，转一大圈春夏秋冬四季轮回，于是人们将太阳运转一大圈计为一“载”，即“年”，读 zǎi。《尔雅·释天》曰“夏曰岁，商曰祀，周曰年，唐虞曰载”，意思是说以“载”为“年”始于唐虞时代，如：一年半载。

所谓“记载”，即古代史官将每年发生的大事记录下来，“载”由此引申为“一年所发生的事情”“事情”，如：登载、刊载。

二、知识疯狂补

姓名的由来

中国有句俗话“行不更名，坐不改姓”，姓之所以不能更改，是因为姓名乃区分我们每个人的文化标志。

汉字中与姓名有关的字很多，如姓、氏、名、字、号等，每一个字都是文化的积淀、时代的产物。

人类自古猿进化为人类之初，尚处于母系社会乱婚时代，女子没有固定的配偶，生出的小孩不知道父亲是谁。为了区别孩子，于是以孕妇分娩的地方作为记号，即“女”“生”为姓。如炎帝的母亲牧羊的时候生下炎帝，故姓“姜”，旁边的河流亦因此名“姜水”。

母系社会蓬勃向前发展，人口因此不断增多，食物的需求量也越来越大，不得不依靠身强力壮的男子，男性开始取得社会的主导地位。人们以男性的血缘为中心组成家庭，开枝散叶，形成家族，男性使用的石器由此成为父系社会的典型标志，甲骨文写作“𠂤”，楷书为“氏”。进入父系社会以后，子女随父。随着同一祖先的子孙繁衍增多，这个家族往往会分成若干分支而散居各处。各个分支的子孙为表明属同一个氏族，必须取一个称号作为标志，这就是“氏”。夏、商、周时期，男子称“氏”，女子称“姓”。氏用来区别贵贱，贵族有氏，贫民有名无氏。姓用来区别婚姻。同姓不能通婚，姓同氏不同也不能通婚，而氏同姓不同则可以通婚。春秋战国时期，礼崩乐坏，宗法制度瓦解，姓氏制度也发生根本变革。这时氏开始转变为姓。战国以后，平民也有姓，百姓遂成为民众的通称。这反映了贵族的没落，平民地位的上升。秦汉以后，姓与氏合一，遂称“姓氏”。

所谓“名”，“夕”“口”为名，会意夕阳西下时分，家长站在村口大声呼唤自家的孩子回家吃饭，显而易见，“名”为乳名。

所谓“字”，会意成家立业，生养小孩，即男子成年、女子婚嫁之时取字，即正式的名字，表示其成人了，允许其成家生养小孩。因先秦以前没有词组，正式的名为单字，即一名一字，字由此引申为“名字”。

所谓“号”，会意人拄着拐杖（丂）背负重物时发出的减轻疲劳的叫喊声，引申为“大声喊叫”。由此进一步引申为“士兵集合点名报数”，显然，“号”指的是代号，引申指中国古人于名、字之外的自称。如苏轼字子瞻，别号东坡居士。

起号之风，春秋战国时就有了，如“老聃”“鬼谷子”等，可视为中国最早的别号。东晋时陶渊明自号“五柳先生”。南北朝时期有更多的人给自己起了号，唐宋时形成普遍风气，元明清达到鼎盛，不但人人有号，而且一个人可以起许多号。如明朝画家陈洪绶有“老莲”“老迟”“悔迟”“云门僧”等四个号。延至近代，用号风气一直不衰，如苏玄瑛号“曼殊”、齐璜号“白石”、何香凝号“双清楼主”等。现代以来文人的号逐渐被笔名所代替。

第四篇

道德才情

第十九课 道：其实很简单

道，在普通人眼里是路，在老子眼里却是创造一切的力量，玄之又玄，非常深奥。

其实没那么深奥。

道的本义本不是路。甲骨文中的行（），有干道（），有岔道（），若不熟悉路况，容易迷失方向。篆文为“”，楷书为“行”。由于迷了路不知道该往哪里走，把“行”字拆开，“彳”“亍”便有了漫步行走、徘徊之意。因为路是人走出来的，“行”由此引申为行走。随后路越走越宽，行人越来越多，人们便特意造了金文“”，表义来来往往（）口（）音不一致的人（）举足（）行走的地方，篆文为“”。因古代的路没有路标，人每每行至岔道（）不知所措，不得不止步（）动脑（）思考，即“”，篆文为“”，楷书简化为“道”。人在思考的过程中总是拿不定主意，自言自语，故“道”有了说的意思，如：常言道、道谢、道白等。经过仔细甄别，做出的正确选择为正道，错误的选择为邪道。正道将人引向正确的方向，邪道让人误入歧途，坠入深渊。所以我们要记得，做人一定要走正道，不要走邪门歪道。

日常生活中人们解决迷路的方法通常有两个。一是脑勤，即开动脑筋，借助日月星辰等参照物做出准确判断，四周荒无人烟时，这种方法最管用。“道”由此引申为“方法”“办法”，如：茶道即泡茶的方法，花道即插花的方法……上升到文化，便成了艺术。二是嘴勤，即开口向熟悉路况的人打听，被问的人通常会热情地伸手握住迷路者的寸（）腕为其指点迷津。“道”下加“寸”为“”，会意指路。楷书为“導”，简化为“导”。

远古时代人的寿命极短，人人都想长寿。在人们看来只有神才会长生不老，偶尔在深山（）遇见鹤发童颜的老人（），以为遇到了神，于是造了个“”，特指隐居深山像神一样长生不老的人，楷书为“仙”。最想长生的其实是那些部落首领或帝王。庄子著书说，中华民族的始祖黄帝是第一个找到通往仙界之路的人，从此人们称找到并踏上仙道为“得道”。结果冒出了一批自称掌握了某种炼丹秘方，声称只要服用了他们炼的仙丹即可得道成仙的职业人士，简称方士，即道士的前身。

远古时代的冉相氏是一个爱钻牛角尖的人。同样用眼（）观察树木（），别人看到的是树木的枝叶旺不旺盛等表面现象，即表相（），而他却还要将这些观察到的现象（𣎆）放在心（心）里琢磨琢磨，分析影响其生长的原因，即想（想）。普通人祭拜神祖，关心的是服用什么丹药能成真人，冉相氏的后人老聃即老子思考的却是真人长生不死的原因，即真相。老子得到的真相是，人死后回归了自然，真正长生不老的是宇宙。在老子眼里，宇宙就是一块表面裹着厚厚石料的未开的玉（王）石，不深入其里（里），无法了解玉的本质。老子像顺着玉石间的缝隙剔除石料了解玉的本质一样，顺着线索深入宇宙内部研究其生生不息的原因，这些原因就是道理（理）。

通过仔细观察，老子发现：世界万物都有自己固定的运行轨道。如：天上的星星运行的轨迹为天道；地上的河水流动的河道为地道；人为获得食物踩出的各种小路为人道。这天道、地道、人道之间相互影响。如果人类无节制地开路采矿伐木，必然破坏地球的环境，进而打乱气流的运行轨道，导致台风、海啸、地震、山洪等灾难频发，最终毁灭人类。老子之所以孜孜不倦地去发现，不过是想告诉我们这样一个道理，即人类只有和睦相处，尊重自然，才能生生不息。后人将老子的思想奉为信仰，形成了一门新的宗教，即道教。道教追求突破生命极限的方术，推动了古代科学技术的发展，如炼丹时发明了火药和豆腐，养生时发明了太极等。

一、汉字疯狂+

字根（一）：

造字本义：

“行”的甲骨文“行”象形四通八达的道路。金文为“行”。由此可知“彳”的甲骨文为“彳”，金文为“彳”，其造字本义为左边的岔路，泛指岔路。

人遇岔路，害怕走错路，都会不知不觉放慢脚步，“彳”由此引申为“走一走，停一停”“徘徊”，泛指慢步行走，读 chì，如：彳亍（慢步行走、徘徊）。

彼（bǐ） 彳+皮 篆◎

造字本义：在兽皮上慢步行走。由于兽皮有韧性，在地面上呈鼓起的状态，脚行其上，一脚踩下去，皮随脚从一个地方落到了另一个地方，“彼”由此引申为“从这里出发，到那里停止”“另一处”“那”“那个”，跟“此”相对，如：此起彼伏、由此及彼。

由此进一步引申为“对方”“他”“他们”之意，如：知己知彼、彼退我进、彼岸。

徉（yáng） 彳+羊 《说文》无，甲◎ 今篆◎

造字本义：羊慢步（吃草）。

与“徜”组合为“徜徉”，会意尚人赶着羊群慢慢行走，羊儿慢步吃草，生动描绘了党项族人放牧的情景。

其大清早出去放牧，晚上牧归，一天到晚悠闲地来回，故以“徜徉”引申会意安闲自在地徘徊。

待（dài）（dāi） 彳+寺（去田间操持、管理农作物） 金◎ 篆◎

造字本义：田间慢步行走，动手（寸）操持、管理农作物（止）。

管理农作物需要时间，一进田间地头，一时半会出不来，“待”由此引申为“停留”“逗留”“迟延”，读 dāi，如：你待一会儿再走。

古人靠农业吃饭，干农活是最大的事情，有什么其他的事，只能等到干完农活再处理，“待”由此引申为“等”“等候”，读 dài，如：等待、严阵以待。

由此进一步引申作古典戏曲小说和现代某些方言的用法，表示“正等着”，相当于“将”“要”，如：正待出门，有人来了。

古人讲礼仪，对人像对农作物一样重视，“待”由此引申为“以某种态度或行为加之于人或事物”，如：对待、招待。

得 (dé) (děi) (de)

彳+見(见)+寸　甲◎ 金◎ 古◎ 篆◎

造字本义：甲骨文“”会意在岔路（彳）口伸手（又）捡拾贝币（貝）。古文分别改“貝”为“見”（，看到，遇到。简化为“见”）、改“又”为“寸”（，指下手腕一寸之处，泛指手。引申指说话或做事的适当标准或限度）写作“”，篆文为“”。楷书简化为“得”，会意在岔路口有分寸地捡起所遇见的符合道义的失物，引申为“本来没有，意外获取成为己有”，即“获取”“具备”“接受”，跟“失”相对，读 dé，如：心得、得到、得失、得空等。

自古以来，古人建立了一套衡量哪些失物该捡拾、哪些不该捡拾的道德标准，符合道德标准的才能拾取，“得”由此引申为“合适”“正确”，如：得当、得体。

由此进一步引申为“能”“能够”“可以”“许可”，如：不得随地吐痰。

由此又进一步引申作口语词，表禁止，如：得了，别说了；或表同意，如：得，就这么办！

符合道德标准地获取意外之财，使人心里得到满足，“得”由此引申为“满意”，如：洋洋自得、得意。

因为过去不曾有，现在有所得，终于实现了自己的心愿，“得”由此引申为“完成”“实现”“成功”，如：得逞、得志。

在古人看来，符合道德标准意外获得财物，必须感恩遗失者，即得之有德，“得”由此引申为“恩惠”“感恩”，即“德”，如：地广而不得者国危，兵强而凌敌者身亡。（西汉・桓宽《盐铁论・击之》）

古人很重视名节，所得之物必须是该得之物，“得”由此引申为“必须”“须要”“应该”，读 děi，如：可得注意。

符合道德标准地获得财物，是最令人惬意的，“得”由此引申为“极舒服”“极适意”，如：这时要能洗上凉水澡，就得了。

有了道德约束，人们面对失物就有了衡量的标准，得与不得都有可能，“得”由此引申用在动词后表可能，读 de，如：要不得、拿得起来。

由此进一步引申用在动词或形容词后的连接补语，表示效果或程度：跑得快、香得很。

人们面对不该获取的财物，因受道德约束，尽管遗憾，也不能得，“得”由此引申用在口语中，在情况变坏时表示无可奈何，如：得，又搞错了。

德（dé）

彳+直+心　甲◎ 金◎ 篆◎

造字本义：保持直行。金文加心（），会意心里始终保持直行，引申泛指人们共同生活及其行为必须遵守的准则和规范，或评判一个人的品行、品质的标准，如：道德、公德、德才兼备。

由此进一步引申为“心里的想法和意思”，即“心意”，如：同心同德。

古人有德的最高标准是仁，即用爱己之心爱天下之人。仁爱之人在人家遇到困难时总是倾其所有给予帮助，给人恩惠，“德”由此引申为“恩惠”“恩德”“仁爱”“善行”，如：德政。

对于被施恩的人而言无疑是福，“德”由此引申为“福”，如：百姓之德也。（《礼记·哀公问》）

受福之人心存感激，“德”由此引申为“感激”，如：然则德我乎。（《左传·成公三年》）

施德之人因此获得大家的好评，“德”由此引申为“取得”“获得”，如：善者吾善之，不善者吾亦善之，德善；信者吾信之，不信者吾亦信之，德信。（《老子·四十九章》）

很（hěn）

彳+艮　篆◎

造字本义：“艮”（）的本义为把动物的眼睛（）用匕（）首挖出来吃，引申指“以匕首挖眼的酷刑”。“彳”和“艮”组合为“很”，会意被匕首挖了眼睛之后，特别痛苦、难受，行走艰难，引申表示达到一个很高的程度或达到一个相当的范围，相当于“非常”“甚”，如：温度很高、天气很热。

后（後）（hòu）

彳+幺+夊（慢慢行走）　甲◎ 金◎ 篆◎

造字本义：甲骨文“後”象形用绳子（）按前后次序依次将脚（）连捆在一起的罪奴或战俘，在有岔道（）的路上缓缓行走（）。由于脚被连捆，队伍行动不便，到达目的地的时间相比没有捆脚的人要晚，“後”因此引申为“时间较迟或较晚”，指时间，楷书为“後”，与“先”或“前”相对，如：先斩後（后）奏、落後（后）。

按照人的正常生死规律，先出生的人为先辈，后出生的人为后代，“後”由此引申为“后裔”“子孙”，如：後（后）代、後（后）辈。

由此进一步引申为“将来的世代”，如：後（后）世。

古时行军打仗，晚到的人位置依次排在后面，“後”由此引申为“后面”“位置在后”“（排在前者）背面的”，指空间，跟“前”相对。如：後（后）方、後（后）路。

由此进一步引申为“次序靠近末尾的”，跟“前”相对，如：後（后）十五名、後（后）排。

另，“刀”（）“口”（）为“后”，本义为开口下令用刀杀人，指掌握生杀大权能号令四方之人。母系社会时期，部落首领为女性，故“后”的本义指母系社会时期的女性部落首领，泛指首领、君主，如：后王、后帝。

在人们看来，大地像人类的母亲，孕育万物，为人类的君主，于是尊称大地为“后土”。

进入父系社会以后，男性掌权，曾为君主（后）的妻排在了帝夫之后，“后”由此引申为“帝王的妻子”，如：皇后。

“后”因此由君主的地位屈居于后，排在了帝夫之后，“后”由此引申指“与‘前’相对的次序”，即“次序在后”，如：后庭（后宫、宫廷或房室的后园、借指宫女）。

因“後”字书写繁复，与“后”合并，统一作“后”。

辶（辵）（chuò）

彳＋止（脚底板，泛指“脚”）　甲◎　金◎　篆◎

造字本义：甲骨文“”象形人脚底板（）着地走在四通八达到处是岔道的路（）上，找不到方向。金文简化为“”。篆文为“”。楷书草化减省为“辶”，会意走到岔道口迷失方向，走走停停，跑来跑去（希望找个熟悉的人问路），引申为“走走停停”“奔走”“疾走”。

徒（tú）

彳＋土＋止　甲◎　金◎　篆◎

造字本义：甲骨文“”会意脚底板（）在尘土（）飞扬的土路上行走。金文为“”。篆文为“”。楷书为“徒”，会意光着脚底板在土路上缓慢行走，泛指（不依靠任何交通工具）步行，如：徒步。

由于脚上什么也没穿，手上也没有任何辅助交通设施，“徒”因此引申为“空的”“一无所有的”，如：徒手。

由此进一步引申作副词，表示“空空地”“白白地”，如：徒有虚名。

古代为防止流放的罪犯、强制服徭役者或战俘中途逃跑，不允许他们穿鞋（光脚比穿鞋奔跑速度慢，不易逃脱），于是，光着脚行走成了放逐、刑罚或徭役的标志，“徒”由此引申为“放逐”“徭役”“拘禁使服劳役”，如：徒刑。

由此进一步引申为“服徭役者”“地位低的人（多指坏人）”，如：无耻之徒、匪徒。

古代军队中，陆军没有交通工具，紧紧跟随在战车后面步行，“徒”由此引申为“步兵”“兵卒”，如：周代盛行车战，车上的兵称“甲士”，车后跟着步行的兵叫“徒”。

步兵别无选择，只能步行，“徒”由此引申为“只”“仅仅”“单纯”，如：家徒四壁。

步兵紧紧追随将帅，都是将帅的追随者，“徒”由此引申为“追随者”“跟随学习的人”，如：教徒、师徒。

这些追随者均属同类，“徒”由此引申为“同类者”，特指同一派系或信仰同一宗教的人，如：信徒、教徒。

尧帝曾经任命舜为司徒，舜的后裔有以其官职为姓氏者，姓司徒，传承至今。

征（徵）（zhēng）

甲◎　金◎

彳+正（）　古◎　篆◎

造字本义：为伸张正义而行军讨伐，泛指“用武力制裁，讨伐”，读 zhēng，如：南征北战、征讨。

讨伐的目标很远，需要走很远的路程，“征”由此引申为“长途行军”，泛指“远行”，如：长征、征途。

古文“”，“”为“豈”（手持鼓槌击鼓）省略演化而来，“”为“各”，“”为“攴”（手持器械击打，泛指使用武力。亦作“攵”），组合会意手持鼓槌击鼓，召集各路人马武力征伐。楷书为“”。篆文改“”为“”（壬，廷省“廴”，指朝廷）写作“”，楷书为“徵”，会意手持鼓槌击鼓，奉朝廷之命召集人马武力征伐，会意奉命召集，泛指“召集”，如：徵（征）召、徵（征）兵。

有时兵源不够，得四处寻求，“徵”由此引申为“招请”“寻求”，如：徵（征）稿、徵（征）婚。

应征入伍，要检查身体，看是不是强壮，有没有残疾，“徵”由此引申为“证明”“证验”，如：信而有徵（征）。

检查身体的目的，是根据身体表露出来的迹象，判断是不是适合当兵打仗，“徵”由此引申为“表露出来的迹象”，如：特徵（征）、徵（征）兆。

为了确保有足额的粮草、兵器用于讨伐，朝廷需向老百姓收取税赋，“徵”由此引申为“向老百姓以税赋的形式收取、收集用于讨伐的军费”，泛指“收取”“收集”，如：徵（征）税、徵（征）粮。

由于“徵”书写繁复，加之其所有的表意皆与征伐有关，故以“征”作为“徵”的简化。

但“徵”作为古代五音（宫、商、角、徵、羽）之一时，不能简化，读 zhǐ。

徐（xú）

彳+余　篆◎

造字本义：带着富余的粮食在小路或岔路上行走。

因为带的干粮很足，心里不慌，不用急着赶路，加之走的是小路或岔路，也走不快，“徐”由此引申为“慢步走”“慢慢地”“从容”“安闲”，如：清风徐来，水波不兴。（北宋·苏轼《前赤壁赋》）

远古时代，黄河洪水泛滥，古淮河较之长江、黄河，水流速度要缓慢得多，故将淮河流域的一部分列为古九州之一，称为“徐”。

徙（xǐ）

彳+止+止　甲◎　金◎　篆◎

造字本义：甲骨文“”的“”为“彳”，“”为“两只右脚”，会意两人或多人列队前行（与“步”的区别在于，“步”的甲骨文“”为一左一右两只脚一前一后走路）。组合会意两人或多人列队缓缓前行，即“集体迁移”，楷书为“徙”，泛指“迁移”，如：迁徙。

古代迁徙有多种情况，最常见的为贬谪、流放、调职，“徙”由此引申为“流放”“贬谪”“调职”，如：衡不慕当世，所居之官辄积年不徙。（南朝宋·范晔《后汉书·张衡传》）

行 (xíng)(háng)(hàng)(héng)

彳+亍　甲◎　金◎　篆◎

造字本义：到处是岔道，四通八达的道路，泛指“道路”，读 háng，如：行街。

因为直路距离短，故人们多喜欢走直路。古代军队出征，横排方便点名，直排方便沿直路依次出征，于是人们将士兵横排称列，直排称行，“行”由此引申指人物排列次序的一种，如：字里行间、行列。

由此进一步引申为“兄弟姐妹的次第”“辈分”，如：排行。

古代军队编制，二十五人为一行，“行”由此引申为“队伍”“军队”，如：行伍出身。

由于士兵的行列可计量，“行”因此引申作量词，用于计量成行的东西，如：泪下两行、四行诗。

在日常生活中，人们将各种职业像士兵演练一样分门别类排成行列，“行”由此引申为“工商业中的类别”，泛指“职业”，如：行业。

由此进一步引申为“某些行业的营业机构”，如：银行、商行。

当人们用针线缝补织物时，针脚连成一行，“行”由此引申为“用长的针脚成行地连缀”“连续贯穿”，如：行棉袄、行几针。

在古人看来，路是人走的，有人才能走，行与走形影不离，“行”由此引申为“走”，读 xíng，如：步行、行走。

古代交通不发达，外出多靠步行，每次外出的时间很长，必须携带许多必备的生活用品，如干粮等，“行”由此引申为“出外时用的”，如：行装、行李。

因为交通不发达，所以货物、信息都靠人步行运输、销售、传递，“行”由此引申为“流通”“传递”，如：风行一时、行销。

古时许多人从事这种步行谋生的职业，“行”由此引申为“从事”，如：进行。

古人农时种田，闲时游走于十里八乡销售农副产品，流动性、季节性很强，“行”由此引申为“流动性的”“临时性的”，如：行商、行营。

古人非常重视礼仪，对于走路的姿势十分讲究，“行”由此引申为“足以表示品质的举止行动”，如：品行、言行。

由于行走是一种实实在在的行为，许多事情需要人们脚踏实地地去做才能办成，“行”由此引申为“实际地做”“办”，如：举行、执行、行礼、行医、行文。

由此进一步引申用在双音动词前，表示进行某项活动，如：另行通知、即行查复。

古人评价人的能力行不行，首先看其脚力行不行，能够走远路的人一般都能干，“行”由此引申为“能干”，如：你真行。

日常生活中，人们常用的东西总是离自己距离较近，只要多走几步就可以拿到，

“行”由此引申为“可以”，如：把事情说明白就行了。

相对于行动的结果，行总是在前，结果在后，相对于结果而言，“行”显然只是将要实现的目标，“行”由此引申为“将要”，如：行将就木。

人体的食道、血管等好似四通八达的道路，服药之后，药的成分像人步行一样，到达各个器官或组织，“行”由此引申为“吃了药之后使药性发散，发挥效力”，如：行药。

古人认为，水、火、木、金、土相生相克（木生火、火生土、土生金、金生水、水生木；木克土、土克水、水克火、火克金、金克木），使宇宙万物运行变化，即五行。五行学说广泛应用于中医学、堪舆、命理、相术和占卜等方面。中医用五行说明生理、病理上的种种现象。古人相信用五行能推算人的命运。

古诗中有一种体裁，像人无拘无束走路一样，篇无定句，句无定字，格式节奏上没有严格要求，也不讲究平仄，音节、格律比较自由，句法长短不一，富于变化，字数五七言为主，可参差不齐，可变韵，由此称“行”，亦称古诗、古风，如：汉乐府的《长歌行》、曹操的《短歌行》、曹丕的《燕歌行》。

古代书法家以人体行为特征命名汉字书法字体，楷书如人端坐，一笔一画非常端正；草书如人奔跑，潦草狂放。但楷书书写速度太慢，草书不易辨认，于是人们取其所长，将楷书草化，或将草书楷化，发明了一种新的字体，人们将这种书写起像人走路一样快且容易辨认的字体称为“行书”。

古代的僧道认为自己得了道，高人一筹，为区别于凡人，将僧道修行的功夫称之为道行，读 héng，比喻本领、技能，如：道行很深。

方言称排列成行的树木或小树林为“树行子”，亦读 hàng。

卫（衛）（wèi）

行 + 韋（韋，两人相向，围着规定的范围摔跤搏击，简化为韦）

甲 ◎ 衛　金 ◎ 衛　篆 ◎ 衛

造字本义：像摔跤手围着规定的范围搏击那样来回巡守四通八达的道路。由于“衛”字书写极为繁复，人们将其简化为地上（一）插着刀斧一类的兵器（卩，非“卩”），写作“卫”，意思是士兵手持武器（武器一头着地）守护，引申为“保护使不受侵犯或损害”“守护”“防护”，如：守卫、卫生。

衍（yǎn） 行+氵（水） 甲◎ 金◎ 古◎ 篆◎

造字本义：大水顺着四通八达的道路漫溢，会意河水溢出，洪水泛滥，泛指“溢出”“水满而出”，如：衍溢、衍涝。

由此引申为“延长”“扩展”“分布”“绵延”，如：推衍、敷衍、衍绎、衍生、衍射。

随着大水慢慢淹没，整个面貌都发生了改变，“衍”由此引申为“变化发展”“演变”，如：衍变。

古人的主要食物为各种动植物，故希望动植物像漫流的河水一样，不断繁殖扩张，遍布整个世界，“衍”由此引申为“动植物滋生繁茂”，如：繁衍。

河流漫溢，是因为水多，“衍”由此引申为“以盛、多、过多、多余为特点的”，如：衍文（书籍中因缮写、刻板、排版错误而多出来的字句）。

大凡低而平坦的地方最容易被淹没，“衍”由此引申为“低而平坦之地”，如：衍沃（土地平坦肥美。亦作“沃衍”）。

淹没之后，即变成了沼泽，“衍”由此引申为“一片软湿的土地”“沼泽”，如：巡陆夷之曲衍隙兮。（战国·屈原《楚辞》）

字根（二）：

○ 甲 ○ 甲 ○ 金 ○ 金 ○ 篆 ○ 篆

造字本义：

动物的头部。如：首级、首肯、首饰、自首。

在古人的心目中老天爷最大，认为所有的猎物都是老天爷的恩赐，故捕获猎物之后第一件事是要把动物的头砍下来祭天神，希望老天爷能保佑狩猎者捕获更多的猎物，“首”由此引申为“最高的”“第一的”“初始的”，如：首先、首创、首府、首相。

敬完天神，享用兽首的只能是部落首领，“首”由此引申为最高领袖、头领，如：首长、首领。

由于古人统计捕获的猎物时，以兽首的数量为准，“首”因此引申作量词，特别用于计量从人“首”里吟出的诗或唱出的歌，如：一首诗、两首歌。

道（dào） 辶（辵）+首 金◎ 篆◎

造字本义：金文一形“ ”会意人走在四通八达的路（ ）上不知道通往目的地的正确路线该怎么走，伸手（ ）向别人开口（ ）问路，受问者伸手（ ）开口（ ）指路。

金文二形“ ”，“ ”为“辵”，“ ”为“首”，组合会意遇到岔路，缓缓行走，开动脑筋，判断正确的道路该怎么走。篆文承接金文二形线条化写作“ ”，楷书为“道”，引申为“问路”。

有问就有答，“道”由此引申为“说”“讲”，如：常言道、能说会道、道白、道具。

问路时，被问的人可能是本地熟悉路况的人，也可能是外地人，不熟悉路况，得到的结果不同，问路的人用语言表达的含义和感情色彩也不同，或感谢，或失望，或因对方不热情而不满，等等，“道”由此引申为“用语言表示情意”，如：道谢、道歉。

生活中，人们经常会因为找不到解决问题的办法而迷茫。解决的办法其实很简单，像问路一样，经人一点拨就豁然开朗了，“道”由此引申为“方向”“方法”“规律”“明白”“觉悟”等，如：茶道、花道、门道、公道、医道、道理、道德。

由此进一步引申为“学术或宗教的思想体系”，如：尊师重道、道教。

某些邪教组织披着“道”的外衣，秘密结社，妖言惑众，乱世夺权，“道”由此引申指以宗教异端信仰为纽带的民间秘密结社，如：会道门、一贯道。

问路的目的是找到通往目的地的方向和途径，“道”引申为“（正确的）路”“方向”“途径”，如：正道、道路。

由于道路为长条形，有起点、有终点，可计量，故“道”由此引申作量词，用于计量长条形的东西，相当于“条”“列”，如：一道坎、万道金光。

亦引申用于某些分次、分项或分程序的事物、动作，如：一道命令、两道题。

从山巅看山道，酷似一根根线条，“道”由此引申为“线条”，如：铅笔道儿。

由于古时候交通不发达，只有城邑之间有道，道路所达之处成为统治者划分行政区域的依据，“道”由此成为我国历史上行政区域的名称，在唐代相当于现在的省，在清代或民国初年于省下设道。某些国家受古代中国的影响，亦将“道”作为行政区域的名称，如韩国、日本。

导（導）(dǎo)

道+寸　金◎　古◎　篆◎

造字本义：一寸不差地给人指路，即“准确地指路”。篆文省去右边彳道（）加“止”（）为“辵”写作“”，楷书为“導”。

引申为“指路的人”“带路的人”，如：向導（导）。

“巳”（在胎包中成长的小儿）“寸”为“导”，本义为抓住孕妇的寸口把脉，引导、辅助孕妇分娩，泛指“以手牵引”“指引”。接生婆引导妇女分娩，旨在给婴儿指引生路，“导”由此引申为“指引”。由于“導”字书写繁复，与“导”合并，并以“导”为正体，引申为“指引”“牵引”，如：引导、导向。

因人的血管有传输作用，在医学条件极为原始的情况下，中医可通过把脉准确把握胎儿的心音，“导”由此引申为“传输”，如：传导、导管、导热、导电等。

医生在给孕妇把脉的过程中会说一些安慰、鼓励、吉利的话转移孕妇的注意力，使之放松，稳定其情绪，“导”由此进一步引申为“启发人明通道理”，如：开导、教导、指导。

由此进一步引申为“引诱”，如：诱导。

开导也好，引诱也罢，都是为了使事情促成，“导”由此引申为“使产生”“促成”，如：导致。

通过开导，可以打通堵在心里的淤结，“导”由此引申为“疏通”，如：导泄。

夏（夓）(xià)

首（）+臼（jiǔ，双手握举）+浚（省“氵”“厶”。疏浚，疏通）　甲◎　金◎　篆◎

造字本义：在远古时代，代表季节的“夏”和华夏的“夏”是两个完全不同的字。甲骨文一形“”象形苍蝇，甲骨文二形（）象形夜蚊子，古人以这两种夏季最活跃的昆虫表示暑季。

后来，舜帝禅让姒禹（大禹）任部落联盟首领一职。因大禹治水有功，后世写史之人便将他手持长柄泥铲（）巍然屹立（）水边的形象（）造了个字，代表他所建立的王朝。因为他是部落联盟首领，所以头部画得特别夸张为“首”（）。由于特大洪水暴发在酷暑难当的季节，大禹创造辉煌的治水功绩也是在这个季节，于是人们以夏王朝的“夏”（）替代了那些蚊子（）苍蝇（）等会意烈日炎炎之夏。

大禹政权共传十四代，最后一代的首领名桀。姒桀（夏桀）是不是如正史里所说的那么荒淫，很少有历史文献可以证明。当年商汤为了灭夏，历数夏桀的种种罪恶，号召天下共诛之。老百姓很快被发动起来，恨不得用刀砍下他的手、足和头，商汤因此造了一个“”字取代“”，意思是用两把刀（）砍得他只剩下一只手（），砍得他双足一足只剩大腿（），另一足千刀万剐（），血流成河，表义“夏”是一个让人憎恨、天人共诛的政权。商朝灭亡后，秦始皇为了表明“夏”政权的合法性，认了大禹这个夏祖，故篆文承接甲骨文，恢复了大禹的光辉形象，写作“”；又将甲骨文（）中的泥铲（）换作“八”（，扒开），会意扒开淤泥，疏浚河道（“浚”省“氵”“厶”为“”）。楷书为“”。因书写繁复，后简化为“夏”。

由于中国的主体民族为上古时期的华族和夏族，“夏”因此引申成为“古代汉民族的自称”，如：华夏。

后来，禹的儿子启废除了传统的禅让制，成了世袭制的开创人。他之所以能够世袭成功，得益于他的父亲威望太高，所以将自己的王朝命名为夏，建都安邑（今山西省夏县北），“夏”也因此引申为“夏朝”，如：夏历（即“农历”）。

再后来，那些割据的或起义的，都为了表明自己通过暴力手段获得的政权为华夏正统，纷纷取国号为夏，如：东晋末（公元407年）匈奴贵族赫连勃勃建夏国，建都统万城（今陕西横山西北）；隋末窦建德于公元618年建立夏国，都乐寿（今河北献县）；北宋仁宗时，李元昊于公元1032年建立夏国，史称西夏，都兴州（今宁夏回族自治区银川东南）；元末明玉珍于公元1362年建立夏国，都重庆。有意思的是，古代波斯的巴克特利亚人移民今兴都库什山北麓及阿姆河上游一带，建立了Tochari国，汉朝皇帝希望其诚服，居然汉音译为大夏。大夏也成了张骞出使西域回来后首次提及的西域古国之一。

由于洪水暴发在一年的第二季，大禹治水的季节也在这个季节，“夏”由此引申为“一年的第二季”，通常指立夏到立秋的三个月时间，即农历四、五、六三个月，如：夏季。

厦（廈）（shà）（xià）

广+夏　篆◎

造字本义：夏部落居民居住的、搭了敞篷的岩屋（广）。简化为“厦”。读shà。

由于夏人居住的房子占地面积特别大，“厦”因此引申为“大”“大屋”“高大的房屋”，如：高楼大厦。

方言指房子里靠墙增搭的部分，在柁之外，如：前廊后厦。

但厦作地名时却不读 shà，原因是古时船户、渔民将江河入海处有山崖的地方形象化称之为门，如“虎门”“澳门”“海门”“金门”，福建东南有一处与金门隔海相望的地方，因处于“濠门”之下被当地人称作“下门”，洪武二十年（公元 1387 年）朝廷在此筑城，改“下门”为“厦门”，意寓国家大厦之门。由于“shà”在方言中的读音与“邪”雷同，很显然，国家大厦之门不能为“邪门”，故随了当地居民的发音习惯，取了“下”音，读 xià。

二、知识疯狂补

秦始皇毁书不是最狠的

一提起烧书，人们总会想起秦始皇，好像自古以来就他一个人烧过书。其实这是一种误解。烧书比他狠的大有人在。

由于有秦始皇焚书的前车之鉴，汉高祖刘邦爱惜图书，好不容易攒了 13269 卷，结果王莽篡权，内战 24 年，6000 车竹简只剩下 2000 车。接着，董卓之乱，剩下 70 车。爱书如命的曹操又开始拼命地攒，好不容易攒了 3 万卷，“八王之乱”又烧得只剩下 3014 卷。

接着进入了南北朝。

梁武帝萧衍的第七子萧绎嗜书如命，继位后疯狂藏书 14 万卷，没想到西魏五万大军南下，开始攻城，萧绎哀叹：“读万卷书，犹有今日，故焚之。”待魏军攻进城来，仅从残墟之中整理出图书 4000 多卷。没想到，中国历史上烧书最狠的人竟然是最爱书的人。

接下来，北周又开始收书，“每书一卷，赏缣（双丝的细绢）一匹”。好不容易收了 37 万卷，宇文化及兵变，将其付之一炬，好在隋炀帝留了一手，对重要书籍复制了副本，存于洛阳的 86966 卷副本得以幸存。接着，隋亡，唐朝李世民得知这一消息之后，下令将这些书籍运往长安，没想到运书的船撞上了三门峡的中流砥柱，“尽亡其书”。至开元年间，皇皇大唐，居然仅藏书 50852 卷。可怜的是连这点书都无法保全，“安史之乱，尺简不藏”。唐朝的皇帝觉得很没面子，战乱过后又开始收书，价钱出到了千钱。公元 881 年，黄巢把唐朝收的书尽数焚毁，连索引都没有留下。到了两宋，继续轮回，书收了烧，烧了再收。至蒙古进城前，收了大概 8 万卷；一把战火，所剩无几。到了明清，悲剧继续。乾隆皇帝打着爱书的幌子，亲自主持，由纪昀等 360 多位高官、学者编撰，3800 多人抄写，耗时 13 年编成《四库全书》，其间，销毁了对大清不利的书籍 13600 卷，焚书总数 15 万册。

第二十课 德：确能聚人心

在古人的心目中，一个道德高尚的人必须为人正直。所以“德”的甲骨文（）里有“”。

古人发现，人的目光直来直去，为世上最直，所以总是习惯眯着一只眼，用眼光测量木条的两端是不是在同一条与目光平行的直线上，即甲骨文“”（zhí）。金文（）增加一条曲线（），会意眯着眼睛目测弯木，裁弯取直。篆文为“”。楷书为“直”。

远古时代，荆棘丛生没有路，人们选择直行，是为了避免走冤枉路而易迷失方向，于是逢岔路（，彳）保持直（）行成了人们的行动准则，即甲骨文“”。金文加“心”（）为“”，篆文为“”，楷书为“德”，会意心里如遇岔道时，保持直行，意思是说，不管你遇到什么诱惑，内心正直不偏私，做人就不会迷失方向而坠入深渊。“德”由此成为人们共同生活及其行为必须遵守的准则和规范，如：道德、公德。

远古时代没有货币，只能根据货物对人作用的大小物物交换。人们经常为一头牛能换多少粮食等争论不休。解决矛盾的唯一办法，是找一个正直（）的有德之人（）来仲裁，给出一个双方都能接受的交换数量，即货物的价值，篆文为“”，楷书为“值”。人们从物物交换中发现了“德”的价值，即能平息纷争。在人们看来，如果人与人之间按照一定的准则处理好了关系，天下就不会有矛盾，更不会有战争，于是总结出了十条行为准则，即“十德”：

一德为“温”（篆文为“”）。即对人的态度像澡盆（）里给人洗澡（）的水（）一样温和，矛盾就不会激化。

二德为“良”（金文为“”，篆文为“”）。即如果人人都舍得拿出家里最好的粮食倒进（）酒槽（）里蒸馏出（）最优质的美酒待客；同时善意地拿出人人赞不绝口（，誩）的肥羊（）给对方下酒（金文为“”，篆文为“”，楷书为“譱”，简化作“善”），试想对人如此善良，还有什么矛盾不能化解呢？

三德为“恭”（金文为“”，篆文加“”简化作“”）。意思是待人心（）诚如双手捧物（），向神龙（）求雨般谦逊有礼、毕恭毕敬，纵使仇家心有千般仇恨，也不会立即爆发。

四德为“俭”。一个人（）养活聚集在一起的所有人（），必须节省，即“”，楷书为“儉”，简化为“俭”。在古人看来，如果每个人都能平日节俭，省出好酒好菜款待他人，人与人之间也就和谐了。

五德为“让”。即谦让。金文“”会意一手（）同时抓握两株稻禾（），篆文为“”，楷书为“兼”。篆文加言（）为“”，楷书为“谦”，会意人与人语言交谈时要兼顾对方的感受，不要盛气凌人，自高自大，要谦虚地礼让或退让。

六德为“仁”（金文为“”，篆文为“”）。夫妻二人相亲相爱为仁。古人认为，如果人与人之间能做到像夫妻一样互敬互爱，天下也就太平了。

七德为“义”。甲骨文“”，会意双手（）持戈（）宰羊，金文为“”，楷书为“義”。因为书写繁复，宋、元时以“乂”替代。后太平天国文书为区别于“乂”加点写作“义”，会意割（乂）羊（）。古人的意思是说，当仇家有难的时候，宰割自己家里的羊去帮他，以德报怨，是化解仇恨的最好的方法。

八德为“礼”（篆文为“”）。古人认为，如果互相以礼相待，你尊重我，我也尊重你，怎么可能产生矛盾呢？

九德为“智”（金文为“”，篆文为“”）。意思是说如果人人都具备了明辨是非、区分善恶的智慧，整个社会也就风清气畅了。

十德为“信”。在古人看来，人说出口的话是收不回来的，便造了金文“”（篆文为“”），楷书为“信”，会意人说话要讲信用。先秦时期商鞅主持变法，当众许诺，谁把立在城门的木头搬走，赏金五十两。有人抱着试试看的心理站了出来，结果真领到了赏金。商鞅立木为信，获得了老百姓的支持，新法使秦国渐渐强盛，最终统一了六国。

一、汉字疯狂+

字根：

造字本义：

良的甲骨文“”，象形往容器里面倒物，然后有物从容器里面流出。金文大致相同。篆文会意将物通过斗状入口倒进物料，进入容器，容器内有物分两部分流出，一

部分随酒槽渗出（⼔），一部分作为残渣排出。显然，“良”完整地描绘了酿酒的全过程，意即将原料倒进容器发酵，取其精华为良，会意酿制的好酒，引申为“好的”“优的”，如：优良、良辰美景。

古人认为，只有心肠好、善良正直的人才能酿出好酒，“良”由此引申为“心地端正纯洁，没有歹意邪念”，如：善良、天良、良心、良知等。

一锅酒从装料到出酒，往往要经过漫长的等待，“良”由此引申为“很”“长”“久”“深”，如：良久、良宵。

狼（láng）

犭（犬）+良　甲◎　篆◎

造字本义：像喝过好酒的犬。

狼外形虽似犬，但有如醉酒之人，不易驯服。当狼追踪猎物时，十分狡黠，其运动线路飘忽不定，像喝醉酒走路的人一样；当其追捕猎物时，十分凶悍，速度极快，极为凶猛，像酒喝到兴头上特别兴奋的人一样。这种动物足长体瘦，斜眼，上颚骨尖长，嘴巴宽大弯曲，耳竖立不曲，胸部略微窄小，尾挺直状下垂夹于两后腿之间。其狡猾、贪婪，对牛、羊和猎兽造成极大损害，有时袭击人类。人们憎恨狼，所以许多与狼字有关的词语都含贬义，如：狼子野心、狼心狗肺等。

稂（láng）

禾+狼（省“犭”）　篆◎

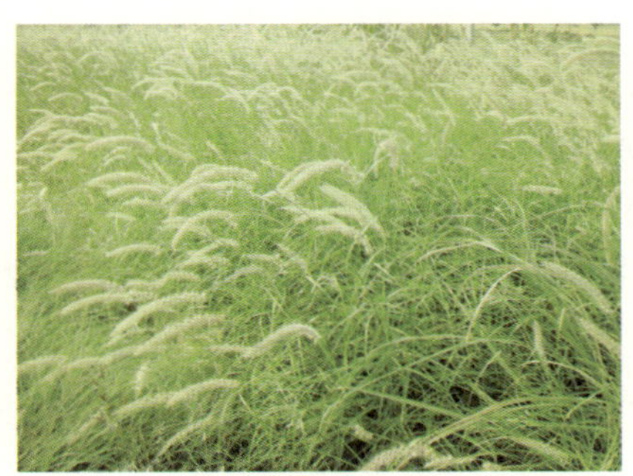

造字本义：长得像狼尾的谷物，即狼尾草，为一种看似粟，却不能食用且危害禾苗的恶草，如：稂莠。

锒（鋃）（láng）

钅（金）+狼（省“犭”） 篆◎

造字本义：拘禁犯人的带狼牙扣的金属锁链。“铛”的本义为官府开堂审案时金鼓齐鸣。与“锒”组合为“锒铛”，会意官府开堂审案时金鼓齐鸣，“铛”的一声，犯人被锁上带狼牙扣的金属锁链。

踉（liáng）（liàng）

足+狼（省“犭”） 今篆◎ 

造字本义：脚踩到了狼，出于其本能跳起来逃命，“踉”由此引申为“纵跃”“蹿跳”，读liáng，如：跳踉，后作“跳梁”。

由于狼太凶残，人们谈狼色变，吓得走起路来不稳，跌跌撞撞，更何况脚踩了狼？“踉”由此引申为“走路不稳，跌跌撞撞”，读liàng，如：踉跄。

浪（làng）

氵（水）+狼（省“犭”） 篆◎ 

造字本义：像狼一样的水。意思是水因风吹、石激等外界干扰，像失去控制的酒鬼一样形成涌动，流速似狼奔，响声如狼嚎，冲天掀起巨大水流，凶残似狼，俗称水狼，“氵”（水）“狼”（省“犭”）为“浪”，即波浪。又因其水波酷似狼尾，故取“狼”近音读làng，如：浪潮、浪花。

引申为波浪起伏的东西，如：麦浪、声浪。

由于“浪”不受约束、放荡不羁，“浪”由此引申为“没有约束”“放纵”，如：浪荡、浪费、浪漫。

又由于“浪”不受约束连续不断地四处流动，“浪”由此引申作方言“逛”，表示无事到处遛之意，如：他没事到处浪、浪迹天涯。

崀（làng）

山+浪（省“氵”） 今篆◎ 

造字本义：山头如海浪汹涌连绵起伏的山，特指位于湖南新宁县的崀山。若干万年前，这里是海洋，后地壳运动抬升成“山”，山峰成“浪”，就有了“崀”。

“崀山”其实就是“浪山”，许多山的山腰如今还留有波浪的痕迹。

朗（lǎng）

良+月 篆◎

造字本义：像酿制的精华美酒那样纯净无杂质、晶莹剔透、明亮清晰的月光，引申为“光线充足”“明亮”，如：明朗、晴朗、豁然开朗。

月色很好的夜晚说明天气很好，无风无雨，万籁俱寂。月光如水，夜深人静时，声音的传播效果最好，“朗”由此引申为“声音清楚，响亮”，如：朗读、朗诵。

也引申为“干净”，如：袋子里面空朗了。

郎（láng）（làng）

良+邑（右“阝”。村落，城邦） 篆◎

造字本义：擅长于酿制好酒的城邑，读 láng。指鲁国的一个城邑。

古时候能酿出好酒的人是极受尊敬的，因古郎邑出好酒，为此，人们将那里酿酒技术好的人称为郎，“郎”由此引申为“旧时对从事某种职业者的称呼”，如：货郎、牛郎、卖油郎。

由于郎邑中酿酒者皆为男人，因其擅长酿酒，都叫郎，“郎”由此引申为“对年轻男子的称呼”，如：伴郎、郎才女貌。

在人们看来，能酿好酒者皆为有本事的人，故汉魏以后又将“郎”引申作了少年的美称，并以此来称呼别人的儿子，如：少年郎、令郎。

“郎”的酒酿得好，家里的生活自然好，这样的男人最值得女人爱慕，“郎”由此引申为“旧时妇女对丈夫或情人的昵称”，如：情郎、郎君。

女方的父母最喜欢招的就是这样的女婿，“郎”由此又引申为“女婿”“女儿的丈夫”，如：招郎。

古时候，守护古郎邑的士兵都是擅长于酿酒的有本事的男人，亦称“郎”。于是后来把为帝王把守宫廷的士兵也称为“郎”。自战国始，根据把守宫廷部位的不同，将其中领头的封官职为“中郎”“侍郎”等，为君主侍从之官。

郎中作为医生的称呼始于宋代。唐以前，巫医的地位十分低下，但部分长期为皇室治病的御医却得到皇帝额外的封赏，人们为示尊重，就称有医道的巫医为郎中或大夫。到了宋代，郎中或大夫就替代巫医成了职业名称。有趣的是，黄河以北大多称医生为“大夫”，黄河以南多称“郎中”。

自然界中有一种名叫蜣螂的昆虫，习惯于将粪便滚成球形，然后将卵产在球状粪便上并将卵掩埋。这样可使幼虫在孵化时有现成的食物供应。人们之所以将其俗称“屎壳郎”，意即把球状屎壳打开，里面有许多蜣螂的儿郎。人们讨厌屎壳郎以动物粪便为食，嫌脏，为区别于儿郎之“郎”，口语中也将屎壳郎之“郎”读作 làng。

榔（桹）(láng)

木＋良　金◎　篆◎

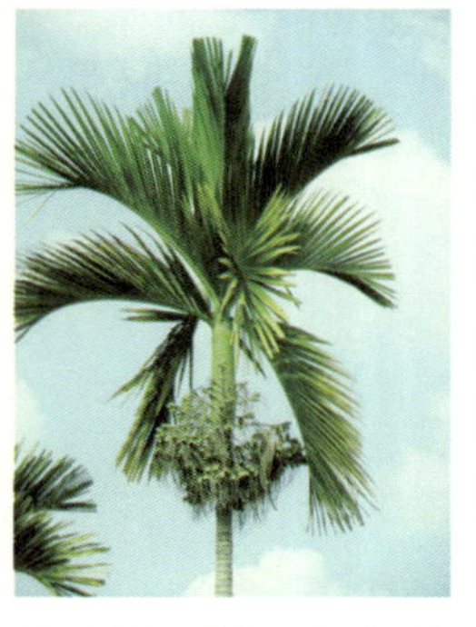

造字本义：果实食之如品好酒令人入醉的高大树木，即槟榔树。槟榔树又称宾门、槟楠等，是与椰子同属棕榈科常绿乔木，树干挺直，高 10 多米，最高可达 33 米。李时珍《本草纲目》记载：“岭南人以槟榔代茶御瘴，其功有四。一曰：醒能使之醉。盖食之久，则薰然颊赤，若饮酒然，苏东坡所谓红潮登颊醉槟榔也。二曰：醉能使之醒。盖酒后嚼之，则宽气下痰，余酲顿解，朱晦庵所谓槟榔收得为去痰也。”槟榔名列中国四大南药之一（其他三种为益智、砂仁、巴戟），具有消积、化痰、疗疟、杀虫等功效，剖开煮水喝可驱蛔虫，是历代医家治病的药果。

为什么所有古代的文字工具书中只见“桹”而不见“榔”，但生活中人们却普遍用作“榔”呢？原来古人信奉多子多福，民间以“木”和“郎”组合为“榔”，会意“能长出许多形似小儿生殖器般果实的树木”。槟榔果自古以来就是中国东南沿海各省居民迎宾敬客、款待亲朋的佳果，古代敬称贵客为“宾”、为“郎”，“槟榔”的美誉由此得来。过去人们“良”“郎”“廊”不分，以为“良”即“郎”，所以书面为“桹”，俗为“榔”。

廊（láng）

广（靠山崖而筑的敞棚屋）+ 郎　篆 ◎

造字本义：古郎邑里用于酿酒的敞棚屋。这类屋一般很长，后来人们便将有顶的长形建筑物称之为“廊”，如：有顶的过道为走廊、曲折环绕的走廊称回廊、连接两个或几个独立建筑物的走廊称游廊等。

后引申为“中堂两边的墙”，并由此进一步引申为“中堂两边的屋”，如：廊房、廊屋。

古时候，守护古郎邑的士兵都是擅长于酿酒的有本事的男人，亦称郎。于是后来把为帝王把守宫廷的士兵也称之为“郎”。“广”下有“郎”把守为“廊”，“廊”由此引申为“有郎把守的屋”，即宫殿，借指“朝廷”“国家”，如：廊庙。

螂（蜋）（láng）

虫 + 良　篆 ◎

造字本义：好虫，即“益虫”。“螳”的本义为前臂举起两把大刀似审案时守护公堂的刀斧手的昆虫，俗称刀蜋（螂）。由于“螳”可捕食四十余种害虫，对农业有益，故名“螳蜋”，即前臂举起两把大刀似审案时守护公堂的刀斧手的对农业生产有益的昆虫。

后来，人们发现螳蜋还有一个显著特征，即繁殖能力很强，每个雌虫每次可产 4 ～ 5 个卵鞘，每个卵鞘有卵 20 ～ 40 个，于是人们将“蜋”改为“螂”，指特别能产子的昆虫。如偷油婆（俗称黄婆娘、灶鸡子等），一只雌虫一年可繁殖近万只后代，最多可达十万只，故名蟑螂。又如屎壳郎，一只雌虫每次产卵近 30 粒，故名蜣螂，又名蛇螂。久而久之，“螳蜋”被废弃不用，改作“螳螂”。

二、知识疯狂补

汉字，最靠谱的历史

过去我们总认为，历史是由胜利者书写的。所以苦心经营东南、统一了东夷和中原的商纣王，被灭了他的周武王描绘成了荒淫无道的暴君。历来，人们把这种由胜利者撰写的历史称为官史，又名正史。统治者为了巩固自己的政权，大多会记录、美化对自己有利的历史，并篡改甚至销毁对自己不利的历史。

与官史相对的为野史，即民间口口相传的历史。野史全凭口说，喜欢某个人，就把他捧上天，于是便有了神；如果恨一个人，即使他很正，只要颠倒黑白地编一个故事，传到民间就成了十恶不赦，如陈世美。所以，野史也不可信。

难道就没有靠谱的历史吗？

有的，全都被汉字记录在册。

如“启”“敁”“肇”即记录了夏启废除禅让制讨伐反叛者的那段历史。当年大禹将帝位禅让给伯益，其子不服，诛杀伯益。发明了单扇门“户”的部落首领有扈氏反对其世袭。大禹之子于是上门亲口劝说，故名“启”，“启”因此有了打开、劝导之意。后有扈氏不从，双方发生战斗。“启”和“攵”（持械攻击）组合为“敁”，会意启出兵讨伐有扈氏。讨伐之前，为了获得民众支持，得发表战斗檄文，口诛笔伐被讨伐者的滔天罪恶，“敁”和“聿”（笔）组合为“肇”，记录的就是夏启在甘发表著名的《甘誓》时的情形。因为夏启开创了中国世袭制的先河，所以“启”和“肇”都含有“开始”“开创”的意思。

第二十一课 乐：真的是味药

许多人都知道音乐可以用于疾病治疗，简称乐疗，但很少有人知道，音乐起源时还真是一味良药。

当你第一眼看到甲骨文“”时，一定以为这是一架绷了两根弦的木琴。其实不然。对比金文“”你会发现，比甲骨文多了一个“”。“”的本义为带黏性捏之能够拉长的饭粒，因其色白，故作了白色的标准色，篆文为“”，楷书为“白”。白色很打眼，落眼看上去清楚明了，“白”由此引申为“清楚的”“明了的”。由于人不停说话时嘴角冒出白色的唾沫，加之许多事情很复杂，不说不明白，所以“白”便有了开口说话、陈述的意思。远古时期人们不懂医学，生了病只能求助于巫师。巫师将许了愿的丝绳（）系在树上（），嘴里念念有词（）向神祈祷，希望通过树与天神交流，以打动天神驱除病魔。人们将巫师口里连说带唱、和谐成调的声音称之为“”。由于古时说话为“曰”，所以取了曰的近音读 yuè。篆文为“”，楷书为“樂”。汉代简化为“”，楷书为“乐”，那系在树（木）上的哈达（）仿佛仍在风中飘扬。“乐”实际上就是许愿树的前身。如今，蒙古族依然保留这种习俗，生病时不去就医，请来萨满消除孽障。病魔祛除后，人的身体安康，全家为之欢喜，将蓝色的哈达系在树上表达美好的向往。“乐”由此引申为“喜悦”“愉快”，读 lè，如：快乐、安乐等。后来，古人发现草木能够治病。于是“”上加“”（艸，即草）造了金文“”，表义像巫师一样能祛除病魔的草本植物，篆文为“”，楷书为“藥”。“藥”有良药，有毒药。良药苦口，毒药杀人，生病或被毒杀之人强烈挣扎，灌药者只好用丝绳捆其手脚，用勺子强行往嘴里灌，为此新造隶书“”，表义强行灌喂草药，楷书为“葯”，简化为“药”。由于“”与“药”意义相近写起来方便，“药”便因此取代了“藥”，泛指治病的物质。

其实，早在“乐”起源之前人们已经懂得利用声音。甲骨文“”会意手（）持器械（）敲打用草绳（）悬着的石（）头，作为原始部落用来集合的石钟，篆文为“”，楷书为“磬”。钟发出的音传入人耳（）即声，故“磬”（）下加“耳”（）为“”，篆文为“”，楷书为“聲”，简化为“声”。人们闲暇时扑在水缸缸沿朝里面开口大声喊叫，缸里发出像犬一样汪汪的叫声，并由此受到启发，开始利用竹子、树叶、石块等器物模拟动物发声，以引诱动物上钩。很快，人们喜欢上了这种声音，相继发明了芦笙、竹笛、埙、鼓、琴等乐器，“磬”摇身一变，成了中国古代最具特色的打击乐器。人们将这些乐器发出的声音统称为器乐，将其中带弦的古琴、古筝等发出的声音称为弦乐。

但无论乐器发出的声音多么美妙，人们还是觉得自己发出的声音最好听。但甲骨文里却并没有“音”字。金文“𧨏”会意言（𧨏）语时口（ㅂ）里发出的声（━）。篆文为“音”，楷书为“音”。声和音的区别在于，自然界发出的各种响动为“声”，而人发出的具有感情色彩的声为“音”，统称为“声音”。古时以号为令，宫城城门开闭，号声慢缓低沉；市场开市经商，声调略高呼“来”；敌我双方交战角斗，急促吹响号角集合队伍；军队出征（徵）讨伐，号声威武雄壮；一声令下，号声高亢，万羽齐发……结果，音阶就这样产生了，人们将这些声音从低到高按不同的音调排列，分别命名为宫、商、角、徵、羽，发出 do re mi fa so 的声音，由此创造了声乐。

无论是声乐还是器乐，都源自于巫医。早在西汉时期，人们就提出“乐以治心，血气以平”。意思是说，乐可调节情绪，补益气血，调养身心。古代的巫师歪打正着，为后人治病留下了一剂良药。

一、汉字疯狂＋

字根：

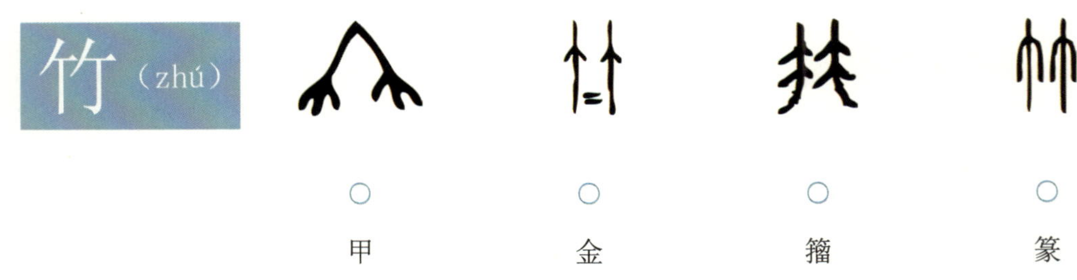

造字本义：

甲骨文“⺮”象形两根连在一起的倒立的屮（屮，一根草，泛指草）。金文“⺮”会意“两根连在一起的长得非常高大的屮”。籀文“⺮”会意节节生长、长得很高的屮。篆文承接金文（省“二”）写作“⺮”，楷书为“竹”，会意“通过少部分裸露（⺮）、绝大部分深入土层匍匐的根茎繁衍发笋（⺮），长成的乔木状高大的屮”，即“竹”。令人惊奇的是，甲骨文时代古人就将“竹”列为高大乔木状禾草类植物，明确其为草，非树。为了区别于“屮”（甲“屮”，金“屮”，篆“屮”），“竹”的甲骨文、金文、籀文、篆文均取了倒立之“屮”来会意，即叶片朝上为“艸”（草），叶片朝下为“竹”。显然，竹的造字本义为通常通过地下匍匐的根茎连体生长的、叶片朝下的高大乔木状禾草类植物（也可以通过开花结籽繁衍，其种子被称为竹米），用途十分广泛，如：公然抱茅入竹去。（唐·杜甫《茅屋为秋风所破歌》）

竹子中空，开孔用嘴吹之能发出悦耳的音乐，人们受此启发，发明了各种各样竹制的乐器，“竹”由此引申指竹制管乐器，列“金、石、土、革、丝、木、匏、竹”古代八音之一，如：金石丝竹、竹笛、竹管。

◎ 小知识

相传商汤时，墨台氏被封于一个竹子很少的地方（孤）（今河北省卢龙县南），建“孤竹国”。孤竹国国君的两个儿子伯夷、叔齐都想让位于兄弟而出外流浪，后侍于周文王，却阻拦周朝伐商。周不允，兄弟二人耻食周粟，采薇而食，饿死于首阳山。他们的“贤”名流传于世，其后人即以国名中的竹字为姓，称为竹氏。此即历史名典“夷齐让位”“不食周粟”的来历。

笛（dí）

⺮（竹）+由　篆◎

造字本义：一种竹制的口吹能发出模仿动物的声音，以引诱猎物、异性或同伴等顺随（由）自己过来的乐器，为最具中国民族特色的吹奏乐器。

中国笛子历史悠久，可追溯至新石器时代。古人利用飞禽胫骨钻孔吹之，用其声音诱捕猎物和传递信号，由此发明了我国最古老的乐器“骨笛”。后改为竹制，名竹笛。至唐代，竹笛加开膜孔开始使用笛膜，使之成了中国竹笛区别于其他国家笛子的显著特征。

筒（筩）（tǒng）

⺮（竹）+甬（有柄的钟）　篆◎

造字本义：敲之发出如钟甬之乐音的中空的竹筒。泛指利用竹子中空的特点制作的乐器。如：黄帝使泠纶取竹之解谷，制十二筩以听凤之鸣，为律本。（东汉·班固《律历志》）

引申指中空如筒的针，用来放腹水，即“筩（筒）针”。

因竹筒很直，“筩”由此引申为“直”“使（针身）如竹筒样圆直”，如：必

筩其身而锋其末。（《灵枢·九针论》）

现作“筒”。

箫（簫）(xiāo)

⺮（竹）+ 肃（肃，手握树棍在有深潭的河里探水过河）　篆 ◎

造字本义：像手持树棍在有深潭的河里深一脚浅一脚（脚步因河水深浅不一而一上一下参差不齐）探水过河一样，由多根长短不一、参差不齐的竹管组合而成的名为“参差”的吹管乐器。即古代出自西羌的排箫，用一组长短不齐的竹管按音律编排而成，形状如鸟翼，大的 23 管，小的 16 管。现代的是洞箫，通常用一根竹管做成，竖吹，吹孔在顶端侧沿，正面 5 孔，背面 1 孔。

筝 (zhēng)

⺮（竹）+ 铮（省“金”。金属；两相撞击发出的声音）　篆 ◎

造字本义：弹奏起来弦争先恐后发声，“铮铮”作响的竹制乐器。

古筝起源于战国时期，流行于秦国，故也称秦筝。筝体竹制，形式如“筑”，弦架“筝柱”（即雁柱），可自由移动，一弦一音，按五声音阶排列。早期的古筝，为五弦，后筝弦逐渐增加，最多二十五弦，唐宋十三弦，后增至十六弦、十八弦、二十一弦等，目前最常用的规格为二十一弦。

中国最早的风筝是木制的，称为“木鸢”。后来发明了纸，即改为纸做，名纸鸢。至唐代，有人在纸鸢上安装一种竹弦，凭借空中强大的风力，竹弦发出如弹拨古筝般的声音，由此得名风筝。

竽（yú）

⺮（竹）+ 于（加长的丂，即长拐杖）　甲 ◎ 𠂤　篆 ◎ 竽

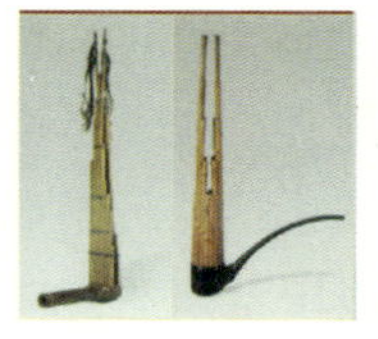

造字本义：甲骨文“𠂤”会意将多根外形酷似加长的丂（于）一样的竹管聚集（亼）编排在一起（//）制成的吹管乐器。“亐”（亐）的造字本义为短丂，因短丂、长丂都是丂，“于”与“亐”由此混淆，“竽”的篆文因此写作“竽”。楷书恢复为“于”写作“竽”，其本义为外形酷似倒“于”（于）的簧管乐器。

“竽”于战国时盛行于民间。原三十六管，后减至二十三管。每管一簧。其管的长度各不相同，最长的能达到 78 厘米，最短的则才 14 厘米。管加篾箍固定，看上去好似长短不一的管子捆在一起，底部带有两个按音孔，为我国古代最经典的吹奏类乐器，如：滥竽充数。

笙（shēng）

⺮（竹）+ 生　篆 ◎ 笙

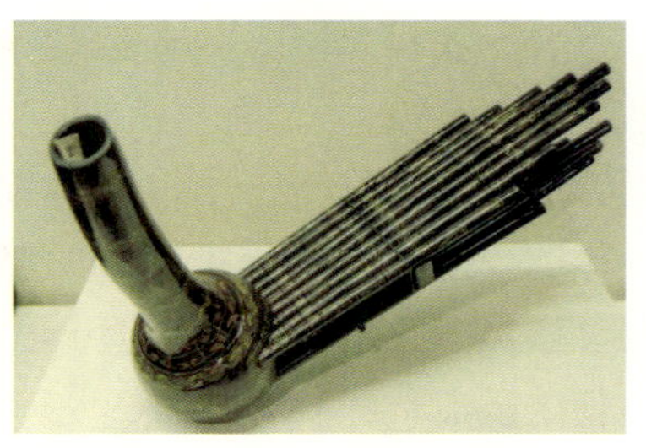

造字本义：每遇小孩出生、人死祭祀重生、庆贺丰收祈求来年万物繁生等重大活动时吹奏的竹黄乐器。

相传苗族的造物神造出日月后，又从天公那里盗来谷种撒到地里，但收成很差。于是造物神在山上砍了六根白苦竹扎成一束，放在口中一吹，地里谷子滋滋生长，十分茂盛，当年获得了丰收，于是，苗家便形成了每逢喜庆日子就吹芦笙的习俗。

笙为我国古老的簧管乐器，“和”的甲骨文“龠”中即出现了笙的雏形“龠”。后来人们进一步改进，以簧、管配合振动发音，簧片在簧框中自由振动，“笙”由此成为世界上最早使用自由簧的乐器。笙与竽的区别在于，笙体小、簧少；竽体大、簧多。二者早期都是用嵌簧的编管插入葫芦内，并以葫芦作为共鸣体，后来才逐渐增加了竹质簧片和匏质（葫芦）笙斗，故又名芦笙或瓢笙。因笙斗体大、质脆，吹奏费气，故唐代以后改为木制，经不断改良，木斗终为铜斗所取代。

筑（zhù）（zhú）

⺮（竹）+巩（[ancient-script glyph]，手持夯杵整地基） 篆◎[seal-script glyph]

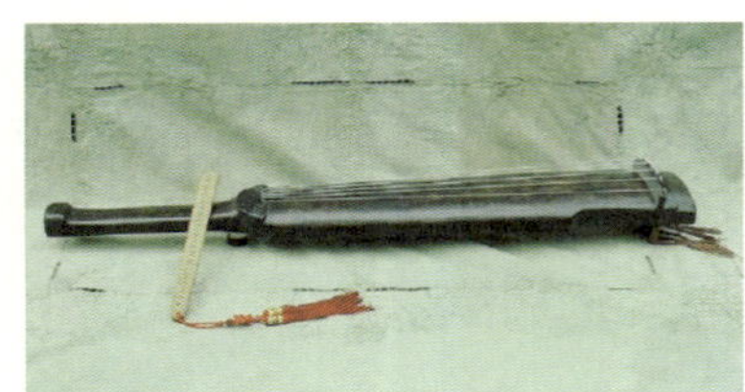

造字本义：一种用竹制的工具（竹尺）像手持夯杵整地基一般用力在弦上敲打，能发出美妙乐音的乐器。为我国最早的击弦乐器。形制如同现在的筝，用竹片敲击发音。战国至隋唐间广泛流行，宋代以后销声匿迹。据西汉・司马迁《史记・刺客列传》载：“至易水之上，既祖，取道，高渐离击筑，荆轲和而歌，为变徵之声，士皆垂泪涕泣。”后人因此以“击筑”喻指慷慨悲歌或悲歌送别。

另，贵州省贵阳市古代盛产竹，以制作乐器“筑”而闻名，故简称“筑”，也称“金筑”。旧读 zhú。

築（zhù）（zhú）

⺮（竹）+巩+木 金◎[bronze-script glyph] 篆◎[seal-script glyph]

造字本义：双手持（[ancient-script glyph]）夯杵（[ancient-script glyph]），将黏土填入用竹（[ancient-script glyph]）条固定的两块木（[ancient-script glyph]）板间捣紧夯实，记录的是古代最原始的土墙筑造法，俗称干打垒。泛指捣土使坚实。由于建筑行业的人文化水平不高，总嫌“築”字写起来太麻烦，经常偷工减料简写作“筑”。但读书人仍然作“築”。直至 1956 年，中华人民共和国正式决定以“筑”替代“築”，自此，完整记录了古人夯土筑墙工艺流程的“築”字遗憾地退出历史舞，如今统一用“筑”。如：筑踏（捣土并以足踏之，使之坚实）。

引申为“打”“击”，如：筑球（古代的杖击或以足踢球）。

由此进一步引申作方言，相当于“捅”“捣”“切断”“塞”“装填”，如：筑两碗饭、筑你两坨（拳头）。

由于筑墙的目的为建房，“筑”由此引申为“修建”“建造”，如：筑路、筑坝。

今汉水支流南河及其支流马栏河古称“筑水”，因共工筑渠排水灌溉而得名。秦在今湖北谷城置县，因今谷城位于筑水之北而得名筑阳。

箜（kōng）

⺮（竹）+空　《说文》无，今篆◎

造字本义：弦竖空中，弹拨发声的竹制乐器。

篌（hóu）

⺮（竹）+侯（把箭瞄准高处危险的目标射击）　《说文》无，今篆◎

造字本义：弹拨时发出似瞄准高处危险的目标射击时发出的弦崩之声的竹制乐器。与“箜”组合为“箜篌”，作为源自西方的乐器Cank-harp（曲柄竖琴）的汉（音）译名。

“箜篌”在汉代自波斯传入中原时，人们取其弹拨之时发出“坎坎”如伐木之声，外形酷似瞄准目标射击的弓弦之意音译作“坎侯”。又因其柄、弦竖于空中，“空”“坎”近音，故又名“空侯”。盛唐时期，空侯由中国传入日本、朝鲜等邻国。后因其竹制居多，宋代统一加“竹”命名为“箜篌”。

篪（chí）

⺮（竹）+虒（剥虎皮）　篆◎

造字本义：声音似活剥虎皮时老虎发出悲鸣的竹制乐器。泛指吹管乐器。

篪，似笛，然与笛不同。其两端封闭，且吹孔与指孔不在一个平面上，无膜孔而有底，为埙之近亲。其音色悲，能与埙很好相合。常用“伯氏吹埙，仲氏吹篪”形容兄弟和睦。如：篪埙（篪与埙。二者合奏时声音相应和，故常用来比喻兄弟亲密和睦）。

篪（箎）（chí）

⺮（竹）+ 也（眼镜蛇） 《说文》无，今篆 ◎ 

造字本义：一种用竹管制成的能吹奏音乐让眼镜蛇翩翩起舞的乐器。为古西域之人用来吹奏驯蛇的乐器。

后作“箎”。

筚（篳）（bì）

⺮（竹）+ 畢（毕，打猎用的有长柄的网。动物被网，捕猎动作完成，“毕”由此引申为完结） 篆 ◎

造字本义：用竹子编成的密得像毕（网）一样防止鸟兽、盗贼进入院内的篱笆，如：筚门（荆竹编成的门，又称柴门。常用以喻指贫户居室）。

引申泛指用竹子、荆条等织成的器物，如：筚路蓝缕。

由于古代龟兹（今新疆库车）人发明的乐器觱篥外形酷似“畢”（毕），故借“篳”（筚）音译，表意外形如打猎用的长柄网一样的竹制乐器。

篥（lì）

⺮（竹）+ 栗 金 ◎ 篆 ◎

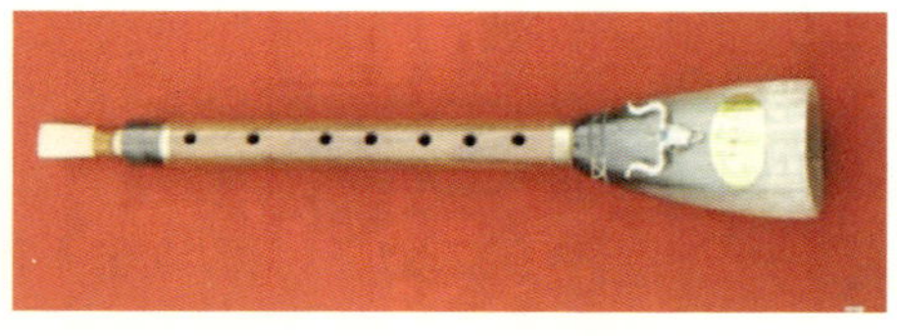

造字本义：发出的声音如果实带刺的板栗（卤）令人心惊肉跳（战栗）的竹制乐器。与“觱”组合为“觱篥”，会意外形像长柄网，声音听起来使人战栗的竹制乐器。

觱篥，为古代龟兹人所发明，乐器名称为古龟兹语译音而来，经丝绸之路作为胡乐的一部分传至中原。觱篥同胡笳、角、笛一样，经历了由羊骨、羊角、牛角、鸟骨制作，改为竹制这样一个发展过程。觱篥较之角、笳，其相同之处皆为竖吹，区别在于筚篥有簧，并吸收了笛的指孔，因其外形与笳近似，故又名“觱管”。“笳管”声音悲凉，听了使人战栗，故音译作“觱篥”也作筚篥、筚栗、觱篥。宋·庄季裕《鸡肋编·卷下》曰：“筚篥本名悲篥，出於边地，其声悲亦然，边人吹之，以惊中国马云。”

管（guǎn） ⺮（竹）+官 金◎ 篆◎

造字本义：可容纳若干兵营士兵扎营，并满足其统帅公务、食宿之需的竹屋。要满足这样的要求，此竹屋必须够空（中空），够长，且呈圆形（围成一圈驻扎乃全方位防御之需），又便于拆卸，一遇紧急情况，可随时出征。显然不可能有这样的军营，古人只不过借“管”会意圆而细长中空的竹筒，意思是竹筒中间是空的，空得可以住人，泛指圆而细长中空的物体，如：气管、钢管、针管、双管齐下、管见（谦辞，浅陋的见识）、管窥蛙见（人从管中所见之天；蛙从井中所见之天。比喻见识短浅、眼界狭窄）等。

引申指动植物体内用于输送腺体分泌物或其他体液的一个细长中空组织，如：血管。

也引申指形状像管的电子器件，如：电子管、晶体管。

由于管状的东西可计量，“管”由此引申作量词，用于计量细长圆筒形的东西，如：笔三十管。

人们用竹管制成乐器，为官员们提供娱乐或供寂寞守军营的官员们自娱自乐，“管”由此引申指用竹管或类似于竹管的圆而细长中空的东西制成的乐器，泛指用于吹奏的圆而细长中空的乐器，如：管乐器、管弦乐。

后来人们将毛塞进竹管发明了毛笔，有毛无管不成笔，“管”由此引申为“毛笔”，泛指笔，如：寸管（毛笔别称）、笔管。

古代官员协助朝廷管理事务，靠毛笔写成公文上传下达，“管”由此引申为“约束，治理”，如：她能同时管十台机器、管理。

由此进一步引申为“奉朝廷之命负责约束、治理一方事物的人”，即“官吏”，如：则足以补管之不善政。（《管子•小匡》）

既然担任了这个职务，其辖区内的所有工作皆由其主持，所有责任由其承担，“管”由此引申为“主持”“负责”“担任（工作）”，如：我管宣传，你管经营。

官员的职务与其相应管辖的范围是对等的，不能越界行使权力，“管”由此引申为“权力行使的范围”“控制”，如：这个县管着十几个乡镇、管辖。

在权力行使的范围内，官员们大小事情都得过问，“管”由此引申为“过问”“干预”，如：这些事情我们不得不管、管闲事。

既然朝廷授予了官员管辖的权力，官员就要保障辖区内的物质供应、治安安全等，“管”由此引申为“保证”“负责供给”“招待”，如：管饱、管吃管住。

古代交通极不发达，上级官员到地方视察，地方官员必须解决其食宿，即管吃管住，“管”由此引申为“馆舍”，如：管人为客三日具沐，五日具浴。（《仪礼•聘礼》）后作“馆”。

饥寒起盗心，如果供给得不到保证，社会就不得安宁。显然，保证供给是无条件的，

“管”由此引申作连词，表示条件关系，相当于“不管”“无论”，如：管他下不下雨，咱们都得马上出发；管他是谁，不到分数线一律不录取。

由此进一步引申作介词，用于口语，与“叫”配合使用，表示无论被称呼的对象有没有名字，都以名字以外的称呼叫他，如：大家管他叫马大哈。

古代的官员主要管好两件事，一是管好府库、粮库、兵器库的钥匙，确保粮草无忧；二是管好城门的钥匙，确保城门不失，“管”由此引申为“钥匙”，如：郑人使我掌其北门之管，若潜师以来，国可得也（《左传·僖公三十二年》）；管键（钥匙与锁，如清·方苞《狱中杂记》：“每薄暮下管键，矢溺皆闭其中，与饮食之气相薄。”）；管钥（钥匙）。

管城门钥匙的人非常重要的工作除日常开闭城门外，遇紧急情况必须马上关闭城门，“管”由此引申为关闭城门，如：管闭（关闭）。

管理一个家庭与管理一个地方是同样的道理，家长好比官员，孩子犹如士兵或臣民，要想家庭和睦，孩子成才，就必须对其严加约束，教导，“管”由此引申为“约束”“教导”，如：这孩子没管好、管教、管照（照管）。

小知识

西周初年，周武王灭商，建立周朝之后，将今河南郑州管城区一片不大的地区交给其三弟管理，并由此建立诸侯之国，名“管”，即管国。姬鲜因受封管国，故称管叔或管叔鲜。周公摄政后，管叔鲜因勾结蔡叔度、武庚叛乱被诛，管国由此废为邑。管叔死后，他的后代就用以前他的封邑名称为姓氏，称管氏，世代相传至今，如：管鲍分金（管仲和鲍叔牙一块儿做买卖，每次分红时，管都多留给自己，鲍对此不仅不怪，反而说管这不是贪，而是穷，是需要。后以此比喻相知的深厚）。

簧（huáng）

⺮（竹）+黄　金◎[illegible]　篆◎[illegible]

造字本义：竹子除去竹青（表皮）剩下的黄色的部分。如传统竹雕工艺竹黄的第一道工序“翻黄”，即把南竹锯成竹筒，去节去青，留下薄层的竹黄，经过煮、晒、压平后，胶合或镶嵌在木胎上，然后磨光，再在上面雕刻各种人物、山水、花鸟等纹样。成品色泽光润，类似象牙。

在长期的生活实践中，古人从薄薄的竹篾在风中会发出优美的乐音中得到启发，将竹青去掉，将竹黄破成极薄的篾片作为弹片，制作成口吹的小乐器，命名为“竹黄”，即古代的“口琴”，亦称“口弦”。演奏者左手执竹黄尾，右手执竹黄头，将簧片置于两唇之间，吹奏时右手手指配合各种弹拨或用丝线抻动竹黄，制造不同的声音与音色，“簧”

由此引申指乐器中用以振动发声的薄片，如：簧管、簧舌。

泛指像“簧”一样有弹性的零件，如：弹簧。

由于簧乐非常好听，很吸引人，“簧”由此引申为“动听的语言”，如：巧言如簧、簧口利舌。

笳（jiā）

⺮（竹）+迦（印度梵文专用音译词。省“辶”） 《说文》无，今篆 ◎

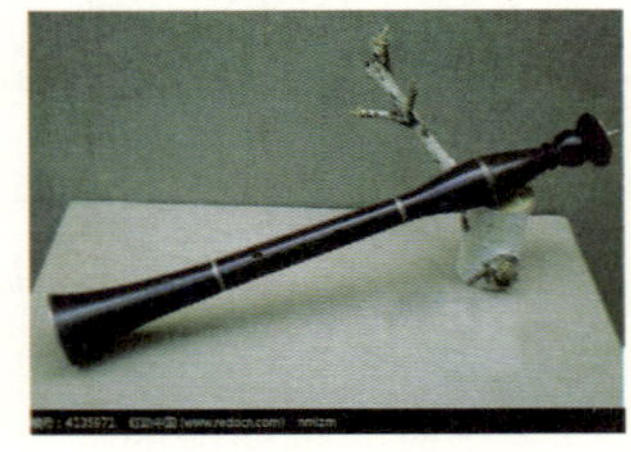

造字本义：来自印度的竹制乐器，形状像笛子。最初的笳是卷芦苇的叶子做成的。大约在秦汉之际由西域传入中原，称“胡笳”。古代军队白天以旌旗为信号，夜间则以鼓、笳等响器为信号，笳声悲凉，故又称悲笳。如：何处吹笳薄暮天，寒垣高鸟没狼烟。（唐·杜牧《边上闻笳三首》）

龠（yuè）

亼（聚集于屋内，泛指聚集）+口+口+口+册（将竹木按顺序串编在一起） 甲 ◎ 金 ◎ 篆 ◎

造字本义：集中气流，张口在串编成排的竹管上来回吹奏，为排箫之前身。

籁（lài）

⺮（竹）+赖（依赖） 篆 ◎

造字本义：依赖竹子发声的乐器统称为籁。特指古代三孔竹管乐器。

由于竹管依靠气流经过空穴而发声，“籁”由此引申指从孔穴中发出的声音，泛指一般的声响，如：地籁（风吹孔穴发出的声音）、天籁之音、万籁俱寂等。

二、知识疯狂补

字典是怎样炼成的？

中国最古老的词典为《尔雅》，意思是以雅正之言解释古语词、方言词，使之近于规范的词书。作者不详。其成书的上限不会早于战国，因书中所用的资料，有的来自战国时代的《楚辞》《列子》《庄子》《吕氏春秋》等书，书中谈到的一些动物，如狻猊（龙九子之一，形如狮子），不是战国以前所能见到的。但其成书的下限不会晚于西汉初年，因为在汉文帝时已经设置了“尔雅博士”，到汉武帝时已经出现了犍为文学的《尔雅注》。

我国第一部字典为东汉许慎编著的《说文解字》，但并未以字典命名。全书共分540个部首，收字9353个，另有“重文”（即异体字）1163个，共10516字。原书作于汉和帝永元十二年（100年）到安帝建光元年（121年），现已失传，传至今日的大多是宋朝版本，或是清朝的段玉裁注释本。

中国历史上第一部称为“字典”的书为清朝张玉书等30人历时6年编成的《康熙字典》，也是我国历史上唯一由皇帝上谕的字典。共收录汉字47035个。

历史上最大的字典为明朝内阁首辅解缙总编的《永乐大典》。全书22937卷11095册，约3.7亿字，明成祖亲自作序。永乐年间修订的《永乐大典》原书只有一部，据说原书已给嘉靖皇帝殉葬。嘉靖驾崩时抄本正在进行中，之所以嘉靖没有马上入葬，就是在等抄写工作结束。因急于下葬没有抄完，故嘉靖的抄本只有8000册。现今存世的皆为嘉靖年间的抄本。就连这些抄本都因战乱、监守自盗等原因毁失殆尽，如今仅存残本约400册，散落在8个国家和地区。中国国家图书馆仅藏161册。

中国第一部现代汉语字典为魏建功主编的《新华字典》，也是中国第一本按汉语拼音音序排列的小型字典。初名《伍记小字典》。1953年出版，收录单字有8500个。

第二十二课 弈：不只是盘棋

有人说，象棋起源于公元前三、四世纪的印度，可我们的祖先在甲骨文中就画下了棋盘“”，有子（ ）有格（）。至金文“”，不仅安了基座“”（丌），还在盘上添了一横以增加游戏的难度，与如今中国象棋里将、士活动的田字格（）已十分相似。篆文为“”，楷书为“其”，本义为“棋”。这就是为什么古人将青黑色有如棋盘（）格子纹的马（）称之为“骐”（）的原因。

过去我们一直误以为“其”就是“箕”，其实不然。“箕”为古人用来装竹制棋具的敞口有舌的棋盘状竹器。将其放大，即为撮箕，并造甲骨文“”，会意双手（ ）端着装了谷物（）的棋盘（）状器具。篆文添加竹头（），突出其制作材料为竹。又在“箕”下添加用手（）剥下的动物（）之皮（）造篆文“”，会意将盛了粮食的箕上下颠动，扬去秕谷、尘土及谷物之皮——米糠，楷书为“簸”。所谓簸箕，即簸去米糠等杂物的竹制器具。

用簸箕颠米精力要高度集中，否则很容易连米带糠一起颠出去。下棋也一样。古人下棋专注得世界里只剩下你、我和棋，“其”由此引申为第三人称，指他或它。

下棋光有棋盘不行，还得有棋子。甲骨文“”会意与棋双方各自伸手（ ）在棋盘（）上移木（），篆文为“”，楷书为“棊”，会意木制的棋子。石头制的为“碁”。现在统一写作“棋”。后来出现了木雕的车、马等象形棋子，即“象棋”。唐朝宝应年间，象棋有了将、车、马、卒等兵种。宋朝文人执政，象棋深受影响，增加士、相，名为辅佐将帅，实为节制。又因为发明了火药，再增一“炮”。然棋子一多，交会时容易出现混乱，故除车、马、炮三子外，其他所有涉及人的棋子分别用相近意义的字来对阵，如兵对卒、仕对士、相对象、帅对将，中国象棋的棋子从此走向统一。

中国人爱下棋，下棋的规矩也多。每次开战前，得先用土（）垫平基脚将棋盘（）放平，甲骨文为“”，金文为“”，篆文为“”，楷书为“基”。每次开局前，要在祭台上摆满祭品祭祀（）神祖，保佑自己“棋”（）开得胜，楷书为“祺”，会意吉祥。古人很讲信誉，按月（）会棋（）为“”，楷书为“期”。如果约定的那天有一方按期未来，违约的人会因为不守信用而哈欠连天。人们便取了表义只有出气没进气，引申为亏欠的“欠”字（欠，qiàn）造了篆文“欺”，表义因为对方虚假的言行欠下了自己一盘棋，表示受了蒙骗。楷书为“欺”。为了减少纠纷，故每次开棋之前，双方必须先口（口）头约定赌资多少，尽可能将尺（尺）度控制在合理的范围，篆文为“局”，楷书为“局”，引申为整体的一部分，如：局部、棋局等。

有意思的是，在甲骨文“其”的基础上演变而来的除了象棋，还有围棋。

远古战争，人们以十全十美（十）获得对方井田（田）里动手（手）栽种的作物（[illegible]）为胜利，金文为“博”。篆文以“寸（寸）”替“手（手）”写作“博”，楷书为“博”。为此人们模拟战争发明了一款在棋盘上抢围井田、花园的游戏，命名为“博”。棋具竹（竹）制为“簙”，楷书为“簙”。后几经演变，用黑白两色的石头做棋子发明了围棋“碁”。围棋虽然只是游戏，其激烈程度丝毫不亚于实战，篆文“弈”即描绘了两人各自伸手（廾）执棋对阵，因争斗激烈腋下生汗（亦，亦）的场景，楷书为“弈”，会意下棋。经过紧张的博弈，败者瘫坐原地，腋下大汗淋漓（亦），胜者起立为大（大），篆文为“奕”，楷书为“奕”，比喻精神焕发、十分高兴的样子。为此还专门发明了一个成语：神采奕奕。

传说发明围棋的人是中国的古代帝王尧。尧的儿子丹朱小时候非常淘气，喜欢与人斗殴。尧帝想，用好玩的游戏迷上他，就不会去惹是生非了。于是尧模拟战争发明了一种用黑、白石子当士兵的围棋。丹朱果真迷上了围棋，什么正经事都不干了，只迷恋下棋。尧帝很失望，便把帝位传给了舜。舜的后裔、棋艺高超的箕子移民朝鲜半岛北部，建立了箕氏侯国。如今韩国的围棋实力非常强大，或许与此有关。

一、汉字疯狂+

字根（一）：

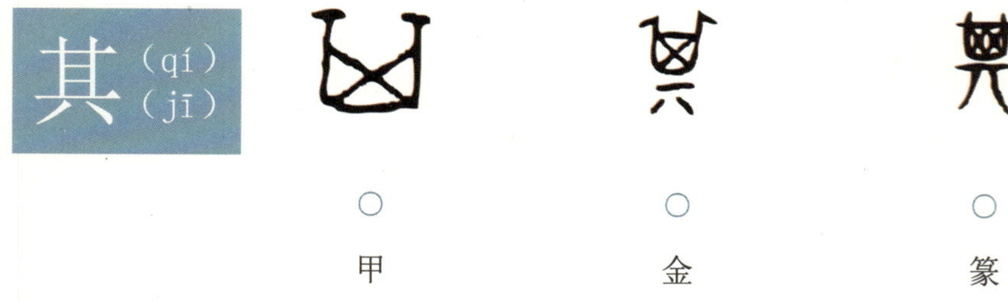

造字本义：

搁在丌（基座、矮几）上的棋盘和棋子。会意“棋”，读 qí。木制的棋子为“棋”，石制的棋子为“碁”。

古代交通不发达，棋友之间很难聚在一块下棋，想下棋，得预约。住址相隔很远的一般一年约一次，“其”由此引申为“周年”，读 jī。

每次约定都有期限，“其”由此引申为“期限”，读 qí，如：既辱且危，死其将至。（《易·系辞下》）楚地两人之间因矛盾闹翻从此不再来往，方言为“死其”，意思是“到死都不再约棋，后会无期”，即断交。

距离约定的时间太久，双方心里都没有底，不知道对方是否会按时赴约，“其”由此引申作副词或连词，表示“也许”“大概”，如：其一旦将以不敬之民而驱之战。（《左传·僖公三十二年》）

因为约定的是将来的事情，“其”由此引申为“将”“将要”，如：今殷其沦丧。（《书·微子》）

古人很守信用，认为既有约定，就应当履约，“其”由此引申作副词，表示祈使，相当于“当”“可”，如：吾其还也。（《左传·僖公三十二年》）

既然约定，岂有不来之理？“其”因此进一步引申表示诘问，相当于“岂”“难道”，如：其可怪也欤。（唐·韩愈《师说》）

在古人看来，按期履约是最大的事情，“其”由此引申为“极”“甚”，如：开地数千里，此其大功也。（《韩非子·初见秦》）

由此进一步引申作语气助词，附着于形容词前、后，起加强形容的作用，如：极其、尤其。

如果约定的人未能履约前来，先前的约定便成了假设，“其”由此引申作连词，表示假设，相当于“如果”“假设”，如：其或未能处置，即且给公验。（唐·封演《封氏闻见记》）

如果约定之日突然发生重要的事情，是选择处理事情还是履约，必须做出选择，“其”由此引申作连词，表选择，相当于“还是”，如：其真无马耶。（唐·韩愈《杂说》）

古时下棋的人全神贯注，且不允许其他人在旁边。在他们的世界里只剩下你、我、棋，有了棋，别的事都被放在一边，不再重要，“其”由此引申作代词，称你、我以外的第三人（物或事情），相当于“别的”“彼”“他（她、它）”“他（她、它）们”“他（她、它）的”“他（她、它）们的”，如：其他、自圆其说。

引申指根据情况所指的、提到的或认为的那个（人、物、意思或时间）的，相当于“那”“那个”“那样”“这样”“如此”，如：查无其事、其间、其次、其实、其中、其余。

亦用于虚指，如：不乏其人、果不其然。

⺮（竹）+其　甲◎　金◎　篆◎

造字本义：敞口有舌的棋盘（ ）状竹制器具。

星相学中二十八宿之东方青龙七宿之末宿的四颗星，排列如簸箕，故名箕宿。其图腾为豹，故又称箕水豹。箕宿一旦特别明亮就是起风的预兆，因此又代表好调弄是非的人物，主口舌之象，故多凶。

◎小知识

古时擅长制作簸箕之人在今山西晋中太谷聚集为邑，名箕。殷商末期，帝乙的弟弟和纣王的叔父胥余分封于此，名箕子，与微子、比干齐名，史称“殷末三贤”。箕子利用黑白石子摆卦占方，以观测天象，参悟星象运行、天地四时、阴阳五行、万物循变之理，经演变，成了围棋。后远走辽东，建立箕氏侯国，即箕子国。因其位于朝鲜半岛北部，故又名箕子朝鲜。其后裔以“箕”为姓，传承至今，这就是为什么韩国围棋发达的原因。

簸（bǒ）（bò）

⺮（竹）+其+皮（表皮）　篆◎

造字本义：将盛了粮食的箕上下颠动，扬去秕谷、尘土及谷物之皮——米糠，读bǒ，如：簸扬糠秕（扬米去糠，糠在米上）。

因用簸箕簸去粮食中的糠皮、尘土之时，须不停地摇晃、颠动，“簸”由此引申为“摇动”“颠动”，如：颠簸。

“簸”与“箕”组合为“簸箕”，特指簸去米糠等杂物的竹制器具，读bò，用竹篾、柳条或铁皮制成，三面有边沿，一面敞口，扬糠除秽、清理垃圾之用。因人的指纹酷似簸箕，故借“簸箕”之名命名之。

基（jī）（qī）

其+土　甲◎　金◎　篆◎

造字本义：用土将搁棋盘的几架的几脚垫平，引申泛指一切建筑物的根脚，如：基脚、基石。

引申作动词，表示“奠定基础”“创建”，如：所以基社稷而固邦统，古之制也。（唐·韩愈《顺宗实录二》）

大凡所有的建筑物要想稳固不倒，第一步必须打基脚。建筑物的基脚打得牢不牢，关系到建筑物会不会倒，“基”由此引申为“起头的”“根本的”“稳定的”，泛指事业的根本，如：地基、基本、基层、基础、基调、基数等。

亦常用作音译，如：基督。

由于古人垫“基”是为了履约进行周年会棋，“基”由此引申为“一周年”“一整月”或“一昼夜”，读 qī，如：基月有成。（《汉·成皋令任伯嗣碑》）

期（qī）（jī）

其＋月　金◎　篆◎

造字本义：每月约定相聚下一次棋，读 qī。引申为“约会”“约定”，如：不期而遇。

由此引申为“预定的时日”“选定的日子”“期限”，如：日期、期刊。

一旦约定达成，即非常期待与所约之人见面，“期”由此引申为“等候所约的人，泛指等待或盼望”，如：期待、期望。

由于从约定开始到履约，中间有一段时间，“期”由此引申为“一段时间”，如：学期、青春期。

由此进一步引申作量词，计量分期的事物，如：一年出十二期刊物。

在古代，隔得很远的人很难相聚，约定下棋的日子，乃难得的见面机会，“期”由此引申为“机运”“机会”，如：期运（气数、机运）。

约定的时间一到，守约之人如期会面，“期”由此引申为“会”“会合”，如：期战。

由于古人约定下棋的时间间隔为每月或每年，“期”由此引申为“一周年”“一整月”，读 jī，如：期年、期月。

人们希望把身体养好，一百岁的时候还能相约见面下棋，故《礼记·曲礼上》曰：“百年曰期颐。”“期颐”便成了百岁老人的代名词。

欺（qī）

其＋欠　篆◎

造字本义：一方违约，欠另外一方的棋，会意不守信用、骗人之意，即“诈骗”“蒙混”，如：欺瞒、欺骗。

这种行为对守信之人而言，感觉受了欺凌侮辱，“欺”由此引申为“用态度、动作、言语等对对方的身体、精神造成伤害的行为”，如：仗势欺人、欺负。

萁（qí）

艹（艸，从草，泛指草）+ 其　篆◎

造字本义：植物如下棋落子一般落完子后剩下的秸秆。东汉·班固《汉书·杨恽传》曰：“种 一顷豆，落而为萁。”显然，“萁”指的是豆子从豆荚里脱落以后留下的豆秸，如：萁秆、萁豆相煎（比喻骨肉自相残杀）。

引申泛指茎秆，如：物盛还衰，眼看春叶秋萁。（宋·辛弃疾《新荷叶》）

“萁”由此被人们理解为一年生植物，这就是为什么古书上将一种似荻而细的植物命名为“萁”的原因。

许多一年生植物刚萌发的时候为美味的野菜，故以“萁”命名之，如：则其土毛则摧牧荐草，芳茹甘荼，茈萁芸蓏。（南朝·宋·范晔《后汉书·列传·马融列传》）

淇（qí）

氵（水）+ 其　篆◎

造字本义：以“棋”命名的河流。

相传位于距今山西省陵川县城 17 公里的六泉乡西南的沮洳山，为殷商贵族箕子的封地，因箕子发明了围棋故名“棋子山”。发源于此山的河流因此被命名为“淇河”。淇河水含沙量小，水流清冽，水味甘甜，是一条产诗出歌的河流，我国第一部诗歌总集《诗经》中，采自淇水卫地一带的诗歌有近五十篇之多。

因淇河流经商朝后期陪都、周朝最大诸侯国卫国的首都朝歌，于元朝宪宗五年（公元 1255 年）在鹿台乡置州时命名为淇州。明朝洪武元年（公元 1368 年）改淇州为淇县。1954 年并入汤阴县。1962 年恢复建制。

骐（騏）（qí）

马（馬）+ 其　篆◎

造字本义：马棋。

◎ 小知识

象棋其实与象没有关系。象棋是在马棋的基础上发展而来的。

最初的马棋是一种动物棋，灵感来源于放牧。后来受战争的启发，马棋增加战车。人们将马、车雕刻成象形棋子，成为世界上最早的“象棋”。唐朝宝应年间，象棋有了将、车、马、卒等兵种。宋朝文人执政，象棋深受影响，增加士、相，名为辅佐将帅，实为节制。又因为发明了火药，再增一“炮”。然棋子一多，交会时容易出现混乱，故除车、马、炮三子外，其他所有涉及人的棋子分别用相近意义的字来对阵，如兵对卒、仕对士、相对象、帅对将，中国象棋的棋子从此走向统一。而马棋逐渐演变成了打马棋。打马棋的棋盘类似中国象棋，用掷骰子的方式来决定棋子的行动，规则和现在流行的飞行棋非常相似。宋代女词人李清照玩这种游戏的水平高超到难逢对手，她编写和创作了《打马图经》《打马赋》，使打马棋这种古代棋类游戏得以完整地保存下来，被称为“打马棋之母”。

古代下马棋者都希望棋盘上自己的马最厉害，这种最厉害的马当然是好马，“骐”由此引申泛指骏马，如：骐骥。

为体现好马如棋马一样的特征，故将青黑色有如棋盘格子纹的马称呼为“骐”，如：骐騮（身有青黑斑纹而黑鬣的马）。

《淮南子·墬形训》曰：“毛犊生应龙，应龙生建马，建马生麒麟，麒麟生庶兽，凡毛者生于庶兽。”因瑞兽麒麟为传说中的异兽建马所生，故又名骐麟。

棋（qí）

木＋其　甲◎　篆◎

造字本义：用来下棋的木，即木子棋为“棊”，石子棋为“碁”，现在统一写作“棋”，泛指双方按规则摆放或移动棋子比输赢的一种文娱用品，如：围棋、棋逢对手。

旗（qí）

㫃（战旗）＋其　金◎　篆◎

造字本义：棋中代表旗帜的棋子。只要将这枚“旗”子插进对方的大本营，即代表获胜。“旗”由此引申为“下棋胜利的标识”。

在古人看来，下棋激烈如战争，棋旗亦如战旗，“旗”由此引申泛指各种用布、纸、绸子或其他材料做成的多为方形的标识，如：旗帜、旗鼓相当、旗舰店、旗开得胜。

由此引申为“标志”，如：旗亭（酒楼，悬旗为酒招）、旗望（酒旗）。

满族以氏族或村寨为单位，以不同颜色的旗帜命名，称为旗制。其首领努尔哈赤于明万历四十三年（公元1615年）正式创立八旗，建立八旗制度，故满人又称旗人。

麒（qí）

鹿＋其　骨刻 ◎ 甲 ◎ 金 ◎ 篆 ◎

造字本义：（围）鹿棋。引申指围鹿棋上的棋子鹿。

◎ 小知识

在古老的阴山岩画中记录了一种古老的围鹿棋盘，蒙古语称“宝根·吉日格”。在中心纵线两端各有一座呈三角形的平顶“山”和呈菱形的尖顶“山”（蒙古语称乌拉），其内有十字线，也构成几个交叉点。对弈的两人各执2只“鹿”或24只“狗”。赛前先摆子，布局是把2只“鹿”摆在两侧的“山”口，把8只“狗”摆在棋盘内中央的8只点。行棋方法是：如果“鹿”在同一条路线的位置上从一边的位置跳过“狗”走到另一边的位置，就吃掉了被跳过的“狗”，将其从棋盘上取下来。在与“鹿”同一条线上两只“狗”挨着排列时，“鹿”不能吃“狗”。隔两只“狗”也不能吃。每走一次，“狗”可以加一棋子。执“狗”的人将剩下的16只“狗”，每步任选空余位置摆一子。然后移动棋盘上“狗”，努力使两“狗”相连，阻止“鹿”吃“狗”，同时设法围住“鹿”。“鹿”被“狗”圈住，执“鹿”者输棋；“狗”不能围住“鹿”，执“狗”者输棋。

人们在下棋的时候，都希望获胜。执鹿的人都幻想拥有一匹集狮头、鹿角、虎眼、麋身、龙鳞、牛尾于一体，一角带肉的神鹿，因其满身龙鳞，故名麟。“麒”与“麟”组合为“麒麟”，意即鹿棋中有狮头、鹿角、虎眼、麋身、龙鳞、牛尾的神兽。“麒”由此引申指麒麟，并造骨刻文“”将这种想象记录下来。因为鹿性情温和，麒麟能保佑棋战中鹿胜，捷报传来为祥，因此被视为祥瑞之兽，象征吉祥。后人附会，视麒麟为吉祥神宠，雄曰麒，雌曰麟，主太平、长寿，传说能活两千年。在中国传统民俗礼仪中，常被制成各种饰物和摆件用于佩戴和安置家中，祈福安佑。

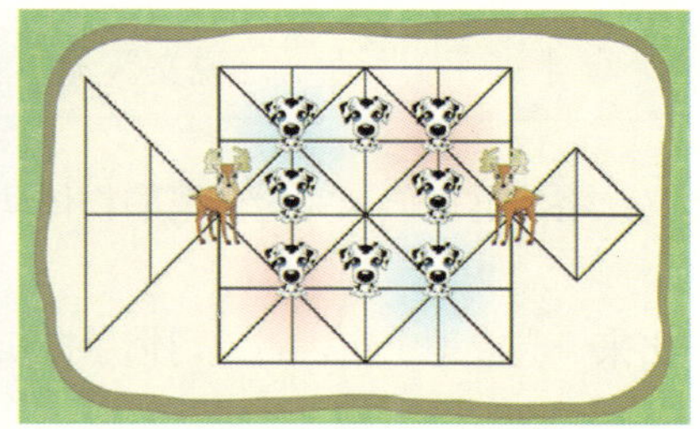

因麒麟为神兽，能力无穷，因此被喻为杰出人物，如：麒麟客（称有高尚道德的人）。

斯（sī）

其 + 斤（用工具劈、砍） 金 ◎ 篆 ◎

造字本义：取“其”之“其他”“那里”之意，会意劈（砍）向他（她、它）那里，引申泛指劈开，砍开，如：墓门有棘，斧以斯之。（《诗经·陈风·墓门》）

古时候从事劈柴工作的人为奴仆，“斯”由此引申为“干粗杂活的奴隶或仆役”“卑贱”，如：斯役。

在人们看来，离本人所在地有一定距离的地方称为那里，手持工具劈向那里，意味着工具必须离开身体，落在距离自己有一段距离的地方，“斯”由此引申为“距离”“离开”，如：华胥氏之国……不知斯齐国几千万里。（《列子·黄帝》）

刀斧离开本人身体，劈（砍）向其他地方，目标指向非常明确，即由这里劈（砍）向那里，“斯”由此引申作助词，表示结构相当于“之”“的”，如：秩秩斯干，幽幽南山。（《诗经·小雅·斯干》）

由此进一步引申用在倒装宾语和动词之间，以确指行为的对象，相当于“是”，如：笃公刘，于京斯依。（《诗经·大雅·公刘》）

引申用在形容词之后，表示目标正确，相当于“然”，如：王赫斯怒，爰整其旅。（《诗经·大雅》）

站在远处的人面对突如其来飞来的刀斧，吓得脸色苍白，“斯”由此引申为“苍白”，如：有兔斯首，炮之燔之。（《诗经·小雅·瓠叶》）

既然劈（砍）的目标指向远处，即“彼”，那么劈砍的工具持有者所处的位置必然与“彼”相对，即“此”，“斯”由此引申为“此”“如此”“这”“这个”，如：生于斯，长于斯。

撕（sī）

扌（手）+斯　《说文》无，今篆 ◎

造字本义：将经劈砍但未完全分离的物体动手使之完全分离，如：把纸撕成条儿、撕毁、撕扯。

布匹织出来一卷卷地上市，古人习惯手撕卖布，“撕”由此引申为零购布帛，如：撕八尺布。

嘶（sī）

口+斯　《说文》无，今篆 ◎

造字本义：取“斯”破开之意，会意人或动物扯起喉咙开口喊（鸣）叫至破嗓，发音失去正常圆润、清亮的音质，变得毛、沙、哑。泛指声音沙哑，如：声嘶力竭、嘶哑。

特指牲畜鸣叫，尤指马发出高而拖长的、典型的鸣叫声，如：人喊马嘶。

当人悲痛过度，大声哭喊至破嗓，让人感到非常凄楚，“嘶”由此引申为“发声凄楚哽噎、虫鸟声凄切幽咽”，如：嘶噎（凄切幽咽）。

嗓子嘶哑以后，发出的声音比平常小了许多，细若游丝，“嘶”由此引申为“细而尖的连续声”，如：嘶啦啦、嘶嘶。

厮（sī）

厂（山边岩石突出覆盖，可供人居住的天然岩屋）+斯　《说文》无，今篆 ◎ 

造字本义：在岩屋里劈柴做饭干粗杂活的地位低贱的人，泛指无身份或下贱的奴仆、服杂役者，如：这厮、那厮、厮仆。

引申为“役使”，如：厮征伯侨而役羡门兮，属岐伯使尚方。（西汉·司马迁《史记·司马相如列传》）

古时候杂役们相互住在一起，条件艰苦，“厮”由此引申为“相互”，如：厮打、厮混。

“厮”地位低贱，吃饭等与主人是分开的，“厮”由此引申为“分散”“分开”，如：厮留（前后分离，不相衔接）。

字根（二）：

亦（yì）

○ 甲　　○ 金　　○ 篆

造字本义：

人体左右两边上肢与肩膀连接处靠底部成窝状的部位，同时有汗液流出。

由于人体左右两边的腋下都分布有汗腺，左边流汗的同时，右边也流汗，“亦”由此引申作副词，单用或用作“亦……亦……”，表示类同或相似关系，相当于“也”“也是”，如：亦许、亦然。

也引申为“又”，连用在形容词、动词或名词前面，强调两种动作、行为、状态、事物彼此并列，用作“也……也……”“又……又……”，如：亦真亦假。

迹（jì）

辵（辶）+亦　《说文》无，今篆 ◎

造字本义：走路时双腋浸湿衣服留下的汗水印记，引申为“印子”“印痕”，如：痕迹、足迹。

由此进一步引申为“印痕”“遗留的标记、线索”，如：印迹。

祖先、前辈去世以后，虽然肉体消失了，但他们留下了许多遗产、遗物，这些都是他们过去生活留下的痕迹，“迹”由此引申为“前人遗留下的事物”，主要指建筑物或器物，如：古迹、事迹。

夜（yè）

亦+夕　金 ◎　篆 ◎

造字本义：从太阳落山、月亮升起时分（夕），至天亮后起床劳动腋下生汗的这段时间，泛指从天黑到天亮的这段时间，跟“日”或“昼”相对，如：夜晚、夜长梦多。

掖（yè）（yē）

扌（手）+ 夜　篆 ◎

造字本义：上肢（手）终日不见阳光的部位。人体上肢与肩膀连接处靠底下成窝状的部分，不举，则终日不见阳光，故“掖”实指“腋下”，即胳肢窝，读 yè，引申为腋状的东西，如：宫殿正门两旁小门称“掖门”。

也引申为“手插入腋下”“插入”“塞进”，读 yē，如：把纸条从门缝里掖进去。

显然，人将手插入自己或别人腋下，目的各不相同：

插入自己腋下，多为藏匿手持之物，“掖”由此引申为“藏”，如：藏掖。

插入人家腋下，多为人家行动不便，以手插其腋，是为了帮扶一把，“掖”由此引申为“用手扶着别人的胳膊”，如：掖进（扶持推进）。

由此进一步引申为“扶助”“提携”，如：奖掖。

腋（yè）

月（肉，泛指人体）+ 掖（省“扌”）《说文》无　今篆 ◎

造字本义：人体上肢（手）终日不见阳光的部位，即胳肢窝，如：腋毛、腋臭。

引申指禽兽翅膀或前腿内侧和胸部相连的部分。

由此进一步引申为“腋状物”，如：腋芽（指生于叶腋内即植物叶与茎之间的侧生芽）。

液（yè）

氵（水）+ 夜　篆 ◎ 

造字本义：从天黑到天亮这段时间分泌的似水一样的物质，指露水、口水、汗液等由大自然及人类在夜间生成的各种似水一样的物质。引申泛指在动物或植物体内的非固态物质，如：泪液、胃液。

由此进一步引申泛指除水以外的如水一样的物质，即“汁”“流质”，如：唾液、溶液。

由此又进一步引申泛指所有有一定体积而没有固定形状、可以流动的物质，如：液体、液态。

在日常生活中，人们经常感知的物质由固态转化成液体的现象为冰融化成水，“液”由此引申为“冰冻融解”“溶化”，如：液液（融解的样子、津润的样子）。

弈（yi）

亦+廾（抬举双手）　篆◎

造字本义：两只手抬举，人体左右腋下同时有汗液流出。描绘的是两人下棋，一人拿着一枚棋子，抬举执棋之手，由于争斗激烈，腋下紧张生汗的场景，会“下棋”之意。如：对弈、博弈。

由于古代中国发明了围棋，围棋最为普及，故以“弈”命名围棋，泛指棋，如：弈局、弈谱（棋谱）。

奕（yi）

亦+大　篆◎

造字本义：两个成年人（大）对弈，一个人将另外一个人击败，败者腋下有汗流出非常狼狈，胜者站立为“大”，尽情欢呼，描绘的是两个人下棋，一个人打败另一个人时的情形，会意胜者精神焕发、十分高兴的样子，如：神采奕奕。

获胜者瞬间显得形象高大，“奕”由此引申为“大”“高大”“盛大”，如：奕奕梁山。（《诗经・大雅・韩奕》）

引申为“美的”，如：万舞有奕。（《诗经・商颂・那》）

古时候，胜利者的荣耀是可以世世代代继承的，人们也希望将胜利代代相传，“奕”由此引申为“累”“重”“世”“时代”，如：奕世簪缨（子孙世代都为显宦贵族）。

二、知识疯狂补

汉字一度成为算命的工具

在《电的利弊》一文中，鲁迅曾写下这样一段著名的句子：“外国用火药制造子弹御敌，中国却用它做爆竹敬神；外国用罗盘针航海，中国却用它看风水。”汉字也一样，与这些中国古代的伟大发明命运相似，一度成为算命先生算命的工具。至今人们最津津乐道的当属明朝崇祯皇帝朱由检测字的故事。

话说当年李自成围困北京，崇祯心急如焚，化装成仆人出宫打探。行至“有友酒家”隔壁，遇一卦摊，想测命运。算命先生让他报上一字，他随口说：“就测招牌中间的那个‘友’字吧。”算命先生大惊失色，道：“不好，反出头了。”崇祯心里一惊，急忙改口：“我让你测的是‘有’字。”算命先生说：“更坏了，大明江山已去一半。”崇祯越发慌乱，改口道：“不，不，我说的是‘酉’字。”算命先生大惊，曰：“尊去头脚为酉。至尊乃皇帝也，帝失头脚，命不保也！”崇祯知大势已去，行至煤山（景山），吊死在了歪脖槐树之上。

算命先生为什么会用测字的方法来给人预测生死呢？追根溯源，与汉字的出生有关。汉字生于甲骨，甲骨用于占卜，甲骨文自出生就被蒙上了一层神秘的色彩，被赋予了某种神秘的力量，人们相信汉字蕴含着命运的枢机，预示着神鬼的意志。为此人们解拆字形，以预测吉凶和决定宜忌趋避，由此发明了测字之术。

测字真能预测吉凶吗？答案显然是否定的。算命先生编造崇祯皇帝测字等诸多故事，目的是为了蛊惑人们相信其魔力，从而招揽生意。好比甲骨的纹路本身并不能预测天气，巫师为了显示其神通广大，凭借将观测日影预测的结果附体于甲骨，让人们深信神授甲骨的魔力是同样的道理。从给大家测字的先生皆为盲人、耳聋者不难发现其中的奥妙，因其身残，无以为生，只能靠算命哄人讨个生活。这些测字先生为了打消人们的疑虑，竟然发明了一套理论，说什么测字预测泄露天机，天地不容，自测一次都需算命的人付出相应的代价来弥补对自然法则的违背，古人云“善易者不卜”，这就是为什么测字算命的多为盲人、耳聋者的原因。意思是说不是自己预测不到，而是不敢预测，因为测了会遭报应。

第二十三课 聿：一画可开天

笔墨纸砚为中国古代的文房四宝。笔虽排在首位，但远不如被列为四大发明之一的造纸术受人关注。

其实，笔的历史比纸更为久远。甲骨文“”象形手握去掉枝叶仅存根部（）的小树（）在地上比画。金文（）添一点（—），强调书写的部位为小树最坚硬的主根。篆文为“”，楷书为“聿”。显然，古人最初是用树根当笔在地上画一些符号来记事。

如：在地上画个太阳（）表示白天，即甲骨文“”，金文为“”。篆文添加边界（）为“”，东晋草书（）楷化为“昼”，会意日、夜的分界。遥想当年，天地混沌不分，伏羲挥笔一画开天；甲骨文时代，古人一笔画日，从此日夜分明。

又如，手持树棍给人指路（），怕人家不明白，将周围的标志性参照物画出来为甲骨文“”，金文添加周（），表义所画的为周围的风景或人物（+省“口”=）。篆文为“”，楷书简化为“画”，引申为绘图、画画等。

再如，当人们迷路的时候，熟悉路况的人随手（）拔起路边的小树，用坚硬的根部（）在地上画出行（）走的路线，指示迷路者必须按照规定的线路走，否则就会误入歧途。这个过程即甲骨文“”，引申为遵循、约束。金文为“”，篆文为“”。楷书为“律”。统治者将那些需要强制大家共同遵守执行的内容用文字有条有理地用笔写出来，即法律、法规。

真正意义上的笔其实发明很晚。我们一直以为“文”即最早画在人身上吓唬猛兽的文身，其实不然。甲骨文的“”象形两根线交叉（）编成绳子结绳记事形成的纹路（）。金文“”在胸部画了一颗“心”（），会意人将心里所想用图案或符号表达出来，楷书为“文”。后来，成年人（）以刀（）为笔，将这些文刻（）在龟甲或动物的骨头上，造篆文“”，会意用刀雕刻。其所刻图文即契文，又名甲骨文。由于甲骨多为白色，刻出的文颜色太浅，看上去字迹模糊不清。人们将黏附在烟囱（）上经炎炎（）烟火熏烤形成的黑色油烟土（）垢剥下来，蘸在削尖的竹木之上涂描笔画，使甲骨文看上去更为清晰。后经不断改进，即“”，楷书为“墨”。

青铜器时代，墨的使用并不普遍。人们习惯在金属上铸文，并将这种在钟、鼎上铸有铸造者姓名、时间和铸造过程的文字称为钟鼎文。因钟、鼎为金属，故又名金文。在金属上铸字非常困难，迫使人们改进刀笔以提高效率。受猪蹄的启发，人们发明了形似猪蹄指甲的棱角刀，并造篆文“ ”（刻），会意外形酷似躺在地上（ ）给成排小猪（ ）喂奶的母猪猪蹄的刀（ ），即刻刀。因刻刀可刻出精美的文字或图案，“刻”由此引申为雕刻。

古代象牙雕刻刀

周朝周宣王的一个太史嫌在青铜器上刻字麻烦，动手（ ）将字写在竹（ ）片上予以保留（ ）为“ ”。太史因此名“籀”，其发明的文字亦因此称为籀文。因籀文适合刻于石鼓，得名石鼓文。石鼓文流行的时候还没有毛笔，人们将竹（ ）棍削成公猪（ ）的尖嘴（ ）形状，蘸墨在竹简上写字，籀文亦因此名“ ”，楷书为“篆”。秦始皇令丞相李斯统一六国文字，李斯将籀文简化，称籀文为大篆，称改造后的文字为小篆。因小篆笔画纤细，横平竖直，圆起圆收，对书写工具提出了更高的要求，人们受牛尾的启发，将动物的毛绑在竹管之上，“聿”（ ）上加“竹”（ ），命名为“ ”，楷书为“筆”。因其书写的部位为毛，南北朝时期人们将其简化为“笔”，会意用毛和竹（ ）制成的管状书写工具。

史载公元前 223 年，秦国大将蒙恬将笔杆的一头镂空为腔，腔内塞毛，毛外设套，对传统毛笔做了很大的改进。为纪念他，人们将这种新式毛笔命名为“蒙笔”。这就是为什么古时候人们将小孩子进私塾开始提笔写字称为开蒙、发蒙或启蒙，将其所学的教材称之为“蒙学”的原因。

一、汉字疯狂 +

字根：

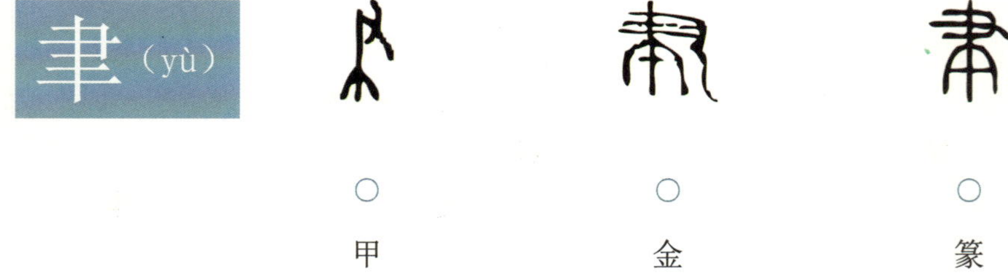

造字本义：

手握去掉枝叶的树干，用小树最坚硬的主根拄在地上画指路的记号。

原始社会时期，人们没有笔，经常借助于去掉枝叶的树干，用小树最坚硬的主根拄在地上画记号，“聿”由此引申为最原始的笔。如：舌聿。

但此时的“聿”还不是严格意义上的笔，只是随手在地上做个记号而已，并未记录。当人们不画记号的时候，多将其作拐杖使用，使人行走起来非常轻快，“聿”由此引申为“轻快”，如：聿皇（轻快的样子）。

由此引申作古汉语助词，用在句首或句中，使语气变得轻快，如：无念尔祖，聿修厥德。（《诗经·大雅·文王》）

笔（筆）（bǐ）

⺮（竹）+毛（聿）　篆 ◎　《六书通》◎

造字本义：手握竹制工具书写记事。引申指用毛和竹制成的管状书写工具，即毛笔。泛指各种写字、画图的工具。

至南北朝时期，由于“筆”字书写繁复，又因其制作的材料为竹（）和动物的毛（），故新造“笔”字替代“筆”，楷化为“笔”。但在历代文人笔下很少用这个字，直到 1956 年，中国大陆地区才正式决定以“笔”代“筆”，泛指所有的书写、画图工具，如：毛笔、钢笔、粉笔、圆珠笔。

用笔写字，必须得一笔一画，“笔”由此引申指组成汉字的点、横、直、撇、捺等，如：笔画、笔顺。

人们用笔写字，初为记事，后多作文，“笔”由此引申为“用笔写”“记载”“记录”，如：代笔、笔者、笔记、笔试。

由此引申为“笔下的作品”，特指“散文”，如：随笔。

每个人的文化基础不一样，用笔画出来的画、写出来的字或文章技巧、特色、水平等都不一样，“笔”由此引申为写字、画画、作文的技巧、格调或特色，如：文笔、笔锋。

因毛笔的笔杆很直，“笔”由此引申为“像笔一样直”，如：笔直、笔挺。

因笔本身可以计量，字的笔画以及笔下的作品也可以计量，“笔”由此引申作量词，计量款项或跟款项有关的，如：一笔钱、三笔账。

或用于书画艺术的计量，如：一笔好字。

聿+周（根据甲骨文“囲”楷化为“画”）　甲◎　金◎　篆◎

造字本义：手持树棍给人指路，怕人家不明白，将周围的标志性参照物画出来，即手持树棍给人画路线，引申泛指用笔或类似于笔的东西做出线条或标记，如：画线、画押。

由此引申为“划分”“划分界线”，如：画地为牢、画界。

由于汉字源于象形的图纹，“画”由此引申为“书写文字”，特指写出带有标记性的文字，如：画拉（写）。

由于一笔写不成文字，得一笔一笔地写，写出的文字象形如画，而画也是一笔一笔构成的，故汉字的一笔叫一画（汉字的一横叫一画），“画”由此引申为“一个不中断、不停顿的挥笔动作”，如：笔画。

由于汉字的书法第一笔从横笔开始，“画”由此进一步引申为“书法的横笔”，如：他姓王，三画王。

后来人们发现将风景和人物的图案画在一起很好看，于是便有了绘画，“画”由此引申为“用笔或类似于笔的东西绘出图形”，如：绘画、画蛇添足。

由此进一步引申为“画成的作品或艺术品”，如：国画、画卷。

由于画的主要功能为装饰，“画”由此引申为“用画装饰的，或以图案等装饰的”，如：画屏、雕梁画栋。

对于失去语言功能或不识字，或虽识字但语意表达不明确的人而言，想完整表达内心的想法，只能借用手势模拟动作来帮助说话，其动作酷似画画，“画”由此引申为“用手势示意，辅助说话”，如：比画、指手画脚。

建（jiàn）

廴（yǐn、yìn，左“阝”+“乀”，从土山山坡延伸至山脚，又继续向前延伸的道路）+聿　金◎　篆◎

造字本义：在土山山坡通往伸向前方路程的地方竖立画有路线标志的指示牌，泛指“竖立”“竖起”，如：建旗、建标。

引申为“设立”“设置”“成立”，如：建立、建树、建国、建设。

由此进一步引申为“制定”“订立”，如：整章建制。

路口设路标，是因为许多人到了这里因岔道而迷失方向，在多人的提议下才设置，“建”由此引申为“提出”“倡议”，如：建议、建言。

路标不仅需要合理设计、人工制造，而且还要筑牢，使之风吹不倒，“建”由此引申为“造”“筑”，如：修建、建筑。

由于路牌经常被风吹倒，“建”由此引申为“覆”“倾倒”，如：高屋建瓴。

◎小知识

东汉时期，汉朝在今福建建瓯市境内置县，以东汉末年汉献帝的第五个年号建安为名，称建安县。唐朝时期，在今福建设立福建节度使，管辖福州、建安州、泉州、洋州、汀州等5个州，取福州和建安州这两个地名的头一个字得名“福建”。中华人民共和国成立后，福建省人民政府驻福州市。

犍（jiān）（qián）

牛＋建　篆◎

造字本义：取“建”之“指路路标”意，会意按照人指定路线行走的牛，会意温顺、听话的牛，取“虔”近音读qián。

公元前135年，汉武帝在云贵川一带开西南夷，置犍为郡。因当地属“蛮夷”，武帝希望他们像牛一样顺服，于是取温顺的牛“犍”和驯服的象“為”（为）组合为“犍（qián）为”作为郡名，乃希望当地的百姓心悦诚服地归顺汉朝。

在民间，自古有阉牛的习俗。人们为了使公牛失去野性，驯服听话，会在其长至一岁左右时，骟去其睾丸。失去了睾丸的牛不再有生育能力，故从此不再发情，从而变得非常温顺，“犍”由此引申为“阉过的公牛”。为了不激怒“犍为”地区的“蛮夷”，读jiān，如：犍牛。

由此进一步引申为“阉割”，如：犍猪。

楗（jiàn）

木＋建　篆◎

造字本义：取“建”之“竖，竖立”意，会意竖插的木柱（桩、棒）。

引申指竖插在门闩上的木栓，横的叫“关”，竖的叫“楗”，如：楗闭（锁。其牡为楗，其牝为门）。

人的股骨如竖插在人体内的两根木桩，支撑人体的躯干竖起直立，故名“楗骨”，又名“髀骨”，俗称“大腿骨”。

古时候洪水经常泛滥，人们将木桩一根根竖插于河堤决口处，然后将沙袋、草、石沉入密密麻麻成排的木桩处，借助木桩的阻力堵塞河堤决口，直至合拢，“楗”由此引申指堵塞河堤决口所插的柱桩，泛指堵塞河堤决口所用的竹木土石等材料，如：楗柱（河工用的柱桩）。

由此进一步引申为“遏制”“堵塞”，如：楗柅（遏止，堵塞）。

毽（jiàn）

毛＋建　《说文》无，今篆 ◎ 

造字本义：取“建”之“竖、竖立”意，会意始终使毛处于竖立状态的游戏工具，即用鸡毛（或类似于鸡毛的东西）插在圆形的底座上制成的用脚踢的游戏器具。由于这种游戏器具底座的重量比羽毛重，故不管其被脚踢好高，毽子落下时鸡毛总是处于竖立状态，故名毽子。

起源于汉代，盛行于南北朝和隋唐，由古代足球“蹴鞠”游戏发展而来的毽子，又称毽球，古称“抛足戏具”。古代文人称其为“燕子”，并有诗句“踢碎香风抛玉燕”的描述。

键（鍵）（jiàn）

金（钅）＋建　篆 ◎

造字本义：取“建”之“竖，竖立”意，会意竖插的金属条（柱）。

引申指插在门上关锁门户的金属棍子，泛指竖着插的门闩。“关键”本为门闩或关闭门户的横木，如果没有这根横木，门就无法关紧，由此比喻事物最关紧要的部分，或对情况起决定作用的因素，如：关键时刻。

因琴键、机器的某些机器零件（如开关等电子启闭原件）等总是处于弹起（竖立）状态，摁下去才能发声或启动，“键”由此引申指琴或机器上使用时用手按动的部分，如：琴键、键盘。

古时候的鼎特别重，必须将木杠横插贯通两耳，由两人或多人抬举才能竖起抬升，由于古人以“关键”比喻事物最关紧要的部分，或对情况起决定作用的因素，于是人们将这种使鼎竖起抬升起关键作用的横杠称之为“键”。

由此化学领域将表示纯净物分子内或晶体内相邻两个，或多个原子（或离子）间强烈的相互作用力（用短横线连接表示）的原子价的关键符号，称之为化学键，简称为“键”，如：共价键。

健（jiàn）

亻（人）+ 建　篆◎

造字本义：从事建筑工作的人。这些人都是强壮有力的人，会意强壮有力、勇猛，如：健壮、健康。

由此引申为“使强壮有力”“使精力充沛”，如：强身健体、健胃、健脾。

由于古代科技不发达，是一个主要靠劳力吃饭的年代，在人们看来，身体强壮的人，其能力超过一般，“健”由此引申为“在某一方面显示的程度超过一般”“善于”“擅长”“有才能”，如：健谈、健忘。

腱（jiàn）

月（肉，泛指人体）+ 健（省“亻”）　篆◎ 

造字本义：身体内能显示人勇猛强壮的部位。在古人看来，筋骨粗的人一定强壮威猛，由此以“腱”命名连接肌肉和骨骼的由结缔组织所形成的纤维束或纤维膜，即“筋”，如：肌腱。

𦘔（𦨈）（jīn）

聿 + 阜（彐，+ 倒“阜”）　甲◎　金◎　篆◎

造字本义：甲骨文“”象形人双手将船篙直立，插入河底，将船靠岸，楷书为“𦨈”。

“聿”“彐”（倒“阜”，伸入水下的土山河坡）为“𦘔”，其造字本义为手持裁去枝叶的棍，用树根在水里像画路线图一样划，慢慢地向土山延伸至水底的河坡靠停。显然甲骨文“”省“舟”（），线条化、文字化、楷书为“𦘔”，为“津”的本字。现“𦨈”“𦘔”合并为“津”，“𦘔”已不单独使用，只作偏旁。

津（津）（jīn）

氵（水）+聿+阝（倒“阜”，土山延伸至水下的河坡） 甲◎ 篆◎

造字本义：用船篙在水里像画路线图一样划，靠停在土山延伸至水底的河坡，会意“渡口”，即乘船过河或湖、海的地方，引申为“渡，乘船过河或湖、海”，如：南津港、津渡。

引申指水陆要隘，如：津隘。

人的肠道酷似河道，口腔里的牙齿酷似码头，舌头如船，将食物通过口腔输送到体内，口腔里的口水好似码头下面的水，“津”由此引申为“口水”，如：望梅生津。

口里的津液主要起滋润作用，“津”由此引申为“润泽”“滋润”“补充（水分）”，如：津润、津湿。

由此进一步引申为“补贴”，即工资以外的额外所得或赏金、小费，如：津贴。

由于口水为体内分泌的体液，“津”由此引申泛指一切体液及其代谢产物，为机体一切正常水液的总称，包括各脏腑形体官窍的内在液体及其正常的分泌物，如：津液。

体液分泌时好似充盈溢出，“津”由此引申为“溢”“充盈”，多叠用，如：津津有味。

◎ 小知识

明朝开国皇帝朱元璋的第四个儿子、驻守北平的燕王朱棣篡位，于公元1399年率军南下，从天津三岔口渡河袭取沧州，三年后攻陷明朝首都南京，登上天子宝座。朱棣认为天津三岔河口是块风水宝地，赐名“天津”，意为“天子渡津之地”，天津由此得名。后来，朱棣将明朝的首都从南京迁到了北京，于明永乐二年（公元1404年）天津设卫，驻军1.6万多人，保卫北京，天津从此又名天津卫。设卫就要筑城，天津由此成了一座繁华的城市，“津”因此成了天津市的简称。

律（lǜ）

彳+聿 甲◎ 金◎ 篆◎

造字本义：在岔路口手持树棍在地上给人描绘行进的路线。迷路的人只能按照指路的人给他规定的路线走，否则就会走错路，“律”由此引申为“法则”“规章”“法律”“法令”，如：纪律、法律。

由此进一步引申为“约束”，如：律己律人。

亦由此引申为“佛教的戒律”，如：律藏。

音乐有音乐的规则，声音按照高低错落有致有节奏地排列，就会非常动听，“律”由此引申为“动听的音乐”，如：旋律。

古代诗词讲究音乐美，“律”由此引申为旧诗的一种体裁，如：律诗、格律。

聿＋者（，用棍将火堆拨旺，吸引周围的人围到这里来议事、祭祀或下棋）

甲 ◎ 金 ◎ 篆 ◎

居延汉简 ◎

造字本义：将部落首领或帝王等议事、祭祀时候说的话记录下来，留存，会意“写”“记录”，引申为“写字”“写的字”，简化为“書”。元代时根据居延汉简“”的草书字形简化为“书”，如：书写、书抄。

引申为“说明的文字”“圣旨”“奏章”“文件”，如：诏书、证书、挑战书、白皮书。

这些写下来的字，有不同的形体，“书”由此引申为“同一种文字的书法的不同形体”“毛笔写字的方法及艺术”“写字艺术的派别”，如：楷书、草书。

把自己心里的感受写下来，即文章，“书”由此引申为“写文章”，如：大书特书。

把文章聚集汇编成册，即著作，“书”由此引申泛指成本的、装订成册的著作，如：书籍、书稿。

古时写文章的毕竟是少数人，多数人习惯用写信的方式异地交流信息，“书”由此引申为“信”“函”，如：家书、书信。

古时候许多人是文盲，不识字，都不懂书，有人抓住这一特点，用口头的方式将书里面的故事讲给不识字的人听，“书”由此引申发展成为一种说唱艺术，如：说书、评书。

中国第一部以记言为主的古典文集和历史文献，记录了自尧舜到夏商周跨越两千余年的历史事迹，故名《书》，后更名为《尚书》，“尚”即“上”，即上古的书，被列为儒家经典之一，亦称《书经》，简称为《书》。

肇（肁）(zhào)

户＋聿　甲◎　金◎　篆◎

造字本义：“肁”从甲骨文、金文到篆文，完整记录了历史上发生过的一次惊心动魄的著名事件。

夏朝开国君王禹年老的时候，本来要按照禅让制传位给皋陶，但皋陶早亡，就决定传给辅佐帝舜的十大名臣大业之子伯益。禹的第二个儿子启不服，决定废除禅让制，便发动兵变杀了伯益。篡位之后，启立即举行盟会，希望得到各部落的拥护，竟遭到了强大的有扈氏部落首领的坚决反对。

有扈氏部落的特点是，其住房一律为单扇门，甲骨文写作“”，金文为“”，篆文为“”，楷书为“户”，这些人聚居为邑（村落），因此得名“有扈”，其首领以“扈”为氏，故名“有扈氏”。有扈氏觊觎联盟最高权位已久，他借口不能打破尧、舜、禹等先帝们定下的禅让制，坚决反对世袭制。启为了说服他，先礼后兵，推门（）而入，劝说归顺，未果，便决定持戈（）出兵武力讨伐。甲骨文“”记载了这个过程。篆文为“”，楷书为“戺”。金文“”将兵器“戈”改为会意手持器械击打的“攴”（），会意武力攻击有扈氏（）。楷书为“攺”。

为了取得其他盟友的支持，启于战前发表了著名的战斗檄文《尚书·甘誓》，口诛笔（）伐房屋以单扇门（）为标志的部落首领有扈氏，篆文为“”，楷书为“肁”。而后，启率兵与有扈氏的部落在“甘”发生激战，大获全胜，启成了中国历史上由“禅让制”变为“世袭制”的第一人。由于甲骨文出现之前没有文字，历史上的事情只能口口相传，连那些著名的人物叫什么名字都不知道。后来记事的人只能根据他们的事迹给他们取个名字。如“启”，就与他讨伐有扈氏的历史事件息息相关：“启”先礼后兵，推（）门（）而入写作“”，金文为“”。篆文将“又”（）改为“口”（）写作“”，楷书为“启”。然而，有扈氏不从，不得不兵戈（）相见，武力讨伐（金文）。有的金文改“”为“”写作“”，篆文为“”，楷书为“啟”。因为启推门劝说有扈氏未果，便发表战斗檄文，武力讨伐，开创了中国古代的世袭制，因此人们用“启”“啟”引申为“开门”“陈述”“开导”“开始”，这就是为什么人们将讨伐有扈氏的部落首领称之为“启”“啟”的原因。人们一直不知道为什么“启”“啟”通用，故一顿乱用，直到公元 1956 年才统一为“启”。

这样一来，“肇”的造字本义就迎刃而解了，其造字本义为口诛笔伐以单扇门为标志的部落之后，进行武力攻击。因“肁”“肇”二字表意一致，遂合并为“肇”，由此引申为“攻击”。武力征伐的结果，是启打败了有扈氏部落，推翻了禅让制，开创了世袭制，创建了真正意义上的国家夏国，“肇”由此引申为“创建”，如：肇国（创建国家）。

由此亦引申作副词，表示“开始”“最初”，如：肇造、肇创。

启认为，讨伐有扈氏是为了纠正他的“错误”观点，“肇”由此引申为“矫正”，如：端木肇末（《国语·齐语》）。

由于意见不合，引发战争，“肇”由此引申为“引起”“引发”“招惹”，如：肇衅（挑起事端）、肇乱（引起动乱）。

昼（晝）(zhòu) 聿+日 甲◎ 金◎ 篆◎ 米芾草书◎

造字本义：画太阳，会意画个太阳表示白天，草书楷化为“昼”，指从天亮到天黑的一段时间，与“夜”相对，如：白昼、昼夜。

因为白天的典型特征是明亮，而一天之中中午最明亮，“昼”由此引申“中午”“正午”，如：昼饭（昼食；午饭）、昼时（中午时分）。

二、知识疯狂补

女书，世界唯一的女性文字

女书，被公认为世界上唯一具有性别的文字，流传于今湖南江永一带。当地人称汉字为男字，将这种女人专用的文字称为女字。女字靠母亲私底下传授给女儿，并由此代代相传。如今已经收集到的女字近 2000 个，去掉异体字和错别字，实际使用的只有大约 600 个，全部记录的是当地“土话”（方言）。

关于女书的起源，众说纷纭，当地传说乃王母娘娘的幺女瑶姬（又名幺姬）所创；一说为当地奇女子盘巧所为。学术界有人以女书中存在与壮、瑶等民族织锦上的编织符号类同的字符为据，认为女字的构成源于百越记事符号；有人根据女书中大量与出土刻画符号、彩陶图案相类似的字符，认为其起源于新石器时代仰韶文化；有人依据女书文字与原始古夷文的基本笔画、造字法类同，认为它是舜帝时代的官方文字；更有人认为其起源于史前陶文，定义其为目前世界上最古老的文字。

女书的存在，主要是由于中国过去的旧思想使女性不可以读书识字，即她们所谓的“男书”，所以当地的女性发明了女书，作为姊妹妯娌之间交流的通信方式。而一般男子会把女书当成是普通的花纹而不屑一顾。

旧时当地不少才情女子将这种男人不识的女书用来通信、记事、结交姊妹、新娘回门贺三朝等，互通心迹，诉说衷肠，将其刺绣、刻画、戳印、书写于纸扇、巾帕、女红。

女书作品文体多为七字韵文，绝大部分为歌体，其载体分纸、书、扇、巾四大类，字体秀丽娟细，造型奇特，古意盎然，有点、竖、斜、弧四种笔画，书写呈长菱形，十分讲究形式美。

第二十四课 书：果然藏有粟

宋代诗人赵恒在《劝学诗》中写道：“富家不用买良田，书中自有千钟粟。”这书，指的是书籍。

然而，书的本义却并非书籍。其甲骨文（）象形一个人手握（）砍去枝叶的小树（），用树根把想说（）的话在地上表达出来，即写。当年造这个字的时候，人们并未打算要将这些写下的内容记录下来，但时间一长，当时写的什么内容便忘记了。然而，手握刑刀（）掌握生杀大权的统治者开口（）说的话是万万忘不得的，他们的话即“”，篆文为“”，楷书为“言”。一言九鼎，忘了是会杀头的。于是人们专门造了金文“”，提醒大家时刻记得将帝王或主人的言论（）刻画留痕（）保存下来，篆文为“”，楷书为“记”。记什么呢？记“”。

表面上看来，这火（）上架堆木（）材火星直冒（）的景象似乎与记录毫不相干，看了金文（）才恍然大悟，人们不过是想用棍（）子将篝火（）撩拨得更旺，以吸引大家到这里来开口（）议事，便借“者”来表示发生在这里的人或事，相当于“这”。篆文（）改“口”为“白”（）突出“说”，楷书为“者”，简化为“者”。

显然，古人要记录的是发生在这里（者）的言论。于是在甲骨文“”的基础上加“”（者）造了金文“”。那时候纸和毛笔还没有发明，人们便想了个办法，用刀将这些内容刻在龟甲或动物的骨头上，又造一款金文“”，添刀（）会意这种刀刻的甲骨书。篆文为“”，楷书为“書”，简化为“書”。元代时根据居延汉简“”的草书字形简化为“书”。

毕竟刀刻太费功夫。随着毛笔和墨的发明，人们开始尝试在树皮、树叶、兽皮、帛等材料上写字。但树皮、树叶易碎，帛太昂贵，兽皮不易获得，都不太适合，选来选去选了竹木。古人将竹（）子削成门（）缝里透过的月光（）那样细的竹片，抹平毛茬，加野花椒水煮防蛀，取出冷却后火上烘烤防腐。烘烤过程中，竹子颜色由青变黄，即杀青。杀青时，竹子不停地冒水，仿佛人在出汗。人们用它们来记史，故史籍别名汗青。是谓“人生自古谁无死，留取丹心照汗青”。

竹片杀青意味着书写材料制作工序的完成，所以人们经常用“杀青”来表示作品定稿或著作完成。如此之后，一支合格的竹简便诞生了，金文为“”，篆文为“”，楷书由月光改为日光写作“簡”，简化为“简”。因一片片的简上有字可供阅读，故又将这种可阅读的竹片称为“牍”（片 + 读省“言”）。

简牍的制作非常讲究。古人将简牍排好并用绳子编连在一起为“”，篆文为“”，楷书为“册”；像人（）伸出双手将册弯转（）裹成筒形为“”，篆文改为用“”（米）表示手弯曲收缩抓握（米粒一样的颗粒物），写作“”，楷书为“卷”。一篇文章往往需要花费数卷竹（）简，若展开，好似挂在门上的牌匾（），故称“”，楷书为“篇”。用丝绳（）把篇捆为一摞叫“”，金文为“”，楷书为“束”。

由于竹简使用频率高，绳子经常会断。人们发现，豕韦族人围着圈儿（）两脚相向（）不停移动脚步摔跤时，身上的牛皮带钩无论怎样拽都拽不断，于是在竹简右侧刻个三角形小口，取这种熟牛皮割成条状，将竹条一根根捆紧，并将这种牛皮绳命名为“”，楷书为“韋”，简化为“韦”。成语“韦编三绝”讲的就是孔子为读《周易》而多次翻断编联竹简的牛皮带子的故事，比喻读书特别勤奋。

解决了绳子问题，却解决不了重量问题，孩子们每天背着几捆竹子上学实在太累。东汉时期蔡伦开始琢磨用纸来代替竹简。早在原始部落时期，氏（）人在捣丝（）制衣的过程中发现，附在工具上的糊风干即成了纸。但并未引起足够的重视。直到殷商时期，人们加以利用，造金文并命名为“”，篆文为“”，楷书为“纸”。但此时的纸张非常粗糙。东汉的时候，有个小太监蔡伦和伙伴们到郊外玩。蔡伦望着水沟里破破烂烂的像棉絮一样薄薄的东西发呆。有个农夫牵着牛走过来，蔡伦问：“老人家，这些东西是怎么形成的呢？”农夫回答说：“把树皮、烂麻、破渔网呀用水泡，泡的时间长了不就这样了？”蔡伦得到了启发，将泡过的渔网、烂麻等捣成浆，然后用竹篾将黏糊糊的浆挑起来，干燥后揭下来就变成了纸，纸质书从此诞生。人们为了纪念蔡伦，就把用这种造纸工艺造出来的纸称为“蔡侯纸”。

一、汉字疯狂 +

字根：

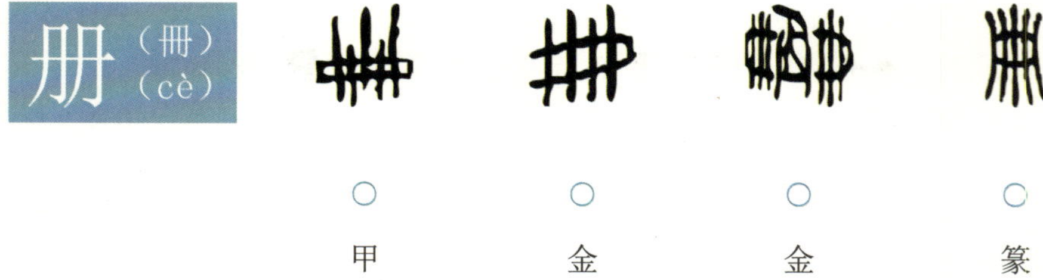

造字本义：

甲骨文“”会意将竹、木条（棍）串编在一起挡野兽、盗贼，即篱笆围子。金文一形“”象形将串编在一起的竹、木条卷（）起来成卷（juàn），楷书为“册”。金文二形“”会意卷成卷的竹、木简长了虫，惊蛰时分爬了出来（，辰），说明此时已经发明了竹、木简。篆文承接金文整齐化写作“”，楷书为“冊”，会意串编在一起用来写字记事，弯转裹之成卷的竹（木）简书。因简书的制作方法和外形酷似篱笆围子，且“冊”与“册”极为相似，比较而言，“册”容易书写，遂将二字合并，以“册”为正体。

古时之册，初指串编在一起未写字的空白竹、木简，相当于现在装订好的没写字的纸本子。人们在上面抄录或写文章，册即变成了书。“册”由此成了书和装潢好的纸本子的代名词，如：花名册、画册。

古时将册弯转裹成圆筒形称为“卷”。卷（juǎn）册成卷（juàn），一卷（juàn）一册。“册”由此进一步引申为计量书本的数量单位，如：《宪法》人手一册、这套书共印十万册。

书写纸未发明之前，皇帝颁布诏书也只能用成卷的竹、木简，“册”由此引申特指古代帝王祭祀天地神仙的文书或封爵的诏书，如：册文。

帝王“册”到，意味着封爵的命令已到，“册”由此引申为“封爵”，如：册封（皇帝封授皇贵妃、贵妃、亲王等的典礼）、册立（古代帝王封立太子、皇后）、册正（把妾扶为正室）。

扁（biǎn）（piān）　户+册(冊)　篆◎

造字本义：串编成册的登记每家每户情况的竹、木简，相当于现在的户籍册、花名册，读biǎn。

由于所需登记的内容很少，一户一简，简平而薄，“扁”由此引申为“物体平而薄”，泛指图形或字体上下的距离比左右的距离小，物体的厚度比长度、宽度小，如：扁豆、扁担。

正常情况下，人嘴是外凸呈弧形，当人们生气的时候，两个嘴角往两边拉拽，使嘴唇变得扁平，“扁”由此引申为“撇嘴”，特指人生气时嘴巴的表情，如：把嘴一扁。

人用正常的眼光近距离看直立的人，其高度远远大于宽度，故显得高大。如果从门缝里看，因门缝窄扁，从门缝里看到的人也窄而扁，与其本人对比，走了样，看上去显得非常渺小，“扁”由此引申为“看走了样”，含轻视鄙夷的意思，如：别把人看扁了。

由于古代的帆船靠风吹平而薄的帆为动力航行，风吹帆斜，远远看上去，帆是偏的，

“扁”由此引申为“偏”，读 piān，如：扁舟。

由于站在岸边看扁舟，舟非常小，“扁”由此引申为“小”，如：扁乘（小车）。

◎ 小知识

古时先生经常用竹简敲打不听话的学生，后改为扁而平、酷似登记户籍的竹简的戒尺作为“刑具”，“扁”由此引申为“（用戒尺）打”“惩戒，教训”，如：不听话，小心挨扁。

古时孩子淘气，父母、先生以戒尺、竹条、扫把、鸡毛掸子等作为惩罚的工具，使其尝尝皮肉之苦，改掉坏的毛病，对于成年人则用平常挑担的木棍或竹杠狠狠教训，于是人们将这种既可挑担，又可扁人的工具称之为扁担。

编（編）（biān）

糸（糹、纟，细丝，泛指丝、绳）+扁　甲 ◎　篆 ◎

造字本义：用绳将“扁”串编成册的行为和过程，引申泛指将细条状的东西交叉组织起来，如：编织、编制。

也引申指用来串联竹简的绳子，如：韦编三绝。

要想编好，必须得动脑筋想一想，“编”因此引申为“构思、创作、制造”，如：编歌、编剧。

构思好之后，还得精心选材，并对材料有序地组织、安排，故又引申泛指把分散的事物按照一定的条理组织起来或按照一定的顺序排列起来，如：整编、编组。

后来人们发现文章的写作与编织手法极为类似，“编”由此引申为“对文字信息组织、加工”，如：编辑、编写。

鳊（鯿）（biān）

鱼（魚）+扁　篆 ◎

造字本义：身体侧扁，嘴极小，头后背部急剧隆起，多条次第排列，好似藤、竹编织出的晒簟的图案。主要分布于中国长江中下游附属中型湖泊。1956 年，毛泽东写了一首名为《水调歌头·游泳》的词，其中有一句“才饮长沙水，又食武昌鱼”，于是人们将产于武汉梁子湖中的这种鳊鱼命名为“武昌鱼”。

蝙（biān）

虫+扁　篆◎

造字本义：一种像扁（匾）一样挂在门檐下或洞壁上的小型野兽。

◎ 小知识

蝙蝠之所以像匾一样倒挂在屋檐下，与其生理特点和生活习性密切相关。

蝙蝠似鼠，其翼乃进化过程中由前肢演化而来。除拇指外，前肢各指极度伸长，有一片飞膜从前臂、上臂向下与体侧相连直至下肢的踝部。蝙蝠的后肢非常弱小，既不能走路，也不能站立，起飞时需要有一点高低落差，依靠滑翔。蝙蝠白天大多用后肢像“匾”一样倒挂在屋檐下或洞穴石壁上睡觉，到晚上才活动四处觅食，就是为了防止一旦跌落，由于翼膜和身体都贴在地面上难以再飞起来，所以民间称这种唯一真正能够飞翔的兽类为“檐壁老鼠”。而匾恰恰是挂在屋檐之下的。一直以来，人们分辨不清蝙蝠究竟是属于鸟类还是兽类，它们有翅膀，却没有羽毛，也不生蛋，靠哺乳繁殖；说它们是兽类，却又会飞翔。其实古人在造字的时候对这个问题已经回答得非常清楚，以“虫”加“扁”，意思是“蝙”为虫，归于兽类。中国人视蝙蝠为福寿的象征，即源于“蝠兽”之谐音。所谓“蝠”，即来源于“福”。“畐”的甲骨文“”为祭祀用酒器，因蝙蝠以食蚊、蛾等有害昆虫为生，在人们看来其属益“虫”（兽），意思是说把这些有害昆虫消灭了才能产更多的粮食，有了多余的粮食，才有充足的原料酿酒，实为人类“福兽”，而且其形（蝠之金文为 ）确与“畐”似，故以“虫”“畐”为“蝠”予以命名之。显然，“蝙”和“蝠”组合为“蝙蝠”，会意像匾一样倒挂在门檐下或洞壁上的小型益兽。

匾（biǎn）

匚（边框）+扁　《说文》无，今篆◎ 

造字本义：一种如串编竹简一样编织而成的，家家户户经常用的，圆形底、边框很浅，用来养蚕、盛粮食的竹篾器具。

随着商业活动越来越频繁，人们在晒簟上写字当招牌招揽客人，“扁”于是成了招牌。秦始皇统一六国后，为表彰功臣，效仿招牌，在牌上题字旌表，命名为“扁”。后来人们觉得用加框的“匾”会意匾额之“扁”更为贴切，于是以“匾”取而代之，“匾”由此引申泛指挂在门或墙的上部题字的横牌，如：匾额。

◎小知识

“扁”之所以成“匾”，如“册”一样，皆源于生活。原始人居住的房屋一开始没有门，随便搬几块石头垒成一个围子作防护，后来想到了用藤条、皮绳串联起大量细小的柴棍、薄薄的竹片、木片等编成简易的围子，即篱笆墙。墙上开门为“扉”，即柴扉，俗称菜园门。人们将这种行为记录下来，造甲骨文“”，即“编”，会意用藤、绳将大量细小的柴棍、薄薄的竹片、木片串联起来，做成篱笆墙、柴扉的行为。结果人们从中得到启示，官方发明了记事的“册”（，即竹简、木简），民间则将竹、木片串编成册作为垫在门户下摊晒粮食等物的晒簟。后晒簟添加边框，扁上加框（匚）为“匾”，发展成为一种圆形底、边框很浅，用来养蚕、盛粮食的竹篾器具。后商业活动越来越频繁，为了招揽客人，人们在晒簟上写字，标注经营的内容，挂于店（户）前，如卖酒的写个“酒”字，卖茶的写个“茶”字，“扁”于是成了招牌。秦始皇统一六国后，为表彰有功之臣，署书（字体，即榜书）御题匾额，悬挂于有功之臣的屋檐之下、门户之上以光耀门庭。因悬挂于户的匾木酷似登记户籍的册之木简，于是以“扁”命名之，并将在匾上题字称之为“题署”。东汉以后至南北朝时期，人们习惯以“扁”会意物体平而薄，觉得用加框的“匾”会意匾额之“扁”更为贴切，于是以“匾”取而代之，“扁”从此很少作“匾”。

遍（徧）（biàn）

彳（辵，辶）+扁　篆◎

造字本义：走家串户登记户籍，串编成册。后为了突出“走”，以“辵”（辶）替“彳”写作“遍”。

登记户籍，每家每户都要走到，“遍”由此引申为“全面”“到处”“全部”，如：我们的朋友遍天下、漫山遍野。

由此进一步引申作量词，表示一个动作从开始到结束的整个过程，如：从头到尾看一遍、问了三遍。

偏（piān）

人（亻）+扁（匾） 篆◎ 

造字本义：人住在挂匾的正厅旁边的屋内。

古代居室的房屋结构为，悬挂匾额的正厅（堂屋）用于供奉神祖，不可住人，居室位于正厅的两边，不在中间，“偏”由此引申为“歪”“不在中间”“倾斜”，如：太阳偏西、偏旁、偏僻。

也引申为“旁”“一方”，如：偏室、偏房。

在人们看来直线距离最短，越偏离直线，距离越远，“偏”由此引申为“远离中间”“边远”，如：偏远、偏邦。

如果人处理事情不站在中间的立场，就会有失公平，“偏”由此引申为“不公正”“不公平”，如：偏私、偏袒。

人一旦有了私心袒护一方，无论是看问题，还是处理问题，即不全面，又不正确，“偏”由此引申为“片面，侧重于某一方面或某一部分”“不全面”“不正确”，如：偏见、偏激。

由此得出的结论或后果往往出人意料，“偏”由此引申为“与愿望、预料或一般情况不同，甚至与意愿相反”，如：偏偏、偏巧。

由此进一步引申作副词，表示时间，相当于“正好”“恰巧”，如：正是扬帆时，偏逢江上客。（唐·皇甫冉《曾东游以诗寄之》）

有的人明知不对，还要固执己见，“偏”由此引申为“坚持”“强求”，如：不该她去，她偏要去。

由此进一步引申作副词，表示程度，相当于“很”“最”“特别”，如：偏肥。

由于帆船在江中被风吹得有些倾斜，“偏”由此引申为“扁舟”“小船”，如：乘偏舟于五湖。（南朝·宋·范晔《后汉书·隗嚣传》）

翩（piān）

偏省“亻”＋羽（鸟儿双翅） 篆 ◎ 

造字本义：鸟儿将全部的力气倾斜（偏向）至双翅，快速飞行，会意疾飞的样子，如：翩飞。

鸟儿展翅飞翔，姿态轻盈飘逸，“翩”由此引申为“轻舞”“飘扬”“体态生动”，如：翩若惊鸿。（三国·魏·曹植《洛神赋》）

由此进一步引申泛指风流潇洒的样子，如：妹发垂垂弟貌翩。（清·梁启超《饮冰室诗话》）

由于鸟儿展翅，靠反作用力向前飞，“翩”由此引申为“相反”。如：翩反（相反）。

骗（騙）（piàn）

马（馬）＋翩（省“羽”） 《说文》无，今篆 ◎ 

造字本义：跃而上马，像鸟儿疾飞一样快速奔驰，如：骗马。

引申为“一条腿抬起跨上去或跳过去”，泛指“超越”“跨越”，如：骗腿。

这种名为“骗”的高超马术，源起于中国汉代马戏的一个表演项目。当时的马戏内容极为丰富，有数人骑马追射红绣球，即所谓拖绣球，还有“引马”“立马”“骗马”“跳马”“拖马”“赶马”“飞仙膊马”“倒立”“镫里藏身”等多种多样的马上功夫。由于马戏具有很强的观赏性、娱乐性、群众性，所以骑手的粉丝也就特别多，上至帝王下至黎民百姓都乐意捧场。至唐宋，马球几乎成了国球，堪称全国的第一运动。最疯狂的是唐僖宗，竟然用马球胜负决定官员的任命。这样一来，那些擅长马术的人掌握了女子痴迷马球“追星”的弱点，常常做出高难度的“骗马”动作吸引挑逗美貌女子，“骗”由此引申为“勾引、调戏妇女”，引申泛指“引诱”“吸引”“用谎言或诡计使人上当”，如：欺骗、骗子。

媥（piān）

女＋翩（省“羽”） 篆 ◎ 

造字本义：女子像展翅飞翔的鸟儿一样翩翩起舞，形容身体轻盈的样子，如：媥姺。

篇（piān）

竹（⺮）+偏（省“亻”）　篆◎

造字本义：把所有内容倾向一致的竹简用绳串编在一起。

引申指用绳子或皮条编集在一起，写有前后完整文章的竹简。

由此进一步引申指首尾完整的文章，如：篇幅、篇章。

由此又引申作量词，计量文章、纸张、书页的数量，如：一篇文章、这本书缺了一篇儿。

◎小知识

古时简书，单支竹条叫“简”，排好后用绳子串编起来为“册”，卷起来叫“卷”，数卷内容合成一个单位叫“篇”，把篇摞在一起叫“束”。

蹁（pián）

足+偏（省“亻”）　篆◎

造字本义：行走时脚不正的样子。

人旋转跳舞的时候，为了保持身体平衡，一只脚用力固定，另一只脚移动转圈，看上去好像跛行。人们以这样一种姿势持续转圈，双足不断迁移（“跹”），即蹁跹（曼妙的仪态、旋舞的样子）。

蹁跹与翩跹的区别为：翩跹为轻快地跳舞，蹁跹为旋转舞动。

谝（諞）（piǎn）

讠（言）+偏（省“亻”）　篆◎ 

造字本义：说偏向于人家喜欢听的话，会意花言巧语。

引申为“欺骗”“诈骗”。

为了骗人上当，总是千方百计炫耀自己的优点，“谝”由此引申作方言，表示炫耀、夸耀或骄傲地显示，如：他又谝上了。

典(diǎn)(tiǎn)

册(冊)+丌(基脚) 甲◎ 金◎ 篆◎

造字本义：房屋建好了，伸手用藤、绳串编竹木成册（篱笆墙）将房屋围起来，防止野兽或盗贼入侵。

远古时候建房很不容易，篱笆墙围好，标志着房屋落成，值得隆重庆贺。直到如今，乡村都还保留着房子建成贺新的习惯。“典”由此引申为“隆重举行的仪式”，或“隆重地举行仪式”，读 diǎn，如：开国大典、庆典。

由此进一步引申为“庄重高雅”，特指文章、言辞有典据，高雅而不浅俗，如：典雅。

金文“”承接甲骨文一形，省去双手，“册”改为“冊”，标志着简书已经出现了，因简书很重，只能放在“丌”（矮的几架）上阅读，会意搁在矮几架上的（木）简书。甲骨文“”看似与金文“”关系不大，其实是一脉相承的。部落的房子越建越多，标志着部落的规模越来越大，要管理好，必须建立规矩，于是，最原始的刑律便产生了。金文“”所会意的正是在此基础上形成的法典。篆文承接金文写作“”，楷书为“典”，会意搁在矮几架上的刑律（木）简册，由此引申为“法令”“制度”“法律”“法规”，如：刑典、法典。

由此进一步引申为“法则”“标准”，如：典故。

由于法律的普适性、强制性特征非常明显，“典”由此引申为“具有代表性的人或事物”“充分显现出其个性特征的”，如：典型、典范。

这些规章制度、法律文书为治理国家最重要的文献，帝王们希望其作为标准，代代传承，“典”由此引申为“可以作为标准的书籍”“重要文献”，如：字典、引经据典。

刑律需要强制执行，“典”由此引申为“管理”“主持”“主管”，如：典狱。

古时候抵押财物套现渡过难关需立字据，字据具有法律效力，“典”由此引申指旧时一方把土地或房屋等押给另一方使用，换取一笔钱，不付利息，议定年限，到期还款，收回原物，如：典当、典押。

人沦落到靠典物维持生计，说明家境已经衰败，“典”由此引申为“衰”“衰败”，古音读 tiǎn，如：今殷其典丧，若涉水无津涯（西汉·司马迁《史记·宋微子世家》）。

典姓源于少典氏。少典氏为上古第一国少典国的国君，称有熊氏，为黄帝之父。其后裔以先祖国号为氏，“典”姓传承至今。

碘（diǎn）

石（石头，泛指矿物）+ 典　近代新造字，今篆 ◎ 

造字本义：如刑典消灭犯罪一样杀死病毒的矿物元素。

18 世纪末 19 世纪初，法国皇帝拿破仑发动战争，需要大量硝酸钾制造火药。当时欧洲的硝酸钾矿多取自印度，但储量有限。欧洲人从南美的智利找到了大量硝石矿床，可是它的成分是硝酸钠，具有吸湿性，不适宜制造火药。1809 年，一位西班牙化学家找到了利用海草或海藻灰的溶液把天然的硝酸钠或其他硝酸盐转变成硝酸钾的方法。1811 年，法国第戎的硝石制造商、药剂师库尔图瓦利用这种方法生产硝酸钾时，发现装海草灰溶液的铜制容器很快就遭腐蚀。于是将硫酸倒进海草灰溶液中，结果放出了一股美丽的紫色气体。这种气体冷凝后并未形成液体，却变成了暗黑色带有金属光泽的结晶体。这就是碘。法国化学家、物理学家盖吕萨克用希腊文将其命名为 iode，翻译成中文即“紫色”。由于碘酊为家庭常用（普适性）的消毒药水，具有强烈的杀毒作用，加之人体缺碘的症状非常典型（大脖子病），故汉语音译为“碘”。

腆（tiǎn）

月（肉，泛指人体）+ 典　篆 ◎ 

造字本义：供盛大庆典活动用的最新鲜、脂肪最厚的肉，引申为“丰厚”“美好”，如：腆厚。

身上脂肪肥厚者胸部、腹部挺出，“腆”由此引申为“胸部或腹部挺出”，如：腆着肚子。

脂肪厚皮亦厚，“腆”由此引申为“厚颜”“厚着脸皮”，如：腆冒（厚颜冒昧）。

古时候抵押财物套现渡过难关需立字据，字据具有法律效力，“典”由此引申为“典当”。“典”“見”为“覥”，会意典当财物时被人看见，感到惭愧。在人们看来，典当度日是一件羞于见人的事情，去典当物品时只能厚着脸皮，于是将厚着脸皮的“腆”与厚着脸皮典当时被人看到的“覥”合并为“腆”，会意惭愧。

“面”“見”为“靦”，会意见面时的表情。与“靦”组合为“靦覥”，会意典当时与熟人碰到时的心情。因为“覥”被“腆”合并，为保持统一，将“靦”改“見”为“月”写作“腼”，这就是“腼腆”的由来。

仑（侖）（lún）

亼（原始部落半地穴式坡顶屋，引申为聚集）+ 册（冊）　甲 ◎ 　金 ◎ 　篆 ◎ 　居延汉简 ◎

造字本义：甲骨文“侖”会意将竹、木棍串编成册（篱笆围子），将原始部落半地穴式坡顶屋团团地围在中间，防范野兽或盗贼入侵，即圆形的篱笆围子，会意“圆”。篆文“侖”，会意将简书集拢，卷成可以滚动的圆筒状，泛指圆筒形，楷书为“侖”。西汉时期，将其简化为“仑”，象形人（人）正在将竹简卷（乚，非“匕”）成筒状（∪），楷书为“仑”。

无论是扎篱笆围子还是将摊开的简书收拢成圆筒状，必须有秩序、有条理地进行，否则就不成圆形或圆筒形，“仑”由此引申为“有条理”“有秩序”“依次进行”。

在古人看来，思考的过程就是将乱如麻的事情理出头绪，使条理清晰，“仑”由此引申为“思”。

由此进一步引申作方言，表示自我反省检讨，如：浙江令人自反省者，曰肚里仑一仑。（民国 • 章太炎《新方言 • 释言》）

伦（倫）（lún）

人（亻）+ 仑（侖）　篆 ◎ 　居延汉简 ◎

造字本义：像用绳子将竹（木）棍串编成册一样，将人按辈分年龄等有序排列串联，会意人与人之间的关系，特指尊卑长幼之间的关系，如：人伦、天伦、伦理。

人与人之间按血缘关系分类，按辈分高低排序，“伦”由此引申为“辈”“类”，如：伦辈。

排序有条理，有次序，“伦”由此引申为“条理”“次序”，如：语无伦次。

沦（淪）（lún）

水（氵）+ 仑（侖）　金 ◎ 　篆 ◎

造字本义：水里荡起的圆形波纹，即“水起微波”，如：河水清且涟漪。（《诗经 • 魏风 • 伐檀》）

物坠于水，被水淹没，水面必起微波，“沦”由此引申为“沉没”，如：沉沦、沦陷等。

由此引申为“灭亡”“没落”，如：沦丧、沦亡。

纶（綸）（lún）（guān）

糸（糹、纟）+仑（侖）　篆◎

造字本义：古代官吏（圆）环状串吊官印用的青丝绶带，即所谓宛转绳也，含平步青云之意，所以为青色。读 lún。如：五两之纶。（西汉·扬雄《法言·孝至》）

青丝绶带所吊之官印，需经由帝王的诏书授予才能获得，“纶”由此引申为“帝王的诏书旨意”，如：纶旨。

青丝绶带经由青色的丝线编织而成，“纶”由此引申为“青色的丝线”，特指钓鱼竿上（远观如青丝）的丝线，如：纶竿（钓鱼竿）。

钓鱼线又长又细，经常绞线，需要整理，“纶”由此引申为“整理丝线”，如：经纶（原指整理丝缕，引申为人的才能、本领）。

由于丝、棉、麻等制作衣服、袋子布料的成本很高，于是人们利用化学技术，用石油、天然气、煤和农副产品做原料，生产出一种像钓鱼线一样细的合成纤维，“纶”由此引申为“合成纤维”。合成纤维有六种：涤纶、锦纶、腈纶、丙纶、维纶和氯纶，合称“六大纶”。

古人唯一走入上层社会的途径为做官，做官希望平步青云节节高升，故喜欢戴用青丝编织成的头巾，“纶”由此引申为“用青丝带做的头巾”，取“官”近音读 guān，如：羽扇纶巾，谈笑间，樯橹灰飞烟灭。（宋·苏轼《念奴娇·赤壁怀古》）

轮（輪）（lún）

车（車）+仑（侖）　篆◎

造字本义：安在车轴上可以转动使车行进的圆形的东西，俗称“车轱辘”，如：车轮、轮子。

引申指酷似车轮的又平又圆的东西，如：月轮。

由于满月似车轮，“轮”由此引申为“月亮”，如：冰轮。

又由于车轮靠边缘接触地面前行，“轮”由此引申为“边缘”“外围”，如：轮廓。

因为古代的车车轮非常大，尤其是游牧民族高车族的车，轮子尤其高大，“轮”由此引申为“高大的样子”，如：美轮美奂。

车轮旋转一周，又转一周，依次更替，周而复始，“轮”由此引申为“依次更替”“周而复始”，如：轮流、轮班。

由于车轮周期性旋转，转一周为一个周期，一个周期俗称一次或一遍，“轮”由此引申为“次”“遍”，如：阿瑜又冲了一轮茶。

有趣的是，鱼类、树木等生长过程中，在鱼的鳞片、耳石、鳃盖骨、脊椎骨及树的横断面，会形成特殊排列的酷似车轮的年周期环状轮圈，特别是树木，一年一轮，人们数数这些轮的数量，就可以判断鱼或树木的年龄，“轮”由此引申为“年龄”，如：年轮。

◎ 小知识

公元 1803 年，美国工程师富尔顿用蒸汽机带动装在船两侧或船尾的轮状装置推进船舶，故名轮船。我国明代曾出现过靠人力转动“轮”来推进的船，也叫作轮船。当国人知道外国发明了用机器带动轮子推进的船后，就将机动船统称为轮船。运货的叫货轮，运客的叫客轮，兼运客货的叫客货轮，专运油的叫油轮，跑海运的叫海轮。现在的船舶已绝少用“轮”推进，虽然改成了螺旋桨，但称呼船舶的时候仍然习惯用“轮”，如：邮轮。

抡（掄）（lūn）（lún）

手（扌）+仑（侖） 篆 ◎ 

造字本义：手像车轮一样旋转挥动或挥舞，泛指手挥动或挥舞，读 lūn，如：抡大铁锤。

无论是扎篱笆围子还是将摊开的简书收拢成圆筒状，必须有秩序、有条理地进行，否则就不成圆形或圆筒形，“仑”由此引申为“有条理”“有秩序”“依次进行”。“抡”由此亦被人们理解为手有秩序地点到某人，引申为“挑选”“选拔”，读 lún，如：抡选。

口（四围，指范围）+仑（侖） 后起字，今篆 ◎ 

造字本义：表面周围如圆圆的车轮，浑然一体。

小知识

古人为什么称宇宙为“囫囵”？

“口”“勿”（挥舞着刀，寒光闪闪，不要靠近，会意“不要”“别”。刀很锋利，一刀下去，命便没了，“勿”由此引申为“无”“没有”，与“有”相对）为“囫”，其造字本义为没有边界，笼统含糊。

与“囵”组合为“囫囵”，指笼统含糊、浑然一体的事物，即古人所认识的宇宙，又名混沌。如今以“囫囵”为正体。如：囫囵吞枣。

论（論）（lùn）（lún）

讠（言）+仑（侖） 篆◎ 

造字本义：将某人说的话按一定的次序编排成册，特指记录孔子及其门徒言行的著作《论语》，读 lún。

道理不辩不明，但辩的时候需一个一个按顺序轮着发言，否则就没有条理，“论”由此引申为“一个一个按顺序发言”，泛指“陈述”读 lùn，如：论述。

陈述的目的是为了搞清事实真相，阐明道理，“论”由此引申为“分析和说明事理”“研究（解决问题的办法）”，如：议论、论据。

由此引申为“分析阐明事物道理的文章、理论和言论”“一种论证说明的文体”，如：理论、舆论。

进一步引申为“学说”“有系统的主张”，如：相对论、原子论。

某个人就某个问题发表的言论、文章、学说等，表明了这个人看待问题或事物的态度和立场，“论”由此引申为“看待”，如：一概而论。

经过激烈的辩论，评判各方面因素，权衡利弊，做出结论，“论”由此引申为“衡量”“考虑”“评定”“判决”，如：论罪、论功行赏。

一旦辩论形成结论，必须遵照执行，“论”由此引申为“按照”“依照”，如：论资排辈、鸡蛋论斤卖。

论姓源于藏族，出自古代吐蕃族噶尔世家。噶尔氏家族中的噶尔·东赞忠心辅佐悉朴野部族首领松赞干布，被松赞干布任命为“吐蕃大论”。唐贞观十五年（公元641年），噶尔·东赞去长安为松赞干布迎娶文成公主，唐太宗赐其姓“论”，右卫大将军之职。噶尔·东赞的后裔子孙以“论（伦）”为姓氏，传承至今。

嗣 （sì）

口 + 册（冊）+ 司　甲 ◎　金 ◎　篆 ◎

造字本义：甲骨文一形“”会意大人（，成年人）在围着篱笆围子（）的地方有了传宗接代的儿子（），引申为“子孙”“后代”“继承人”，如：后嗣、嗣人（子孙）。

甲骨文二形“”加“口”（），会意开口宣布长子为篱笆院子里所有财产的指定继承人。金文“”，承接甲骨文二形去“大”（）添“司”（，举刀威逼战俘或奸细开口说话，即审问，引申指“掌管、主持审问的人”，泛指“掌管权力、做主的人”），会意开口册封儿子为掌权、做主的继承人，泛指确定继承人，特指（在祖庙中）举行仪式册封继承人继承君位，如：嗣君（继位的君主）、嗣临（继登皇位）。

引申指君位或职位的继承人，如：嗣子（帝王或诸侯的嫡子）。

也引申为“继承”“接续”，如：嗣母（继母）。

栅 （zhà）（shi）

木 + 册　篆 ◎

造字本义：将木条串编在一起挡野兽、盗贼等的围栏，泛指用竹木铁条等做成的阻拦物，读 zhà，如：栅门。

◎ 小知识

明孝宗于弘治元年（公元 1488 年）下令在北京城内大街曲巷设立栅栏，并派士兵把守，以防盗贼。至清代，北京市前门外设置了栅栏的胡同成了繁华的商业中心，因为买卖的多，为了更有效地防止盗贼，临街“廊房”（临街商铺）的商贾们凑了一笔钱，将这里的栅栏建得比其他任何地方都大，都好看，于是得名“大栅栏”。得名之前这里叫“廊房四条”，简称“四廊”，得名之后读音改不过来，把大栅（zhà）栏习惯读成了“大四廊”，结果“栅”便随俗读成了 shi。光绪二十五年，大栅栏发生火灾，木质栅栏被烧毁，从此以后大栅栏只存其名，直到公元 2000 年才被恢复。

二、知识疯狂补

“忌讳”的前世今生

远古时期，为了维护统治，统治者借助巫术，将人间、天堂、阴间、地狱等等概念深深植入人的脑海。人们害怕因造反被剥夺生命，自然循规蹈矩、逆来顺受。因为老百姓怕死，所以谈死色变，生怕死亡缠身，连“死”或与“死”同音的字都不敢提及，如：老人死了，不提死字，说“过了”“去世”“享福去了”；僧人死了说“归真”“圆寂”“坐化”“灭度”；道教徒说“羽化”等等。结果，忌讳就这样产生了。

因为人们觉得凡是与死亡沾边的都不吉利，故凡是让人们觉得不吉利的字或词都让人感到忌讳，如：人们讳言大、小便，便以“更衣”“出恭”“解手”等替之；戏班最忌讳“散”（摊），故凡与“散”字同音的皆用别的字予以替代，如：雨伞，叫“雨盖”“雨挡”“雨遮”“雨拦”等；跑船的人最忌讳翻、沉，于是把“帆”叫作“蓬”；把“幡布”叫作“抹布”或“云转布”；把“盛饭”叫作“装饭”“添饭”等。因为“箸”在不同的方言中与“沉”“滞”“住”音近，于是就变成了“筷子”。

令人意想不到的是，老百姓怕死，帝王们更怕死，一方面四处寻求长生不老的仙丹，另一方面建立了非常严格的避讳制度，如：秦始皇姓嬴名政，“正月”只好改成“端月”；为避李世民的讳，“观世音”只能叫“观音”；“民部”只好改“户部”；明朝憎恨元朝，忌讳它卷土重来，下决心将“元来”改成了“原来”。幸亏同音近义的汉字数量挺多，否则，现在都无字可用了。

第五篇

兽鸟虫鱼

第二十五课 兽：森林的主宰

远古时代，人们就已经懂得驯犬捕猎。猎犬的眼睛虽然无法像人一样分辨各种色彩，但像蝉（，單，简化为“单”，本义为雄蝉，泛指蝉）鼓出的复眼，视野特别开阔，只要一有风吹草动就鼓大双眼张口扑向猎物，于是人们造了甲骨文“”，会意以犬捕猎。金文为“”加“口”（），会意猎犬追逐如蝉一样正鼓起双眼张口觅食的动物，篆文为“”，楷书为“獸”，草书楷化简化为“兽”，泛指人类所有的捕猎对象。

兽中最温顺的是“”，金文为“”。篆文（）虽经变形，但角（）、头（）、身（）、腿（）依然清晰，楷书为“鹿”。有一种生活在东北地区、眼眶（）突出、被称为“”的驯鹿（），金文为“”，篆文为“”，楷书为“麗”，简化为“丽”。因其长角非常漂亮，由此“丽”引申为“漂亮”“美丽”。

兽中最凶猛的是虎。甲骨文“”寥寥几笔勾勒出虎牙（）、虎鼻（），会意虎头，所以凡是含有“虍”的汉字都与老虎有关。甲骨文中的老虎（）身披虎纹，大张虎口，金文简化为“”。《六书通》中的篆文“”为虎的背影，虎头（）昂首前视，臀后双足尾巴呈“”形（非“巾”），这就是为什么将“虎”的隶书写作“”、楷书写作“虎”的原因。《六书通》中的另一款篆文“”为虎的正面形象，虎头（）高昂，虎视眈眈，双足稳稳立地如“”（非“几”）。篆文为突出猛虎伤人，将虎前足（）或虎尾、虎后足（）以“人”（）替代写作“”，楷书将“人”描绘成匍匐在地上吓得全身发抖的形象“”（非“几”，匍匐之人），写作“虎”。显然，“虎”的造字本义为张着血盆大口，牙齿锋利，凶猛吃人的动物，读 hǔ。因年高为长、老为大，人们将虎尊称为老虎，会意兽中之王。

因老虎吃人，甲骨文时代，人们见虎（）就捕，抓住之后将其铐（）牢为“”，加以驯化。金文“”会意手舞足蹈（）之人不停地向老虎（）发出口令（），篆文为“”，楷书为“虞”，会意驯虎。驯虎需不断投食诱惑，“虞”由此引申为“欺骗”，如：尔虞我诈。为增加表演的可看性，驯虎之人向老虎（）投喂公猪“豕”（），猪虎搏斗，十分血腥，金文为“”，篆文为“”，楷书为“豦”。人们还嫌猪（豕）虎相斗看得不过瘾，让人击鼓（）逗引老虎（）出来，强迫罪奴持戈（）与之搏斗取乐，即“”，篆文为“”，楷书为“戲”，民国时楷书简化为“戏”，会意右手（又）持戈上台表演。人们又强迫罪奴持刀（）参与猪虎搏斗（），以增加矛盾冲突，篆文为“”，后简化为“剧”，以人持刀（刂）冲进居室行凶的场面会意戏剧。因冲突激烈，“剧”由此引申为“厉害”“猛烈”，如：剧烈。于是，戏剧就这样产生了。

最笨的兽当属熊。甲骨文“”，体型巨大、四肢（）健全，因头似狗（），故称狗熊。人们刻意画了一只人足（），会意这是一种能像人一样直立、能干的动物，引申为“才干”“本事”。金文为“”，篆文为“”，楷书为“能”。后来，人们发现熊的视力不好，很笨，便不再用“能”指熊。熊最怕火，古人经常燃起大火（）驱熊（），考虑到熊看见火落荒而逃的笨拙样子更能体现出它的本色，故人们造金文“”取代“能”命名为“熊”。所谓熊熊大火，即能够赶跑熊的大火。

视觉最敏锐的动物为野猫。甲骨文“”为此特别突出野猫的一只大眼（）。金文“”的两眼（）尤其明亮，篆文为“”，楷书为“豸”，特指野猫，泛指猫科动物。因家猫体型很小，似刚长出的幼苗，加上它叫唤时发出“苗”的声音，所以人们另造篆文“”特指家“貓”。家猫与家犬形影不离，都属看家的动物，“貓”由此从“犬”（犭）简化为“猫”。又因为豹是猫科动物，而且它捕猎时脚步轻盈得像浮在水面上的勺（）子，于是人们在甲骨文“”的基础上加“勺”造古文“”命名为“豹”，篆文为“”。

体型特别巨大的长鼻猪（豕）身的动物为“”，金文为“”。篆文（）将长鼻写作人形（），表示篆文时代人们已经普遍将象驯服作为劳动工具，楷书为“象”。

古时候，有四个盲人很想知道大象是什么样子的，因为看不见，只好用手摸。第一个人先摸到了大象的牙齿，说：“大象像一个又粗、又光滑的大萝卜。”第二个人摸到了大象的耳朵，道：“不对，大象明明是一把大蒲扇！”“你们净瞎说，大象只是根柱子。”摸到了大象的腿的第三个人说。摸到了大象尾巴的第四个人却说：“大象哪有那么大？它只不过是一根草绳而已。”四个盲人争吵不休，都说自己摸到的才是大象真正的样子。实际上呢？他们一个也没说对。这就是盲人摸象的故事。

象曾经在我国分布得很广，人们为了获得象牙，大肆捕杀，导致除了云南以外的地方，象基本灭绝。生活中的人们由于看过大象的图片，所以每个人（）想象（）中大象的样子都很相似，故造篆文“”会意相貌相似，楷书为“像”。

“象”和“像”警示我们，野生动物是人类的朋友，我们一定要善待它们。如果地球上只剩人类，不仅很孤独，而且会失去很多乐趣。

一、汉字疯狂+

字根：

造字本义：

甲骨文一形“”象形张大嘴、露出上下两颗虎牙（）、虎鼻（）的虎头。甲骨文二形“”象形张开的虎口、外露的虎牙和怒睁的虎眼。篆文“”，依稀可见张开的虎口、外露的虎牙（）、伸长的虎舌（）和虎颈（）。显然，“虍”的造字本义为虎头，作偏旁时泛指老虎。

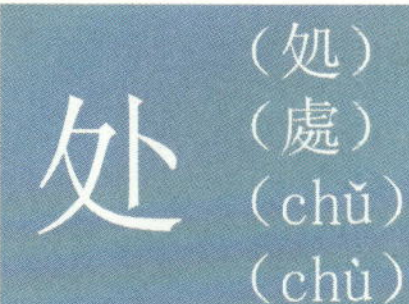

虍+处　金◎　　篆◎

造字本义：金文一形“”会意将“人”（）丢到举足走来走去（，夂，举足走来走去）的老虎（）面前喂食，篆文为“”，楷书为“處”（“几”为匍匐之人，非“几案”之“几”）；金文二形更简化，将虎头仅以一横（）表示，突出一对强劲有力的前足（），以“”会意“以人（）喂虎（）”。篆文承接金文一形（），省去虎头虎身，线条化并简化为“”，楷书为“処”。显然，“處”去掉“虍”即为“処”，后进一步将“”简化为“人”，为便于书写又将“人”写作“卜”状（非“卜”意），于是“処”便成了“处”。显然，“处”的造字本义为将犯有死罪的人投于老虎出没的地方喂虎，以剥夺其生命的惩戒措施，即对犯人施以处刑，泛指对犯错误或有罪的人给予相当的惩戒，读 chǔ，如：处罚、处决。

这一惩罚治理措施由掌握生杀大权的人做出决定，并派人办理，“处”由此引申为“决断”“治理”“办理”，如：处理、处制。

对犯有死罪的人施行惩戒的地方为老虎常年居住的地方，“处”由此引申为“居住”“生活”，如：穴居野处、处逸。

由此引申为“存在”“置身”，如：设身处地、处心积虑。

大凡有人居住的地方一定还有其他人居住，人与人生活在一起，交往频繁，“处”由此引申为“跟别人一起生活”“交往”，如：融洽相处、处不来。

居住的处所为人们停止劳作休息之地，“处”由此引申为“终止”“停止”，如：处暑（炎热的天气停止，凉爽的季节开始）。

人或动物都会选择合适的地方作为安身之处，“处”由此引申为“地方”，读chù，如：住处、停车处、处所。

其安身之处为其落脚歇息的一个点，人或动物一生中会有许多落脚点，这其中一个点只是这许多落脚点中的一个部分，“处”由此引申为“点”“部分”“方面”如：长处、好处、益处。

由此进一步特指机关，或机关、团体、单位里的部门，如：业务处、办事处、处长。

虘（cuó）

虍＋且（磨制石器，引申指“光滑的石头”） 甲◎ 金◎ 篆◎

造字本义：老虎像磨制石器一样坚硬、圆滑，会意虎刚暴而刁诈。现只做偏旁。

龃（齷）（齟）（jǔ）

齒（齿）＋虘 篆◎

造字本义：刚暴刁诈之虎的牙齿。去“虍”简化作“齟”，又随“齒”简化作“齿”类推简化作“龃”。

因老虎的牙齿上下各两颗虎牙比其他上下齿都长，对不齐，不整齐，不平正，“龃”由此引申为“牙齿不整齐，不平正”“上下牙齿对不齐”。“龉”的造字本义为“（咬牙）切齿之语”，表义说话之人对听话之对象痛恨至极，意见出现严重分歧。二者组合为“龃龉”，形容上下牙齿对不齐，比喻意见不合，互相抵触，如：谁能坐此苦，龃龉于其中。（唐·白居易《达里》）

虎（hǔ）（hù）

虍 +（匍匐之人，非“几”） 甲 ◎ 金 ◎ 《六书通》 ◎ 篆 ◎

造字本义：甲骨文“”象形虎口大张，身披虎纹的老虎。金文简化。《六书通》中“虎”字一形“”为虎的背影，即虎头（）昂首前视，臀后双足与虎尾呈“”形，这就是为什么将“虎”的隶书写作“”、楷书写作“”的原因。《六书通》中二形“”为虎的正面形象，虎视眈眈，双足稳稳立地如“”（非“几”）。篆文为突出猛虎伤人，将虎前足（）或虎尾、虎后足（）以“人”（）替代写作“”，楷书将“人”描绘成匍匐在地上吓得全身发抖的形象“”（非“几”）写作“虎”。显然，“虎”的造字本义为张开血盆大口，牙齿锋利，凶猛吃人的动物，读 hǔ。因年高为长、老为大，人们将虎尊称为老虎，会意兽中之王，如：虎口拔牙。

虎

由于老虎伤人，于是人们将伤人之虫或外形似虎之虫也以“虎”命名之，如：蝇虎、壁虎。

老虎非常威猛，于是人们常以“虎”比喻威武勇猛，如：虎将、虎威。

老虎非常凶残，所以人们又以“虎”比喻残酷凶暴，如：虎视眈眈。

由此进一步引申为“脸色陡变而露出严厉或凶恶的表情”，如：虎起脸。

由此又进一步引申为“恐吓”，如：吓唬。

在北方人眼里，比喜鹊稍大的伯劳鸟性情凶猛如虎，所以人们称之为“虎不拉”，读 hù，用于方言。人们常以此鸟比喻态度蛮横，如：这人可真虎不拉，瞧这不讲理的样儿！

彪（biāo）

虎 + 彡（花纹、光线） 金 ◎ 篆 ◎

造字本义：老虎奔跑、跳跃时身上的花纹。

只有跳跃时老虎身上的斑纹才格外显眼，由此引申为“彰明”“显著”，如：彪赫。

也只有这个时候的虎纹才显得色彩艳丽，纹饰生动，特别漂亮，“彪”由此被古人借来以比喻文采，赞其文采焕发，如：彪炳千秋。

俗话说“老虎不发威，以为是病猫”，说明老虎不发威的时候还是很温顺的，真正发威的时候是跳跃捕食之时，只有那个时候虎纹不停地动，才能衬托出老虎的魁梧和强悍，“彪”由此引申为“身躯魁梧”“健壮”，如：彪悍、彪形大汉。

旧时小说、戏曲里为了衬托出军队的行军速度之快，气势之威猛，将“彪”借用为军马队伍的计量词，意为支、队，如：一彪人马杀到庄前。

俗话说“虎生三子，必有一彪”，意思是说老虎生的三只小老虎中将来必有一只善于奔跑、跳跃的猛虎，“彪”由此引申指“小老虎”。

显然，对人而言猛虎是危险的，尤其是突然彪（跃）出的猛虎，所以“彪”引申为“危险”“险要”，如：彪口（比喻险要之地）。

猛虎突然跃出最直接的后果是把人吓傻，这就是为什么东北方言中“彪”即为“傻”的缘故。

虑（慮）（lǜ）

虍＋思　金◎　篆◎

造字本义：金文（）上“吕”（，飘在天上的云和云投在地上的阴影）下“心”（），会意想的事情像云一样在心里飘来飘去，泛指“思考”“斟酌”“谋划”。篆文为“”，楷书为“慮”，简化为“虑”，会意思考对付猛虎（或猛虎一样凶残之敌）的谋略，泛指思考、谋划，如：考虑。

由于老虎或敌人很凶残，担心对付不了，“虑”由此引申为“担忧”“发愁”，如：忧虑、疑虑。

人的思考过程，是不断淘汰、筛选的过程，即将不好的、没用的想法去掉，留下正确的、有用的，“虑”由此引申为“甄别”“筛选”“审察”“讯察”，如：虑问（对囚犯进行审问）。

小知识

“思”为开动脑筋想；“想”为在心里回忆，琢磨真相；“虑”为筛选想法，侧重于谋划。这就是“思”“想”“虑”的区别。

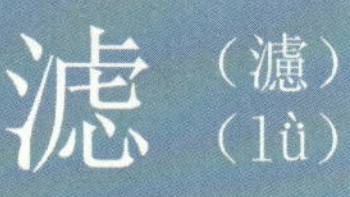

滤（濾）（lǜ）

氵（水）＋虑（慮）　《说文》无，今篆◎ 

造字本义：使液体通过纱布、木炭或沙子等，像思考问题一样进行筛选，除去杂质，变得纯净（间或用于气体），如：过滤。

虐（nüè）

虍＋ㄔ（反爪，即“爪”）　甲◎　古◎　篆◎

造字本义：老虎用反爪蹂躏、残害遭受刑法的人。

其手段非常残暴，“虐”由此引申为“残暴”“狠毒”，如：虐待、虐政。

疟（瘧）（nüè）

疒（生病发烧卧床，泛指生病）＋虐　篆◎

造字本义：时冷时热，反复残酷虐待之病，即疟疾，是以疟蚊为媒介而散播的急性传染病。病原体是疟原虫，其症状有周期性的发冷发热、大量出汗、头痛、口渴、全身无力及溶血等。俗称“打摆子”“冷热病”。

谑（謔）（xuè）

言（讠）＋虐　篆◎

造字本义：（闹洞房时）虐待别人，说笑逗乐，如：谑亲（闹新房）。

引申为“开玩笑”“尽兴地游乐”“喜乐”，如：戏谑、恣欢谑（尽情地欢乐游玩）、谑谑（喜乐的样子）。

虔（qián）

虍＋文（图案、文身）　金◎　篆◎

造字本义：披发文身，身着虎皮衣服的夷（猎）人。

渔猎社会，非常崇拜猎人，人们对他们非常恭敬，“虔”由此引申为“恭敬”，如：虔诚。

戏（戲）（xì）

虍＋豈（鼓，省“屮”）＋戈　金◎　篆◎

造字本义：头戴虎头面具，击鼓祭祀，持戈出征。后简化为“戏”，会意“又”（持物之右手，泛指手）持武器“戈”表演（武戏）。

发展、引申为“通过演员将某种故事或某种情节，以动作、歌唱或对白等方式表演出来的艺术”，如：戏剧、戏曲。

在日常生活中，人们经常装出一副麻痹人的表情，突然做出某种动作引人发笑或使人难堪，“戏”由此引申为“开玩笑”“耍笑捉弄”“嘲弄”，如：戏辱、戏说。

◎小知识

人们最初造“戲”字并非源于表演。远古时期，能够捕到老虎的部落酋长被人们视为英雄。酋长为了显示战绩，将带虎头的整张虎皮披在身上四处炫耀。但虎皮很重，披在身上不方便，酋长便将带虎头的皮制作成虎头帽戴在头上以示威武，这就是为什么后代元帅、将军喜欢坐全虎皮椅以示威武与显贵的原因。小孩子戴虎头帽的习俗也是这么来的。

冷兵器时代，战事频发，勇者胜。每逢战时，巫师跳起巫舞，祭祀神祖，头戴虎头帽的部落首领击鼓持戈，一声令下，士兵如猛虎出击。发明这一仪式的原始部落因此名“戲”，附近有河，得名“戲水”。

古时候虽然战争频繁，但每次战争过后都会迎来短暂的和平。和平时期，部落首领为了取乐，常常让人持戈与虎决斗，为了营造战争气氛，击鼓祭祀仪式的每个环节都不能少，“戲”（戏）由此引申为“角斗”“角力”。

这种“角力”再激烈，也只是一种取乐，“戏”由此引申为“玩耍”，如：游戏、戏耍。

在这个基础上，又发展成为“歌舞杂技等表演”，如黄梅戏、皮影戏等，戏剧就这样诞生了。

虞（yú）

虍＋吴　金◎　篆◎

造字本义：“吴”的造字本义为人伸开双手，头向后倾、额顶高杆，进行顶杆的杂技表演，围观的人开口大声叫好。因为顶杆杂技给人带来快乐，“吴”由此引申为“快乐或使人快乐”，读 yú。“虍”“吴”为“虞”，造字本义为驯虎表演以供人娱乐，即表演马戏。

马戏惊险刺激，给人带来快乐，“虞”由此引申为“欢乐”“使欢乐”，同“娱”，如：虞乐。

虽然老虎被驯化，但驯化了的老虎依然是猛兽，观众很为驯兽之人的命运担忧，“虞”由此引申为“忧虑”“忧患”，如：高枕无虞。

驯兽师为了让老虎老老实实地表演，手上总是拿着肉食进行诱惑、欺骗，表演得好，食物奖励，表演得不好，棍棒伺候，“虞”由此引申为“欺骗”“欺诈”，如：尔虞我诈。

由于老虎为森林之王，连老虎都能驯化的人自然最适合管理山林，“虞”由此引申为“古代掌管山泽鸟兽的官员”，如：虞人（又称“虞”“山虞”，古代掌管山泽苑囿田猎的官职。大禹曾封伯益为虞官，专管草木、鸟兽之事）。

尧帝担任部落联盟首领的时候，认为舜帝心地善良，能力超群，连猛虎都能驯服归顺，于是将帝位禅让于他，舜帝因此被称为“虞舜”，意思是受万民万兽拥戴的贤帝。其所处的时期被称为“虞朝”，也称“虞舜王朝”，与唐尧时期并称为“唐虞”或“虞唐”。

◎ 小知识

楚霸王项羽的宠妾虞姬天生丽质，妩媚动人。项羽中了汉军的十面埋伏，困于垓下，四面楚歌。虞姬从项羽腰间拔出佩剑自刎，死后墓上长出了形状像鸡冠花，叶子对生、茎软叶长，似虞姬无风自动、翩翩起舞的草本植物，因其花色鲜红如虞姬血，故名“虞美人草”，其花名“虞美人”。后人对这段故事念念不忘，反复吟唱评说，“虞美人”因此演变成了词、曲的牌名。

虚（虛）（xū）

虍＋丘（，山丘）　篆◎

造字本义：形似虎头的山丘。

因为有点像，又不完全像，“虚”由此引申为“抽象的”，如：虚词。

即使再像，它也是山，并不是真的虎头，“虚”由此引申为“不真实的”，如：虚伪、虚假。

像老虎的山虽然不是老虎，但可以藏虎，“虚”由此引申为“老虎出没的山丘”。

能藏老虎的山，都是森林茂密、土层深厚的大山，“虚”由此引申为“大土山”，如：虚莽。

有老虎出没的山，必然人烟稀少，“虚”由此引申为“稀少”，如：自此贼情渐虚，官兵始知所向，以至擒殄。（宋·王弥大《清溪弄兵录》）

人和动物都不敢出没，山成了空山，“虚”由此引申为“空”“使空”，与“实”相对，如：空虚、乘虚而入。

在古人看来，人的胸怀应该空到能包容万物，不要自满而使胸怀变小，“虚”由此引申为“不自满”，如：谦虚、虚心、虚怀若谷。

相对于时间而言，如果整天不安排事情做，意味着整天都有空闲，如此无所事事地度过即为虚度，“虚”由此引申作副词，表示“徒然”“白白地”，如：虚设、虚过。

道教主张空，空到能包容万物，“虚”由此引申为道教用语，指“无欲无为的思想境界”，如：虚无。

在人们看来，最空的当属天空，“虚”由此引申为“空际”“天空”，如：虚皇（天帝，指玉帝）。

人们谈虎色变，心里非常害怕，“虚”由此引申为“心慌，不踏实”“内心怯懦”，如：做贼心虚。

由此进一步引申为“衰弱”，如：虚弱、虚胖、虚脱。

墟（xū）

土＋虚　《说文》无，今篆 ◎ 墟

造字本义：形似虎头或老虎出没的大土山，泛指大土山。

老虎出没的山，人烟稀少，动物也不敢出没，山成了空山。当一座城市被战争毁灭之后，诸多建筑变成了土堆瓦砾，“墟”由此引申为“废城”“废址”“故城”“荒地”“使成为废墟”，如：废墟、殷墟。

古时候，人们总是选择比较空旷的地方进行物质交易，“墟”由此引申为“乡村市集”，同“圩”，如：墟市。

大凡集市皆设于较大的村落，“墟”由此引申为“村落”，如：墟落。

嘘（xū）（shī）

口 + 虚　篆 ◎

造字本义：人们经过老虎出没的山丘，大气不敢出，只能慢慢地呼气，泛指慢慢地吐气、呵气，读 xū，如：嘘寒问暖。

叹长气时也是慢慢地将气呼出，同时发出“嘘”声，“嘘”由此引申为“叹气”“叹息”，如：嘘唏。

人过虎山，感觉好像将人放在火上炙烤，“嘘”由此引申为“火或气的热力熏炙”，如：把白菜放到锅里嘘一嘘。

虎山非常危险，知道情况的人都会出面制止从虎山经过，“嘘”因此引申作叹词，表示反对、制止，读 shī，如：嘘，别出声！

方言发出“嘘”(xū) 的声音来制止或驱逐，读 xū，如：把他嘘下台。

二、知识疯狂补

突破人工智能的瓶颈靠汉字

目前人工智能技术已经相当发达，可是却遇到了瓶颈。一直以来，人工智能技术依靠的是计算机的高速运算能力，凭借强大的数据，进行学习，形成经验，根据经验替代人的行为。其致命的弱点在于经验会出现偏差，哪怕是0.1%的偏差，都会出现严重的事故。比如无人驾驶，即使系统的正确率达到了99%，却因为这1%的不正确，就可能带来汽车的失速，而且系统完全不知道怎么去修正。之所以出现这样的情况，源于计算机语言本身的缺陷。计算机语言依靠的是英语，而英语本身是平面的，其表现方式为一维。如 go 就是“去”，apple 就是“苹果”，至于 go 的途中会遇到什么情况，“苹果”为什么叫作 apple，英语无法解释。而汉字则不一样，它的表现形式是三维。比如“赴”，同样是“去”的意思，但只要“赴”一出现，计算机就会感知“危险”的来临，因为“走”的本义为跑，“卜”的本义为用直立的棍测日影，计算机通过计算得出结论，“赴”的出现是想告诉我们，趁着还有日影赶快走，否则，很有可能遇上猛兽或盗贼，非常危险。这种感知，就是思维。

许多年以来，我们觉得，汉字多音、多义、笔画繁复，原因是我们完全没有读懂汉字。殊不知中国的甲骨文是仅仅由不到100个字件上下左右排列组合而成，中国现存的4万多个汉字是在不到300个甲骨文的基础上，通过上下左右排列组合而成。汉字的重复利用率无与伦比，我们只需将甲骨文的近 100 个字件衍化成计算机语言，通过高速运算，就可以轻轻松松实现人机无障碍对话。因为汉字是有思维的文字，汉字衍化成计算机语言，计算机就有了思维，有助于突破人工智能的瓶颈。

第二十六课 鸟：蓝天的主人

人类做梦都想像鸟儿一样自由飞翔。2400 多年前，鲁班发明了世界上第一架无人机木鸟，传说他制作的木鸟飞上高空，三天三夜没有降落。

给鲁班灵感的是甲骨文中的两个“鸟”字。

一个是“”，象形站立或行走的鸟，篆文为“”，楷书为“鳥”，简化作“鸟”。金文“”象形双翅（）怒张，张嘴（）呱呱乱叫的鸟，因其全身黑得连眼睛都看不见，古人便去掉“”眼将其命名为“”，楷书为“烏”，简化为“乌”，引申为“黑”。由于“乌”喜欢啄食腐尸，它出现在哪里，那里必定死了人、畜，人们对这种不吉利的鸟（）恨得咬牙（）切齿，故造“”，楷书为“鸦”，与“乌”组合，名乌鸦。

人们讨厌乌鸦，但喜欢燕雀。春天来临，燕雀在屋内、檐下筑巢，母鸟（）衔来虫子（），雏鸟从巢里伸出小嘴（）接食，金文为“”。篆文（）象形张开如臼（）槽般的口腔接受喂食的雏鸟，楷书为“舄”。篆文另添屋顶“”（宀）为“”，楷书为“寫”，会意母鸟为嗷嗷待哺的雏鸟（）一口一口地喂食，其情形酷似大人捉住小孩的双手一笔一画地写字，由此引申为“用笔书写”。由于“寫”字笔画太多，人们以“用勺（）给人喂食（）”的“与”（）字取代“舄”简化为“写”，这就是为什么父母教小孩写字的时候通常会说“饭要一口一口地吃，字要一笔一笔地写”的原因。

另一个是“”，象形展翅（）飞翔，头（）、尾（）、足（）俱全的小鸟，金文为“”，篆文为“”，楷书为“隹”，表义飞翔的鸟。人们又在“”下添加右手（）造甲骨文“”，会意用手抓住一只扑腾扑腾想逃的鸟，篆文为“”，楷书为“隻”，简化为“只”，引申作量词，用于计量禽、畜、球、手、足等的数目，如：三只鸡、两只手。“”上加“”为“”，表义双鸟。“”下添加右手（）为“”，楷书为“雙”，会意伸手抓获两只鸟，泛指两个，即一双。因为难于书写，改为两只右手（又）会意，简化为“双”。

鸟非常聪明，看见人的衣（）服在田（）里出现，就竭尽全力起飞（）逃离，金文为“”。篆文为“”，会意鸟儿（）发现成年人（）在田（）里出现，奋起逃离。楷书为“奮”，简化为“奋”，引申为“鼓起劲来”“振作”，如：奋斗。

人们受此启发，发明了稻草人。但时间一长，被鸟儿识破，公然在稻草人（ ）面前偷食田里的谷子，逼得农夫只好动手（ ）抓鸟（ ）。鸟儿被强拽在农夫手中，奋力挣扎，鸟毛乱飞（ ）。这精彩的一幕即金文“ ”，引申为“强取或挣脱”。篆文为“ ”，楷书为“奪”，简化为“夺”，如：抢夺、夺路而逃等。

更为精彩的是蛇鸟大战。古人视蛇为虫。蛇原本吃鸟，可一旦遇到凶猛的鹰就败下阵来。古人造金文“ ”，意思是纵然血口（ ）大开的蛇（ ）非常凶猛，但不一定能斗过飞翔的老鹰。古人借老鹰（ ）振翅与蛇搏斗，表示把意思推开一层，相当于“即使”，篆文为“ ”，楷书为“雖”，简化为“虽”，如：蛇虽然凶猛，却斗不过老鹰。于是人们打起了老鹰的主意，想驯化它帮人们捕猎。金文“ ”再现了这一情景，会意人（ ）给扑腾着翅膀的鸟儿喂肉（ ）催膘。篆文“ ”会意人（ ）时不时用棍子敲打立在绳上的猛禽，不让猛禽（ ）睡觉。如此熬上几天，猛禽瘦成无力展翅、无精打采站立的“ ”（鸟），好似生病发烧卧床（ ）的人一样无力反抗，不得不服从。楷书为“ ”，简化为“鹰”。这种鸟也因此被命名为“鹰”。

在中国，北方人喜欢鹰，南方人喜欢鹊。每当有客人到来，鹊受到惊吓嘎嘎直叫，好似报喜，故名喜鹊。明朝的时候，雝湖县县令的儿子喜欢玩鸟，让他爹将林子里的喜鹊都捉给他玩。县令用毛笔写了一个大大的“雝”（甲 、金 、篆 ）字，然后将“隹”给涂黑，道：“飞鸟吃害虫，如果把飞鸟都给抓走了，害虫会把树给啃死。”接着又把巛（川）给涂黑，道：“树被虫啃死了，山上蓄不住水，没水流下来，河川就会枯竭。”最后县令又将“邑”涂黑，说道：“河里没有水，村子邑里的人怎么生活呢？”儿子明白了其中的道理，深有感触地说：“人类聚居的村落（ ，楷书为‘邑’）只有安在有水（ ，水流）有鸟（ ）的地方，生活才会和谐美好。鸟儿是人类的朋友，我们都要爱护它！”

一、汉字疯狂 +

字根：

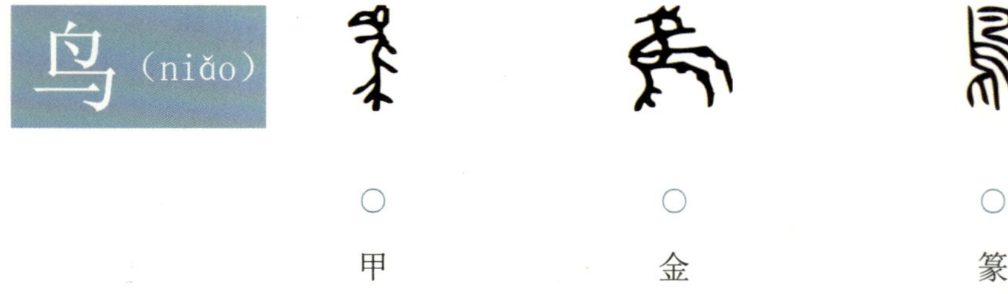

造字本义：

处于行走觅食状态的鸟儿，泛指飞禽，为脊椎动物的一纲，体温恒定，卵生，嘴内无齿，全身有羽毛，胸部有龙骨突起，前肢变成翼，后肢能行走。一般的鸟儿都会飞，也有的两翼退化，不能飞行。麻雀、燕、鹰、鸡、鸭、鸵鸟等都属于鸟类。

鹌（鵪）（ān）

大＋申（闪电）＋鸟（鳥）　《说文》无，今篆 ◎ 

造字本义：怕闪电惊扰，身上长满闪电斑纹羽毛的鸟。

鹑（鶉）（chún）

享（𦎫）＋鸟（鳥）　《说文》无，今篆 ◎ 

造字本义：楷书本写作“鶉”。“𦎫”的本义为将咩咩叫的肥羊（羊，芈，mǐ，羊叫）烹煮好献祭给供奉于宗庙（亯）里的神祖，引申为“炖得醇厚有味”。“𦎫”和“鳥”组合为“鶉”，因书写繁复，以“子”替代“芈”省“曰”为“享”写作“鶉”，简化作“鹑”，会意像小孩一样鲜嫩的炖之醇厚有味供神祖享用的鸟肉。

古人认为，所有的鸟皆源自于神，鹑被认为是生活在昆仑山上的凤凰的一种赤凤的化身，俗称“鹑鸟”，主管天帝日常生活中的各种器用和服饰。对应天上的星宿，鹑星是南方朱鸟七宿的总称。

由于鹑鸟的羽毛上生有许多闪电斑，远观似打了很多补丁的衣服，“鹑”由此引申比喻“衣服破烂不堪”，如：鹑衣百结。

◎ 小知识

“鹌”“鹑”组合为“鹌鹑”，会意一种特别胆小，怕闪电惊扰，身上长满闪电斑纹羽毛，特别美味，供神祖享用的鸟。

鹌鹑是一种古老的鸟类，分布极广，品种繁多，与人类的关系源远流长。早在5000多年前，埃及的壁画上就有鹌鹑的图像，金字塔上刻的文字中也有食用鹌鹑的记载。中国是野鹌鹑主要产地之一，也是饲养野鹌鹑最早的国家之一。《诗经》中有过“鹑之奔奔”“不狩不猎，胡瞻尔筵有悬鹑兮”的诗句。战国时期，“鹑”被列为六禽之一，成为筵席珍肴。到了唐、宋以后，对它的生态和生活习性已有不少文字记载。鹌鹑的早期驯养目的不是为了食用，而是为了赛斗、赛鸣。唐、宋时期赛鹌鹑在皇宫和民间都非常盛行。到了明代，鹌鹑已被逐步发现药用价值。清朝康熙年间，贡生陈面麟著有《鹌鹑谱》，书中对 44 个鹌鹑优良品种的特征、特性分别做了叙述，对养法、洗法、饲法、斗法、调法、笼法、杀法以及 37 种宜忌等均有详细记载。

由于鹌鹑警惕性很高，能对野兽惊扰民居发出警示，加之“鹌”“安”同音，鹌鹑便成了一种绘画的艺术语言，经常被人们当作素材或画或绣到作品当中，寓意平安。

鸳（鴛）（yuān）

夗（夕阳西下，人曲身侧睡）+ 鸟（鳥）　篆 ◎ 

造字本义：夕阳西下，扭头插翅、如人侧身弯曲睡觉的鸟，指鸳鸯。鸳鸯像鸭子一样，把嘴插入翅膀下面，头与颈弯成 Z 字形，闭眼睡觉，酷似人侧身弯曲睡觉的姿势。

鸯（鴦）（yāng）

央 + 鸟（鳥）　篆 ◎ 

造字本义：雄鸟额和头顶中央长满翠绿色并具有金属光泽羽毛的鸟。与“鸳”组合成“鸳鸯”，会意额和头顶中央长满具有金属光泽的翠绿色羽毛、扭头插翅、如人侧身弯曲睡觉的鸟。

◎ 小知识

鸳鸯属雁形目的中型鸭类，大小介于绿头鸭和绿翅鸭之间。雄鸟羽毛绚丽多彩，眼棕色，外围有黄白色环，嘴红棕色，翅膀上有竖起的扇状直立羽毛，额和头顶中央长满具有金属光泽的翠绿色羽毛。雌鸟的较小，背部苍褐色，腹部纯白。鸳鸯像鸭子一样，习惯扭头插翅，如人侧身弯曲睡觉。善游泳，能飞行。栖息在内陆湖泊和溪流中，雌鸟雄鸟成对生活，文学作品中多用以比喻情侣或夫妻。每年3月末、4月初陆续迁到东北繁殖地，4月下旬开始出现交配行为，一直持续到5月中旬，9月末10月初离开繁殖地南迁。

由于雌雄鸳鸯常在一起，形影不离，被人们用来比喻夫妻，如：鸳鸯之好。

也由此引申比喻（天天在一起工作的）同事、同僚；（形影不离的）兄弟，如：鸳行鹭序簿（在职官员的名册。鸳行、鹭序指朝官井然有序的行列）。

鹦（鸚）（yīng）

婴（嬰）+鸟（鳥）　篆◎ 

造字本义："婴"指女人颈脖上佩戴的贝饰，泛指妇女颈饰。由于女性把刚出生的孩子视为宝物，常常抱于颈下胸部与贝类吊坠平齐的位置喂奶，"嬰"由此引申为"处于哺乳期的孩子"，简化作"婴"。"嬰"和"鳥"组合为"鸚"，会意颈部长有华丽如贝饰的彩色羽毛，能像婴儿一样牙牙学舌的鸟，即鹦鹉，如：鹦鹉学舌。

鹉（鴟）（鵡）（wǔ）

武（母）+鸟（鳥）　篆◎　今篆◎

造字本义："鵡"（鹉）本为"鴟"，造字本义为像婴儿一样跟母亲牙牙学舌说话的鸟。与"鸚"组合为"鸚鴟"，会意颈部长有华丽如贝饰的彩色羽毛，能像婴儿一样跟母亲牙牙学舌的鸟。

相传武则天特别喜欢鹦鹉，她饲养的鹦鹉“雪衣”死后，非常伤心，特赐一口紫檀棺材葬于后花园，时刻陪伴着她。武则天晚年的时候做了个梦，梦见了一只羽毛丰满但折断了两根翅膀的鹦鹉，百思不得其解。臣子狄仁杰解释道：“鹉，与陛下您的姓氏同音，指的是您，那两根折断的翅膀指的是您的两个儿子庐陵王李显和相王李旦。如果您能够重新启用他们，这个鹦鹉的翅膀就能恢复了。”武则天觉得在理，接受了狄仁杰的建议，并以“武”代替“母”造了个“䳇”字代替“鹉”，“鹦鹉”便成了“鹦䳇”。

鹦䳇属典型的攀禽，为热带、亚热带森林中羽色鲜艳的食果鸟类，对趾型足，两趾向前两趾向后，适合抓握，鹦䳇的鸟喙强劲有力，可以食用硬壳果。在树冠中攀缘寻食时，首先用嘴咬住树枝，然后双脚跟上；当行走于坚固的树干上时，则把嘴的尖部插入树中平衡身体，以加快运动速度；吃食时，常用其中一足充当“手”握着食物，将食物塞入口中。

鹁（鵓）（bó）

脖（省“月”）+鸟（鳥）　后起字，今篆 ◎ 

造字本义：脖子（有斑）与众不同的鸟类。

鸪（鴣）（gū）

古＋鸟（鳥）　篆 ◎ 𩿨

造字本义：一种发出咕咕叫声，让人思念祖先、思念故乡的鸟儿。

◎ 小知识

鹁鸪，即斑鸠，也叫水鸪鸪，后颈基两侧各有一块蓝灰色羽缘的黑羽。天要下雨或刚放晴的时候，常在树上咕咕地叫，细听起来节奏很分明。“鹁鸪、鹁鸪、鹁鸪”，节奏较快，似其心情亢奋；“鹁鸪、鸪——”节奏稍慢，第二声延长了一个“鸪”音，似其心

情舒缓；“鹁鸪、鸪、鸪——”，既拖长了第三声，且突出了一个“鸪”字，似其心情沉郁在感叹着什么。鹁鸪在晚秋鸣叫，是它们相遇相配的良时佳期。宋代梅尧臣诗曰：“江田插秧鹁姑雨，丝网得鱼云母鳞。”诗人一听见鹁鸪叫，马上就想起故乡来。

鹧（鷓）（zhè）

遮（掩盖，掩蔽，省“辶”）+鸟（鳥） 篆◎ 

造字本义：一种擅长掩盖、掩蔽的鸟，即鹧鸪。鹧鸪喜欢单独或成对在干燥的岩坡上活动，清晨和黄昏常下到山谷间觅食，晚上则在草丛或灌木丛中过夜，无固定栖息地，每晚都变换栖居位置。奔跑快速，飞翔能力也强，常作直线短距离飞行，受惊后多飞向高处，平时多隐蔽在灌木丛深处，不易被发现。

小知识

鹧鸪，雉科鹌鹑属，体形似鸡但比鸡小，羽毛大多黑白相杂，尤以背上和胸、腹等部的眼状白斑更为显著。其叫声嘶哑奇特，极易勾起人们离愁和思乡的情绪，历代文人将其视作哀怨的象征写进诗文，多和“愁”有关。唐代诗人郑谷就因为写了一首脍炙人口的诗《鹧鸪》，而获得了“郑鹧鸪”的美誉。鹧鸪还有一个显著的特点，即喜欢隐蔽在灌木丛深处，营巢于山坡草丛或灌木丛中，如遇人或天敌，雏鸟立刻隐藏于附近草丛，雌鸟则往相反方向将敌害引走。

鸬（鸕）（lú）

卢（盧，炉子）+鸟（鳥） 篆◎ 

造字本义：帮人捕获炉中美味的鸟。

鹚（鷀）（cí）

慈（省“心”）+鸟（鳥） 篆◎

造字本义：孝敬、奉养主人的鸟。与“鸬”组合命名为“鸬鹚”，会意捕获炉中美味，孝敬、奉养主人的鸟。

◎小知识

鸬鹚，本义为水鸟名，俗称鱼鹰，又叫水老鸦。身体比鸭子狭长，羽毛呈黑色，喙长，上喙尖端有钩。能游泳，善于潜水捕食鱼类，捕得的鱼放在颔下喉囊里。我国南方渔民多用其帮助捕鱼。

在我国，渔民利用鸬鹚捕鱼已经有3000多年的历史。鸬鹚捕得的鱼先不急于吞食，而是储存在颔下喉囊里。渔夫伸出竹竿，鸬鹚便跳跃其上。渔夫用手抓住其喉囊，轻轻一捏，囊内的鱼便逐条转个方向被挤了出来。

鸸（鳾）（ér）

而（腮帮的胡子）+鸟（鳥）《说文》无，今篆◎ 

造字本义：全身毛长如须的鸟。

鹋（鶓）（miáo）

苗+鸟（鳥）《说文》无，今篆◎ 

造字本义：腿长、颈长，身上多毛，远看枯黄如苗（像稻草）的鸟。

◎ 小知识

鸸鹋是英语 emu 的音译，为鸟纲鸸鹋科唯一的物种，以擅长奔跑而著名，是澳洲的特产，为世界上第二大的鸟类，仅次于非洲鸵鸟，因此也被称作澳洲鸵鸟。翅膀比非洲鸵鸟和美洲鸵鸟更加退化，足三趾，是世界上最古老的鸟种之一。栖息于澳洲森林和开阔地带，吃树叶和野果。

鹈（鵜）（tí）

弟（次第，顺序）+ 鸟（鳥） 篆 ◎

造字本义：顺着水的深浅，将鱼儿从深水区逐渐驱赶至浅水区，连鱼带水收入喉囊的鸟。

鹕（鶘）（hú）

胡 + 鸟（鳥） 《说文》无，今篆 ◎

造字本义："胡"泛指生活在中原以外、北方沙漠、高原地带的少数民族。由于北方少数民族吃牛羊肉多，肥胖，下巴肉叠肉，故将牛颔下的垂肉称之为"胡"，引申泛指兽类颈下垂肉。"胡"和"鸟"组合为"鹕"，会意一种下巴底下长了皮质的囊的鸟类。"鹈"和"鹕"组合为"鹈鹕"。

◎ 小知识

鹈鹕，俗名淘河、塘鹅。体长，翼大，羽多白色。趾间有蹼相连，嘴直而阔，长尺余，尖端弯曲，颔下有皮囊，可存食物。善于飞翔游水和捕鱼，喜群居。在水中游泳时，颈常曲成"S"形，并不时地发出粗哑的叫声。鹈鹕在野外常成群生活，每天除了游泳外，大部分时间都是在岸上晒太阳或耐心地梳洗羽毛。鹈鹕的目光十分锐利。即使在高空飞翔时，漫游在水中的鱼儿也逃不

小知识

过它们的眼睛。如果成群的鹈鹕发现鱼群，它们会排成直线或半圆形进行包抄，把鱼群 赶向河岸水浅的地方，然后张开大嘴，凫水前进，连鱼带水收入喉囊之中，再闭上嘴巴，收缩喉囊，把水挤出来，鲜美的鱼儿便吞入腹中，美餐一顿。鹈鹕从水面起飞的时候，会先在水面快速扇动翅膀，双脚不断划水，在巨大的推力作用下，逐渐加速，慢慢达到起飞的速度，脱离水面缓缓飞上天空。有的时候，鹈鹕吃得太多，显得非常笨重，不能顺利起飞，只能浮在水面上。

乌（烏）（wū）（wù）（yā）

乌（鸟去掉眼睛） 金◎ [金文字形] 篆◎ [篆文字形]

造字本义：金文一形“[金文]”象形一只张口舞爪、展翅鸣叫、性情暴戾的鸟。金文二形、三形描绘了该鸟另外不同的形态。篆文因该鸟全身黑，黑得连眼睛都看不到，故取“鳥”去眼（-）写作“烏”，随“鳥”简化作“鸟”类推简化作“乌”，指乌鸦，如：乌合之众。

乌，在北方游牧民族和东南方以太阳为图腾的东夷族的地位完全不一样。东夷崇拜太阳，认为太阳每天朝日东升、夕阳西下，给人类带来光明。因为太阳是移动的，在人们的想象中，黑夜是一只全身黑得看不见眼睛的神鸟，驮着太阳每天绕着天空给人们送来光明，于是将“金乌”作为图腾，意思是金色的太阳和驮着太阳送来光明的神鸟，并非后来神话传说里讲的驾驭日车的神鸟因为长着金色的翅膀而名金乌。这就是为什么东夷的后裔——楚民及高句丽的族人崇拜三足乌如同龙凤的原因。金乌形象原本二足（马王堆汉墓出土），名“楚乌”。为区别于普通乌鸦，西汉后期演变为三足。因楚乌多出一足，取名“踆乌”。由于金乌与太阳形影不离，传说居于日中，“乌”由此成了太阳的代称，如：乌阳（太阳，也比喻昌明盛世）、乌轮（日轮，太阳）。又因古人称纯正的金为“赤金”，故金乌又名“赤乌”，如：金乌海底初飞来。（唐·韩愈《李花赠张十一署》）

最早见于汉朝淮南王刘安的《淮南子·本经训》中《后羿射日》的传说。

之所以东夷人崇拜乌鸦，与其喜食腐尸清洁环境、捕食害虫、终生一夫一妻、实属益鸟有关。为此人们还编出了《乌鸦反哺》的故事，赞其为“孝鸟”，以弘扬孝道。然而在北方，人们并不喜欢乌鸦。因其嘴大喜欢呱呱乱叫，全身乌黑，俗称“老鸹”。又因为乌鸦喜食人或动物的腐尸，凡有乌鸦出现的地方必然死了人、畜，乌鸦因此成了死亡、恐惧和厄运的代名词，其啼叫被当成报丧的凶兆，听到叫声，人们心里便有一种不祥之感。

因为乌鸦全身黑色，“乌”由此引申为“黑色”“浅黑色”，如：乌亮、乌云、乌木、乌龟。

由于乌鸦通体黑色，黑眼珠子与黑色的羽毛混在一起，不注意看以为没有眼睛，“乌”由此引申为“无”“没有”，如：化为乌有。

每当喜食腐尸的乌鸦鸣叫，人们便担心死了人或牲畜，由此心生疑惑，不知道发生了什么不祥的事，“乌”由此引申作疑问词，相当于“何”“哪里”“怎么”，如：乌闻至乐？（《吕氏春秋·明理》）

乌姓源于东夷族。少昊做东夷部族首领时，以鸟名任命职官，设“乌鸟”一职，其后裔以先祖官职称谓为姓氏，称乌鸟氏，后简化为单姓，称乌氏，世代相传至今。

古代满族人生活的黑龙江，因河水含腐殖质多，水色发黑，酷似黑龙。其祖先以“乌”为图腾，由于乌通体透黑，由此引申为“黑色”，因其生活的黑龙江流域江水发黑，故满语称“江”为“乌拉”，读 wù，以区别图腾之“乌”。并将生长在乌江岸的一种叶细长柔软、纤维坚韧不易折断，可做草鞋、草褥、人造棉、纤维板的草，取名“乌拉草”。因东北严寒，人们常用皮革缝制、内絮捶软的乌拉草作防寒草履（汉音译作“靰鞡”），且因其对真菌和细菌有极强的抑制作用，长期贴在足底可治脚气，因此被视为“东北三宝”之一。

鸦（鴉）（yā）

雅（省“隹”）+ 鸟（鳥）　《说文》无，今篆 ◎ 

造字本义：“雅”的造字本义为让人恨得咬牙切齿的晦气之鸟，即乌鸦。

乌鸦原名“乌”，是崇拜太阳的东夷人的图腾。周朝时期，东夷的后裔建立了楚国，不服周，周人恨楚，便拿楚国的图腾“乌”做文章。因乌喜食人和动物的腐尸，凡乌鸦出没的地方必死人、畜，周人说只要听到乌鸦的鸣叫等同于报丧，于是以“牙”和“隹”（飞行状态的鸟，泛指鸟）组合为“雅”（yā），命名这种人人厌恶、见之恨得咬牙切齿的飞鸟（隹），名为恨“乌”，实为恨楚。在周人生活的区域，“雅”从此取代“乌”成为乌鸦正确的、合乎规范的称呼，“雅”因此便成了“正确的、合乎规范的”“标准的”代名词，摇身一变，反倒成了一个褒义字，后人不得不放弃“雅”字，并用与“隹”

意义相近的“鸟”字替“隹”造“鸦”，专指乌鸦。即让人恨得咬牙切齿的晦气之鸟，读 yā，如：鸦雀无声。

由于乌鸦通体黑色，“鸦”由此引申比喻黑色，如：鸦青、鸦片。

由于小丫头说话像乌鸦一样叫声“丫丫”，叽叽喳喳，“鸦”由此引申为“丫”，特指“女孩子”，如鸦头，后写作“丫头”。

呜（嗚）（wū）（wù）

口 + 鸟（鳥）　《说文》无，今篆 ◎ 

造字本义：乌鸦开口叫唤，引申泛指乌鸦的叫声。

乌鸦大嘴聒噪，非常吵闹，“呜”由此引申为“喧闹之声”，如：汽车呜的一声开过去了、轮船上的汽笛呜呜直叫、呜呜咽咽。

因亲吻时会发出响亮的声音，“呜”由此引申为“亲吻”，如：呜咂（亲吻）。

乌鸦喜食腐尸，凡乌鸦出没之地必死人、畜，其叫声也与死亡紧密联系在一起，故被北方游牧民族视为不祥之鸟，“呜”由此引申为“死亡”，如：一命呜呼。

在人们看来，乌鸦呜叫即报丧，闻之不由发出哀哀的悲叹，“呜”由此引申为“哀伤”，读 wù，如：铎感慨王室，每入对，必噫呜流涕，固请行。（北宋·宋祁、欧阳修、范镇、吕夏卿等《新唐书·王铎传》）

由此进一步引申作叹词，表示“哀叹”，泛指“叹息”“叹息之声”，读 wū，如：及与公卿言国家事，未尝不噫呜流涕。（南朝·宋·范晔《后汉书·袁安传》）

鹪（鷦）（jiāo）

隹（飞鸟，泛指鸟）+ 灬（火）+ 鸟（鳥）　篆 ◎

造字本义：羽毛像被烧焦了的（焦黄色）、非常警觉，稍有响动即焦急藏匿的鸟儿。

鹩（鷯）（liáo）

中（草）+ 火 + 日 + 火（楷书简化为“小”）+ 鸟（鳥）　篆 ◎

造字本义：鸣叫时声音像草木被火点燃，如日光普照一般四处可闻的鸟，即叫声嘹亮的鸟，如：鹩哥。

◎ 小知识

鹪鹩，小型鸣禽，身长在 10 ～ 17 厘米之间，毛色焦黄，歌声嘹亮。一般或独自或成双或以小群体进行活动。性格活泼而又怯懦，很善于隐蔽，一有风吹草动即隐匿于倒木、灌木草丛或乱石堆中，而后从另外一侧逃跑。给人一副总是焦急逃命的印象。鹪鹩的领地意识非常强烈，一旦发现敌情，雄鸟会蹲下扇动自己的翅膀并拍击背部，不停地晃动尾羽进行恐吓，雌鸟为最后一道防线，负责推阻试图入巢的侵入者。

成年鹪鹩食蜘蛛、毒蛾、螟蛾、天牛、小蠹、象甲、蝽象等昆虫，雏鸟主要食蝗虫、蟋蟀、毛毛虫。终身一夫一妻制。巢以树枝、草叶、苔藓、细茎等物交织而成，呈深碗状或倒扣的圆屋顶状。繁殖季节是 4 月下旬至 9 月，每年繁殖两次。雌鸟每窝下 4 ～ 6 枚卵，约孵化 12 天。幼鸟孵化出来后，由父母喂养 15 ～ 17 天离巢。

鸽（鴿）（gē）

合 + 鸟（鳥）　篆 ◎

造字本义：雌鸟雄鸟合力筑巢、孵卵和育雏的鸟。即鸽子。

鸽为鸽形目、鸠鸽科数百种鸟类的统称。其典型特征为雌雄鸽共同筑巢、孵卵和育雏。当雌鸽离巢时，雄鸽会追逐雌鸽归巢产蛋。雌鸽产蛋后，雄鸽每天上午 9 时入巢孵化，换雌鸽出巢觅食、活动。下午 5 时雌鸽入巢孵化至次日上午 9 时，雄雌交替，日复一日，直到孵出雏鸽为止。幼鸽孵出后，雄、雌鸽共同分泌鸽乳，哺育幼鸽。鸽是晚成鸟，幼鸽需亲鸽喂养 40 天左右才能独立生活。一夫一妻制，常常数十只结群活动。鸽子反应机敏，警觉性较高，具有强烈的归巢性。一般来说，它

们的出生地就是它们一生生活的地方，对于任何生疏的地方都不安心逗留，时刻想着返回“故乡”。尤其是遇到危险时，这种“恋家”的欲望更强烈。人们利用它们的这种特征培养出信鸽，为人们送信。《圣经·旧约·创世纪》中记载，上古洪水之后，诺亚从方舟上放出一只鸽子，让它去探明洪水是否退去。七天之后，鸽子嘴里衔着橄榄叶飞了回来，诺亚由此判断，地上的水已经消退。此后鸽子和橄榄枝就成了和平的象征。

由于鸽子除了白鸽以外，其他鸽脖子上的羽毛颜色特别醒目，故又名“鹁鸽”。

鹭（鷺）（lù）

路＋鸟（鳥） 篆◎ 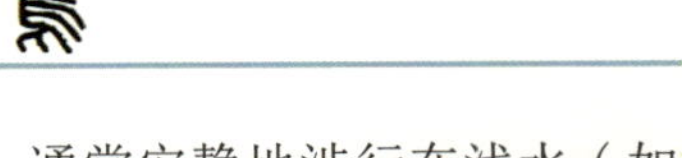

造字本义：喜欢走路（觅食）的鸟。通常安静地涉行在浅水（如池塘、沼泽、湿地）中觅食蛙、鱼和其他水生动物。

鸶（鷥）（sī）

丝＋鸟（鳥） 《说文》无，今篆◎ 

造字本义：顶、胸、肩、背部长有如丝长毛的鸟，故名丝禽。

“鹭”和“鸶”组合为“鹭鸶”，会意习惯走路觅食，顶、胸、肩、背部长有如丝长毛的鸟。

◎ 小知识

鹭鸶，为大中型涉禽，体型多高大瘦削，嘴直而尖，翅膀大，尾巴短，颈和腿较长，习惯安静地涉水走路觅食，于近水边树林或灌丛中营巢。鹭巢常密集成群，称“鹭巢群”。鹭鸶天生丽质，浑身洁白，繁殖期间头上会生出 2 根 10 余厘米长的羽毛，胸背处也会生出丝状的长羽毛，随风起舞，非常好看，在中国古代也称“丝禽”。鹭鸶喜欢栖息在湖泊、沼泽地和潮湿的森林里，主要食小的鱼类、哺乳动物、爬行动物、两栖动物和浅水中的甲壳类动物。它们经常一只脚独立站在水中，靠灵活的脖子和

鱼叉一样的尖嘴觅食。它们会将河蚌往石头上甩，直到河蚌被震开，就可以吃里面的肉。飞行时长颈缩成S形、长腿会伸出尾后、振翅缓慢。常见的有白鹭、苍鹭、池鹭等。

鸤（鳲）（shī）

尸＋鸟（鳥）《说文》无，今篆 ◎

造字本义：尸位素餐，占据他鸟之巢的鸟。

“尸位素餐”比喻空占着职位不做事，白吃饭。“鸤”便是这样的鸟，自己不筑巢，却把卵产在别的鸟巢里，让其他的鸟替它孵化小鸟，繁殖后代。

鸠（鳩）（jiū）

九（数目九，表示多）＋鸟（鳥）《说文》无，今篆 ◎

造字本义：喜欢群聚的鸟。为鸠鸽科部分鸟类的通称，种类繁多，全世界记录在案的有41属309种。

“鸤”和“鸠”组合为“鸤鸠”，会意喜欢群聚，产卵于他鸟之巢，骗他鸟代其孵化繁殖后代的鸟。因其鸣声酷似“布谷”，像是在催人不误农时及早春播，故名“布谷鸟”。

钨（鎢）（wū）

金＋鸟（鳥）《说文》无，今篆 ◎

造字本义：黑色的金属器物。与会意养活人的金属器具的“錥”组合为“钨錥”，会意小釜（早期的锅），如：我槌破汝钨錥邪？（北宋·李昉、李穆、徐铉等《太平御览》卷七五七引《魏略》）

钨矿在古代被称为“重石”。1781年，瑞典化学家K.W.Scheele（卡尔·威廉·舍勒）发现白钨矿，并提取出新元素酸——钨酸。1783年，西班牙人德普尔亚发现黑钨矿，也从中提取出钨酸，同年，用碳还原三氧化钨第一次得到了钨粉，并由此以西班牙语命名为Wolframio，以纪念首先发明该元素的卡尔·威廉·舍勒，后统一为Wolfram，元素符号为W，英文译作Tungsten。1911年，祖籍湖南长沙的旅美华侨李国钦，在湖南宜章、汝城、资兴三县交界的五岭山脉上一个名叫除冈仙的地方发现了古代被称为“重石”的黑钨矿，因其色黑，故取古代小黑铁锅“钨錥”之“钨”命名为“钨”，会黑金属之意。“钨”由此成了化学元素Wolfram的汉语音译字。

金属元素“钨”，原子序数74，呈灰色或棕黑色，硬度高，延性强，常温下不受空气侵蚀。主要用来制造灯丝和高速切削合金钢，也用于光学仪器和化学仪器的制造。据探测，中国为目前世界上最大的钨储藏国。

邬（鄔）（wū）

乌（烏）+阝　篆◎

造字本义：以乌为图腾的东夷人聚居的地方。东夷人西迁至今河南偃师，聚集于“乌邑”，名“邬”。其后裔以“邬”为氏姓，传承至今。

后邬邑归周，部分“邬”人迁至今山西介休，聚集为邑，也名“邬”。春秋时期，晋国重臣祁盈的家臣祁臧受封在邬邑，其后裔也以“邬”为姓，传承至今。

坞（塢）（隖）（wù）

阝（阜，土山）+乌（烏）　篆◎

造字本义：“阜”（有上下台阶的土山、土坡，作偏旁时写作左“阝”）和“乌”组合为“隖”，其造字本义为江边的土山、土坡。后改为“土”旁写作“塢”，随“烏”简化作“乌”类推简化作“坞”，泛指江边停船或修船的土山土坡，以及水边建筑的停船或修造船只的地方，如：船坞。

这样的地方一般位于临水的山坳，四面高、中间低，“坞”由此引申为“山坳”“四面高中间凹下的地方”，如：山坞、坞中（山坳中央）。

由此进一步引申为“四面立起中间凹下的花木深处，或四面挡风的建筑物”，如：花坞、竹坞。

由此又进一步引申为“小障蔽物”“防守用的小堡”（亦称“庳城”），如：坞壁（防御用的土堡、土障，也称“坞候”）。

二、知识疯狂补

重新审视形声字

“六书”一说最早见于《周礼·地官·保氏》：“掌谏王恶而养国子以道，乃教之六艺……五曰六书，六曰九数。”然《周礼》并没有对“六书”做出详细的解释。直至西汉，刘歆的《七略》曰：“古者八岁入小学，故周官保氏掌养国子，教之六书，谓象形、象事、象意、象声、转注、假借，造字之本也。”这是迄今为止所有遗存的典籍中对“六书”做出的最早的解释。东汉许慎受到刘歆的启示，费了几十年的精力整理汉字，编成《说文解字》一书，将古文字构成的规则概括归纳为象形、指事、会意、形声、转注、假借。此后，后世对“六书”的解说，皆以许慎的定义为核心。

然而，随着甲骨文的出土和文物资料的丰富，“六书”之说的局限性日益显现。人们发现，古人并不是先有“六书”才造汉字，因为汉字在商朝时已经发展得相当成体系，那时并未有关于“六书”的记载。所谓“六书”不过是后人分析汉字而归纳出来的所谓造字学说。就好像一个作家先写出文章，语文老师再根据他的文章总结出段落大意、中心思想是一个道理。

以形声字为例。过去，我们一直以为由形旁（义符）和声旁（音符）组合而成的形声字，形旁仅仅表义，声旁仅仅表音，二者随心所欲结合，便能源源不断地造出许多字来。

果真如此吗？

经过仔细研究不难发现，所有形声字的形旁并不能准确表意，如“江”“河”“湖”“海”等字的形旁都与水（氵）有关，但仅凭一个水（氵）旁根本无法准确定义这些汉字。再看声旁，大多数形声字也不能够完全表达汉字的准确读音，有些甚至完全不能表达，如“海”“熊”“辉”等字。据专家统计，现代汉字中，形声字声旁的有效表音率只有 39%。

那么，声旁真正的作用是什么呢？

声旁真正的作用是表义！

经过作者本人研究发现，几乎所有的所谓声旁都能辅助所谓的形旁准确表达汉字的本义，如“讣”“稠”“碉”“凋”“调”等字。如果我们搞清楚了“卜”的造字本义为直立竹（木）棍测量日影，“周”的造字本义为厚厚的密不透风的古钟的钟壁，那些字的字义便能全部迎刃而解，如：“讣”（“讠”+“赴”省“走”）会意趁太阳没有落山、日影没有消失，赶快赶路去告诉别人某件重要的消息，古时候死了人，把消息传递给死者最亲的人不能隔夜，显然“讣”指的是报丧；“稠”会意禾像钟壁一样排列得密不透风，泛指多而密；“碉”会意用石头砌成的像钟甬一样的建筑；“调”会意敲击乐器钟的钟壁，发出像人说话的声音，或音乐上高低长短配合、和谐好听的一组音，即“乐曲”，用符号记录下来即“乐谱”……

显而易见，形声字应该更名为形义字，似乎更为准确。

第二十七课 禽：笼中的美味

在民间，鸡、鸭不称为鸟，而称为禽。

甲骨文“”象形手（）伸进笼（）里，抓住动物的脚（）使劲往外拖。金文“”会意头朝下张嘴吃（）从笼子里拖出来的动物。篆文“”添加伸长的舌头（），表义伸手（）将笼子（）里的动物拖出来饮（）酒用，动物强烈反抗，被拖出的一只脚拼命地往里缩（），楷书为“禽”。显然，所有被猎获关在笼子里准备做下酒菜的动物均为禽。笼子里有鸟有兽，“禽”便成了鸟、兽的总称。如东汉神医华佗创编的健身操“五禽戏”中的“禽”，指的就是虎、鹿、熊、猿、鸟等五种鸟兽。

禽中最容易捕获的是鸟。人们将吃不完的鸟关在笼中，想吃的时候，伸手到笼（）里去抓。一不小心没抓牢，鸟儿（）扑腾翅膀逃跑了。因为鸟逃了，所以金文“”中无鸟（），添加树林（）和手（），会意笼中之鸟脱手飞走，消失在林中。篆文换“”（林）为“”（中，即草）写作“”，楷书为“离”，表义鸟儿挣脱笼子藏进了草丛，会意逃离。没能逃离的鸟儿因此改变了命运。主人怕它们饿死，按时投喂食物和水。时间长了，鸟儿们觉得这种饭来张口的日子很舒适，于是以笼为家，成了家禽。有家禽即有野禽，“禽”因此成了鸟类的总称。

禽中最早驯化的是鸡。从甲骨文“”中可以得知，最早驯化鸡的是奚人。远古时代，部落首领将抓（）来的死囚（）用绳子（）绑了，押解到北方的沙漠里，让其自生自灭，即甲骨文“”。奚人与蒙古人的祖先融合，形成奚族。奚（）人将名为原鸡的鸟（）儿圈养成家鸡，造甲骨文命名为“”，特指奚人驯化之鸟。篆文（）改鸟为“”，强调被驯化的鸡原本是一种天上飞的鸟“隹”。鸡被驯化后不再会飞，故楷书以“鸟”替“隹”写作“雞”，简化为“鸡”。鸡不仅源源不断地为人们提供肉、蛋，更重要的是可用来报时。“一唱雄鸡天下白”，每到黎明时分，鸡（）喔喔开口（）打鸣，提醒人们天就要亮了，得起床干活了，即甲骨文“”，会意鸡叫，泛指鸟鸣、发声，篆文为“”，楷书为“鳴”，简化为“鸣”。

鸭的驯化比鸡晚。甲骨文、金文里没有鸭字，说明鸭的驯化是商周以后的事情。鸭子的祖先为“”，会意展开翅膀（）可像人一样直立行走（）的鸟儿。金文“”会意在水花四溅（）的河塘里像人一样浮游（，楷书为“几”，读 shū）的飞鸟（）。为便于书写，篆文“”

将"九"简化作"几"，楷书为"凫"，即野鸭。由于被驯化的野鸭（鳧）长着如人的指甲（甲）一样坚硬的嘴甲，加上其叫声如"呷"，于是人们造篆文命名为"鴨"，楷书为"鴨"，简化为"鸭"。

鹅的祖先为"鴈"，指一种习惯排成人（人）字阵形迁徙的候鸟（鳥）。篆文"雁"加傍山而居的岩屋（厂），会意屋门口常见的呈"人"字形飞行的鸟群，楷书为"雁"。个别的雁因受伤掉队而被抓，人们将其养在家中，驯化成鹅。鹅额长着肉瘤，嘴扁而阔，长颈及头部酷似古代的武器戈（戈）。它们虽被驯化，但野性不改，经常像手（手）握长戈（戈）保护自我的士兵，主动追逐并攻击人，加上其发出"哦哦"的叫声，于是人们造篆文将这种鸟（鳥）命名为"鵝"，楷书为"鵝"，简化为"鹅"。古诗"鹅鹅鹅，曲项向天歌。白毛浮绿水，红掌拨清波"中所描绘的就是这种动物。

与人相处最为和睦的家禽是鸽子。有一种习惯群居的野鸟（鳥），经常聚集在氏族部落的坡顶屋（亼）前啄食，好似部落首领召集众人集合，众人异口（口）同声频频点头应答。人们与这些野鸟相处久了，经常投食，野鸟久而久之便成了家禽，人们造篆文命名为"鴿"，楷书为"鴿"，简化为"鸽"。

无论是鸡、鸭、鹅还是鸽，人们最初驯化这些家禽的目的都是为了食用。传说伯益被大禹任命为管理山林、禽兽的虞官，整天与鸟儿待在一起。时间久了，他学会了鸟语，经常模仿鸟儿说话的声音，并由此发明了口技。有一天，鸟儿向他诉苦，说常遭到人们捕杀。伯益问："你们有什么好的建议呢？"鸟儿说："你用笼子养几只最漂亮的鸟儿，人们觉得好玩，就不吃我们了。"伯益觉得有道理，就笼养了几只八哥。八哥会学人说话，人们真的爱上了鸟。但没想到，从此以后更多的人跑进山林抓鸟，然后将猎来的飞鸟"隹"（隹）摆在地上，开口（口）大声叫卖即"售"字，楷书为"售"。所以，一个小小的"售"字，再现了当年禽类市场交易繁荣的场面。

一、汉字疯狂+

字根：

造字本义：

处于飞行状态的鸟。“鸟”为处于行走觅食状态的飞禽。因人们常常分不清“鸟”和“隹”，所以“隹”“鸟”都引申泛指飞禽，读 zhuī。

由于鸟飞得高，“隹”因此引申为“高”，读 cuī，如：畏隹（古同“巍崔”，高峻），现作“崔”，如：崔巍。

雔（chóu）

隹＋隹　金◎　篆◎

造字本义：两只飞鸟，引申为“对鸟”“伴侣”“匹配”。

雦（chóu）

隹＋隹＋隹　《说文》无，今篆◎

造字本义：三只飞鸟。古时以三为多，以三结群，“雦”由此引申指“群鸟”。

雥（zá）

隹＋隹＋隹　甲◎　金◎　篆◎

造字本义：群鸟集在一起起起落落，声音嘈杂，秩序混乱，会意“杂”。

集（雧）（jí）

隹＋隹＋隹＋木　甲◎　古◎　金◎　篆◎

造字本义：群鸟栖止于树上。

引申为“聚合”“会合”，如：聚集。

用作数学的基本概念之一，指若干具有共同属性的事物的总体，如：子集、交集、集合。

进一步引申为“会合许多著作编成的书”，如：文集。

又由此进一步引申为“大型图书中可以相对独立的一部分，或一部小说、一部电影、电视剧中相对独立的段落”，如：上、下集。

古时候，人们像群鸟一样从四面八方汇集到交通便利的地方以物换物，“集”由此引申为“定期交易的市场”，如：赶集、集市。

杂（雜）（zá）

九＋隹＋木　篆◎雜

造字本义：许多（九只或九只以上）的鸟聚集在树上，起起落落，叽叽喳喳，声音嘈杂，秩序混乱，会意多种多样的，混乱，没条理，如：复杂、杂技。

由此引申为“混合在一起”“掺和”，如：掺杂、夹杂、大杂烩。

霍（靃）（huò）

雨＋隹＋隹　甲◎　金◎　篆◎靃

造字本义：雨突然落下，群鸟迅速逃离，会意突然、疾速，如：霍闪（闪电）、霍然。

引申指鸟疾飞时发出的声音，如：磨刀霍霍向猪羊。（《乐府诗集·木兰诗》）

有一种因食物或水受到革兰阴性菌污染而引起的急性腹泻性传染病，从突然腹泻开始，继而呕吐，快速脱水，直至肌肉痉挛，四肢抽搐（乱动），故名“霍乱”。霍乱发病急、传染性强、病死率高，属于国际检疫传染病。

藿（藿）（huò）

艹（艸，从草，泛指“草或草本植物”）＋霍　《说文》无，今篆◎

造字本义：一种能治疗恶心呕吐等急性疾病、全株芳香的植物，故名“藿香”，古时名“霍香”，后加“艹”字头突出其植物特性。

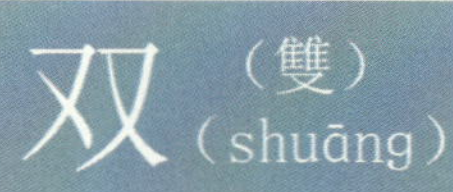

隹+隹+又（持物的右手。泛指手） 篆 ◎

造字本义：手里抓着两只扑腾挣扎、想飞走逃离的鸟，会意两个、一对，简化为“双”，以人之双手会意，如：双杠、双方。

男女、雌雄成双成对为“偶”，“双”由此引申为“偶”，与“单”相对，如：双数。

事物成双数增加为倍增，“双”由此引申为“加倍的”，如：双份、双倍。

只（隻）（zhī）

隹+又 甲 ◎ 金 ◎ 篆 ◎

造字本义：手里抓着一只扑腾挣扎、想飞走逃离的鸟，会意一个。由于书写繁复，因人嘴只有一张，故取“只”予以替代简化，引申作量词，用于计算动物的数量，如：一只鸟、三只熊。

由此引申计量某些成对的东西中的一个，如：一只筷子。

也引申计量某些器具或船只，如：一只箱子、一只小船。

一个为单，“只”由此引申为“单独的”“极少的”，如：片纸只字。

崔（cuī）

山+隹 篆 ◎

造字本义：连鸟都难以飞越的高大雄伟的山，会意高大雄伟，如：崔巍。

催（cuī）

人+崔 篆 ◎

造字本义：叫人（在天色暗下来之前）加快速度，抓紧时间翻越连鸟都难以飞越的高大雄伟的山，引申为“叫人赶快行动或做某事”“促使”，如：催促。

摧（cuī）

扌（手）+崔　甲◎　篆◎

造字本义：甲骨文象形人手持长棍捕杀鸟类，捣毁鸟巢，会意捣毁、破坏、铲除。篆文加大破坏的力度，楷书为“摧”，会意动手推倒（拦住去路的）鸟都难以飞越的高山，引申为“强力破坏”“倒塌”“崩裂”“摧毁”“破坏”“毁坏”，如：无坚不摧、摧毁。

由此引申为“折断”，如：商旅不行，樯倾楫摧。（宋·范仲淹《岳阳楼记》）

当人们受到极大挫败之后，内心必然十分悲痛，“摧”由此引申为“悲痛”“哀伤”，如：摧心。

璀（cuǐ）

王（玉，作左偏旁时写作“王”）+崔　篆◎

造字本义：玉的光芒四射，照亮了连鸟都难以飞越的高山，形容珠（玉）的光芒射得很高很远，光彩夺目，如：璀璨。

雕（diāo）

周+隹　篆◎

造字本义：指一种习惯盘旋几周后俯冲扑食的大型猛禽，又名“鹫”，如：金雕、坐山雕。

雕非常狡猾，且凶猛，“雕”由此引申为“奸猾”“凶猛”，如：雕悍。

因人手握刻刀雕刻之时，刻刀刀尖锋利如雕嘴，姿势和神情都酷似雕频频点头啄食，“雕”由此引申为“在竹木、玉石金属等上面刻画”，如：雕刻、雕虫小技。

也引申指雕刻的作品，如：石雕。

为了使雕件更好看，许多人喜欢为雕刻的纹饰上色，“雕”由此引申为“用彩画装饰”，如：雕梁画栋。

雇（gù）

户（单扇门，引申指“住户”“人家”）+隹　甲◎　籀◎　篆◎

造字本义：不同季节飞到农家住户（户），由神请来帮忙指导农事的候鸟（隹），因其入户，故取“户”的近音读gù。这些入户帮忙提醒农事的鸟儿一共有九种，故名“九雇”，即“九扈”。

“雇”由此引申为“外来帮忙干活的（人或畜）”。

起初，农忙季节农户与农户之间互相帮忙是不要花钱的。后来大家都不够人手，只好出钱请人帮忙，“雇”由此引申为“出钱请人给自己做事”，如：雇佣。

由此进一步引申为“出钱租赁”，如：雇请。

有雇，就有受雇，“雇”由此引申为“被雇请”，如：雇工。

顾（顧）（gù）

雇+页（頁，头部）　篆◎

造字本义：回头看或转头看（不同农事季节）飞入住户提醒农事的候鸟。这个字生动地描绘了候鸟“雇”飞进主人的家门，主人听见叫声赶紧回头看的场景。由此以“顧”表义回头看、转头看。因“顧”书写繁复，简化作“顾”，会意正坐（㔾，卩）于简陋的岩屋（厂）之内的人，回头（头背对着岩屋的墙面）看，引申为“转头看”，如：环顾、左顾右盼。

引申泛指观看、瞧、看，如：四顾无人、顾名思义。

每年农事季节一到，候鸟“雇”准时飞入农户家里提醒、问候主人，“顾”由此引申为“访问”“拜访”，如：光顾。

对农户而言，视候鸟“雇”为天使，其应时到来是上天对自己的照顾和关怀，及时提醒不误农时，“顾”由此引申为“注意”“照管”“关照”“关怀”，如：照顾。

不同的候鸟“雇”过了相应的农事季节会飞走。候鸟飞走以后，人们很眷念，希望它来年准时返回，“顾”由此引申为“眷念”，如：顾念。

在人们看来，经常去商店买货的人与应时候鸟十分相似，来了又走，如果对其服务得好，又还会回头，“顾”由此引申为“前来商店或服务行业购买东西或要求服务”，如：惠顾、主顾、光顾、顾客、顾主等。

由于“顾”表义回头看，对于头部运动来说是一个转折，“顾”因此引申作副词，表示轻微的转折，相当于“而”“不过”“但是”，如：顾自以为身残处秽。（汉·司马迁《报任安书》）

隺（hú）（hè）

冂（门洞）+ 隹　篆 ◎

造字本义：鸟儿高飞，直至其喙超过了天门门洞的高度，会意“极高”，读 hú。现已不常用，仅作偏旁。

由此引申为“鸟往高处飞”，读 hè。

也引申为“飞得极高的鸟”，即鹤。后写作“鹤”。

鹤（hè）

隺 + 鸟（鳥）　篆 ◎

造字本义：飞得极高的鸟。

因“隺”是迁徙候鸟，在人们看来，其来自遥远的北方，即少数民族聚集的“胡人”区，“隺”因此取“胡”近音读 hú，被人们视作长寿、吉祥和高雅的象征，常被与神仙联系在一起，故又称“仙鹤”“仙禽”。羽毛有黄、白、黑等色，其中以白毛的最好。头顶颊部及眼睛是红色，脚部色青，颈部修长，膝粗指细。躯干部羽毛白色，而翅膀和尾部有羽毛为黑色，有的为灰色，叫声特别洪亮。

如丹顶鹤，它是生活在沼泽或浅水地带的一种大型涉禽，常被人冠以“湿地之神”的美称。丹顶鹤并非人们所想象的那样松鹤延年，其并不长寿，寿命一般只有二三十年。丹顶鹤善于飞翔，飞行高度可超 5400 米，且边飞边鸣。丹顶鹤高亢、洪亮的鸣叫声与其特殊的发音器官有关。它的颈长，鸣管也长，长达 1 米以上，是人类气管长度的五六倍，末端卷成环状，盘曲于胸骨之间，就像西洋乐器中的铜管乐器一样，发音时能引起强烈的共鸣，声音可以传到 3 ～ 5 公里以外。

鹤是鹤科鸟类的通称，美丽而优雅的大型迁徙禽，除黑颈鹤与赤颈鹤生活在青藏、云贵高原外，其余鹤类均生活在北方，每年 10 月下旬迁至长江流域一带过冬，第二年 4 月春回大地再飞回北方。主要栖息在沼泽、浅滩、芦苇塘等湿地，以捕食小鱼虾、昆虫、蛙蚧、软体动物为主，也吃植物的根茎、种子、嫩芽。善于奔驰飞翔，喜欢结群生活。鹤睡眠时常单腿直立，扭颈回首将头放在背上，或将尖嘴插入羽内。鹤的巢多筑于沼泽地的草墩上或草丛中，产卵 1 ～ 2 枚，雌雄鹤轮流孵化。到 31 天后蛋中小鹤开始啄壳，双亲在旁静立守候达一昼夜。才出壳的雏鹤形如小鸭，觅食时紧随双亲左右。幼鹤长到一岁时，为了养活新出世的雏鹤，双亲要忍痛将其赶走，让它自立。

在中国，鹤在鸟类中的地位仅次于凤。人们以为鹤寿无量，将其与龟并列，视作长寿仙禽，故后世常以“鹤寿”“鹤龄”“鹤算”作为祝寿之词。道教追求长寿，道教中的仙人大都以仙风道骨之鹤或者神鹿为坐骑，年长的人去世有“驾鹤西游”之说就是这么来的。

自古以来，鹤是中国文人雅士不可或缺的绘画素材。人们将鹤与龟画在一起，寓意“龟鹤齐龄”“龟鹤延年”；与松画在一起，喻为“松鹤延年”“松鹤长春”“鹤寿松龄”；与鹿和梧桐画在一起，表示“六合同春”；画众仙拱手仰视寿星驾鹤，谓“群仙献寿”；画鹤立潮头与岩石，名“一品当朝”；画双鹤向着太阳高飞，是希望对方高升；画鹤、凤、鸳鸯、苍鹭与黄鸽，则描绘的是人与人之间的五种社会关系，其中，鹤象征父子关系，因为当鹤长鸣时，小鹤也鸣叫，鹤由此成了道德伦序的“父鸣子和”的象征。又由于鹤雌雄相随，步行规矩，情笃而不淫，具有很高的德行，所以古人多用有君子之风的白鹤比喻具有高尚品德的贤能之士，把修身洁行美誉度高的人称为“鹤鸣之士”。

焦（jiāo）

隹 + 火（灬） 甲 ◎ [甲骨文] 籀 ◎ [籀文] 篆 ◎ [篆文]

造字本义：将鸟放在火上烤，鸟儿挣扎，扑腾着翅膀想逃，会意烧烤、烤。

动物等经过烧烤，很快因失去水分碳化而变黄变黑、发硬发脆。如果火太大，烤得过头，被烧烤之物会因此变黑变煳，“焦”由此引申为“物体经火烧变成黑黄色并发硬、发脆”，如：烧焦、焦头烂额。

由此进一步引申为“烧焦的颜色”，如：焦黄。

万事万物如果因受热而失去水分，会因为极度干燥而开裂，“焦”由此引申比喻干燥到极点，如：焦枯、焦渴。

如果火候掌握得好，则烤得焦而不煳，嫩而酥脆，非常爽口，“焦”由此引申为“酥”“脆”，如：焦脆。

当火太大、动物被烤煳时，会发出一股难闻的煳臭味，“焦”由此引申为“物体烧焦所产生的气味”，如：焦味。

人们制作烧烤时，时刻会担心烧烤之物被烧煳，心里很着急，“焦”由此引申为“烦躁”“着急”，如：焦急、焦虑。

人们制作烧烤时，喜欢用发热量高、烟少的燃料，“焦”由此引申指一种质硬、多孔、发热量高的固体燃料，如：焦炭、焦煤。

当人们把一整只鸟放在火上烤时，由于中间处于火苗的中心区，相比两头温度更高，导致两头和中间部分因受热不均而焦熟的程度不一，中医由此将人体区分为三个部分：将横膈以上的内脏器官称为上焦，包括心、肺；将横膈以下至脐的内脏器官称为中焦，包括脾、胃、肝、胆等；将脐以下的内脏器官称为下焦，包括肾、大肠、小肠、膀胱，合称“三焦”，指人体内水谷道路、气所始终的部位。

因为“焦”与热量有关，为纪念英国著名物理学家詹姆斯·普雷斯科特·焦耳（James Prescott Joule），人们将热量的公制单位 Joule 汉语音译作“焦耳”，简称“焦”，并用焦耳姓氏的第一个字母“J”来标记热量以及“功”的物理量。

礁（jiāo）

石 + 焦　后起字，今篆 ◎ 

造字本义：仿佛被火烤过，表面呈焦黑色的岩石，特指被水长时间浸泡、江海中隐现于水面上下的岩石，如：暗礁、礁石。

由此进一步引申特指由珊瑚虫的遗骸堆积成的岩石状物，如：珊瑚礁。

蕉（jiāo）（qiáo）

艹（艸，泛指草）+ 焦　篆 ◎ 

造字本义：叶子长、大，躲在下面可防止被太阳烤焦的植物，读 jiāo。如蕉麻、芭蕉、香蕉、美人蕉等叶片长达 2 ～ 3 米，宽 25 ～ 30 厘米，非常适合遮阳，故名“蕉”，如：蕉叶、蕉扇。

这些植物叶鞘里的纤维非常结实，可制绳、织布，“蕉”由此引申指蕉麻。

由此进一步引申为“用蕉麻织成的布或做成的衣”，如：蕉布、蕉衫。

“蕉”也被后人理解为用于烧烤的草本植物，读 qiáo，如：覆之以蕉，不胜其喜。（《列子·周穆王》）后写作“樵”。

劁（qiāo）（qiáo）

焦 + 刂（刀）　《说文》无，今篆 ◎ 

造字本义：用火集中一点加热，使动物生殖器麻木，再快速割除（牲畜的生殖器），即骟、阉割。被劁过的牲畜没有生育繁殖能力，能吃，长得快，可以很快出栏卖钱，读 qiāo，如：劁猪。

由此引申为“割”“断”，读 qiáo，如：劁刈（收割）。现读 qiāo。

憔（qiáo）

忄（心）+焦　今篆 ◎

造字本义：心里忍受着被火烤焦一般的折磨，如：憔悴。

谯（譙）（qiáo）（qiào）

言（讠）+焦　篆 ◎

造字本义：东西烤焦了，受到语言责备，会意责备、谴责，读 qiào，如：谯怒。

戍边、戍城或战争时期，一旦发现哪里起火冒烟出现，必须赶紧报告，“谯”由此引申为“瞭望”“观察”“看到”，读 qiáo，如：独守丞与战谯门中。（东汉·班固《汉书·陈胜传》）

引申指城门上的望楼，如：谯门。

瞧（qiáo）

目+譙（省“言”）　《说文》无，今篆 ◎

造字本义：用眼睛瞭望、观察，用于口语，泛指“看”，如：瞧见、瞧一瞧。

军事瞭望都是暗中观察，“瞧”由此引申为“偷看”，如：瞧女人。

因“焦”含烧焦失去光泽之意，“瞧”由此引申为“眼睛失去光泽，看不清楚”，会意眼昏、眼花，如：睹文籍则目瞧，修揖让则变伛，袭章服则转筋，谭礼典则齿龋。（三国·魏·嵇康《难自然好学论》）

进（進）（jìn）

辵（辶）+隹 甲◎ 金◎ 篆◎

造字本义：鸟儿走走停停，跑。因书写繁复，人们取进门即见水井或天井之意简化为“进”。明代曾简化为“辻”，但没流行。

由于鸟行走时只能向前或向上，不能后退，故用“进”表示向前（或向上）移动、发展，跟“退”相对，如：前进、进步。

古时官员向上晋升的途径之一为他人举荐，“进”由此引申为“举荐”，如：进贤任能。

顺着房屋的中轴线往前移动，跨过门槛，到达屋内，“进”由此引申为“入”“往里去”“从外面到里面”，跟“出”相对，如：进见、进门。

由此进一步引申用在动词后面，表示到里面，如：走进会场、开进。

继续顺着中轴线往宅子里面走，经过一排一排的房子，人们将这种一宅之内的前后几排房子，一排称为一进，“进”由此引申为“旧式房院的层次”，如：这所宅子是两进院。

由此进一步引申作量词，相当于“层”，如：内墙砌宽一尺，石一进。

古时帝王住在深宫大院，上朝时要经过一进一进的宫殿才能见到帝王。见到了帝王，必须讲究礼节，呈物品时不能让对方上前来取，而是主动上前呈送，“进”由此引申为“上朝”“奉上”“呈上”，如：进言、进谏。

人们吃喝的时候，总是将食物从外面往口里送，仿佛人从外面往屋里走，“进”由此引申为“吃”“喝”，如：滴水未进、进食。

一到收割季节，人们将收获的谷物从屋外储藏进屋内，将具体数字计入账本，“进”由此引申为“收入或买入”，如：日进斗金、进货。

雀（què）（qiǎo）（qiāo）

小+隹 甲◎ 金◎ 篆◎

造字本义：体型很小的飞鸟，泛指小鸟，特指麻雀，读 què，如：欢呼雀跃、雀斑。

民间称“雀斑”为“雀子”，方言读 qiāo。

口语中“雀”经常被读作“qiǎo”，如：家雀。

隼（sǔn）

隹+十　甲◎　金◎　篆◎

造字本义：捕猎后被驯化的、停留在人手臂上被人驾驭帮助捕猎的鹰，特指猎鹰，取“驯”近音读 sǔn，泛指鹗形目以外的所有猛禽。

隼的飞翔能力极强，也是视力最好的动物之一，在鸟类中处于食物链的顶端，具有重要的生态意义。很多隼形目的鸟类被人们视作勇猛刚毅的象征，所以有不少国家的国鸟是隼形目的鸟类。隼在古突厥语、维吾尔语中念“鹘”。维吾尔族在古时候汉语音译过来称“回纥”“乌护”“乌纥”等，隋朝时统一称作为“韦纥”。唐德宗贞元四年（公元 788 年），回纥遣使唐朝要求更名为“回鹘”，取其回旋轻捷如鹘之意，意思是说维吾尔族是一个像“鹘（隼）”一样勇猛的民族。至今，维吾尔族人依然保存了驯鹰（隼）的习俗。

榫（sǔn）

木+隼　《说文》无，今篆◎

造字本义：隼有个特点，很难驯化，可一旦被驯化，对主人绝对忠诚。猎手通过猎隼的眼神知道有猎物出现，于是一手托举猎隼，猎隼便会展翅而去，风似的去追赶猎物。捕完猎收工，猎手将手一举，猎隼会乖乖地飞回来停到猎人的手臂上（即人体鹰架），每次都会牢牢地停在手臂上相同的地方，丝毫不差。由于猎隼的爪相当锋利，猎手为防止手臂被猎隼扎伤，一般都会套上厚厚的皮质护套。隼爪扎破护套，深深扣进护垫，便能牢牢地停留在主人的手架上不至于滑落。那隼爪好似竹木、石制器物上凸出的榫头，隼爪在手臂护套上扎出的眼好似榫眼，榫头套进榫眼，连接在一起的物件好似隼爪紧紧扣住主人手臂上护套里的眼一

样牢固，于是人们便以“木”和“隼”组合为“榫”，将竹、木、石制器物或构件上利用凹凸方式相接处凸出的部分命名为“榫”，引申为“框架结构两个或两个以上部分的接合处”，如：榫卯。

准（zhǔn）

“冫”（仌，水凝冻成冰，泛指冰）+隼（省“十”）

篆◎

造字本义：隼将视线像水凝结成冰一样凝固在猎物身上，将其锁定为箭靶的中心，极为精确地捕获猎物，即注视靶心，泛指出（射）击时注视目标，以期命中，如：瞄准、准确。

猎物一旦被隼锁定，极少能逃脱，“准”由此引申为“一定”“确实”“确定”，如：准保、准来。

隼将目光集中为一点，是为准确捕获猎物做打算，“准”由此引申为“料想”“打算”，如：准备。

另，“氵”（水）和“隼”组合为“準”，其造字本义为用隼一样锐利的眼光观察水面。风平浪静的时候，水面始终保持平的状态，“準”由此引申为“平”“不倾斜”，本应简化为“淮”，为避免与“淮水”之“淮”重复，人们考虑到“氵”与“冫”含义接近，故将“準”与“凖”合并，也简化作“准”。由于隼是世界上视力最好的动物之一，当水面冒出水泡而变得不平时隼一个俯冲，伸出爪子瞄准不平的地方抓过去，即可捕得鱼类，水面平与不平由此成了隼是否出击抓捕鱼类的准则和依据，“准”由此引申为“标准”“依据”“根据”“法则”，如：准绳、准则。俗话说“一碗水端平”，词语“水准”“水平”就是这么来的。

有了标准，就得按照标准执行，“准”由此引申为“按照”“依照”，如：准式。

平与不平，需进行测量，“准”由此引申为“测量”“测算”“衡量”，如：准度、准量。

有了标准，即可效仿，“准”由此引申为“仿效”“效法”，如：准拟。

在日常生活中，人们判断脸部哪个器官是鼻子的标准为以脸部为水平面隆起的部分，“准”因此被借用为“鼻”，如：隆准，即指高鼻子。

符合了隼出击的标准，意味着可以进入捕鱼环节，“准”由此引申为“允许”“许可”“决定”。唐、宋以来常用作公文上许可的批语，如：批准、准许。

评判事物虽然有了标准，但还得靠人去判断并做出结论。人往往受主观意识、个人情感等因素的影响，导致掌握的尺度有松有严，经常出现虽然达不到严格要求的标准，但也勉强可以默许的情况，“准”由此引申为“和某类事物差不多”“比照，作某类事物看待”“基本达到标准但未通过验收”“折抵”，如：准将、准尉、准五星。

"准"有时也用作音译，如：准噶尔盆地，蒙古语为"左翼""左手"的意思。

推（tuī）

扌（手）+隹　篆◎

造字本义：手向外用力，使人或物像飞鸟一样向前快速移动，会意手抵物体向外或向前用力使物移动，如：顺水推舟、推车、推搡、推拿。

引申为"使用工具向前移动进行工作"，如：推头、推磨。

由此进一步引申为"使事情取得进展""使事情开展"，如：推广、推销。

当人们思考问题的时候，总是根据已知的事实一步步断定，取得进展，"推"由此引申为"进一步想""由已知之点想到其他"，如：推理、推算。

当人们分配物资讲客气的时候，总是将自己面前的东西推到对方面前，"推"由此引申为"让给别人""辞让"，如：半推半就、推辞。

由此进一步引申为"让出""献出"，如：推心置腹。

有的人辞让，是为了推卸责任，"推"由此引申为"脱卸"，如：推诿、推脱。

远古时期实行禅让制，大伙儿将品行好、能力强的人推到台上拥戴其为首领，"推"由此引申为"举荐""指出某人优点"，如：推选、推举。

如果人们反方向用力，虽然人或物也在向前移动，却是倒退的，"推"由此引申为"（空间上）往后挪动，（时间上往后）拖延"，如：推延、推移。

唯（wéi）（wěi）

口+隹　甲◎　金◎　篆◎

造字本义：开口模拟鸟求偶的鸣叫声，逗引猎捕。

鸟听到求偶的鸣叫，连续应答，"唯"由此引申为"答应的声音"，古时读wěi，如：唯唯诺诺。

鸟儿在人类伪装成鸟儿求偶的叫声吸引下，尾随、顺从地向人靠近，"唯"由此引申为"尾随""顺从"，特指鱼相随而行的样子，读wéi，如：其鱼唯唯。（《诗经·齐风·敝笱》）

为了得到理想中的伴侣，单身鸟儿只能顺从，"唯"由此引申为"只有""单单""独""只是"，如：唯物、唯心。

帏（wéi）

巾＋隹　篆◎

造字本义：遮挡鸟儿求偶鸣叫声（使能安静休息）的针线织物，泛指围在四周的布幕，如：帏幔。

引申指用幕布遮挡，如：周武王乃使人帏而守之。（汉·贾谊《新书·连语》）

惟（wéi）

忄（心）＋唯（省“口”）　金◎　　篆◎

造字本义：金文一形“”会意一只鸟，即“只”“单”“独”。金文二形“”会意单身的鸟（）儿心（）里想得到伴侣，开口（）发出求偶的鸣叫。篆文承接金文二形省“”（口）写作“”，楷书为“惟”，会意想求偶的鸟，即“单”“独”“只有”“只是”，如：惟一，后作“唯一”。

鸟儿想尽一切办法，只想求偶成功，“惟”由此引申为“想”“思考”“思念”，如：思惟，后作“思维”。

一旦求偶的鸟儿对上了眼，出于本能地听从、顺从，“惟”由此引申为“听从”“随从”，如：惟命是从，后作“唯命是从”。

维（維）（wéi）

糸（糹）＋唯（省“口”）　篆◎

造字本义：用绳子系住鸟脚，开口模仿鸟求偶的鸣叫声（以吸引其他鸟儿进网，达到捕鸟的目的），引申为“拴”“系”“联结”，如：维系、维舟。

用绳子拴住鸟，是为了保持“隹”在网内安定不逃，以便模拟鸟儿求偶的叫声哄骗其他鸟儿进入陷阱，“维”由此引申为“保持”，如：维持、维护、维修、维生素。

系“隹”靠绳，“维”由此引申为“纲”，即提网的总绳，引申指事物的关键部分，如：人君者，摄天地之政，秉四海之维。（《后汉书·陈蕃传》）

鸟儿被蒙骗自投罗网，捕鸟的人将撑网的棍子扯倒，鸟落入网中，“维”由此引申为“捕鸟的罗网”，泛指“网”，如：维，网也。（《集韵》）

由此引申为“生物体中的丝（网）状组织”，如：纤维、神经纤维。

人们思考问题的时候，要像捕鸟之网四面皆围一样，考虑周详，不留死角，“维”

由此引申为“思考”，如：思维。

由此进一步引申为“各个角度”“各个角落”，泛指隅、角落，如：四维。

由此又进一步引申为数学名词，指“几何学及空间理论的基本概念‘维度’”，即“空间独立而互相正交的方位数”，如：通常的空间为“三维”，平面为“二维”，直线只有“一维”。

潍（濰）（wéi）

氵（水）+维　篆◎

造字本义：水网密布、鸟儿成群的河流。指位于山东东部的潍河，古称“潍水”，为山东省最长和流域面积最广的河流，是潍坊的母亲河。

谁（誰）（shuí）（shéi）

氵（水）+维　金◎　篆◎

造字本义：客人来访，惊动屋前屋后的鸟儿，主人随口即问：“来者何人？”“谁”由此引申作疑问代词，读 shuí，如：你找谁？

由此引申为“哪个人或哪些人”，如：莫愁前路无知己，天下谁人不识君。（唐·高适《别董大》）

由此进一步引申为虚指，用以泛称，相当于“某人”，如：有谁能帮我就好了。

又由此进一步引申为“每个人”，如：大家比着干，谁都不甘落后。

“谁”也被人们引申用来表示疑问，指事物，相当于“什么”，如：谁家？

“谁”用于口语交际时读 shéi。

雄（xióng）

厷（右手持物，用力往里收缩，会意强壮有力）+隹　篆◎

造字本义：强壮有力，像男性一样能产生精细胞的鸟，即公鸟，如：雄父（公鸡）。

引申泛指能产生精细胞的动植物，即公的，跟“雌”相对，如：雄鸟、雄蕊。

雄性的野兽强壮有力，“雄”由此引申为“高大威武”“强有力的”，如：雄辩、雄壮。

由此进一步引申为“强有力的人或国家”，如：英雄、战国七雄。

猛兽中，兽王总是雄性，“雄”由此引申为“首者”“居前列者”，如：雄英、雄略。

胜利总是归属力大刚健者，“雄”由此引申比喻刚强、胜利，如：决一雌雄。

能取得胜利者必然是有气魄之人，“雄”由此引申为“有气魄的”，如：雄心。

有气魄者多傲慢，“雄”由此引申为“傲慢地威吓、威胁、恐吓或盛气凌人”，如：你莫拿话雄人。

二、知识疯狂补

春秋战国疯狂造字

从甲骨文到金文，文字始终未能在百姓中普及。由于使用得少，人们对于字的需求量也就不那么大，故单字的数量不多。到了春秋战国之时，情况发生了巨大变化，周朝四分五裂，诸侯割据。各诸侯为谋霸业，广纳贤才，纷纷养士。有识之士抓住这一千载难逢的出人头地的好机会，到处游说自己的主张。这样一来，百家争鸣，文章大兴，形成了许多流派。显然，老祖宗造的那么一点字不够用了，各国便开始大造文字。连孔子都说：“吾犹及史之阙文也”“今亡已夫”！意思是说，此前写字的人，遇见写不出的字还空着去请教人，现在却没有了，都创造一个字写进去。可见造字成了当时流行的一种时尚。因为各造各的，所以所造之字在六国间并不流通，虽然看上去字形差不多，却互不相识。当年究竟新造了多少字已不可考，但从西汉许慎编著的《说文解字》中可以看出端倪。《说文》全书共收录汉字 9913 个，但固有的籀文、古文数量并不大，音、义相同的异体字却数不胜数。这些所谓的异体字绝大多数或为春秋战国时代的产物。

文字的混乱，导致政令不畅，秦始皇统一六国后立马下令丞相李斯、中书府令赵高和太史令胡毋敬等人对文字进行整理。小篆横空出世，六国文字由此走向统一。

第二十八课 畜：吉庆的象征

早期的人类以捕猎为生。一到冬天，动物冬眠，寻找食物出现困难，人们开始琢磨如何度过漫长的寒冬。甲骨文时代，古人从悬在空中漂浮不定的细丝（，玄）中受到启发，有意无意地拿一把草料逗引兽类，兽类饥不择食，一旦胃（）里装满食物，即变得十分温驯。这种通过食物引诱驯化、饲养的禽兽即“”，金文为“”，篆文为“”，楷书为“畜”。圈养禽兽（）需积聚粮草（），所以古人造篆文“”，会意积聚、储藏，楷书为“蓄”，如：积蓄、储蓄。从此人们再也不担心冬天没有食物，心存感激，活杀整羊（），绑上类似哈达的丝绳（）祭祀神祖，期望老天赐予像青草萌生（）那样多的羊，这一过程即甲骨文“”。金文“”以“牛”（）换“羊”（），篆文为“”，楷书为“牲”，引申泛指所有供祭祀、盟誓及食用的家畜，即牲口。

大自然中可供驯养的野兽很多，人们选择了六种动物进行驯化，称为六畜。

六畜中，甲骨文“”象形长着尖角的牛头，篆文为“”，楷书为“牛”。古人一边用牛（）犁地，一边动手（）栽种禾苗（），于是造了古文“”会意耕牛。篆文为“”，楷书为“特”，意思是对耕牛要特别照顾，即精养，后来引申为“不平常的”“超出一般的”，如：特殊。所以人们一般不杀耕牛，所杀的都是肉牛。屠夫挥刀（）宰牛（），鲜血四溅（），造甲骨文“”，篆文为“”，楷书为“物”。在古人看来，没有生命的东西为物，故以死牛指物。

六畜之中，最受重用的是马。甲骨文“”象形马，金文“”突出马奔跑时头颈（）部飘扬的马鬃（），篆文为“”，楷书为“馬”，简化为“马”。甲骨文“”刻画了人（）拽着缰绳（）伏在马背（）上奔驰的形象。篆文“”会意成年人（）口（）喘着粗气，跨在像拐杖（）一样的马（）背上扬鞭飞奔，楷书为“騎”，简化作“骑”。这说明4000多年前马就被驯服成了人类骑行的工具。“妈”字之所以含有“马”，是因为女子常常背着孩子劳作，远远望去，孩子好似骑在马的背上，于是人们造了个心甘情愿为子女做牛做马的“妈”字会意母亲。然而马毕竟不是母亲，脾气暴烈，不易驯服。人们想了一个办法，用皮革（）做了个网（）状的笼头，罩住马（）头，篆文为“”，楷书为“羁”，会意束缚、拘束。马强烈挣扎惹怒主人，主人一边给马（）套上网（）状的笼头，一边用最污秽的语言进行辱骂，所以人们造篆文“”会意斥责，楷书为“罵”，简化为“骂”，引申为“用粗野或带恶意的话侮辱人”。人见人骂的是那些练就了高超马（）术，骑马骑得像鸟儿翩（）飞、专门勾引美貌女子的骗子，篆文为“”，楷书为“騙”，简化为“骗”。

六畜之中，最温顺的是羊。羊的甲骨文“”、金文“”均象形羊头（篆文为“”），楷书为“羊”。古时成年人（）以头戴羊角（）为美，即甲骨文“”，篆文为“”，楷书为“美”。但羊有膻味不好闻，一只羊就让人受不了，何况三只羊？于是甲骨文里的群羊“”便有了“膻味”的意思，楷书为“羴”。鱼（）腥味很大，羊（）膻味很重，这两样东西很少放在一起煮，金文“”的本义即少有，篆文为“”，楷书为“鲜”。每当人们吃到鲜美的食物，主人问味道如何，吃的人回答“鲜”，本义是味道少有的美，久而久之“鲜”竟然变成了“鲜美”的代名词，为区别本义为少有的“鲜”，读 xiān。

好吃懒做的猪在六畜中的地位不高，往往和懒惰、愚笨联系在一起。甲骨文“”象形箭（）射尖嘴短尾（）的动物，金文“”突出尖嘴（）和双蹄（），篆文为“”，会意被箭矢（）射杀的尖嘴（）双蹄（）动物，楷书为“彘”，指危害人类的野猪。“”去箭为“”，金文“”象形公猪，篆文为“”，楷书为“豕”，会意驯化家养的公猪，泛指猪。甲骨文“”、金文“”均象形横躺（）在地给小猪（）喂奶（）的母猪。篆文“”象形横卧（一）的怀孕（）待产的母猪（），楷书为“亥”。周至先秦时期，百姓家人猪混居，习惯将猪（）养在厨房里围着烧饭、说话（）的灶火堆（）旁，命名为“”，会意家猪，楷书为“豬”，后简化为“猪”，表义与家犬一样是家庭必不可少的家畜，泛指猪。

狗是六畜中最顾家的动物。甲骨文“”象形狗。篆文（）张嘴汪汪狂吠（），楷书为“犬”，俗称狗。犬连续开口发出的叫声酷似人哭，所以人们造金文“”表义人因痛苦或悲哀流泪时发出像狗一样连续不断的叫声，篆文为“”，楷书为“哭”。犬很忠诚，与主人形影不离，总是趴在主人的脚边警惕地环顾四周，随时准备对有可能构成威胁的人发起攻击，金文为“”，篆文为“”，楷书为“伏”。远古时期人们以洞穴（）为家，当陌生人从自己的穴居旁经过时，潜伏在洞里的狗会突然窜出来发起攻击，人们因此造甲骨文“”表义忽然、猛地冲出，金文为“”，篆文为“”，楷书为“突”。当没有威胁的时候，狗总是安安静静地伏在熟睡的主人的床边，假装睡着的样子，即篆文“”，楷书为“状”，会意形象、样子，如：现状。

鸡在六畜中虽然排第六，但它在神的心目中地位并不低。宇宙爆炸，天地分离，太阳升起，黑暗消散，神首先创造了鸡，目的是让它每天报时，送走黑暗，迎来光明，象征新的开始。这就是为什么人们将新年的第一天定为鸡日的原因。

一、汉字疯狂+

字根（一）：

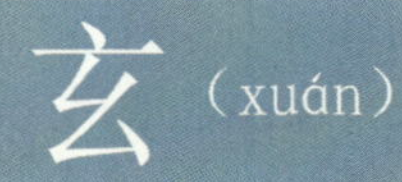

○ 甲　○ 金　○《六书通》篆　○ 篆

造字本义：

“玄”在甲骨文中没有独立出现。从“滋”的甲骨文“”中可知，“玄”的甲骨文为“”，象形一根呈螺旋状缠绕的单丝。《六书通》篆文二形“”画出了绳结“”，下面的串坠物明确为玉器之类的饰物“”。小篆“”统一以悬挂于架上晾晒的丝束会意。隶变后楷书写作“玄”。显然，“玄”的造字本义为一根悬在空中的细丝，会意悬。

天永远悬在空中，“玄”由此引申为“天”“天空”，如：玄机即天机。

由于丝很轻，一根丝悬于空中不落地，漂浮不定很难抓住，“玄”由此引申作口语，表示“靠不住”，如：这话很玄、玄乎。

古人靠天吃饭，故认为天最大；又认为九为阳数，是至大之数，故此将农历九月称为“玄月”。

由于天很高远，“玄”由此引申为“远”“深”“厚”，如：玄古。

正如古人不理解为什么一根丝悬浮于空中而不落地一样，更不理解为什么星星、日月、云彩等悬浮于天，在他们看来，浩瀚的天空中隐藏着无数的奥秘，让人难以捉摸，“玄”由此引申为“神妙难捉摸”“深奥”，如：玄妙、玄之又玄。

由此进一步引申为“奇怪”“奇特”，如：这个人长得真玄。

在古人看来，天（即宇宙）是黑暗的，因为太阳和月亮的映照，人间才有了白昼和黑夜，“玄”由此引申为“黑暗”，如：玄夜。

亦引申泛指黑色，如：玄参。

由于天地由夜转昼之时，悬在上面的天与平铺在下的地相接处，因太阳光线的照射呈现黑中带红的颜色，“玄”由此引申为“黑中带红的颜色”，即“赤黑色”，如：黑而有赤色者为玄。（东汉・许慎《说文解字》）

又由于天黑时，北斗星特别明亮，故以玄借指北方，如：玄帝。

在古时的人们看来，人间战争频繁，不得安宁，羡慕天上没有争吵，寂静清修，“玄”由此引申为“寂静”“清静”，如：玄静。

中国的道教认为“玄”乃生成宇宙和万物的本体，与“道”相同。故道教也称为“玄教”。“玄”由此引申指“道家的学说”“道教”，如：玄门、玄学。

◎小知识

中国是一个特别讲究宗族的社会，所谓“祖宗十八代”，即指自己上下九代的宗族成员。上序称谓：生己者为父母，父之父为祖，祖父之父为曾祖，曾祖之父为高祖，高祖之父为天祖，天祖之父为烈祖，烈祖之父为太祖，太祖之父为远祖，远祖之父为鼻祖。下序称谓：父之子为子，子之子为孙，孙之子为曾孙，曾孙之子为玄孙，玄孙之子为来孙，来孙之子为晜孙，晜孙之子为仍孙，仍孙之子为云孙，云孙之子为耳孙。所谓“孙”，本义为儿子身上分出来的细丝，即儿子的分支，会儿子的儿子之意。“曾”的造字本义为甑格，即古代蒸锅里面一层一层用于蒸食物的蒸格，所谓“曾孙”，意即孙子的下面一层，会孙子的儿子之意。“玄”即“悬”，“悬在曾孙下面的儿子”即玄孙。“耳孙者，谓祖甚远，仅耳目闻之也。”意思是说第十八代孙离“祖”太远，只听说（耳闻）过其名而未见过其面，故名“耳孙”。

畜（xù）（chù）

玄＋田（“胃”省“月”）　甲◎　金◎　篆◎

造字本义：悬着食物喂食，使动物的胃里装满食物，会意人用食物作引诱，驯化、饲养禽兽。

人们以食物作诱饵驯化禽兽时，嘴里习惯发出引起禽兽注意的嘘嘘声，读 xù，如：畜产、畜牧。

由此引申为“养育”，如：尔不畜我，复我邦家。（《诗经·小雅·我行其野》）

圈养禽兽，需要积蓄粮草，“畜”由此引申为“积”“积聚”，如：畜积。后写作“蓄”。

由于饲养禽兽时，味道非常难闻，“畜”由此引申为“熏”“呛”，如：畜人。

禽兽经过驯化后，适合圈养，“畜”由此引申指经过驯化圈养的禽兽，多指饲养在家里的牲畜，如牛、羊、马等，读 chù，如：家畜、牲畜。

搐（chù）

扌（手）+畜　《说文》无，今篆◎

造字本义：用手拉牲畜。

牲畜贪吃草料，用力拉，拉不动，还向相反的方向用力挣脱，“搐”由此引申为“牵动”“抽缩”“收缩”“退缩”，如：抽搐、搐风。

蓄（xù）

艹（艸，即草）+畜　篆◎

造字本义：积储粮草，饲养牲畜，会意积聚、储藏，如：积蓄、储蓄。

积储粮草的目的，是为了饲养禽兽，“蓄”由此引申为“饲养牲口”“抚养”“扶植培养”“私养”，如：蓄养。

储即藏，“蓄”由此引申为“蕴藏”“怀有”，如：蓄谋、蓄意。

由此进一步引申为“留着不剃掉”，如：蓄发。

我国大部分地区冬季严寒，缺少蔬菜过冬，便形成了储藏大白菜或干菜过冬的习俗，“蓄”也由此引申为“冬菜”“用白菜或芥菜叶做成的干菜”，如：蓄菜。

字根（二）：

马（馬）（mǎ）

○甲　○金　○篆

造字本义：

被驯化的野马，单蹄草食哺乳动物。头小面长耳直立，颈上有鬃毛，尾巴长，四肢强健，善奔跑。性温顺而敏捷，是重要的力畜之一。上古时期主要用来拉车，后来也用来乘骑、耕地。

由于马脸长，“马”由此引申为“发怒时把脸拉长像马脸”，如：他很生气，顿时马起脸。

古代北方少数民族的人见玛瑙石色泽、纹路如“马脑”，以为是由马脑所变，故称其为“马脑”。后加“王”（玉）旁，统一写作“玛瑙”。人们将玛瑙用于计数，“马”由此引申用作计算的筹码，如：为胜者立马。（《礼记·投壶》）

由于古代的路都很窄，适合于马车行驶的路相对于人行路来说，非常宽、大，“马”由此引申为“宽”“大”，如：马路。

战国时，赵国大将赵奢，于公元前270年率军在秦赵瘀与之战中大败秦军，赵惠文王因此把马服（养马的牧场，今河北省邯郸市西北）一地分封给赵奢，并赐其号为“马服君”，与廉颇、蔺相如职位相等。赵奢的子孙后代便以“马服”为姓，后改为单姓“马”，传承至今。

骜（驁）（ào）

敖（手持鞭驱赶动物吃草）+马（馬） 篆◎

造字本义：骑马游牧。

草原广阔，游牧之人纵马奔驰，所骑之马当然是骏马。骏马难驯，“骜”由此引申为“傲慢”“骄傲”“倔强”“不驯服”，如：桀骜不驯。后也写作“傲”。

骉（驫）（biāo）

马（馬）+马+马 篆◎

造字本义：古人以三为多，三马，即众马，形容众马奔腾的样子。

笃（篤）（dǔ）

⺮（竹）+马（馬） 篆◎

造字本义：用竹鞭抽打马屁股，催促马快速前进。

由于马行迟钝，不得不借助马鞭抽，“笃”由此引申为“马行迟钝”，如：笃么（徘徊，盘旋）。

主人用鞭子抽马，马立刻变得老实，一心一意赶路，“笃”由此引申为“忠实”“一心一意”，如：笃情、笃定。

由此进一步引申为“切实”“确凿”“安稳”“确定”，如：笃见（确切的见解）。

主人之所以抽打马的臀部，是因为那里肉厚，不伤马，“笃”由此引申为“厚”“厚实”“结实”，如：笃雅（厚重典雅）。

由此进一步引申作副词，表示“甚”“深”，如：笃念、笃恨。

马一般不偷懒，当它跑得很慢的时候有可能是患了重病，“笃”由此引申为“病沉重”，如：病笃。

当马被鞭抽以后，跑起来嘚嘚作响，“笃”由此引申为象声词，模拟类似于马跑的声音，如：笃笃的马蹄声。

冯（馮）（féng）（píng）

冫（冰）+马（馬）　篆◎

造字本义：水上的浮冰像奔跑的马一样快速流动，读 píng。

黄河凌汛之时，在大水的冲击下，融化的浮冰快速流动，似万马奔腾，“冯”由此引申为“大”“盛”，如：冯怒（盛怒，震怒）。

“冯”由此引申为“马像快速冲向下游的水上浮冰一样奔跑”，会“马跑得快”之意，如：冯冯（马行疾速的样子）。

人们凭借冬天河里的冰，或踩着初春浅河里的浮冰过河，“冯”由此引申为“踩着冰面或浮冰过河”，泛指徒步过水，如：冯河（徒步渡过河水，引申为“有勇无谋、冒险行动”）。

人们冬天徒步过河，凭借的是厚厚的冰层或潜水浮冰，“冯”由此引申为“依仗”“倚托”，如：冯资，后写作“凭”。

冰面溜滑，老人、小孩过河需有人搀扶，“冯”由此引申为“扶持”，如：冯尸（古代丧殓中服侍死者遗体的一种葬礼仪式。死者入殓时，生者对死者有冯尸、托尸、拘尸、执尸等仪式，依其与死者的血缘、尊卑关系而定丧礼之等差）。

“冯”作姓氏时读 féng。

小知识

尧舜时期，在今河南商丘地区居住着以白头翁为图腾的归夷氏族，“归”姓的一旁支迁徙到凌汛多发的今山东菏泽地区，形成河伯族。这个地方冬天严寒，河道结冰，初春水里浮冰，人们凭借冰面或浮冰走过水面，所以也称“冯人”，即踩着冰面或浮冰过河的人。因冯人被视为“夷”，后来写史的人称之为“冯夷”。冯夷部落的首领在一次踩着冰面过黄河的时候，冰裂坠河身亡，因其在世时威望颇高，人们将其神化为黄河水神，被天帝任命为河伯管理河川，也作“冰夷”（见《抱朴子·释鬼篇》）。夏朝帝芒时代，冯夷的后人在今陕西大荔县建立冯夷国，周初，分裂为冯、河宗、邯三国。春秋时期，郑国大夫简子被郑简公封于此地，便以封邑而得姓氏，其后人以冯（féng）为姓，传承至今。

驾（駕）（jià）

加＋马（馬）　金◎　篆◎

造字本义：将马车的车轭架（加）在马颈上，使其拉（车或农具），如：驾车、驾驭。

马驾上车轭之后，人操纵着马拉着车或农具向前行驶，“驾”由此引申为“操纵”“使开动，行驶”，如：驾驶。

在人们的心目中，太阳神每天驾着车在天上来回飞奔，“驾”由此引申为“在……上面”“超出”“超越”，如：凌驾、腾云驾雾。

古时候有车必有驾，“驾”由此引申为“古代车乘的总称”，即“车子”，特指帝王的车乘。

由此进一步引申专指帝王、天子，如：保驾、圣驾。

由此又引申为对人的敬称，让对方享受天子般的尊敬，如：劳驾、大驾光临。

礼制社会对于什么人坐几匹马拉的车有严格的规定，一马套一驾，“驾”由此引申指拉车的马，如：天子六驾，诸侯五驾，卿四驾，大夫三驾，士二驾，庶人一驾。（《逸礼·王度记》）

古时谢绝客人来访，会挡住客人的车驾不让进入，“驾”由此引申为“抵挡”，如：挡驾。

春秋战国时期，诸侯割据，诸子百家驾着马车往来各国宣传自己的思想和主张，“驾”由此引申为“传布”，如：驾说（传布学说）。

那时候，马拉着车一走一天不卸车轭，因此马拉车走一天也叫“一驾”，如：驽马十驾。（《荀子·劝学》）

妈（媽）（mā）

女＋马（馬）　《说文》无，今篆◎ 

造字本义：背上背着小孩俯身劳作远观如马的女人，因其为女性，是为“女马”，合起来写作“妈”，会意母亲。由于婴儿开口说话喊母亲发的第一个音与“马”相近，所以读 mā。“妈”由此成了母亲的称呼，如：妈妈。

由此引申为“尊称长一辈或年长的妇女”，拉近距离，以示亲热，意思是像母亲一样亲的人，如：姑妈、姨妈。

旧时，富贵人家为哄家里的中老年女仆像给自己家里人干活一样认真仔细，有意拉近其距离称其为“妈”，意思是不把其当外人，如：张妈、李妈。

玛（瑪）（mǎ）

王（玉）+马（馬）　《说文》无，今篆 ◎ 瑪

造字本义：色泽、花纹酷似马脑的美石。

古代蒙古人看到玛瑙的颜色和美丽的花纹很像马的脑子，就以为它是由马脑变成的石头。佛经传入中国后，梵语称它为“马脑”，后来人们考虑到“马脑”属玉石类，于是巧妙地将“馬腦（简化作‘脑’）”加“王”（玉）字旁新造一词，译作“玛瑙”（“腦”以“王”替“月”即“瑙”）。

码（碼）（mǎ）

石+马（馬）　后起字，今篆 ◎ 碼

造字本义：色泽、花纹酷似马脑的美石。原本称作“馬腦（简化作‘脑’）”，因其为石，故加“石”旁称作“码碯”。后来人们为了将“码碯”卖出玉的价钱，干脆将“码碯”之“石”改为“玉”旁，称作“玛瑙”，石头就这样变成了玉。

“码碯”虽声称为玉，但毕竟不是玉，所以价格比玉便宜很多，在古代属于大众化的装饰品。人们将加工过的“码碯”石层层堆叠在地上论堆售卖（玉因为珍贵，锁于柜台内陈列出售），“码”由此引申为“堆叠”，特指整齐地堆积或摞起，如：码砖、码头。

一堆“码碯”为一码，“码”由此引申为“垒成的堆”或“堆的数量”，相当于垛，如：一码柴火。

人们将货物按照等额的体积码成堆，以堆（即“码”）计量，以节省清点货物的时间，“码”由此引申为“计算数量的用具”，一码具体换算多少，根据交易双方约定，如：筹码、砝码。

人们因此将以“码”为工具计量所得的数据也称之为“码”，“码”由此引申为“代

表数目的符号”，如：号码、页码。

人们堆码物资时为了便于货物的有序调度，通常分门别类堆放，“码”由此引申指一件事或一类的事，如：一码归一码，这是两码事。

东西成堆码放，有长有宽，可计量，“码”由此引申为长度单位，一码等于 0.9144 米。

人们将物资堆码在仓库里暂时储存，储存期间搁置不理，“码”由此引申为“撂下不管”，如：你不能把朋友码在那里不管。

骂（罵）（mà）

罒（网）+马（馬） 篆◎

造字本义：用网状的嘴套套住马嘴，防止其（拉磨时）偷食，马桀骜不驯，主人以粗鲁的语言训斥。后将“罒”简化为“吅”（大声呼叫），随“馬”简化作“马”类推简化作“骂”，会意主人连连张口大声训斥烈马，泛指用粗语或恶意的话侮辱人，如：骂骂咧咧、骂人。

由此引申为“斥责”，如：他爹骂他不长进。

吗（嗎）（ma）（má）（mǎ）

口+马（馬） 《说文》无，今篆◎

造字本义：“罵”减掉一“口”，随“馬”简化作“马”类推简化作“吗”，会意用比斥责人柔和的声音和语调指出错者错误的地方，心平气和地批评，引申作助词，读 ma，用在句末，表示疑问或反问的语气，如：明天他来吗？或用在句中停顿处，点出话题，如：这件事吗，其实也不能怪她。

由此进一步引申作代词，表示疑问，相当于“什么”，读 má，如：下午干吗？吗事？

“吗”也用作音译，读 mǎ，如：吗啡。

蚂（螞）（mā）（mǎ）（mà）

虫＋马（馬）《说文》无，今篆 ◎

造字本义：一种吸食马血的虫，也称“马鳖”“水蛭”，俗称“蚂蟥”。读 mǎ。

昆虫蚁，因整天忙忙碌碌搬运食物，与马从事货物搬运的特征相似，故名“蚂蚁”，会意像马一样来来回回搬运（食物）的蚁类。

东北林蛙俗称“油蛤蟆”，满语音译“哈什蚂”，与马没有什么关系。

不完全变态昆虫之蜻蜓，因其稚虫“水虿”像蚂蟥一样潜伏在水中，又因其形似螳螂，故方言称其为“蚂螂”，读 mā。

昆虫蚱蜢，拥有强而有力的后腿，可利用弹跳来避开天敌，其跳的动作酷似马奔腾，并具有马一样超长的耐力，可连续飞行 1 ～ 3 天，加上跳的速度很快，转眼乍的不见，故名“蚂蚱”，读 mà。

驭（馭）（yù）

马（馬）＋又（持物的右手，泛指手） 甲 ◎ 金 ◎ 篆 ◎

造字本义：手持鞭驾驭马匹，引申指驾驭车马，如：驾驭。

马虽然忠诚，但毕竟是动物，有野性，要使其套车平稳高速行驶，需时时掌控，“驭”由此引申为“控制”“制约”，如：驭控。

治国如驭马，控制得好社会才安定，“驭”由此引申为“统治”“治理”，如：驭宇（统治宇内）。

二、知识疯狂补

元朝，拼音文字与汉字的第一次战争

总有那么一种声音，认为汉字多音、多义、多笔画，是一种落后的文字，应该简化，直到与世界接轨，将其拼音化。表面上看起来，这只是一种汉字的繁简之争，实际上是

外来文明与中华文明的强烈冲突。在元朝，这种冲突达到高潮，演变成一场不流血的战争。

元朝由一直生活在漠北的草原民族蒙古族人建立。之所以取名为“元”，是效仿嬴政称“始皇”，希望草原民族的统治万岁。草原文明为了征服华夏文明，元朝政府全面“去中国化”，强烈排斥华夏历代的农耕典章制度，强行更改被统治民族传统的习俗和语言，禁止普通老百姓取正式名字，仅能以编号代替（明朝开国皇帝朱元璋之所以原名朱重八，是因为他的编号为八十八），更强制推广普及蒙古文字。

传统蒙古文字是成吉思汗歼灭乃蛮部落之后，命令乃蛮掌管文书印信的官员、回鹘人塔塔统阿，教授太子、诸王用畏兀字书写蒙古语，形成了蒙古族自己的拼音文字——蒙古畏兀字。后来，元世祖忽必烈委托国师八思巴另制八思巴文，于公元 1269 年颁行蒙古新字（不久改称“蒙古字”，今通称为“八思巴文”），汉字几乎遭到毁灭。汉族的知识分子被剥夺了用汉字写书的权利，他们就改为说书，结果，发明了元曲。

元曲分散曲和杂剧，属于市井坊间流行的通俗小说、靡靡之音。蒙元政权的人认识的汉字不多，他们虽然不喜欢四书五经，却特别喜欢这种通俗文学。书商们为了迎合他们的口味，就绞尽脑汁简化这些汉字，笔画能少则少，尽可能少到一眼就能猜出是什么意思。所以，元版的图书，错别字的概率是极为惊人的。后来，朱元璋推翻了元朝的统治，下令恢复汉字，并废除了蒙古简化字。汉字在恶劣的环境中艰难地生存了近 100 年，终于打败了拼音文字，使中华文化的血脉得以延续。

第二十九课 虫：“他”字的源头

每年夏天，各种蚊虫叮咬使人难以入眠，所以人们历来不喜欢蚊虫。

人们最早认识的“虫”为骨刻文“”。甲骨文“”会意往箭头（）方向蜿蜒爬行（）的蛇。金文“”为颈部膨胀、背部露出一对眼睛状花纹的毒蛇。古文“”中蛇身直立高耸（），颈部高度膨胀（），口吐长信（），篆文为“”。楷书“虫”虽经变形，但上部直立（）、下部弯曲（）着地（）的身体，膨大的颈部（）及吐出的信子（）依然清晰可见。因夏朝的开国皇帝是个捉蛇（）能手（），所以金文名“”，篆文为“”，楷书为“禹”。在此之前，嫦娥的丈夫后羿在洞庭湖畔左手持弓（），右手收缩（）放箭，射杀了制造水患的巨蛇（），人们便根据这一形象造篆文“”，会意身体健壮有力，威力无比，楷书为“強”，简化为“强”。因米虫繁殖能力极强，因此古人将米虫及所有生命力极强、很难消灭的动物命名为“强”，这就是为什么港台地区的人们将蟑螂称为“小强”的原因。

上古时期森林茂密，是蛇的天堂。当眼镜蛇兴奋或发怒时，头部昂起，颈部扩张成扁平状，形似盛饭的锅铲（），俗称“饭铲头”。人们造甲骨文“”，会意兴奋或

发怒时的眼镜蛇。金文“”口中吐信（），颈部膨胀（），躯体（）高耸直立，篆文为“”。楷书“也”虽经变形，但下部弯曲、上部直立高耸的身躯（），膨胀的颈部（）及吐着信子的嘴巴（）依然栩栩如生。由于眼镜蛇“也”与“虫”一样都是蛇，所以“也”引申为“同样”，如：我喜欢爸爸，也喜欢妈妈。有意思的是，牧民习惯用像眼镜蛇（）一样的长鞭抽打马（）背使其疾速前进，故古人造篆文“”，楷书为“驰”，会意驱使，引申为“车、马等跑得很快”，如：骏马奔驰。

俗话说“人心不足蛇吞象”，意思是说人很贪心，巴不得像蛇一样吞下一头象。蛇

虽然不能吞下大象，但可以吞下比自己身体大许多倍的禽兽。甲骨文“”便描绘了眼镜蛇（）吞下巨大禽兽后止足（）不前的情形。金文“”象形饱腹后身体膨胀的眼镜蛇“”（也）。古文中的“”吞下巨型禽兽后，躯体鼓胀成巨型团状物，背上的花纹（）清晰可见。篆文“”中的眼镜蛇（）将吞下

的巨型动物包（）在身体内部，鼓胀成巨大的团块。楷书因眼镜蛇形似饭铲，而以古代饭铲“匕”替代“”（也）写作“它”，引申泛指团状物。如外形像马，背上长了“它”状物的动物即“驼”，俗称骆驼。由于蛇吞下的“它”状物来自身体之外，“它”由此引申为“另外的”“其他的”，读 tā，如：它山之石可以攻玉。后加“人”字旁造篆文“”，楷书为“佗”，作第三人称，指你我之外的第三人。后来由于人们“也”“它”不分，改写作“他”。

有人会问，既然古人造了“虫”“也”“它”指蛇，为什么还要造“蛇”字呢？原来秦始皇统一六国文字时认为，蛇只是虫的一种，为强调蛇（）属虫类，故加“”造篆文“”，特指蛇类，楷书为“蛇”。因老虎经常像毒蛇一样潜伏在草丛中害人，所以民间称其为大虫，久而久之，“虫”竟成了动物的通称，如：长虫为蛇，耷虫为马等。

古代的森林中不仅有蛇和数量众多、像蛇一样爬行的动物，还有各种各样难以命名的小虫，人们三“虫”叠加造篆文“”，以“三”为多会意多虫，即昆虫，楷书为“蟲”，简化为“虫”。由于昆虫（）体型较小，易受到外界伤害，为自我保护，它们的体内多含毒素。人被叮咬之后，又痒又痛，重者卧床（）不起，非常难受，人们造篆文“”，会意被叮咬后的感觉，楷书为“疸”。显然，疼得最厉害的是被毒蛇、毒虫咬了卧床（疒）不起，生命即将终结的人，所以人们新造“疼”取代“疸”，泛指因病、刺激或创伤引起的难受的感觉。

远古时期，福建一带森林茂密，出门就会遇到蛇、虫，所以人们造篆文“”命名该地，经过楷书“閩”的演变，简化为“闽”。唐朝黄巢起义的时候，河南人王审知随另外一支起义军占领了闽地，成为福建的第一任闽王。唐朝末年，天下大乱，部下劝他说：“现在举国造反，皇上根本就没有精力管理我们这个出门见蛇的蛮荒之地，何不趁机立国？”王审知说：“国家不可分裂，我宁为开门节度使，也不作闭门天子。”从此，闽一直留在祖国的版图中。明朝时，朝廷将福州与建宁两府合并，建立福建省，“闽”从此成为福建的简称。

一、汉字疯狂＋

字根（一）：

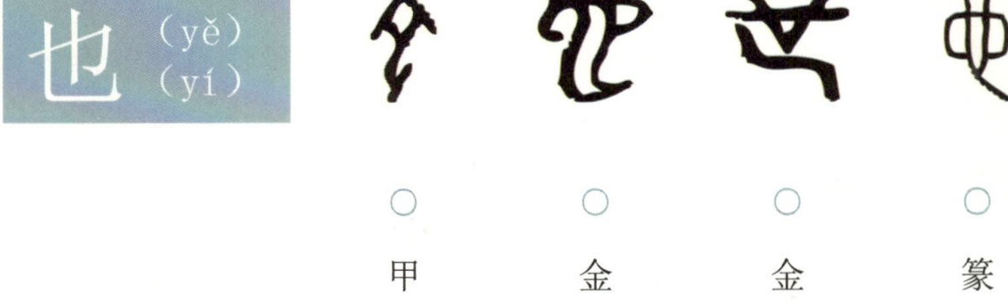

造字本义：

眼镜蛇。眼镜蛇兴奋或发怒时，头会昂起且颈部扩张呈扁平状，形似饭匙，故名“饭铲头”或“饭匙倩”。后因为其颈部扩张时，背部会呈现一对美丽的眼睛状花纹（黑白斑），酷似眼镜，故名“眼镜蛇”。眼镜蛇有剧毒，能致人死亡。

由于眼镜蛇是拖着尾巴曲折前行的，“也”因此引申为“曲折延伸”，读 yí。

由于“也”与虫、它一样也是蛇类，“也”由此引申作副词，读 yě，表示同样，相当于“亦”，如：我高兴，他也高兴。

由此进一步引申为“强调两事并列或对等”，如：她会打篮球，也会打网球。

眼镜蛇没有脚，靠身体的移动直线行走或蜿蜒曲折前进，遇到阻碍物会主动避让或绕开，“也”由此引申表示转折或让步，如：即使失败十次，他也不灰心。

更由此引申为“表示委婉”，如：我也只好如此。

当眼镜蛇被激怒时，会将身体前段竖起，颈部皮褶向两侧膨胀，此时背部的眼镜圈纹更加明显，同时发出“呼呼”声，借以恐吓敌人，“也”由此引申表示强调，如：连老人也干活。

眼镜蛇是聪明的动物，一般不攻击人，除非被激怒，“也”由此引申表示选择，相当于“还是”“或许”，如：也是、也许。

眼镜蛇对人发不发起攻击，须对其恶意程度进行判断，“也”由此引申作助词，用在句中，表示停顿，如：知幸与不幸，则其读书也专。（清・袁枚《黄生借书说》）

与“者”连用，表判断语气，作判断句的标志，如：泻出于两峰之间者，酿泉也。（北宋・欧阳修《醉翁亭记》）

停顿下来，是为了更准确地判断：攻击还是不攻击呢？“也”由此引申用在句末，表示疑问，相当于“呢”“吗”，如：若为佣耕，何富贵也？（西汉・司马迁《史记》）

经过判断，眼镜蛇发现对方对自己构成了威胁，于是将身体前段竖起，颈部皮褶向两侧膨胀，发出“呼呼”之声恐吓敌人，“也”由此引申用在前半句的末尾，表示停顿一下，舒缓语气，后半句将对前半句加以解说，对后半句有强调作用，如：于是人也，必先苦其心志。（《孟子・告子下》）

一旦确定对自己构成威胁，眼镜蛇便毫不犹豫地发起攻击，人被蛇咬，会发出

"啊""呀"的声音，"也"由此引申作助词，用在句末表示判断或肯定语气，相当于"啊""呀"，如：少时之岁月为可惜也。（清·袁枚《黄生借书说》）

驰（馳）（chí）

馬（马）+也　篆◎

造字本义：用眼镜蛇一样的长鞭抽打马的身体，使其疾速前进，会意驱使、使车马等跑得很快，如：驰车、驰马。

马受鞭打，跑得很快，"驰"由此引申为"车马等跑得很快""疾行"，如：奔驰、风驰电掣。

由于速度快，转眼之间便不见了踪影，"驰"因此引申为"消逝迅速"，如：年与时驰，意与日去。（三国·蜀·诸葛亮《诫子书》）

古时车马快速前进，多为战场上追赶敌军，"驰"由此引申为"追逐"，如：驰逐。

古时传达信息，只能靠骑马快递，"驰"由此引申为"传播"，如：驰名中外。

弛（chí）

弓+也　篆◎

造字本义：放松弓弦，解除弦的紧张状态，使之呈现如眼镜蛇自由弯曲、延伸的状态，会意放松、松、放下、松懈，如：松弛、弛缓。

由此进一步引申为"解除""释放"，如：弛防。

一松懈，便不用着急，可以慢慢来，"弛"由此引申为"延缓"，如：弛期、弛沓。

治国理政松懈的后果，是朝纲败坏，"弛"由此引申为"毁坏""废弃""败坏"，如：废弛。

池（chí）

氵（水）+也　金◎　篆◎

造字本义：水像蛇一样蜿蜒汇集之处，会意水停积之处，容积小的为塘、坑，如：水池、池塘。

引申为"旁边高中间洼的、像水池的地方"，多指人工挖的，如：游泳池、舞池。

古时候为了防御，总是绕城挖一条壕沟，沟里注满水，城市像“泡”在池中央，“池”由此引申为“护城河”，如：城池。

地（dì）（de）

甲◎ 古◎

土+也 籀◎ 篆◎

造字本义：眼镜蛇爬行附着的、生养万物的地表，与“天”相对，如：大地、落地。

引申为“人类生长活动的所在”，如：地球。

人生活在地球，地球由不同的部分组成，“地”由此引申为“地球或地球的某部分”，如：地表、地核。

由此进一步引申为“地球上的一个区域”“领土”“行政区域”，如：内地、地区。

由此又进一步引申为“表示思想或行动的某种活动领域”，如：见地、心地。

人类为陆生动物，“地”由此引申为“地球表面除去海洋、江河、湖泊的部分”，如：陆地。

人们将庄稼种进地球表面的土壤里，收获粮食以解除饥饿，“地”由此引申为“地球表面的土壤”，如：土地、地主。特指农田时，如：下地干活、田间地头。

随着社会的进步，人们不断地改善人居环境，在地面铺装各种建筑装饰材料，“地”由此引申为“用于各种铺装于地表的建筑装饰物质的命名”，如：地板、地毯、地砖。

这些铺装在地表的建筑装饰材料要铺得平整美观，必须将附着的地表找平，即使材料底部与地表接触的表面平整，称为打底。材料铺装之后，因为地面被覆盖，地面由表沉底，“地”由此引申为“底子”，如：质地。

由此进一步引申为“花纹或文字的衬托面”，如：白地蓝花儿的大碗。

人类为防止迷失方向，总是以地面上的各种附着物作为标志物标注自己所在的具体位置，“地”由此引申为“所在空间或区域的部位”“场所”“言语和行动可以回旋的地方”，如：地点、地方、地址等。

由此进一步引申为“人在社会关系中所处的位置、处境”，如：地位、地步。

人在地表行走，用脚可以丈量地的长宽，“地”由此引申为“路程”“面积”，如：十里地。

古人以地为界，将天地分为三界，天上为仙界，天地之间为凡界，地面以下为冥界，地面处于凡界与冥界之间，“地”由此引申作助词，用在词或词组与谓语之间，表修饰，读 de，如：慢慢地走。

小知识

金文时期以前，人们对地似乎没有什么概念。后来人们发现野猪老是跑到有上下台阶的土山（𠂤，即阜，作偏旁时简化为“阝”）上的庄稼地里拱土，于是人们将能长庄稼的地表造了个甲骨文“[古文字]”来命名，楷书为“[古文字]”。野猪损坏庄稼，人人得以诛之。长了两颗长獠牙的雄性野猪很凶猛，用坚硬的鼻骨“彑”（[古文字]）拱倒了庄稼地里的人（人倒为“[古文字]”），其他的人拿起武器去叉（[古文字]）伤人的野猪，野猪拼命地逃跑，从土山的山上坠到地面，人们造古文“[古文字]”会意山下的陆地，以区别于山上。楷书省去“叉”和倒地的人写作“墬”。籀文时期，人们对地的理解发生了质的变化，范围无限扩大，将“山”“水”“土”统归为“地”，与“天”相对应，将大地、山水融为一体，写作“[古文字]”，楷书为“埊”，会意“地”是有山有水有土（农田）的地方。再后来，人们发现只要将种子播进地里，地里就能长出庄稼，于是造了篆文“[古文字]”，会意眼镜蛇爬行附着的、像眼镜蛇一样生殖能力旺盛的生养万物的地表。这就是我们为什么将大地比作母亲的原因。

他（佗）（tā）（tuō）

亻（人）+也（它）　篆◎[篆字]　今篆◎[篆字]

造字本义：原本为“佗”。“它”的本义为吞下了巨型动物，身体的上半部分鼓胀成巨大团块的眼镜蛇。由于眼镜蛇吞下了巨大的动物，才导致身体鼓胀出现团状物，相对于眼镜蛇本身来说，团状物来自于其身体之外，为异物，“它”由此引申为“别的”“另外的”“其他的”，指物。于是，人们用“佗”会意别的、另外的、其他的人，读 tuó。由于“佗”又会意背上长它（驼）的人，即驼背，用于指人不雅，加上人们“也”“它”不分，认为两者通用，都指蛇，于是替换为“他”，随“它”读 tā，泛指男女及一切事物。自近代学者刘半农于 1918 年提出用“她”作女性的第三人称之后，人们专用“他”称代自己和对方以外的男性第三者。

引申泛指别的、其他的，与“此”相对，如：他山之石可以攻玉。

由此进一步引申为“虚指”，如：打他个措手不及。

她 (jiě) (tā)

女 + 也　《说文》无，今篆 ◎ 

造字本义：像眼镜蛇一样生殖力旺盛的女人，指母亲，读 jiě。1918 年，著名诗人和语言学家刘半农提出用“她”字指代第三人称女性，以“他”指代第三人称男性，“她”随“他”读 tā，以体现男女平等。

因为女性孕育生命，应该得到人们的尊重，“她”由此引申代称美好的事物或者自己所敬重、热爱和喜欢的事物，如：黄河，她是中华民族的摇篮。

字根（二）：

它 (tā) (tuō) (tuó)

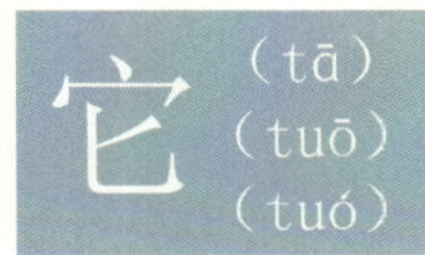   

◎	◎	◎	◎
甲	金	古	篆

造字本义：

吞下了巨型动物、身体的上半部鼓胀成巨大团块的眼镜蛇。因为鼓胀的部分特征极为明显，“它”由此引申为“团状物”，读 tuó。

由于眼镜蛇吞下了巨大的动物，才导致身体鼓胀出现团状物，相对于眼镜蛇本身来说，团状物来自于其身体之外，为异物，“它”由此引申为“别的”“另外的”“其他的”，旧读 tuō，为区别于 tuó，今读 tā，如：其它，后作“其他”。

由此引申指代人以外的动植物或事物，口语中与“他、她”无分别，如：煤炭，很多工业离不开它。

由此进一步引申表示第三人称。

蛇 (shé) (yí)

虫 + 它　甲 ◎ 金 ◎ 篆 ◎

造字本义：身体圆而细长，能生吞活物鼓胀成巨大团块的爬行动物，如：蛇鼠一窝。

由此引申为“形状像蛇的”“似蛇状的”，如：蛇莓。

母腹中四个月大小的胎儿为“巳”（𢀒）。由于四月份群蛇出动交配产卵，与孕妇怀胎四月肚子开始显著隆起同步，所以人们以蛇配地支的“巳”代表一年十二个月中的四月，在地支中排第六。这就是十二生肖中蛇的来历，如：蛇年，即巳年。

又因为上午九点至十一点，大雾散去，艳阳当空，体温不恒定的蛇从洞穴中爬出来晒太阳，此时为蛇最活跃的时刻，此时也是母腹中的胎儿能够在黑暗的母腹中隐隐感知阳光的时辰，故称“巳时”。

俗话说：“三月三，蛇出钻。”意思是说冬眠的蛇苏醒出洞，准备交配了，为此魏晋后将阴历三月上旬的第一个巳日定为三月初三。

由于蛇没有脚，靠弯曲移动身体前行，“蛇”由此引申为“弯曲移动”，读 yí，如：委蛇。

陀（tuó）（duò）

阜（作偏旁时写作右“阝”，有上下阶梯的土山）+ 它　金 ◎　篆 ◎

造字本义：有上下阶梯的团状土山，即山冈，读 tuó。

由此引申泛指团状物，如：陀螺。

由于团状物可计量，“陀”由此引申作量词，计量团状或块状物，如：黄菊东篱栽数科，野菜西山锄几陀。（元 • 曾瑞《端正好》）

也有将“陀”理解为“阜”下之“团状物”的，会意因山体崩塌，泥石在山脚堆积成团，“陀”由此引申为“崩落”“毁坏”，读 duò，如：城峭者必崩，岸崝者必陀。（《淮南子 • 缪称》）后写作“堕”。

坨（tuó）

土 + 它　今篆 ◎

造字本义：泥团或泥块，泛指团状或堆状物、形状大小不一的坚实的团块、成块或成堆的，如：坨盐、糯米坨坨。

由于面粉遇水黏结成团，“坨”由此引申特指面食煮熟后像泥土遇水黏结成团，如：面条坨了、饺子坨了。

驼（駝）（tuó）

马（馬）+ 它　《说文》无，古 ◎　篆 ◎

造字本义：背上长着巨大团状物，像马一样能负重、能骑行的动物，即骆驼。也单用作“驼”，如：单峰驼、驼队。

骆驼背上的巨大团状物称之为“驼峰”。驼峰中贮存着沉积脂肪，脂肪被氧化后产生的代谢水可供骆驼生命活动的需要，是一个巨大的能量贮存库，它为骆驼在沙漠中长途跋涉提供了能量消耗的物质保障。

由此引申指人身体背部向前成拱形酷似骆驼背的，如：驼背。

由于骆驼为沙漠中必不可少的交通运载工具，其重要工作为运载货物，有“沙漠之舟”之称，“驼”由此引申为“用牲口负物”，也写作“驮”。

引申泛指“背负”，如：驼载。

由于驼峰呈团状，所以人们也以“驼”命名“团状”“成块”的东西，后写作“坨”。

引申作量词，计量团状、块状的事物，相当于“坨”“块”。

砣（tuó）

石 + 它　《说文》无，今篆 ◎ 

造字本义：团状的石头，如碾盘上的石轮称碾砣。

由此引申作“块状物”，特指古时用作抛掷游戏的砖块。

因古代的秤以团状石头作秤锤，故名秤砣。

由于团状石头可计量，“砣”由此引申作量词，作为成团或成块状物体的计量单位，如：几砣石头、三砣肉。

鸵（鴕）（tuó）

鸟（鳥）+ 它　《说文》无，今篆 ◎ 

造字本义：背上长着巨大团状物的鸟，即鸵鸟。

由于鸵鸟被追急时，就会把头钻进沙里，自以为平安无事，鸵鸟便成了“自欺欺人者”的代名词，“鸵”由此引申为“自欺欺人者，行径类似传说中鸵鸟般的人”“可联想到鸵鸟习性的人”，如：鸵鸟政策（指不敢正视现实的政策）、鸵鸟心态（当鸵鸟遇到危险时，会把头埋入草堆里，以为自己眼睛看不见就是安全的，后来，心理学家将这种消极的心态称之为“鸵鸟心态”）。

跎（tuó） 足+它 篆◎

造字本义：脚踩到了团状物，失足跌倒，会意“失足”。

失足跌伤以后，需要长时间养伤，因此耽误了用足碾麦（蹉），误了农时，由此引申为“光阴白白地过去”，如：岁月蹉跎。

二、知识疯狂补

《说文解字》——东汉时期的“新华字典”

东汉时期，许慎所作的《说文解字》一直被认为是中国第一部系统分析汉字字形和考究字源的书，也是世界上最早的字典之一。该书首次对“六书”做出了具体的解释。难能可贵的是，他在极为艰苦的条件下，对中华文字追根溯源，探究其本义。然而遗憾的是，其书中收录的文字大多并非文字的本义，因资料缺乏，许慎只能根据篆文的字形“望文生义”，甚至因此被误导闹出了笑话。比如“稣”，古人的造字本义为出禾的季节（农历二月）鱼儿结束冬眠恢复活力（金文“”会意“树木萌芽之时鱼儿结束冬眠恢复活力”），即复活、复苏的意思。许慎不解其意，解释为打柴取草（喂鱼），后人以讹传讹，竟然取“办草（艹）”之意与“蘇”合并简化为“苏”，其汉字本义的魅力消失殆尽。

照理说，许慎是非常严谨的人，为什么会犯这样的错误呢？原因是周灭商之后，在甲骨文的基础上创造了金文将其取而代之，并将甲骨文能毁尽毁；秦始皇统一文字，如法炮制，又将金文能毁的则毁。到了东汉，许慎根本就没见过甲骨文，连金文都少见，也就难怪他找不到汉字的本源了。

但仅凭这一点，不能抹杀许慎对中华文明的巨大贡献。一方面《说文解字》的内容十分丰富，包罗万象，它的价值不仅限于解说汉字，研究汉字本身，可以说《说文解字》是东汉末以前的百科全书。正如许慎的儿子在《上说文解字表》里面所说：“慎博问通人，考之于逵（贾逵），作《说文解字》，六艺群身之诂皆训其意，而天地，鬼神，山川，草木，鸟兽，昆虫，杂物，奇怪，王制，礼仪，世间人事，莫不毕载。”另一方面《说文解字》不仅在体例上和过去的启蒙识字的字书不同，即在所收字数上，也比这些字书都多，如汉初把《仓颉篇》《爰历篇》《博学篇》三书合编为《仓颉篇》，共 3300 字。西汉末，扬雄的《训纂篇》共 5340 字，东汉贾鲂的《谤喜篇》共 7380 字。《说文解字》里面共收 9353 字，重文 1163 字，共 10506 字，比《谤喜篇》还多了 1973 字。不论《尔雅》对于汉字的训诂，《方言》对于汉语方言的研究，或《释名》的音训，《切韵》《广韵》的声韵，无一不在《说文解字》的范围之内，为甲骨文被重新发现后研究汉字的本义提供了翔实的资料。

第三十课 鱼：自由的化身

鱼，自古为人们餐桌上的美食。甲骨文里有头、鳍、尾、刺俱全的鲜鱼（）；也有剖开身体以棍木支撑晾晒的风干鱼（）；还有钓钩（）都未取出的活鱼（）。金文“”会意人（）俯身用火（）烤鱼（），篆文为“”，楷书为“”，简化作“魚”。后来进一步简化为“鱼”，会意能用钩钓，可风干、腌制、水煮、火烤等烹调食用的体内有刺的水生动物。

鱼之所以能在水里自由自在地生存，与它独特的身体构造有关。

鱼的鳞，像片片盔甲，挡住病菌不侵入体内。在不同光线的照射下，还能伪装出不同的颜色以躲避天敌的攻击。四千多年前的巫师（）发现了这个秘密，将带鳞的鱼皮围在身上辟邪，鱼鳞在火光的照射下熠熠生光（），即甲骨文“”。金文“”生动再现了巫师（）手舞足蹈（）做法事时的情景。篆文“”会意巫师双足（）跳跃起舞，鱼皮衣在炎炎（）火光的照耀下鳞光闪闪，楷书为“粦”。后来，为突出鱼身上闪闪发光的物质，篆文加“”造“”，楷书为“鳞”，泛指长在鱼类、爬行动物和少数哺乳动物身体表面的角质或骨质小薄片。

鱼的鳃，藏在大大的鳃盖下面，一边呼吸，一边过滤水中的食物，同时排泄脏物。鱼嘴朝上时，鱼鳃恰好位于人思考问题时用来撑手的腮部，所以人们将“腮”换作“鱼”旁新造“鳃”字，命名鱼的呼吸器官。

鱼的鳍，类似于翅或桨，长在鱼的背、臀、尾、胸和腹部。因背鳍酷似马鬃，又因古代称马鬃为“鬐”，所以人们以“鱼”换“髟”新造“鳍”，命名控制鱼运动方向的器官。

鱼的鳔，为长形气囊。通过调节囊里的空气储量改变浮力，使身体在水中上升或下沉。因物体浮于水面为漂，所以人们以“鱼”换“水”（氵）新造“鳔”字，命名使鱼在水中浮沉的器官。

鱼很贪吃。甲骨文“”象形张口（）到处觅食的鱼（）。金文“”会意口（）中已经捕到甜饵（）。篆文“”改“”（甘）为“”（白），会意鱼儿张口觅食吐泡泡，发出像人咕噜咕噜说话（白）的声音。楷书为“魯”，简化作“鲁”，指张嘴觅食的鱼。由于鱼儿贪吃易上钩，“鲁”便有了愚笨、迟钝的意思，如：鲁莽。

鱼最迟钝的时候是冬天，许多鱼会像蛇一样冬眠。来年草木（）发芽泛绿，鱼儿（）苏醒恢复活力，金文为“”，会意复苏。篆文“”以“”（禾）换“”

（木），意思是二月出禾（）的时候鱼结束冬眠恢复活力，楷书为“稣”。东汉的许慎误以为“稣”的本义是割禾喂鱼，后人将错就错，取“办草”（割草）之意简化为“苏”。生活中我们经常见到各种各样的鱼（）：鳞上长有十字纹理（）的名鲤（）鱼；首尾如战车相连，聚集群游的为鲢（）鱼；遇到流水即（）随波逐流，遇到水流缓慢或静止不动即停下来栖息的鱼即鲫鱼；有一种生活在海里，皮肤表面长有像沙（）子一样颗粒的鱼（）叫鲨（）鱼；还有一种身上无鳞，长得像蛇，经常被用作宫廷御膳的鱼名鳝鱼。最挑食的数鲟鱼，因到处寻找食物而名“鲟”。

当然，并非所有带“鱼”旁的字都是指鱼。如体型如京城城墙一般高大的哺乳动物鲸、“腕”下吸盘长有许多酷似疣子的软体动物鱿、叫声像婴儿（兒）一样啼哭的两栖动物鲵等。尽管它们不是鱼，但都像鱼一样生活在水里。

甲骨文时代，人们想尽了办法抓这些鱼或不是鱼的“鱼”，如手钓（）、网赶（）、赶潮（）等。金文“”统一用双手抓鱼来会意。篆文为“”，楷书为“渔”，会意将鱼从水里捞出，即捕鱼。尽管鱼的数量很多，但若过度捕捞，还是会导致灭绝。春秋时期雍季劝说晋国的国王：竭泽而渔，而明年无鱼。意思是说，抽干湖水很容易捕到鱼，但第二年就无鱼可捕了。这就是成语“涸泽而渔”给我们的启示：做什么事情都不要只图眼前的利益，而需要有长远的打算。

一、汉字疯狂 +

字根（一）：

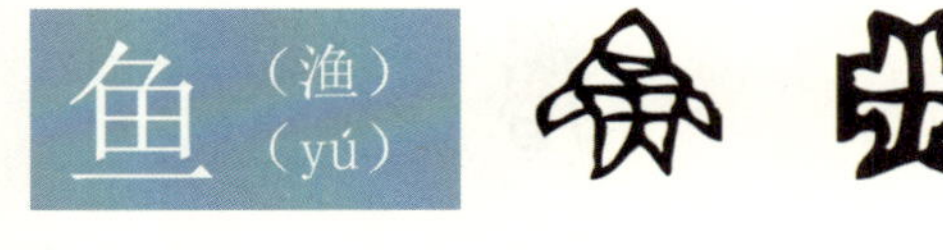

造字本义：

一种生活在水中可用钩钓起来的，可风干、腌制、水煮、火烤等多种方法食用的体内有刺的动物，泛指完全水生并在水中呼吸的、有鳞和鳍的冷血脊椎动物，包括圆口类、板鳃类和具有软骨或硬骨骨骼的高等有鳃水生脊椎动物，如：鲤鱼、草鱼。

由此引申为“像鱼的”，如：鲸鱼、鳄鱼、甲鱼、鱼素（装在鱼形信匣中的信函）。

鲁（魯）（lǔ）

鱼（魚）+甘　甲◎　金◎　篆◎

造字本义：张嘴觅食，发出类似咕噜咕噜说话声的鱼。

鱼在水下四处游动，其主要目的是觅食。人们掌握了它们的特点，以饵诱之，鱼儿非常容易上钩。在人们看来，鱼儿在食物的诱惑下显得特别笨拙，“鲁”由此引申为“迟钝”“愚钝”，如：鲁钝。

鱼儿被勾住之后，强烈挣扎，由此进一步引申为“莽撞”“粗野”，如：粗鲁、鲁莽。

◎小知识

据西汉·司马迁《史记》中载：“舜耕历山，渔雷泽，陶河滨，作什器于寿丘。”其明确记载，舜帝曾在雷泽钓鱼充饥，在河滨制陶，在寿丘制造日常生活用具，这一带的人因为擅长渔业，故名“鲁”。春秋时期，周武王封其弟周公旦（姬旦）于鲁，建立鲁国，国都曲阜为当时除周王朝首都镐京外全国文化最发达的城市。特别是春秋末年，著名思想家、教育家孔子在鲁国聚徒讲学，鲁国俨然成为全国的教育中心。鲁国的文化高度发达，所以，人们至今用“鲁”作为山东省的简称。

撸（擼）（lū）

扌（手）+鲁（魯）　《说文》无，今篆◎ 

造字本义：动手抓起觅食的鱼，顺着鱼的身体抹去鱼鳞，制作佳肴，泛指用手指顺着抹过去，使物体顺溜或干净，如：把树枝上的叶子撸下来。

由此引申为“去掉”“除掉”，如：他的科长职务被局长给撸了。

要把鱼身上的附着物给去除干净，得反复撸，“撸”由此引申为“磨炼”，如：在活计里头，才能撸出把好手来。

剖鱼时，鱼强烈挣扎，以手击之使之晕厥，“撸”由此引申为“用手掌击”，如：那人恼羞成怒，狠狠撸了他几嘴巴子。

掌击之时免不了训斥，“撸”由此引申为“训斥”，如：挨撸。

噜（嚕）（lū）

口 + 鲁（魯）《说文》无，今篆 ◎ 

造字本义：人的嘴巴像张嘴觅食的鱼一样不停张合，读 lū，如：噜苏。

人嘴不停地张合，要么是睡梦中打呼噜，“噜”由此也引申模拟呼吸声，如：喉咙里呼噜地响。

要么是数落，“噜”由此引申为“训斥”，如：狠狠地噜他一顿。

由此进一步引申为“人的说话声”，读 lū。

橹（櫓）（lǔ）

木 + 鲁（魯） 篆 ◎

造字本义：像控制觅食之鱼游动方向的鱼鳍（尾）一样，控制行船方向的木制工具，即比桨长、大的划船工具，安在船尾或船旁，如：摇橹、橹声。

刚发明橹时，是为了划船，后来部落之间在水上发生冲突，橹变成了武器，既可以攻击，又可以防御，人们仿造桨的划水部分的形状发明了一种大盾牌，名“橹”，用于水兵抵挡弓弩，如：橹盾。

古时战争年代，为了更清晰地观察敌情，人们便在水边立起顶部没有覆盖的远望楼以监视对方船只“橹”的动静，“橹”由此引申为“顶部没有覆盖的远望楼”，如：橹巢。

氇（氌）（lǔ）

毛 + 橹（櫓，省“木”）《说文》无，今篆 ◎ 

造字本义：像橹盾一样抵挡风寒、保暖的毛织品。

◎ 小知识

藏族地区属于高寒地区，人们普遍使用羊毛编织成衣服、床毯抵挡风寒，藏语发音“拂庐”，汉族人新造二字，将其音译作“氆氇”，意思是普遍使用羊毛编织的常见的抵挡风寒的毛织品。

◎

氆氇实为手工织成的毛呢，也叫藏毛呢，乃加工藏装、藏靴、金花帽的主要材料，在藏族人日常生活中所占地位如内地的棉布一样重要而普及。

镥（鑥）（lǔ）

钅（金）+鲁（魯） 近代新造字，今篆 ◎ 

造字本义：一种性质鲁钝、不活跃的金属元素。元素符号 Lu（lutetium），原子序数 71，是稀土元素之一，银白色，质软，在空气中比较稳定。用于核工业与催化剂。

字根（二）：

冓（gòu）

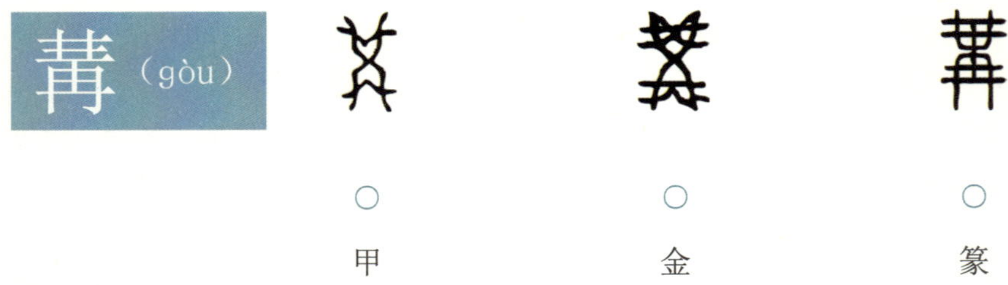

甲 金 篆

造字本义：

古代投放在沟渠里捕鱼的，两头开喇叭口、内设漏斗形竹圈的捕鱼工具。

鱼的生活习性为逆流而上，顺流而下。古人掌握了鱼的这个特点，用细竹篾将竹条编连成逐渐敞开的喇叭口（⊃），在喇叭口上再套接一个竹条编制的漏斗形竹圈（〉），

使鱼易进不易出而困在竹笼（ↄ⊃）里。捕鱼者将困在鱼笼里的鱼从间隔不大但有弹性的竹条之间取出，把鱼笼放回江河或溪涧，反复地捕鱼。古人将这种两头开喇叭口、内设漏斗形竹圈的鱼笼顺着流水的方向搁置，无论是逆流而上的鱼，还是顺流而下的鱼，都无法逃脱进笼的命运。甲骨文“𦉪”真实记录下了这种工具的模样。后来人们意识到鱼逆流而上是为了产卵，产完卵再顺流而下回到江河大海，如果把逆流而上产卵的鱼捕绝了，以后就无鱼可捕了，于是将工具改进，只留一个朝着顺水口的宽口进入窄口的鱼笼，加上两个上下对称的“冉”字结合在一起太难书写，楷书由此简化作“冓”。这也是为什么甲骨文时代的鱼笼看上去有两个，而现在的只剩下一半的原因。

古代宫廷禁卫森严，嫔妃们进去容易，出来很难，像鱼笼一般，“冓”由此引申为“宫室深密处”，如：不窥人闺门之私，听闻中冓之言。（东汉·班固《汉书》）

爯（chēng）（chèn）

爪（鹰爪，引申为“抓”）+冓（省“井”）　甲◎　金◎　篆◎

造字本义：把鱼笼提起来，掂量一下轻重，看看收获如何，会意衡量轻重，读chēng，如：爯（称）量。

收获不错，很开心，赞不绝口，“爯”由此引申为“赞扬”，如：爯（称）赞。

赞不绝口，自言自语，“爯”由此引申为“说”，如：声爯（称）。

鱼卖了个好价钱，很合心意，“爯”由此引申为“适合”，读chèn，如：爯（称）心。

现仅作偏旁。

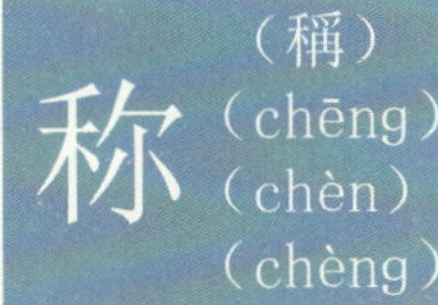

禾+爯　篆◎

造字本义：抓起禾，衡量谷物的轻重，泛指衡量轻重、测定重量。楷书将篆文“稱”中的“爫”简化为“⺈”，“冉”简化为“小”，合并简化为“称”，读chēng，如：称重。

古时向官府排队交粮，挨个儿叫号，轮到称重时，先问交粮称重的人叫什么名字，“称”由此引申为“叫”“叫作”，如：称呼。

接着又问：“所称何物？”“称”由此引申为“用以识别某一个体或群体（人或事物）的专有名字”，如：名称。

有问必有答，回答靠嘴说，“称”由此引申为“说”，如：连声称好。

称重时必须将谷物举起离地，否则就不准，“称”由此引申为“举起”，如：称觞祝寿。

由此进一步引申为“举荐”，如：称贤荐能。

交粮之人觉得秤很公平，对称重很满意，赞不绝口，“称”由此引申为“赞扬”，如：称赞。

如果觉得受到了不公正待遇，交粮之人会夺秤闹事，“称”由此引申为“举事”“领兵造反”，如：称乱（举兵作乱）。

当谷物的斤两称得符合其本身的重量时，交粮的人心情合意，“称”由此引申为“符合”“相当”，读 chèn，如：对称、称心如意。

古时人们发明了称重量用的工具，期望称得公平，由此以“称”命名，“称”由此引申为“测定物体轻重的器具”，读 chèng，如：过称（用秤量），后写作“秤”。

篝（gōu）

⺮（竹）+冓　篆◎

造字本义：像鱼笼捉鱼一样将火憋在笼里不让出来的，烤火、烘干物品用的竹制火桌或火炕，古称“熏笼”，如：篝衣（把衣服放在熏笼上烘干或烘暖）。

引申为“在空旷的地方或野外架木柴燃烧取暖的火堆”，如：篝火。

沟（溝）（gōu）

氵（水）+冓　篆◎

造字本义：水里放置鱼笼捕鱼的地方。鱼笼只能放置在水道中，由此以“溝”会意溪、涧等流水的水道。由于“溝”字写起来极为繁复，加上人们在溪沟边用鱼钩钓鱼的多，于是民间以“氵”和“钩”（省“钅”）组合为“沟”取代了“溝”，指能用钩钓到鱼的水道，泛指一般的水道，如：山沟、河沟。

引申为“人工挖掘的水道或酷似沟的工事”，如：暗沟、交通沟。

因沟为浅槽型，“沟”由此引申为“浅槽”“和沟类似的洼处”，如：地面上轧了一条沟。

媾（gòu）

女+冓　篆◎

造字本义：（违背女性意愿）将其送往像鱼笼一样进得去出不来的地方与人婚配，以这种方式与仇家结成亲戚关系，达到讲和的目的，即和亲，会意建立或恢复亲善友好的关系、讲和、交好，如：媾和。

引申泛指结为婚姻，如：婚媾。

由此进一步引申为“交配”，如：交媾。

构（構）(gòu)

木＋冓　篆◎

造字本义：用树木搭建成如进去了就出不来的鱼笼那样设计精巧的屋子，会意结成、组合、造。由于“構”字写起来极为繁复，加上建造房屋需用钩子将木头一根根固定在一起，所以人们以“木”和“钩”（省“金”）组合为“构”取代了“構”，如：构造、构思。

如此造出的产品即作品、业绩，“构”由此引申为“作品”“业绩”，如：佳构。

由于鱼笼“冓”是人们特意为鱼设计的陷阱，所以人们也以“構”（构）来比喻诬陷、陷害、挑拨离间，如：构陷、构害。

购（購）(gòu)

贝（貝）＋冓　篆◎

造字本义：用钱贝买走鱼笼里的鱼，会意买，如：网购、购买。

讲（講）(jiǎng)

言＋冓　篆◎

造字本义：就鱼笼里的鱼与渔民商量购买的价钱，会意商量、商议。由于“講”字书写起来极为繁复，人们取鱼笼是人们为鱼设置的陷阱之意，先于汉代将其简化作“**䛫**”（《武荣碑》），后进一步简化为“讲”，如：讲价、讲条件。

当人与人、国与国之间出现矛盾欲爆发争执或战争时，古人以和为贵，总是先派代表像买鱼或卖鱼商谈价格一样进行谈判，各自把道理陈述清楚，然后再晓之以理、动之以情，“讲”由此引申为“把事情和道理说出来”，如：讲理、讲评。

进一步引申为“说”“谈”，如：讲故事、讲述。

谈好了条件，消除了分歧，一团和气，“讲”由此引申为“和解”，如：讲和、讲情。

签订了合约只是一个好的开端，要实现永久和平，必须注重和约的执行，设法使之兑现，“讲”由此引申为“注重某一方面，并设法使它实现”，如：讲究、讲团结、讲卫生。

再（zài） 一＋冓（省"冓"） 甲◎ 金◎ 篆◎

造字本义：渔民将鱼笼沉底，隔一段时间提起来把鱼取出，第二次接着沉底，由此以"再"会意第二次、又一次、多次，如：再版、再次。

如此循环往复，多次捕捞，"再"由此引申为"事情或行为重复，继续"，如：再议、再聘。

由于鱼笼捕鱼的每套动作大致相同，完成一次接着重来一次，"再"由此引申为"重""重新"，如：再造、再审。

由此进一步引申为"另""另外"，如：再吃一点菜、再创新纪录。

捕鱼的人都希望下一次的收获更多，"再"由此引申为"更""更加"，表示程度，如：再高点儿、再多点儿。

二、知识疯狂补

秦始皇统一文字并未取得成功

秦始皇统一六国后，由于各国文字不统一，各地以不识诏书为由，阳奉阴违，拒不执行中央政府的命令。被灭六国的各国儒生以本国文字著书立说，反对秦始皇的"专制"。更为关键的是，雄才大略的秦始皇希望江山万岁，但要想万岁，必须得到老百姓的子孙后代们的认可和拥护，最好的办法是让百姓的子孙后代们牢记他始皇帝统一华夏的丰功伟绩，永续江山的合法性。要实现这一目标，文字必须统一，如果文字不统一，他的故事无法深入人心，代代相传。于是，秦始皇果断接受丞相李斯"书同文"的建议，禁用各诸侯国留下的古文字，一律以秦篆为统一书体。为此，秦始皇亲自巡游各地，到处刻石，身体力行推行小篆，并下令李斯、赵高、胡毋敬分别用秦篆编写《仓颉篇》《爰历篇》《博学篇》强制推广，然而最终却以失败告终。失败的原因，居然是因为始皇帝太过于追求完美而忽视了文字的实用功能，选错了书体。

秦始皇喜欢的小篆在他统一六国之前的 22 年就已经存在，后来经过李斯的整理、加工，变得更加华丽整齐，观赏性很强，但不便于书写。随着蒙恬对毛笔的改进，小篆受到了一种早小篆半个世纪的隶书的挑战。隶书经狱吏程逸收集整理，其"蚕头燕尾"的特点更加适合柔软的毛笔在竹简上书写，结果就出现了出土的秦代简牍上鲜有小篆，却多为古隶的局面，这是想借"书同文"垄断天下人思想的秦始皇万万没有想到的。更出乎他意料的是，至汉代，隶书竟然帮助他实现了理想，成了真正统一中国文字的书体。

当然，秦始皇也取得了意想不到的成功。他那些炫耀自己统一六国功业的刻石居然无心插柳柳成荫，人们在刻石的基础上，发明了一种可以使书法更长久留存的形式，创立了中国书法艺术的碑系与帖系。

第六篇

干戈玉帛

第三十一课 矢：伟大的发明

中国古代除了四大发明之外，还有一项发明，就是矢。

远古时期树高水深，人们恨不得将手臂接长一节伸到树上去摘果子，伸到水里去捞鱼虾。可手臂天生只有那么长，于是人们将树砍下来裁（）掉枝叶（），用来当长手臂，金文为“”，篆文为“”，楷书为“干”。可是即使杆再长，也无法打到奔跑的禽兽。于是人们试着将锋利的石块（）固定在“干”（，倒写的“”）的一端，用力投掷，便能扎进动物的身体。人们造甲骨文命名这种原始的梭镖为“”，金文为“”，篆文为“”，楷书为“矢”。然而，被击中的鸟儿经常掉进草丛很难找到，于是古人又想了个办法，就是在矢尾上系根绳子，击中目标后往回一拉，猎物就到了面前。在拉的过程中人们发现，用兽筋做的绳子可以弹出去很远。为此，人们试着将兽筋绑在小树杈上发射石块，由此发明了弹弓。接着，人们用更有弹性的树棍取代树杈发明了“”，金文为“”，篆文为“”，楷书为“弓”。崩悬（玄）于树棍两端，使之弯弓（）的兽筋（）即“”，楷书为“弦”。弓、弦发射石块，靠的是弓（）、弦的伸缩振动（），所以古人造甲骨文“”，会意用手指拨动、发射。由于石块（）只能用弓（）单个发射，于是古人又造了甲骨文“”，命名这种用弓（）单（）个发射的石块，篆文为“”，楷书为“彈”，简化为“弹”。这就是为什么“弹”即读 tán，又读 dàn 的原因。

毕竟弹丸很重，又无棱角，无法刺入禽兽体内。于是人们将矢缩短，安上由石片、骨或贝壳磨成的箭头。出于美观的考虑，人们又在矢尾绑上几根羽毛。没想到羽毛居然起到了平衡的作用，大大提高了矢的命中率，矢的形制从此趋于完善。经过加工后的矢（）虽然变短，但其长度依然超过礼器“豆”（），人们由此造篆文“”，意思是豆比矢还矮，会意高度小，楷书为“短”。量人的身高时，换了个弯腰割禾（）的女（）子作参照物，人们造篆文“”，楷书为“矮”，会意高度不及矢长，如：矮墙。

人们还嫌木制的箭杆不够轻，又换成竹制，并造篆文“”，会意舟（）停止（）行驶、人上岸继续前行一样向前飞射如刀（）的竹（）矢，楷书为“箭”，简化为“箭”。青铜器时代，人们造出了能置敌（）人于死地的金属（）箭头，篆文为“”，楷书为“鏑”，简化为“镝”。矢从此由一种捕猎工具，发展成为冷兵器时代远距离的杀伤性武器。直到今天，使矢摇身一变，成为现代火箭与洲际导弹之父。

矢的发明，对医学的发展也做出了突出贡献。古代战事频繁，许多人（）为矢（）所伤，甲骨文为“”。箭（）伤引起感染，使人高烧卧床（），生命垂危，金文“”，篆文为“”，楷书为“疾”，会意箭伤及箭伤引起的并发症，泛指疾病。

远古人不懂医疗，只能将矢（）拔出来丢进箭筐（），再给人做简单的包扎，即甲骨文“”，篆文为“”，楷书为“医”，会意简单处理箭伤，引申为装箭的筐篓。

受箭伤感染的高死亡率迫使古人摸索出一套完整的治疗方法，即将矢（）从伤者体内拔出，丢进箭筐（），然后从酒坛子“酉”（）中倒酒清洗伤口。那时还没有发明麻药，人们不得不在手术之前手持器械（），将伤者击晕，以减轻患者痛苦。人们将这一过程记录在案，即篆文“”，会意治疗箭伤。楷书为“醫”，也简化为“医”，泛指治病。

矢的出现，还加快了各民族的形成。远古时期人们以血亲为纽带聚集为群，后依仗强大的武器矢（）为后盾，相同血缘的部落联合起来，以共同信仰的图腾为旗（），形成了统一的民“”，金文为“”，篆文为“”，楷书为“族”。由于部族的当家武器为矢，古人又造篆文“”，会意部族（）最锐利的金属（）武器，特指箭头，楷书为“镞”。

有人问，究竟是弓厉害还是矢厉害呢？卖弓和卖矢的人谁也不服谁。卖弓的人夸耀说：“我卖的弓，非常精良，根本不需要什么箭。”卖矢的人不屑一顾，道：“我卖的箭非常厉害，根本不需要什么弓。”东夷族的首领后羿道：“没有弓，怎么能把箭射出去呢？没有箭，弓又怎么能射中靶子呢？”那两人觉得在理，从此不再争论。

一、汉字疯狂+

字根：

造字本义：

“”（半竹）和“”（倒“干”）组合为“矢”，即竹箭，泛指箭，如：有的放矢、矢如雨下。

古时候，箭无疑是人们报仇最好的武器，所以每次发誓必举“矢”，“矢”由此引申为“发誓”，如：矢志不渝、矢口否认。

矬（cuó）

矢＋坐　《说文》无，今篆 ◎

造字本义：矢射过来，吓得人坐在地上，身子缩成一团，引申为“将身子蜷缩起来”“下坠”，如：日已矬西、矬身。

形容人的身高只有“矢射过来吓得人坐在地上身子缩成一团”那么高，说明此人身材极为短小，“矬”由此引申指人身材短小，如：矬子、身材矬小。

在常人看来，身材矮小的人都长得不好看，“矬”由此引申为“容貌丑陋”，如：矬陋。

侯（矦）（hóu）（hòu）

户（站在陋屋的屋顶上向下看，泛指高而危险）＋矢

甲 ◎　金 ◎　古 ◎　篆 ◎

造字本义：把箭瞄准高处危险的目标射击，将“矦”字的“𠂉”“厂”分别分开写作“丿𠃌”“丨一”，然后与“矢”组合为“侯”。“矦”与“侯”实为同一个字楷化时的不同写法，读 hóu。

由此引申为“箭射的目标”，泛指箭靶，如：终日射侯。（《诗经・齐风・猗嗟》）

由于周朝以前的部落多为游牧民族，每个部落都有属于自己的游牧捕猎范围，该范围内所有的猎物都是该部落首领射猎的对象，即“侯”。周朝建立后，为了加强统治，君主将土地分封给宗族姻亲、功臣子弟、前朝遗民等，封土范围内的所有猎物皆为受封之人的狩猎对象，即“侯”。封地的范围越大，猎物（侯）越多，“侯”由此引申为“封地的范围”，进一步引申为“封建时代列国的国君”，如：诸侯。

古时分封的爵位不同，受封的土地面积也不一样，爵位越高，封地越大，土地越肥沃。爵位分为公、侯、伯、子、男，侯列二等，如：王侯将相、封侯。

中国古代称社会上具有声望、地位的知识分子和官吏为士大夫，人们祝愿士大夫们早日封侯，“侯”由此引申为“古代对士大夫的尊称”，如：侯门深似海。

君王虽然将大部分土地分封了，但自己的利益必须得到保障，为此设立了“五服制度”，即“邦内甸服，邦外侯服，侯卫宾服，蛮夷要服，戎狄荒服”。所谓“邦外侯服”指的是，王四周各五百里的区域为甸（田野的出产物）服，甸服以外各五百里的区域叫侯服，指为王提供射猎服务的范围，即王打猎的范围，如：五百里侯服。（《书・禹贡》）

位于中国东南部福建省的闽侯县古时称“候官”，西汉置县。清以后通写作“侯”，仍随“候”读“hòu”。

喉（hóu）

口＋侯　篆◎

造字本义：瞄准射击，箭离弦之际，口里不由自主发出声音。引申指口里发出声音的部位，即人的发声器官。如：喉管似龙，故称喉咙。（《喉科金钥》）

因喉主呼吸，为呼吸要道，“喉”由此引申比喻要害之地、交通要道，如：交通咽喉。

猴（hóu）

犭（犬）＋侯　篆◎

造字本义：把箭向高处瞄准才能射杀得到的像犬一样凶猛、聪明的动物。因猴子擅于攀缘，经常跑到农户家里偷食，发现之后马上爬到树上或高处，只能用弓箭才能将其制服。

引申为“像猴的”，如：猴头菇。

在人们看来，猴子的智商比一般动物要高，比较聪明、机灵，“猴”由此引申为“乖巧”“机灵”，如：猴精。

由于猴子习惯于蹲坐，擅长攀缘，“猴”由此引申为“像猴子似地蹲坐”“像猴子一样攀缘纠缠”，如：他猴在台阶上嗑瓜子儿、猴下身去。

瘊（hóu）

疒（生病发烧卧床，泛指病）＋猴（省“犭”）　《说文》无，今篆◎

造字本义：一种常容易发于手指、手背、甲缘及足部，酷似猴子臀部之疣的病，俗称刺瘊、瘊子等。其特点是肤生赘疣，初如赤豆，状似花蕊，日久自落，故名千日疮。

候（hòu）

亻（人）+侯（矦）　篆◎

造字本义：只等令箭一发，人（士兵）立刻向前出击，会意等待，如：等候、守候、敬候、迎候。

引申为“守望”“侦察”，如：候楼。

由此进一步引申为“观测”，如：候风地动仪。

通过观测发现，事物在不同的发展阶段会出现不同的状况，“候”由此引申为“事物在变化中的情状”“征兆”，如：火候儿、症候。

由此进一步引申用于中医，指诊察，即观察临床表现判断病情，如：诊候、候脉（诊脉）。

古人讲究礼节，迎接客人要提前等待，否则视为失礼。所以每当有人早早迎候，说明有人前来看望，“候”由此引申为“看望”“问好”，意思是有人来看望，提前迎候，如：问候。

大自然中，许多鸟儿随季节的变化迁徙到温暖的地方过冬，人们将这些年年等待迁徙的、人们需等候多日才能重见的鸟儿称为候鸟。

候鸟迁徙的时节成了季节变换的标志，“候”由此引申为“时节”“时令”，如：时候、气候。古代将五天称为“一候”：五日谓之候，三候谓之气，六气谓之时，四时谓之岁。（《素问》）

矣（yǐ）

厶（伸出胳膊往里扒或拉）+矢　金◎　篆◎

造字本义：伸出胳膊往里用力拉弓弦上的箭。

由于弦很紧，开弓很费力气，当箭将弦足够绷开时，开弓的人会因为费力而情不自禁地发出“咦”的声音，“矣”由此引申作语气词，表示感叹，取“咦”近音读yǐ，如：大矣哉、毒矣哉。

人们之所以发出“咦”的声音，是因为开弓确实费力，“矣”由此引申为“确实”，如：廉颇老矣，尚能饭否？（西汉·司马迁《史记·廉颇蔺相如列传》）

由于弓紧，开弓的动作必须坚决、果断，用足力气，否则弦难以张开，“矣”由此引申为“坚决”“肯定”，如：德薄而位尊，知小而谋大，力小而任重，鲜不及矣！（《易·系辞下》）

随着开弓之人“咦”一声发出，开弓的动作圆满完成，“矣”由此引申用在句末作古汉语助词，表完成时态，相当于“了”，如：悔之晚矣。

埃（āi）

土+矣　篆◎

造字本义：伸出胳膊往里用力拉弓弦上的箭，飞箭落在土里溅起的灰尘，泛指灰尘、尘土。

“灰”“尘”“坌”与“埃”的区别为：“灰”指手（𠂇，即“又”，持物的右手）持（竹）木棍拨“火”扬起的烟尘；“尘”（塵）指鹿群奔跑扬起的土灰，泛指扬尘；“坌”为土块被风等风化分割形成的颗粒较大的沙尘或沙尘暴。

显然，“埃”指比“尘”颗粒更小的土灰。为了纪念在热传导和光谱学方面取得杰出成就的瑞典物理学家埃斯特朗（Anders Jonas Ångström），国际上决定将“Å”确定为晶体学、原子物理、超显微结构等常用的公制长度单位，即纳米的十分之一。因为“埃”比“尘”颗粒更小，所以人们将其翻译成汉字的时候，恰如其分地选择了“埃”字。

挨（āi）（ái）

扌（手）+矣　篆◎

造字本义：手把手教别人伸出胳膊往里用力拉弓弦上的箭。两人身子贴着身子，手把着手，“挨”由此引申为“靠近”，读 āi，如：学校挨着工厂。

当人或物按顺序排列时，依次紧挨，中间没有空隙，“挨”由此引申为“顺着（次序）”“紧接着”，如：挨家挨户。

对于生手而言，开弓需要花费很大的力气，要想娴熟地开弓，必须在箭手的指导下忍受疼痛的折磨，不断地加以练习，“挨”由此引申为“遭受”“忍受”，读 ái，如：挨打、挨骂、挨饿。

要想很熟练地开弓，每次练习必须将弓弦张得足够开，并尽可能地将时间延至最长，艰难地度过了这段时间，技术也就完全掌握了，“挨”由此引申为“艰难度过”“拖延”，如：挨时间。

唉（āi）（ài）

口+矣　篆◎

造字本义：伸出胳膊往里用力拉弓弦上的箭时，嘴里发出的声音。

当战争准备就绪，弓箭手拉开弓箭，指挥员常常会问：“准备好了吗？”弓箭手应答“是”或“准备好了”，于是指挥员下令：“射！”“唉”由此引申为叹词，指应人声，表示答应，相当于“是的”，读 āi，如：“你一定要去呀！”“唉，我一定去。”

当遇到不愿意做又不得不做的情况时，虽然应答，但饱含叹息，“唉”由此引申作语气词，表示叹息，如：唉声叹气。

旁观者往往会同情这种遭遇，“唉”由此引申为“同情”，读 ài，如：唉，他病得怪可怜的！

由此进一步引申为“表示伤感或惋惜”，如：唉！他不小心摔伤了。

娭（āi）（xī）

女＋矣　篆◎

造字本义：教孩子玩开弓射箭游戏的女性。

弓箭起源于北方的渔猎民族，传至湖南，进入普通家庭，演变成了一种由母亲充当教练陪孩子玩耍的射猎游戏，“娭”由此引申为“玩乐”“嬉戏”，读 xī，如：国富强而法立兮，属贞臣而日娭。（战国・屈原《九章・惜往日》）

也因此将陪玩的母亲称之为“娭”，读 āi。将“娭毑”两个字分别拆开，即“女矣，母也！”翻译成白话文即“这个女人，乃母亲也”。

随着岁月的流逝，母亲会慢慢变老。当母亲做了祖母，人们依然称呼其“娭”，“娭”由此引申为“对母亲、祖母或年老妇女的尊称”，如：娭毑（湖南北部对祖母的称呼；湖南北部对年老妇女的尊称；老奶奶）。

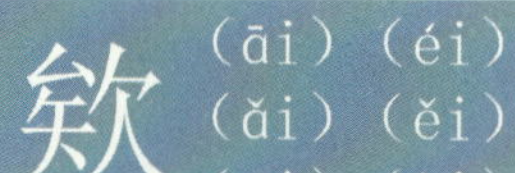

矣＋欠（打哈欠，睡眠不足，引申为缺、不足）　篆◎ 

造字本义：伸出胳膊往里用力拉弓弦上的箭时，因为倦怠打了个哈欠。这种行为必然招致训斥，“欸”由此引申为“呵斥”“怒斥”，读 āi。

受到训斥，继续练习，各种情绪呈现出来，“欸”由此引申作语气词，表达各种情绪：

读 ēi 时表示打招呼，如：欸，你离我远一点。

读 éi 时表示表示诧异或忽然想起，如：欸，我三点钟还有一场电影呢！

读 ěi 时，表示不以为然。如：欸，不就打了个哈欠吗？没影响你啊！

读 èi（ề）时，表示答应或同意。如：欸，我就来！

旧时，陆路交通极为不便，多走水路。站在码头上喊一声“欸……有船吗？”船工应答一声“就来了”（乃），所以人们将“欸”用于“欸乃”一词中表应答；又因“欸乃”与渔歌起调的前奏长腔“唉呢哟喂……”音近，“欸乃”一词由此引申成为象声词，模拟渔歌声、摇橹声，也引申指“渔歌”，读 ǎi。唐代诗人元结最早将“欸乃”一词入诗，诗云：“谁能听欸乃，欸乃感人情”（《乐府十二首·欸乃曲》）。最传神的还是唐代柳宗元的《渔翁》：“烟销日出不见人，欸乃一声山水绿。”

俟（sì）（qí）

亻（人）+矣　篆◎

造字本义：人伸出胳膊往里用力拉弓弦上的箭，找准目标，等待命令或时机发射，会意等待 ，读 sì，如：俟机。

◎ 小知识

复姓“万俟”源于鲜卑族，原为鲜卑族一个部落的名称，东晋时随拓跋氏进入中原，后来就以部落名称作为姓氏。其得姓始祖万俟丑奴，兵败被杀，其亲人、族人为躲避追杀，姓氏汉化为“万俟”，但习惯随鲜卑语的发音读作“mòqí”，这就是为什么“万”不读 wàn、“俟”不读 sì 的原因。

涘（sì）

氵（水）+“俟”（省“亻”）　篆◎

造字本义：水边等（船），会意水边、岸边，如：所谓伊人，在水之涘。（《诗经·秦风·蒹葭》）

引申为“界限”“止境”，如：道虽通，而虏求取无涘。（北宋·宋祁、欧阳修、范镇、吕夏卿等《新唐书》）

知（𥎿）（zhī）（zhì）

矢＋口（于）　甲◎　金◎　篆◎　篆◎

造字本义：话从（于）口里说出，语速像箭一样快而精准，言辞犀利，简化为“知”。

只有心里知道答案的人回答问题时才能脱口而出，“知”由此引申为“懂得”“通晓”“明白”，如：良知、知道。也引申为“使明白”“使通晓”，如：通知。

由此进一步引申指通晓或使通晓的内容，即“学识”“学问”“经验”“常识”“道理”，如：真知灼见、知识。

在古人看来，朝廷必须派知根知底、有知识且熟悉当地情况的人去主管一方事物，才能管理得好，“知”由此引申为“管理”“主持”“主管”，如：知县、知州、知府、知客。

人与人之间只有相互知道对方的情况（性格、行为习惯等）才能成为朋友，“知”由此引申为“彼此了解”“要好”，如：相知、知音。

古人认为，有知识的人能辨析判断，发明创造能力超群，“知”由此引申为“智慧”，读 zhì，如：择不处仁，焉得知？（《论语・里仁》）

智（智）（zhì）

知（𥎿）＋曰　甲◎　金◎　篆◎　篆◎

造字本义：“智”为“𥎿”的后起分化字，加“曰”（开口说）为“智”，表义从口里说出心里知道的知识，或运用已知的知识形成的想法，即计谋、策略，如：足智多谋。

引申为“经验”“策略”“思想”，如：智囊。

由此进一步引申为“有策略的”“聪明的”“机灵的”，如：智慧。

也引申为“有智慧的人”，如：智士。

雉（zhì）

矢＋隹(飞鸟)　甲◎　甲◎　篆◎

造字本义：用箭猎杀的飞鸟的统称。

由于人们日常猎杀得最多的是野鸡，“雉”由此成了野鸡的代名词。有的地方叫山鸡，如：雉尾扇。

战争时期，人们躲在箭垛后面像射野鸡一样地射击敌人，因城墙上建有箭垛，“雉”由此引申指城墙，如：雉堞（古代城墙上掩护守城人用的矮墙，也泛指城墙）。

由于箭垛与箭垛之间的距离是一样的，数数箭垛就能算出城墙的面积，“雉”由此引申为古代计算城墙面积的单位，长三丈、高一丈为一雉，如：都城过百雉。（《左传·隐公元年》）

二、知识疯狂补

周朝将汉字变成了统治工具

周朝灭商之后，继承了商朝在青铜器上铸刻铭文的技术，严格保密。周王将刻了铭文的青铜器赏赐给分封的诸侯，接受赏赐的这些人却并不懂得这些铭文是什么意思。即使懂得这些文字的意思，也没有掌握在青铜器上刻铭文的技术，周王即以这种技术垄断的方式垄断了一个时代的话语权。西周末年，周朝陷入混乱。周王手下的工匠们离散至各地，技术也流传到了各地。此时人们已经能够识别这些铭文，他们惊愕地发现，这些铭文通篇记录的是周王的伟大成就。青铜器代代流传，诸侯们越解读这些文字，越觉得周王朝拥有至高无上的权威。尽管春秋战国各诸侯国之间战争不断，但每一个诸侯国君立国都认为自己继承了周朝的正统。也正因为有了这些铭文的存在，“纣王”从一个有为的君王“堕落”成了好色的昏君。连毛泽东都这样评价：“其实纣王是个很有本事、能文能武的人。他经营东南，把东夷和中原的统一巩固起来，在历史上是有功的。帝辛伐徐州之夷，打了胜仗，但损失很大，俘虏太多，消化不了，周武王乘虚进攻，大批俘虏倒戈，结果商朝亡了国。”

第三十二课 戈：战争的标签

战争离不开兵器。最常用的武器戈，由钉进地里（）拴牲畜的绳拴（）演变而来，骨刻为“”，甲骨文为“”，金文为“”。篆文“”演变为将树桩削尖（）并系上绳子（）抛射猎鸟的工具，楷书为“弋”。甲骨文时代，人们将削尖的树桩“弋”（）安上长柄，在柄的末端再装上手（）柄，命名为“”，金文为“”，篆文为“”，楷书为“戈”。为了增强杀伤力，人们又将戈头换成巨石，造了甲骨文“”。由于石戈太重，也不锋利，于是改为金属制造，成为金文“”的模样，篆文为“”，楷书为“戉”。后来人们又添加金（）旁造篆文“”，楷书为“钺”，会意形似板斧的金属兵器。

远古时期，北方的游牧部落常常手持利戈（）盾甲（）全副武装侵扰中原，人们造甲骨文称其为“”，篆文为“”，楷书为“戎”，简化作“戎”，引申指武器装备。殷商时期，人们将手持戈（）、刀（）抢劫钱贝（）的人称为“”，篆文为“”。后来，北方的戎人大举侵扰，中原人恨之入骨，将“”楷书为“贼”，视抢劫钱财的戎人为贼。

戎人入侵，多选择在草（）木长至与戈（）的前锋（）齐高的时候。此时庄稼长得茂盛，收割在望，篆文为“”，楷书为“茂”，会意草木旺盛。人们为了保护粮食，只好拿起长柄有齿（）似戈（）的农具钉耙作为武器，即甲骨文“”，金文为“”，篆文为“”，楷书为“我”。因为人们靠“我”农耕自给自足，靠“我”当武器保护自身安全，“我”由此引申为第一人称，指本人。

领土受到侵犯，君主不得不派人（）持戈（）守护国土，即甲骨文“”，篆文为“”，楷书为“戍”，会守卫之意。士兵持戈（）在各哨口盘问（）、巡逻为“”，金文“”在城市（）的进出口处各增加一道城墙（），会意巡逻守城，篆文为“”，楷书为“或”。士兵流动巡逻，不确定什么时候再次出现在某个哨点，“或”由此引申为“也许”，表示不肯定。遇到可疑情况，士兵心（）里拿不定主意即金文“”，篆文为“”，楷书为“惑”，表示疑惑、分辨不清。士兵当机立断，双手举戈，阻止对方进入为甲骨文“”，金文为“”，篆文为“”，楷书为“戒”，会意拒绝、将某事物排除在外，引申为“禁止做的事”，如：戒酒。

殷商时期，守卫的范围从城邑（）扩大到诸侯（）的封地，即“”，篆文为“”，楷书为“國”。1956 年简化为“国”，倡导国人像爱护美玉一样珍爱自己的国家。

公元前 221 年，秦始皇统一中国，武装守卫的范围扩大到所有的国土（），于是新造“”（篆）字，楷书为“域”，即疆域。

历史上的每次战争都会让国家陷入混乱。每当路上出现大队持戈（）步行（）的士兵时，说明战争来临，这一情形即甲骨文“”，金文为“”，篆文为“”，楷书为“武”，会意动用武器开战。兵戈（）之祸让老百姓苦不堪言，战火（）烧毁了民房的挑梁立柱（），老百姓流离失所，篆文为“”，楷书为“烖”，后取房屋（宀）失火之意，简化为“灾”。

战争结束，人们将戈（）搁在兵器架（）上，造甲骨文“”会意休战，金文为“”，篆文为“”，楷书为“戌”。因远古时期，人们共同遵守傍晚停战、第二天天亮再战的规则，“戌”由此引申指晚上七点到九点这个休战的时段。

得到永久停战（）消息的士兵欣喜若狂，众人张嘴（）齐声欢呼为“”，引申为“都”“全”，金文为“”，篆文为“”，楷书为“咸”。此时此刻，所有人（）的心（）里悲喜交加，篆文为“”，楷书为“感”，会意人受外界刺激而引起心理上的变化。

战争结束了，放下武器的士兵们拿起像戈（）一样的长柄石镰（），挪步（）回家种田，即甲骨文“”，金文为“”，篆文为“”，楷书为“歲”，1935 年简化为“岁”，会意每天收割劳作至太阳下山。古时候人们的寿命短，过一年就老一年，人们害怕死亡，就将年想象成吃人的恶魔。有一年，又到了恶魔吃人的时候，人们纷纷上山躲避。有一个聪明的小孩说：“我有办法对付这个恶魔。”他让大家准备一些竹筒，燃起一堆篝火。当年兽出现的时候，小孩子大喊一声：“快将竹筒丢进火堆！”竹筒被火一烧，发出噼里啪啦的爆响，吓得年兽抱头鼠窜。从此以后，人们便形成了过年放爆竹的习俗。

由于古时候农作物每年只收割一季，“岁”由此引申为“年”。

西晋的时候，有位将军叫刘琨，他眼看着自己的国家经常遭受侵略，老百姓无法过年，心里非常着急，每天头枕着兵戈睡觉，等待天亮。邻居问他：“睡觉就睡觉，为什么要枕戈呢？”刘琨回答：“我只等天亮朝廷召唤，随时准备杀向战场。”这就是成语“枕戈待旦”的来历。

一、汉字疯狂+

字根：

○ 骨刻　○ 甲　○ 甲　○ 金

造字本义：

拴牲畜的树桩。

后来，人们将其砍下来削尖，制成带钩的可绑绳抛掷击鸟的捕猎工具，“弋”由此引申为“将类似于箭头的带钩的锋利树桩用绳子捆绑、抛掷猎鸟”，并以此命名这种猎鸟的工具。后来人们从中受到启发，将箭帮上绳子，射中了鸟可以轻易地找到，“弋”由此引申为“用带有绳子的箭射鸟”，如：弋射、游弋。

后来人们将“弋”安上手柄发明了“戈”，“弋”由此引申指武器戈的戈头。

代（dài）　人＋弋　篆◎

造字本义：人以弋射鸟，不停地更换射鸟的工具弋（箭），会意替换、更迭，如：代替、代谢。

由此引申为“替他人处理事务或承担职务”，如：代理、代销。

唐朝以前，父子相继为“世”，唐人为避唐太宗李世民之名讳，将“世”写成“代”，取其替换承接之意，沿用至今，如：世代、下一代。

由此引申为历史上的某一时期或年代、朝代，尤指文化发展方面的一个时期，如：古代、唐代、时代。

由此进一步引申指地质分代分期的第一级。根据动植物进化的顺序，地质年代分为太古代、元古代、古生代、中生代和新生代。“代”以下为“纪”，跟“代”相应的地层系统叫作“界”。

戈（gē）

弋＋又（持物的右手，引申指“手”或“手持”） 甲◎ 金◎ 篆◎

造字本义：安了手柄和长杆的弋，为中国古代主要的青铜兵器，盛行于商朝至战国时期，秦以后逐渐消失。其突出部分名“援”，“援”上下皆刃，用以横击和钩杀、钩割或啄刺敌人，所以又名“勾兵”或“啄兵”，如：戈甲、戈矢、戈矛。

泛指兵器，如：干戈。

“戈壁”一词源于蒙古语指沙漠、砾石荒漠、干旱的地方。以“戈”汉（音）译，取兵戈所到之处荒无人烟之意，十分吻合沙漠荒凉的景象。

戊（wù）

丿（画“丿”为记）＋戈 甲◎ 金◎ 篆◎

造字本义：与戈的前锋等高处为“戊”。当草（艹）木长到枝头与戈之前锋平齐时为“茂”。

古人受树木从种子萌芽至长成参天大树的生长过程的启发，取树木的“干枝”之意，发明了“干支”排序法，“甲”因种子萌芽破甲（壳）列“十天干”之首，“戊”因草木枝叶繁“茂”列天干第五位，表示树木长到了“戈之所能及”的高度。

由此引申与地支相配，用以纪年或纪日，如：戊戌变法。

由于“戊”在“十天干”中排第五，“戊”因此引申用作顺序第五的代称。

又因为古代以十干配五方，戊居十干中间，所以指中央。

又因为“戊”与五行中排第五的“土”相对应，“戊”由此指代土，如：戊己（指一旬中的戊日和己日；古以十干配五方，戊己属中央，于五行属土，因以戊己代称土）。

茂（mào）

艹（艸，泛指草）＋戊 篆◎

造字本义：草木长到与戈头平齐的高度，会意草木繁盛，如：根深叶茂。

在古人看来，草木只有长到这样的高度才可称之为长大，“茂”由此引申为“大”“盛大”，如：茂业。

草木繁盛，一派生机勃勃的景象，“茂”由此引申为“美好”“优秀”“丰富精美”，如：图文并茂。

戌（xū） 丫+戈 甲◎ 金◎ 篆◎

造字本义：仗打完了，将兵器“戈”搁在“丫”形兵器架上，会意休战、战事结束。

远古的时候，晚上不打仗，太阳落山天将黑但还未完全黑时，暂时结束战事，“戌”由此引申为旧时计时法，表示晚上七点到九点这个时间段，天地昏黄、万物朦胧，即戌时。

每至戌时，黑夜来临，狗开始守门看家。此时狗守夜的警惕性最高，并产生一种特殊的视力和听力，看得最远，听得最清楚，“戌”由此被古人列为地支的第十一位，与十二生肖中的“狗”相对应。

由于战事结束后，战场上一片肃杀，宛如深秋，“戌”因此被用来纪月，与农历九月相对应。

又与天干相配用以纪年或纪日，如：戊戌年、戌日。

成（chéng） 戌+丁 甲◎ 金◎ 篆◎

造字本义：仗打完了，将占领的地方钉上代表获胜方所有权的标志物，会意将战败方的土地、人口变为己有，泛指变为，如：百炼成钢。

一旦战争取得胜利，即达到了预定的目的，“成”由此引申为“事情按预定目标做成”“获得预期的结果，达到目的”，与“败”相对，如：完成、成功。

由此引申为“事业上的收获”“业绩”“已完成的事业 ”，如：成果、成就。

一个人要获得成功，必须付出许多劳动和时间，“成”由此进一步引申为“达到一个单位，强调数量多或时间长”“整”“全”“百分之百的”“纯的”，如：成千上万。

古代是个农业社会，人们靠种植业和养殖业为生，视谷物、家畜成熟为成就，“成”由此引申为“生物生长到定形的阶段”“食物发展到一定的状态”，如：成人、成材。

由此进一步引申为“已经形成的”“已定的”“定形的”“本来已有的、已准备好的”，如：成品、成本。

以人为例，人长大了得建立家庭，以此类推，“成”由此引申为“形成”“建立”“组合”，如：组成、成家。

古人将收获的农作物视为成就，一分收获即一份成就，简称“一成”，“成”由此引申为“十分之一”“比率”，如：增产三成、成色。

古时候，当意见不完全一致甚至敌对的双方通过谈判取得共识，消除分歧，订立协约，实现和解，这在双方看来无异于取得了巨大的成就，“成”由此引申为“平定”“讲和”“订立”，如：成交。

双方达成共识，意味着得到了双方的应允，“成”由此引申为“答应”“许可”，如：成，就这么办吧。

在古人看来，帮助别人达到目的也是一种收获，“成”由此引申为“帮助别人达到目的”，如：成全、成人之美。

城（chéng） 土＋成 金◎ 篆◎

造字本义：用泥筑成的，将仗打完后钉上代表获胜方所有权标志物的地方围起来归为己有的高大围墙，泛指绕城或绕疆的高墙，如：万里长城、城门。

引申指城墙以内的地方，如：东城、城区。

由于诸侯首脑居住在城墙以内的地方，那里人口众多，集市交易活动频繁，是政治、经济、文化交流的中心，“城”由此引申为“城市”，跟“乡”相对，如：城乡。

诚（誠）（chéng） 言（讠）＋成 篆◎

造字本义：用发自内心的直率的语言打动别人，以获得预期的结果，会意内心与言行一致，不虚假，如：真诚、诚实。

引申为“实在”“的确”“确实”“果真”，如：诚惶诚恐。

咸（xián） 戌＋口 甲◎ 金◎ 篆◎

造字本义：战事结束了，众人张嘴齐声欢呼，会全、都之意，如：咸平（大家都太平）。

位于陕西西安西北部20公里的咸阳，位于九宗山之南、渭河之北，因古时水之北、山之南均为“阳”，所以取山水皆阳之意，名“咸阳”。公元前350年，秦孝公在此建都，公元前206年被楚项羽焚毁，简称“咸”。

“鹹”的造字本义为“卤（盐）为大家所必需”，由此引申，以其味泛指盐以及类似于盐的味道。后来人们嫌写起来繁复，去“卤”为“咸”，与表“皆”意之“咸”合并，“咸”便有了盐以及类似于盐的味道之意，方言读hán，如：咸鱼、咸淡。

感（gǎn）

咸＋心　篆◎

造字本义：所有心里的细微变化，如：反感、好感、情感、感觉。

以上种种变化，人或动物的身体会有察觉，“感”由此引申为“觉得”，如：感到。

人或动物的感官受到外界刺激后，必然有所触动，“感”由此引申为“触动”“打动”，如：感动、感伤。

人或动物被打动之后，只是想让对方察觉自己的反应，“感”由此引申为“让对方觉得自己对他（它）的心理变化”，如：感谢、感恩图报。

人或动物的感官神经特别敏感，只要有刺激，心理就有变化，“感”由此引申为“摄影胶片、晒图纸等接触光线而发生变化的敏感现象”，如：感光。

◎小知识

“感冒”原本并非医学名词，其出自南宋官场。南宋医学理论家陈无择将导致百病的外因区分为六淫，即风、寒、暑、湿、燥、火等六种反常的气候变化。南宋馆阁（北宋以后掌管图书、编修国史的官署）阁员陈鹄溜号，在登记簿上将溜号的原因归于“感风”，意思是感受了风邪。至清代，官员办完公事请假休息，刻意夸大，谓“公务操劳，已感外淫，隐病而坚持至今，症状终于冒了出来，故而不得不请假”，因此简称“感冒”。久而久之，“感冒”一词得到了大众的认可，最终成为上呼吸道感染疾病的俗称和代名词。

喊（hǎn）

口＋咸　《说文》无，今篆◎

造字本义：吃了太咸的东西，张嘴大声嚷嚷呼咸，取“咸”的方言近音（hán）读hǎn，“喊”由此分化，表达两层意思，一是尝味、感知滋味，如：狄牙能喊，狄牙不能齐不齐之口（《法言·问神》）；二是大声呼叫，如：大喊大叫。

菜太咸，自然唤人端茶来解，“喊”由此引申为“召请”“呼唤”“叫（人）”“唤醒”，如：喊他来倒茶、明天早晨六点喊我。

二、知识疯狂补

刻在兵器上的文字——鸟虫书

如果你以为成语“雕虫小技”里的“虫”指的是虫子，那就大错特错了。这“虫”指的是古代一种刻在兵器上的文字，名“虫书”，笔画故作蜿蜒盘曲之状，中部鼓起，首尾出尖，长脚下垂，犹如蛇虫，故名。还有一种类似于虫书的奇特文字，笔画以篆书为基础，回环盘曲画作鸟形，或文字与鸟形融为一体，或在字旁与字的上下附加鸟形做装饰，故名“鸟书”，又称“鸟篆”。鸟书和虫书现于东周，多刻于兵器之上。秦始皇时代，称其为“虫书”。新莽时代，统称为“鸟虫书”。有的以鸟装饰，有的以虫装饰，有的以鱼装饰，也有的三者兼而饰之。有的还在刻文凹线内用金错嵌，显得非常工整华丽。

根据现有的资料分析，鸟虫书主要流行于长江中下游地区吴、越、楚、蔡、徐、宋等南方诸国，影响波及中原一带。其源于巫术和部落图腾。古代中国南方，尤其是楚国巫术盛行，将战旗或兵器上的文字饰以虫、鸟作为咒符，借助鬼神的力量，征伐敌人。由于这种文字高贵华丽，富有装饰效果，被人用于瓦当、汉印，成为一种重要的装饰文字。

满城汉墓错金银鸟虫书铜壶

第三十三课 玉：君子的器物

中国人对玉的崇拜，源于对劳动工具的崇拜。

原始社会早期，人类受智力的限制，只会用石头砸核桃、砍树。随着经验的积累，人们懂得了将粗糙的石块打磨后，绑在木棍上制成“”。金文中的“”经磨制，变得更为圆润、锋利，篆文为“”，楷书为“且”，指磨制石器。磨制石器用处很多，既可以砍，又可以砸，“且”由此引申为“又……又”，如：且战且退。最初，“且”很稀有，只有部落首领才有资格使用。因为“且（）”很重，携带不便，部落首领便将其穿孔，用丝绳（）吊在腰间，“且”因此成为权力的象征，金文为“”，篆文为“”，楷书为“组”，如：组织。从此，人们喜欢上了精美的石头。

在寻找美石的过程中，古人发现某些质地坚硬、色泽碧绿、纹理清晰的美石，比普通石头软，可用刀（）纵横刻出精美的线条（），于是造了甲骨文“”（韧 qì）记下这一发现。毕竟玉石硬度很大，只有成年人（）才刻得动，又造篆文“”，会意用刀雕刻，楷书为“契”。人们将这种刻上了精美图文（）的草绿色（）美石钻孔穿绳，随身佩戴，命名为“”（甲骨文）。金文省去草（）简化为“”，篆文为“”。因楷书与君王的“王”（）字极为近似，所以加了一点写作“玉”以示区别，但作偏旁时仍然写作“王”。

玉未加工之前与普通的石头看上去区别不大，需要剥去附着在外表的皮才能显露光华。人们将玉石像捆（）猪（）脚一样紧紧夹住，顺着纹理用刀精雕细刻，篆文为“”，楷书为“琢”。俗话说“玉不琢不成器”，意思是玉石不经过雕琢，成不了器物，比喻人如果不经历磨难，难以成为一个有用的人。

玉有许多种类，器形不一样，作用也不一样。

玉“”内圆外圆，代表天。帝王示玉（）杀人祭天，刽子手举起刑刀（），罪奴身（）首（）分家，篆文为“”，楷书为“璧”。

黄“”外圆内方，代表地，用于祭祀供奉

于宗（宗）庙里的地神及先祖。楷书为“琮”。

“瑗”为孔特别大的玉（王）璧。君王上下台阶怕摔，服侍他的人不能接触他的手，只好把璧孔挖大，主仆各自伸手（爰）分别抓住玉的两端，牵着行走。如此一来，二人的身体之间隔着像一根加长的拐杖“于”（亏）一样的距离，有了缓冲，楷书为“瑗”。

“球”指人人梦寐以求想得到的，像珍稀动物皮毛（求）一样珍贵但并不一定是球形的美玉（王），楷书为“球”。后来以毛充填兽皮发明了世界上最早的足“毬”，“圆毬”四处滚动，众人像抢“球”一样都想得到，“球”由此成为“毬”形体育用品的代名词，泛指球形或接近球形的物体。

人们之所以对玉梦寐以求，除了玉可作佩饰之外，更主要的原因与其性质有关。

玉石（王）经流水（水）长时间冲刷，变得像运转自如的门（門）轴和门套一样光滑，篆文为“潤”，楷书为“潤”，简化为“润”。因水润泽万物，所以玉被视为水的化身，温和仁爱，恩泽众生。

玉（王）表里如一，即使内有霞（霞，省“雨”）斑，也一目了然，从不掩饰缺点，因此被视为忠义的象征，篆文为“瑕”，楷书为“瑕”。

敲击玉（王）石，能发出悦耳动听的铃（鈴，省“金”）声，像位智者，总是以一种最美妙的方式将智慧传播给周围的人，篆文为“玲”，楷书为“玲”。

玉虽然硬度不算太高，但有韧度，宁为玉碎，不为瓦全，是为勇。

玉洁身自好，即使被人摔碎，看似锋利的断口并不伤人。

这仁、义、智、勇、洁自古以来被视为玉之五德。古人认为，人只要具备了这五德，便是君子。据史料记载，唐朝的薛仁贵当上将军后，曾经卖玉接济过他的邻居王茂生送来两坛清水。薛仁贵当场喝了三碗。手下问他为什么不生气，薛仁贵解释说：“当年王兄弟帮助我时，并未想到我日后会荣华富贵，如今送来清水也是他的一番美意，这就叫君子之交淡如水。”

一、汉字疯狂+

字根：

造字本义：

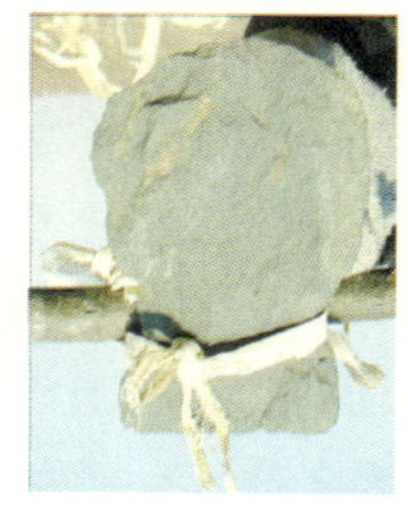

甲骨文“[甲骨文字形]”象形用绳子绑在木棍上省略了木棍的石制工具。金文“[金文字形]”显示石器经过了打磨，变得更加圆润、锋利，用绳子绑在木棍上，既可当锄，又可当锤使用。显然，“且”的造字本义为经打磨后供劳动使用的石器，引申指像磨制石器一样光滑的石头，读 qiě。

由于远古时期的人们居住离不开石洞，劳动离不开石器，由此产生了对石头的崇拜，视最早使用石器的人为祖先，“且”由此引申为“民族或家族较早的上代”“先人”，即“祖先”，读 zǔ。

《尔雅·释天》曰：“六月为且（jū）。”从浙江河姆渡、湖南罗家角、河南贾湖出土的炭化稻谷证实，中国的稻作栽培至少已有 7000 年的历史。原始社会时期，收割早稻的工具为石头磨制的石镰，因农历六月为收割稻谷（远古时期只有一季稻，后来发展为双季稻，六月为抢收早稻、抢种晚稻的季节，故名“双抢”）的季节，这段时间是石镰发挥作用的时候，古人便以石镰“且”命名其作为主打劳动工具发挥作用的月份，即“且月”这与六月荷花盛开特征明显而命名为“荷月”是一个道理。

当人们将工具“且”放下的时候，标志着本次劳动结束，“且”由此引申作文言助词，用在句末，与“啊”相似，读 jū，如：狂童之狂也且。（《诗经·郑风·褰裳》）

远古时期生产技术落后，谁拥有了先进的生产工具，谁收获的粮食就越多，谁家的生活就越有保障。磨制石器在当时是最先进的生产工具，人人梦寐以求，“且”由此引申为“求”“取”，读 qiě，如：今舍慈且勇，舍俭且广，舍后且先！死矣。（老子《道德经》）

由于磨制石器的功能很多，既可砍，又可砸，一器多用，且使用的时候具有连贯性，“且”由此引申作连词，表示并列关系，相当于“又”“而且”，如：邦有道，贫且贱焉，耻也；邦无道，富且贵焉，耻也。（西汉·司马迁《史记·孔子世家》）

连用表示两件事并进，相当于“又……又”“一面这样，一面那样”，如：既高且大、且战且退、且走且说。

表示并列关系，引申为“和”“与”，如：汉之圣者在高祖之孙且曾孙也。（西汉·司马迁《史记·孝武本纪》）

磨制石器经久耐用，“且”由此引申为“经久”“耐久”，常与语气词“呢”搭配使用，相当于“很”，如：这事且得等一阵子呢、这双鞋且穿呢！

用磨制石器砍伐树木，每使一次力，石器便往树干里面深入一层，“且”由此引申表示递进、进层，以深证浅，相当于“尚”“还”“何况”“再说”，如：臣死且不避，卮酒安足辞。（西汉·司马迁《史记·鸿门宴》）

远古时期人们的语言不发达，头领指示属下帮忙用力砍砸某个东西的某个部位时，只提示性的“啊”一声，然后指指那个部位，帮忙之人会意，举起石器便砸，准确无误，“且”由此引申作代词，相当于“此”“这”“今”，如：匪且有且，匪今斯今。（《诗

经·周颂·载芟》

由于磨制石器非常锋利，一斧下去，小树的树干接近断折，“且”因此引申为“将要”“将近”，如：禹至汤且千岁，汤至周亦然。（东汉·王充《论衡》）

磨制石器刚刚发明的时候，只有部落首领才拥有，“且”由此引申表示范围，相当于“只”“只是”“仅仅”，如：楚人尚左，君必左，无与王遇，且攻其右。（《左传·桓公八年》）

使用磨制石器割稻或砍树，割断或砍折以后，换一个目标继续重复前面的动作，“且”由此引申表示转折，相当于“然而”“但是”“却”，如：固不如也，且为之奈何？（西汉·司马迁《史记·鸿门宴》）

远古时期，要磨制一件拿手的石器非常困难，由此显得非常珍贵，一般不外借，即使外借，也只是临时性的借用，“且”由此引申为“暂时”“临时”，如：你且等一下、暂且、且慢。

新石器时代末期，刚刚由母系社会过渡到父系社会，在分配劳动工具时女性已退居次要地位。“姑”的造字本义为女祖先或女祖先家族的成员，“姑且”的本义为待男人们手上都分到“且”之后再分给“姑”，分到最后分完了，只好用普通石块临时当“且”用一用，由此引申为“暂且”，表暂时、临时之意，如：这个意见暂且保留。

有人来借工具，只好让步，“且”由此引申表示让步，常与“不说”“不论”搭配使用，相当于“即使”“姑且”，如：且庸人尚羞之，况于将相乎？（西汉·司马迁《史记·廉颇蔺相如列传）

用磨制石器进行生产劳动，其动作是连贯的，承上启下，“且”由此表示承接，相当于“就”“便”“并且”“而”“那么”，如：人臣之欲得官者，其修士且以精絜固身，其智士且以治辩进业。（《韩非子·孤愤》）

每一种劳动工具的作用不同，干不同的活，得选择不同的劳动工具，“且”由此引申表示选择，相当于“或者”，如：王以天下为尊秦乎？且尊齐乎？（《战国策·苏秦谓齐王》）

选择什么样的劳动工具，得根据不同的活做出不同的判断，“且”由此引申表示判断，相当于“乃（是）”“原本（是）”，如：此非敢攻梁也，且劫王以多割地，不必勿听也。（西汉·司马迁《史记·穰侯列传》）

由此进一步引申表示反问，相当于“岂”“哪”“怎么”，如：人有能游，且得不游乎，人而不能游，且得游乎。（《庄子·外物》）

远古时期，在人们的心目中，“且”才是人们最理想的工具，“且”由此引申为“才”“方才”，如：事成功立，然后德且见也。（《战国策》）

人们刚刚发明磨制石器时，与旧石器进行对比，假设用“且”，劳动效率必然大大提高，“且”由此引申表示假设关系，相当于“若”“假如”，如：且复妄言。（明·高启《书博鸡者事》）

因为“且”是最早的人工制造的工具，含起始之意，“且”由此引申作文言发语词，用在句首，与“夫”相似，如：且以文王之德，百年而后崩，犹未洽于天下（《孟子》）。“且夫”由连词加语气词构成，作连词，用于句首，表示议论开始，如：且夫孝如曾参，义不离亲一夕宿于外，足下安得使之之齐？（《战国策·燕》）

粗（cū）

米+且　篆◎粗

造字本义：相对于米粒而言，磨制石器“且”的横截面积非常大，“粗”由此引申为“（条状物）横剖面积较大”，与“细”相对，如：粗纱、粗细、粗重、粗壮、粗枝大叶。

横剖面积大，颗粒就大，“粗”由此引申为“颗粒大”，与“细”相对，如：粗盐、粗沙。

由此引申为“（长条形）两条长边的距离不近”，与“细”相对，如：粗线条、粗眉大眼。

与精细的米相比，去皮不尽、加工不精细的米颗粒较大，人们将这种米称为“糙米”，“粗”由此引申为“糙米”，如：粮则无矣，粗则有之。（《左传》）

引申泛指粗粮，如：凡九谷，皆随精粗，差其耗损而供焉。（北宋·宋祁、欧阳修、范镇、吕夏卿等合撰《新唐书》）

糙米不精细、不光滑，“粗”由此引申为“不精细”“不光滑”，跟“精”“细”相对，如：粗糙、粗茶淡饭、粗劣、粗制滥造等。

糙米的表面很粗糙，不深入其里，不知米的本质，“粗”由此引申用于中国古代哲学范畴，指事物的表面现象，如：可以言论者，物之粗也；可以意致者，物之精也。（《庄子》）

判断物体粗细的依据为物体中心的直线长度，长度越大，物体越粗，“粗”由此引申为“通过物体中心的直线长度”，如：树干底部粗为两米大树。

当人的喉咙周边距离扩张得很大时，说话的声音必然大而低，“粗”由此引申为“声音大而低”，也与“细”相对，如：粗声粗气。

当人的气势很勇猛时，喉咙很粗说话的声音很大，很洪亮，“粗”由此引申为“气势勇猛”，如：少年胆气粗，好勇万人敌。（唐·顾况《从军行》）

在人们看来，日常生活中将喉咙张得很大与人说话是不礼貌的，是莽撞的，“粗”由此引申为“鲁莽”“不文雅”，如：粗暴、粗鲁。

这种人一般考虑事情不周密，容易出现过失，“粗”由此进一步引申为“疏忽”“不周密”，如：愚者之言，芴然而粗。（《荀子·正名》）

而“疏忽”又往往源自于一点点的不注意，“粗”由此又引申为“略微”，如：

粗知一二、粗具规模。

由此引申作副词，相当于“刚”“才”，如：言粗毕，有五六盗自丛薄间跃出。（北宋·李昉、扈蒙、徐铉等《太平广记》）

姐（jiě）　女＋且　篆◎

造字本义：掌握劳动工具磨制石器“且”的女人。

新石器时代早、中期尚处于母系社会时期，磨制石器属于较珍贵的劳动工具，其使用权掌握在母亲手中，所以“姐”实际上指母亲，早期为母亲的别称。至新石器时代晚期，进入父系社会，“且”的使用权被父亲剥夺，父亲一夫多妻，沿袭旧制，称妻中掌权者即丈夫的正室为“姐”，“姐”由此引申为对年纪和自己差不多的女子的尊称，如：姐妹。后范围扩张至对一般同辈女性的敬称，如：李二姐、张四姐。

由此进一步引申为“女兄”，即同父母或只同父或只同母、年龄比自己大的女子，如：姐弟、姐姐。

后范围扩大至本族或亲戚同辈中同辈而年纪比自己大的女子（一般不包括可以称作“嫂”的人），如：表姐、远房姐、堂姐等。

古代青楼女子以姐妹相称，“姐”由此引申特指“妓女”，如：常言“姐爱俏，鸨爱钞”。（明末·冯梦龙《警世通言》）

狙（jū）　犭（犬）＋且　篆◎

造字本义：生活在沮水边能使用打磨石器的犬类动物。指生活在房陵一带神农架林区、尚处于原始社会时期的早期人类。由于地域的不同，人类进化的进程也不同。当大部分人进入文明社会以后，便视依旧生活在新石器时代的人为犬兽，“狙”便属此列，即我们通常所说的“野人”。人们不明就里，将其误解为猴。

由于人们视“狙”为犬兽，害怕受其侵犯，见则驱之杀之。“狙”害怕被猎杀，只能隐蔽生活在深山老林里。一旦山里遇到食物短缺，便只能埋伏在人们生活的周围，寻找机会侵入其领地觅食，“狙”由此引申为“窥伺”“伏伺”，如：狙击。

在人们看来，“狙”虽然是类犬之兽，但有人类的聪明才智，“狙”由此引申为“狡猾”，如：狙猾。

疽（jū）

疒（生病发烧卧床，泛指生病）+且　篆◎

造字本义：一种肿胀、光滑、坚硬，色如打磨石器的毒疮，如：痈疽。

咀（jǔ）（zuǐ）

口+且　篆◎

造字本义：嘴里像磨制石器那样打磨（食物），即品味、细嚼。

由于嘴的基本功能之一是用牙齿磨碎食物，故“嘴”俗作“咀”，读 zuǐ，多用于地名，指大自然形成的三面环沟如口、伸出形状如打磨石器“且”的地方或村庄，如：尖沙咀。

殂（cú）

歹（残骨）+且　篆◎

造字本义：将磨制石器（生产工具）与残骨葬在一起，即人死了以生产工具陪葬，会意死亡，如：先帝创业未半而中道崩殂。（三国·蜀·诸葛亮《出师表》）

沮（jǔ）（jù）

氵+且　甲◎　篆◎

造字本义：因住在河两岸的人普遍使用磨制石器而得名的河流，即沮水，读 jū。沮水沿岸分布大量的新石器时代遗址，与炎帝部落沿沮水而住的记录高度吻合。炎帝部落是农业部落，离不开磨制石器，其伴水而居，两岸多“且”自在情理之中，其水因此名“沮”。

湖北省房县史称帝王流放之地。其地处中国中心地带，在中国古代四大流放地（湖北房县、黑龙江、海南、新疆）中，流放等级最高，为皇帝、皇亲国戚、王侯将相等的流放之地，是中国年代最早、规模最大、历史最长久的流放地之一。据《房县志》卷六载“……（尧）帝子丹朱避舜于房陵。舜让弗克，遂封于房，是为房子国。”对于流放者而言，丧气、颓丧或灰心失望的心情可想而知，在人们的心目中，“沮水”是沮丧之河，“沮”由此引申为“丧气、颓丧或灰心失望”“败坏”，为区别于“沮水”之名，读 jǔ，如：沮丧。

房县古称“房陵”，南临神农架林区，崇山峻岭，交通闭塞，与世隔绝，一想起流放到这里就令人害怕，“沮”由此引申为“畏惧”“恐惧”，如：沮之以兵。（《礼记·儒行》）

当年，东夷人舜为了破坏尧传位给儿子丹朱，想方设法在尧帝面前诋毁丹朱，尧帝听信谗言，将丹朱流放于沮水之滨，“沮”由此引申为“破坏”“败坏”，如：妄举，则事沮不胜。（《韩非子·二柄》）

也引申为“诋毁”“诽谤”，如：沮诽。

这似乎与正史记录不符。然而在《山海经》中，古代首领有帝号的不多，而丹朱却有帝号，称作帝丹朱。东汉大儒郑玄曰：“德配天地，在正不在私，曰帝”。说明丹朱在汉代人眼里是很有德望、声名很显赫的。又据《竹书纪年》记载：“舜囚尧，复偃塞丹朱，不与父相见”。可见尧让位于舜似乎并非他的本意，而是迫于舜的压力，或说是舜排斥了尧子丹朱而篡夺了尧位，说明尧并非不想传位于子，尧子也不一定不肖，生动反映当时爆发了位传子还是传贤、家天下还是公天下的激烈斗争。至于西汉·司马迁《史记·五帝本纪》所记载的“尧知子丹朱之不肖，不足以授天下，于是乃权授舜。授舜，则天下得其利而丹朱病；授丹朱，则天下病而丹朱得其利。尧曰：‘终不以天下之病而利一人。’而卒授舜以天下……”不过是为了维护、美化尧、舜的声誉而为之。

由于古时房陵一带的沮水流域处于低湿的北亚热带湿润季风气候带，雨热同季，高湿高温，“沮”由此引申为“低洼潮湿”“湿”“湿润”，读 jù，如：彼汾沮洳。（《诗经·魏风·汾沮洳》）

古时朝廷之所以将被流放者流放于为崇山峻岭所包围、唯借助沮水方能出入的险要之地房陵，旨在借助四周的大山阻止其逃跑，以防其东山再起，“沮”由此引申为“阻止”，如：其次，为赏劝罚沮（战国·商鞅《商君书·靳令》），后写作“阻”。

趄（jū）（qiè）

走＋沮（省“氵”）　篆◎趄

造字本义：迈步向流放之地沮水之滨（的房陵）走去，读 jū。

由于群山环抱，山势陡峭，行走非常困难，“趄”由此引申为“行不进的样子”，如：趑趄。

一旦走到流放之地，由于群山阻隔，无法逃离，“趄”由此引申为“阻隔”，如：

经匣……上用趄尘盝顶，陷顶开带，四角打卯。（宋·李诫《营造法式》）

由于山势险峻，路极窄，人们不得不斜着身子小心翼翼地通过，“趄”由此引申为“身斜”“斜靠”“倾斜”“翘起〈方〉”，读 qiè，如：趄趄趔趔、把屁股趄着〈方〉。

“走”和“列”组合为“趔”，其造字本义为脚像螃蟹一样顺“列”行走，即横行。与“趄”组合为“趔趄（qie）”，会意身子倾斜或翘着，脚像螃蟹一样顺“列”横行，即身体歪斜，脚步不稳，如：打的那丫头一个趔趄（清·曹雪芹《红楼梦·第四十四回》），也作“趔趔趄趄”。

助（chú）（zhù）

且＋力　篆◎

造字本义：拿起磨制石器用力除草开荒种粮，会意除去，取“除”近音读 chú，如：颜不疑归，而师董梧，以助其色（《庄子》），后写作“锄”。

磨制石器只是一个工具，要发挥作用，需人以“力”相帮，“助”由此引申为“帮忙”“支援”，读 zhù，如：帮助、资助、辅助、助词。

多一份帮助，多一分力量，收获也随之增加，“助”由此引申为“增添”“增加”，如：于是窦后持之而泣，泣涕交横下。侍御左右皆伏地泣，助皇后悲哀。（西汉·司马迁《史记》）

锄（鉏）（鋤）（耡）（chú）

金＋且；金＋助；耒＋助　篆◎　今篆◎

造字本义：金属制的形似打磨石器中的一种除草工具，如：秦人借父耰鉏，虑有德色。（东汉·班固《汉书·前汉·贾谊传》）

荒地除过草以后还得翻土才能耕种，于是人们又发明了一种又除草又翻土的农具，古人以“耒”（古代的一种翻土农具，形如木叉，上有曲柄，下面是犁头，用以松土，犁的前身）和“助”合并为“耡”命名之。后来以金属造之，又以“金”代替“耒”造“鋤”字，随“金”作偏旁简化作“钅”类推简化作“锄”，特指一种长柄、刀身平薄横装，专用于中耕、除草、疏松植株周围土壤的农具，即锄头。如：纵有健妇把锄犁，禾生陇亩无东西。（唐·杜甫《兵车行》）

“鉏”与“锄”的区别在于，“鉏”只能除草，“锄”既可以除草又可以翻地。“锄”由此引申为“用锄头松土整田、除草”，如：锄草、锄地。

田里的草锄掉以后容易再生，只有连根锄掉才不至于影响庄稼的生长，“锄”由此引申为“根除”“铲除”，如：锄奸（铲除奸诈的坏人或通敌的奸细）、锄强扶弱（铲除强暴，扶助弱小）。

由于“锄”字出现以后使用频率越来越高，逐渐取代了“鉏”和“耡”字，后来都写作“锄”。

俎（zǔ）

肉（省“冂”）+且　甲◎　金◎　篆◎

造字本义：甲骨文“[古文字]”象形将肉（[古文字]）放在精美光滑的石头上（[古文字]）剁成两块（[古文字]）。金文一形“[古文字]”象形放在磨制光滑石头（[古文字]）上用来剁肉的“爿”（[古文字]，劈开的成片木材，读 pán），楷书为“[古文字]”，会意剁肉的砧板和石墩。金文二形“[古文字]”添加一把刀（[古文字]），补充说明“且”为剁肉时垫在“爿”下便于猛烈使力的石头，会意“在石头砧板（[古文字]）上剁（肉）”。篆文承接甲骨文，将两块剁好的肉放在一边写作“[古文字]”。楷书“肉”省“冂”（[古文字]）简化写作“俎”，其造字本义为剁肉用的垫在砧板下的石头，引申指切肉或切菜时垫在下面的砧板，如：如今人方为刀俎，我为鱼肉。（西汉·司马迁《史记·项羽本纪》）

原始社会时期，人们在石头上将肉切好以后，直接摆在上面祭祀神祖，“俎”由此引申为“祭祀或宴会时陈设牛羊肉的器具”，如：鸟兽之肉，不登于俎。（《左传·隐公五年》

蛆（胆）（qū）

月（肉）+俎（省“[古文字]”）　篆◎　今篆◎

造字本义：一整块肉放在砧板旁边长时间不剁。

肉长时间不剁，会引来苍蝇产卵，所以人们以“胆”字会意肉长时间不剁产生的后果，特指苍蝇的幼虫。后来人们觉得不直观，以“虫”代替“月（肉）”字改写作“蛆”，统一命名，如：蛆虫。

苴 (jū)(chá)(zuǒ)(bāo)(xié)(zū)

艹 + 沮(省"氵")　篆◎苴

造字本义：生长在沮水流域的一种麻类植物，即青麻，读 jū，如：苴麻。

青麻，又名苘麻，锦葵科苘麻属一年生草本植物。心（桃）形叶，黄红花萼和紫色花蕾，花落后结出青麻果，铃铛状，口朝上。青果期种子是白色的，茄子籽大小，吃起来微微有甜味，秋天里果实成熟，变成黑色。因其果实特别，"苴"由此引申指开花后能结果实的大麻雌株，特指青麻的果实，如：七月食瓜，八月断壶。九月叔苴，采荼薪樗，食我农夫。（《诗经·豳风·七月》）

青麻的茎皮纤维长，柔韧色白，不皱不缩，拉力强，富有弹性，耐水湿，耐热力大，富绝缘性。古时，沮水流域的人们常以此麻垫鞋，以防长时间走路使脚摩擦受伤，"苴"由此引申指垫鞋底的草垫，如：冠虽敝不以苴履。（东汉·班固《汉书》）

由此进一步引申为"草席"，读 zū，如：苴秸（古代祭祀时用作陈列祭品的草席）。后写作"俎"。

人们又以此麻纺纱织布，织出的布有些粗糙，呈黄色，"苴"由此引申为"粗黄麻布"，读 jū，如：苴布。

正因为苴麻制作的布非常粗糙，"苴"由此引申为"粗劣""粗恶"等，如：苴服（粗劣的衣服）。

青麻脱水晒干以后，酷似枯草，"苴"由此引申为"浮草""枯草"，读 chá，如：如彼岁旱，草不溃茂，如彼栖苴。（《诗经·大雅·召旻》）

原本生活在沮水一带的古"巴人"的一支，经不断的迁徙，定居于今川西南和滇西北云南。因其儿童十三岁以前不分性别，全穿右襟苴布长衫；成年男子上穿苴麻短衣，下穿宽大长裤，外罩长衫，束腰带；妇女喜欢用牦牛尾和丝线编入发辫之中，盘于头顶，外用黑色苴布包头，故名巴苴（取普米语"白"的近音，读 bāo）族。他们自古崇尚白色，自称"普英米""普日米""培米"等。1960 年 10 月，中华人民共和国国务院根据其民族意愿，正式将其民族定名为"普米族"。

唐代以前，生活在沮水一带的古"巴人"的一支迁徙至云南大理苍山中和峰下，广种苴麻，并养了很多羊。唐代南诏国徙都于此，始建羊苴（〈方〉xié）咩城，又名苴咩城。公元 1274 年，建云南行省、置郡县，政治中心由大理迁至中庆（今昆明），并将羊苴咩城作为大理路军民总管府所在地，该城才结束了为时近五百年的国都史。

另，在巴苴族人居住的攀西大裂谷金沙江沿岸的悬崖峭壁中，蕴藏着丰富的砚石材，古人在此采石，先把苴麻绳系在身上，由陡峭的崖口逐步下移，一直移到数十米处，才能到达坑口采石，其石制成的砚故名"苴（〈方〉zuǒ）却砚"。

菹（蕰）（䕢）（zū）

艹＋氵＋且　篆◎

造字本义：光滑的巨石压在盐水浸泡后的蔬菜叶子上，使之脱水、晒干后制成的腌菜。其异体字将腌菜的制作工艺展示得更为详细。如“䕢”，将“艸”（艸，即草，指大白菜等可食用的草本植物）放进“缶”（缶，陶缸）里浸泡，泡好后用“且”重压脱水，然后晒干，制作成菜肴装盘（皿，皿，器皿）。楷书为“䕢”，后将“缶”改为“氵”（水）写作“蕰”（蕰），突出用“且”重压的作用为脱水。后统一简化为“菹”，如：菹醢（盐腌的野菜、肉酱）。

腌菜晒干即为枯草，“菹”由此引申为“枯干的草”，如：菹笠（用茅草编织的笠）。

腌菜泡在大缸中，看上去酷似沼泽地，“菹”由此引申为“水草丛生的沼泽地”，如：菹泽。

人们常用装腌菜的坛子装酱，其中也包含肉酱，“菹”由此引申为“古代一种把人剁成肉酱的酷刑”，如：苴其骨肉于市。（东汉·班固《汉书·刑法志》）

租（zū）

禾＋且　篆◎

造字本义：用磨制石器（劳动工具）“且”收获的禾。

收获谷物，是积累财富的过程，“租”由此引申为“积聚”，如：予所蓄租，予口卒瘏。（《诗经·豳风·鸱鸮》）

远古时期，人们必须从田里获得的收成禾（谷子）中拿出一部分供养宗庙里的神祖，如《禹贡·长笺》曰：“且，古祖字。田赋用以给宗庙，故从且。”至周朝，实行领土分封，土地皆归诸侯所有。百姓无田，只能借诸侯的土地来耕种，每年必须将田里绝大部分收成拿出来供养土地的所有者，“且”由此引申为“田赋”“征收的农产品”“按田地征收的捐税”，如：县官急索租。（唐·杜甫《兵车行》）

显然，这种借用是要付出代价的，“租”由此引申为“以一定的代价向别人借用房屋、土地、器物等”，如：租用。

也引申为“收取一定的代价，把房屋、土地、器物等借给别人使用”，如：租界、租赁。

组（組）（zǔ）

糸＋且　金◎[金文]　篆◎[篆文]

造字本义：用于系吊随身携带的磨制石器的丝绳。

新石器时代初期，由于磨制石器“且”很重，携带不方便，于是人们将其穿孔，用丝绳吊在腰间为“组”。后来人们由此喜欢上了精美的石头，逐渐由“且”崇拜发展成为美石（即玉）崇拜，“组”由此演变成绶，即一种丝质带子，来系佩玉、官印等，如：组带。

绶带非常精致，“组”由此引申为“华丽”，如：组丽。

由于佩玉或佩印是身份和权力的象征，“组”因此引申指古代的官印或官吏，如：组绶。

人们追逐权力，出于共同的目的聚集到一起，“组”由此引申为“因目的一致、见解兴趣相近而结合的少数人”，如：学习小组、调查组。

引申为“集结”“结合”“按一定宗旨和系统建立起来的集体”，如：重组、改组、组织。

由此引申为“事物相同或相近的一种组织形式（如歌剧、芭蕾舞）”，如：组曲、组歌。

或为了产生一种单一电效应而组合的设备，如：直流发电机组。

由于这样的组织形式或组合设备等皆可计量，“组”由此引申作量词，指成套的事物，相当于“套”，如：两组发电机。

或指成束的事物，相当于“束”，如：一组线。

古时人们将散乱的丝、线、藤、蔑等组织起来，编成各种编织物，其过程有如将族民组织起来进行集体生产，“组”由此引申为“编织”“编排”，如：组甲（用线绳带联缀皮革或金属的甲片）。

阻（zǔ）

阝（阜，土山）＋且　篆◎[篆文]

造字本义：先人们居住的大山。为了避免地盘被抢，人们一般都选址在易守难攻的高山，那里的地势非常险要，“阻”由此引申为“险要的地方”，如：马陵道狭，而旁多阻隘，可伏兵。（西汉・司马迁《史记・孙子吴起列传》）

之所以选在如此险要的地方，是因为高山与崎岖的道路都是进攻的障碍，“阻”由此引申为“妨碍物”“障隔”“拦挡使不能发展或前进”，如：保其岩阻。（西晋・

陈寿《三国志·诸葛亮传》）

由此也引申为“地形崎岖多阻隔，道路难行”，如：溯洄从之，道阻且长。（《诗经·秦风·蒹葭》）

被障碍物挡住去路，心情郁闷，“阻”由此引申为“沮丧”，也写作“沮”，如：我之怀矣，自诒伊阻。（《诗经·邶风·雄雉》）

古时候，人们常凭借险峻的山势以求自保，“阻”由此引申为“凭借”，如：夫州吁阻兵而安忍。（《左传·隐公四年》）

古时交通不便，大山阻隔，来往断绝，“阻”由此引申为“隔绝”“断绝”，如：窜伏村墟，迁延岁月，音容久阻，书问莫传。（明·瞿佑《剪灯新话》）

古时亲人离别，从此隔山隔水，难以团聚，“阻”由此引申为“离别”，如：常恐亲朋阻，独行知虑非。（唐·孟郊《与韩愈李翱张籍话别》）

当人们脑子的思维暂时阻塞时，许多问题想不明白，“阻”由此引申为“感到疑惑不解”，如：是服也，狂夫阻之。（春秋末·鲁·左丘明《左传·闵公二年》）

日常生活中，人们拒绝与人见面，总会想出一些理由进行阻止，“阻”由此引申为“推却”“拒绝”，如：既阻我德，贾用不售。（《诗经·邶风·谷风》）

祖（zǔ）

礻（示）+且　甲◎　金◎　古◎　篆◎

造字本义：甲骨文“且”为“且”，为经打磨后供劳动使用的石器。

由于远古时期的人们居住离不开石洞，劳动离不开石器，由此产生了对石头的崇拜，于是视最早使用石器的人为祖先，“且”由此引申为“民族或家族较早的上代”“先人”，即“祖先”。在人们看来，人类之所以能够获得食物繁衍生息，皆拜神祖所赐，所以要祭祀感恩，金文加义符“示”（示）造“祖”字，会意祭祀最早发明石器的本部落（民族或家族）的首领，即祭祀祖先。古文“祖”描绘得非常明晰，在几上摆“且”祭祀为“祖”，这就是为什么出土的远古时期石祖或木祖的形制及祖先的墓碑上圆下方酷似石锤的原因。为了显得对祖先的恭敬，人们以“祖”代替“且”字，会意先人。

由此可见，“祖”为祭祀最早使用石器的先人，即始祖，泛指历代的先人、自祖父以上各辈尊长，如：祖辈。

由此引申为“祭祀祖先的地方”，即祖庙。

由此进一步引申为“出行时祭祀路神”。

由此又进一步引申为“饯行”，如：至易水之上，既祖，取道。（《战国策·燕策》）

也引申为“死者将葬时之祭”，泛指为死者做祭，如：祖日。

“祖”所祭祀者，实际上是一个部落、家族或民族，甚至是人类的开创者，“祖”由此引申为“初”“开始”“根本”“依据”，即事物的本源，如：祖国。

由此引申为“凡首创者皆为‘祖’”，如从汉代开始，凡开创朝代的首位国君死，其庙号称为“祖”。“祖”由此引申为“帝王的庙号”，如：盖闻古者祖有功而宗有德（西汉·司马迁《史记·孝文帝本纪》）、汉称刘邦为汉高祖、唐称李渊为唐高祖。

又如事业或派别的首创者也为“祖”，如：鼻祖、祖师。

由于每个人发之于父母，父母的上一辈乃离每个人最近的本源，所以“祖”也被用来指父母亲的上一辈，如：祖父。

依古训，祖辈留下来的传统必须沿袭，“祖”由此引申为“效法”“承袭”“崇尚”，如：皆祖屈原。（《史记·屈原贾生列传》）

“祖”又是如何与雄性生殖器挂上钩来的呢？

因为“祖”所祭祀的对象为部落、家族或民族，甚至是人类的开创者，“祖”由此引申为“初”“开始”“根本”“依据”，即事物的本源。因为男性生殖器为人类必不可少的生殖工具，为生命之根，唤作命根，乃生命之本源，俗称“祖宗”。因其形酷似磨制石器“且”中的石锤，今四川方言依然将男性生殖器唤作“锤子”（骂人的话）。远古社会进入父系社会以后，战争的频繁和农业的发达，需要越来越多的劳力做支撑，重男轻女、男尊女卑的思想成为主流。那些总是生不出儿子的女性在家里饱受欺凌，于是供奉男性生殖器为神，期盼送子，于是就出现了各种各样的男祖，如石祖、木祖、陶祖等。如：大江以南，花石纲遗石，以吴门徐清之家一石为石祖。（清·张岱《陶庵梦忆·花石纲遗石》）

在人们看来，每个人对于自己的祖先都应该非常熟悉，否则就是数典忘祖，“祖”由此引申为“熟悉”，如：祖识地德。（《国语·鲁语》）

诅（詛）（zǔ）

讠（言）+且　篆◎ 詛

造字本义：对祖先发誓或许愿，即盟誓，特指“就小事或往事起誓”，如：掌盟诅。（《周礼》）

当本部落或家族的人受到外部落或家族的人欺负，被欺负者往往会去祖庙祭拜，痛数恶行，并希望得到神祖的保佑，惩罚对方，“诅”由此引申为“祈祷鬼神加祸于所恨的人”，如：诅咒。

宜（yí）

宀＋“俎”（省“仌”） 甲◎ 金◎ 篆◎

造字本义：甲骨文“”、金文“”，象形将肉（）放在精美光滑的石头上（）剁成两块，即“俎”。篆文“”加“”（宀，古代简易房屋），楷书为“宜”，本义为每个家庭都应当备有一块剁肉的石砧板，会意应当，如：不宜有所过。（西汉·司马迁《史记·魏公子列传》）

由此引申作副词，表示“理所应当”“当然”“无怪”，如：宜君王之欲杀女而立职也。（《左传》）

在日常生活中，哪些事情应当做，那些事情不应当做，统治者都做了规定，“宜”由此引申为“法度”“标准”，如：宜鉴于殷，骏命不易。（《诗经·大雅·文王》）

人类自从懂得用火之后发现，肉应当煮熟了才好吃，才会对身体有好处，“宜”由此引申为“合适”，如：宜其室家。（《诗经·周南·桃夭》）

也因此引申为“煮熟可吃的肉”，如：弋言加之，与子宜之。（《诗经·郑风》）

究竟肉煮到什么时候合口味，只能大概估计一下，“宜”由此引申为“大概”，如：今阴阳不调，宜更历之过也。（东汉·班固《汉书》）

所有适合人类食用的食物，都拜神祖所赐，每每食之，必祭祀以感恩，“宜”由此引申为“祭祀土地之神的祭名”，如：起大事，动大众，必先有事乎社而后出，谓之宜。（《尔雅》）

祭祀是为了丰收。在老百姓看来，获得的适合食用的物资多，即为丰收，“宜”由此引申为“丰收”，如：宜年（丰收之年）。

谊（誼）（yì）

讠（言）＋宜 篆◎

造字本义：有话应当说，即无话不说。无话不说的朋友才是真朋友，其建立起来的感情才最纯真，“谊”由此引申为“友情”“友好关系”，如：友谊。

好朋友，须讲义气，“谊”由此引申为“义”，如：舍生取谊。（东汉·班固《幽通赋》）后写作“义”。

由此进一步引申为“意义”“意思”，如：会意者，比类合谊。（东汉·许慎《说文解字·叙》）

雎（鵙）（jū）

沮（省“氵”）+隹。 篆◎

造字本义：生活在沮水边的一种水鸟。

“雎”和“鸠”组合为“雎鸠”，会意生活在沮水边的一种鸠鸟，俗称“水斑鸠”“水咕子”“钓鱼佬”。因其头上有美丽的羽冠，酷似王冠，古名“王鵙（雎）”。

过去人们一直以为“雎鸠”乃鱼鹰、鹗等，鱼鹰也好，鹗也罢，都与《诗经·周南·关雎》“关关雎鸠，在河之洲。窈窕淑女，君子好逑”中所描绘的雎鸠形象相去甚远，一者鱼鹰、鹗属猛禽，人们不可能用望而生畏的凶禽来比喻君子与淑女之间美妙的恋情，而且鱼鹰、鹗发出的鸣叫声不是“关关”。倒是《诗经》中所描绘的地方位于房陵（今湖北省房县），沮水河草丛中、芦苇里经常成双成对出没的水斑鸠倒非常符合《诗经》里所描绘的雎鸠的特征。房县的民俗中把水斑鸠比作男女爱情，经常开玩笑称年轻男子为“活斑鸠”，像斑鸠一样“谈情求爱”。更重要的是，水斑鸠不时发出“咕咕”的声音，酷似“关关”；鸠鸟对爱情忠贞，常常成双成对出没，是一种贞鸟；其头上有冠羽毛，符合“王雎”的形象；因其为水鸟，像鸬鹚一样会抓鱼，俗称“钓鱼佬”。由此可以断定，“雎鸠”即“水斑鸠”，沮河因此又名濉河。

叠（疊）（dié）

晶+宜 金◎ 篆◎

造字本义：金文“”，“”为“俎”，“”象形从砧板上剁碎堆成三堆供祭祀用的肉，组合会意用堆成堆的祭品祭祀神祖，显示心诚。篆文“”，“”为群星，“”为“宜”，组合会意（家家户户）都应当用堆成堆的祭品祭祀天上的星神。后来，人们将“晶”改作“畾”（雷），意思是（家家户户）都应当用堆成堆的祭品祭祀天上的雷神。至隋唐，人们将“畾”又改为“叒”，ruò，“叒”和“宜”组合为“叠”，表示应当同心同德相互辅佐方能干成大事，由此引申为“一层加上一层”“重复”，如：重叠。

由此进一步引申为“连续”“接连”如：叠次。

人们击鼓的时候，总是重复一个击打的动作，“叠”由此引申为“轻击（鼓）”，如：叠鼓（轻轻地连续击鼓）。

由此进一步引申为“乐曲的重复演奏”，如：阳关三叠。

日常生活中，人们为了更好地利用储藏空间，总是习惯将衣被连续折叠，以减少长、宽、高度，便于节省空间，集中存放，“叠”由此引申为“折”“指用折或对折的方法减少长度或宽度”，如：折叠。

由此进一步引申为“堆在一起或逐个堆放的大量东西”，如：一叠纸。

由此又进一步引申为“一簇叠放着的但并非捆在一起的相似的条状物”，如：她的手中拿着一叠信。后作“沓”。

二、知识疯狂补

石鼓文的故事

刻有中国现存最早石刻文字的先秦石鼓，本名“陈仓石碣”“岐阳石鼓”，为十座刻有文字的石墩，于公元627年被发现于陕西宝鸡荒野，因其形似鼓，得名“石鼓”。人们根据鼓身上的文字将这10座石鼓分别命名为：乍原、而师、马荐、吾水、吴人、吾车、汧沔、田车、銮车、霝（零）雨。公元806年，韩愈上书朝廷，请求把石鼓搬到太学府，但未被采纳。直到公元814年，郑余庆任国子监祭酒（相当于现在的教育部、文化部部长）才采纳了他的建议，将石鼓移到了凤翔文庙，然而，石鼓“乍原”已不知去向。五代十国期间，凤翔成为战场，石鼓下落不明。至宋朝，宋仁宗下旨找回9只石鼓。公元1052年，金石收藏家向传师从关中太氏老家发现了已成屠户磨刀石的乍原石鼓，石鼓被切去了上半部分，鼓身仅剩4字。此时，全部石鼓上可以辨认的文字只剩下432个。为此，宋徽宗下令用黄金填注石鼓文，以防磨损。后金兵进军中原，石鼓被金人运至燕京，剔去石鼓上的黄金，弃之荒野。公元1300年，元代学者虞集在一片淤泥中发现石鼓，后将其迁往文庙大成门内保存，平安度过元、明、清三代。

之所以石鼓文如此引人注目，是因为唐朝的金石学家没有见过这种大篆字体，使其身价倍增。著名书法家虞世南、褚遂良、欧阳询等十分推崇石鼓，亲自临摹做拓，使石鼓文成为保存比较完整且字数较多的大篆书迹之一。

第三十四课 贝：财富的凭证

贝，本是生活在海洋里的一种软体动物，它斑斓的外壳，玲珑的螺体使人赏心悦目，爱不释手。甲骨文中的“”为当时人们最喜欢的齿贝，金文为“”，篆文为“”，

草书楷化为“贝”。因贝（）生长在南方浅海，北方极为罕见，如果谁偶然获得一枚，必然将它与美玉（）一起珍藏在房（）中不易被人发现的地方，甲骨文为“”。造金文“”的人觉得藏在房里并不安全，动手将一团泥巴用带根的树棍（）捣胚（）烧罐（），装上玉、贝，深埋于地下，篆文为“”，楷书为“寶”，简化为“宝”。

物以稀为贵。在货币还没有出现之前，南方人用网（）在海里捞贝（）与北方人以物易物，换回自己所需的生活用品，即甲骨文“”（买）。金文将网放在贝的上面写作“”，篆文为“”，楷书为“買”，后简化作“买”，会意手扶采购回来的货物（），把它们顶在头上运回家。但物物交换很不方便，不带交换物，无法换回自己想要的东西。在换贝的过程中人们获得了灵感，将贝作为交换媒介，从此买方无须携带交换物，直接用贝就能买到心仪的东西。原始的货币就这样产生了。

有了货币便有了买卖。买家揣着贝币直眼省（）视货物，表达购买的欲望，金文为“”，篆文为“”，楷书为“賣”。经过激烈地讨价还价，货主同意出（）让给买（）方，篆文为“”，楷书为“賣”。后来人们将这两个描述货物出售不同阶段的字合并，简化为“賣”。又因古人卖东西喜欢插草标（），所以在“买”字的基础上添加草标（）进一步简化作“卖”，用来区别于“买”。货贝的出现为商业活动提供了便利，所以人们将贝币出现的年代称为商朝。

货币出现以后，人们的商业活动变得复杂起来。古代的城邑没有自来水，生活用水要么到很远的地方去挑，要么向有水井的人购买。最初卖水没有水车，只能提着水桶到井边摇轱辘。人们将桶分成大、中、小三种规格，大概一估，论桶收贝（），每一桶下去，发出“古”（）的一声，“古水”就成了“卖水”“买水”的代名词，人们由此造金文“”（貼），借买卖水的行为泛指做买卖，也指做买卖的商人。后来商人为了防止人们偷水，通常给井盖挂上一把锁（），人们造篆文“”，会意一手出贝，一手开锁“古水”，楷书为“贾”。当买卖双方对价格无法统一时，人们（）找来一个

中间人（，介）进行仲裁，成交的价钱由中间人说了算，楷书为“价”，泛指商品所值的钱数，即价格。后来，为了突出仲裁的商业性质，人们以“”换“”（介）新造篆文“”取代了“”，楷书为“價”。后因太难书写，最终用“价”代替。于是，钱贝摇身一变成了货币。因为货币可以买到人们想要得到的东西，许多人一看到钱贝（）恨不得含进嘴里（），生怕被人抢去，即甲骨文“”。金文“”添加长长的舌头（），塑造了一个手捧钱贝（）张嘴（）伸舌（）舔来舔去、爱钱如命之人的形象，篆文为“”，楷书简化为“贪”。

人们对金钱的贪欲，不是与生俱来的，而是一点点积累起来的。殷商时代开始流行送礼，人们造金文“”，会意伸手用力地（）提着值很多钱贝（）的贵重礼物上门，开口（）说几句吉祥的话道喜志庆，篆文为“”，楷书简化为“贺”。

春秋时期鲁国的宰相公仪休很喜欢吃鱼，有人投其所好给他送来一条，他坚决不收。弟子们劝他：“不就是一条鱼吗？”公仪休解释说：“正因为我喜欢吃鱼，所以更不能接受别人送的鱼。现在我身为宰相，尚可以用自己的俸禄去买我想吃的鱼，如果因为收了这条鱼被免了职，谁还会给我送鱼？丢了相位没了俸禄，以后我靠什么去买鱼？与其收了人家一条鱼终身吃不上鱼，还不如不贪这个小便宜！”

这个故事给我们的启示是，为人一定要清廉，小贪不戒，必成巨腐，后果就不堪设想了。

一、汉字疯狂+

字根：

甲　　金　　篆

造字本义：

蛤、螺、蚌等有介壳的软体动物的统称，也指其壳。远古时期，贝十分稀有，人们将其作为货币，以“朋”为计量单位，五贝为一串，两串为一朋。“貝”由此引申指钱财，简化为“贝”。

贩（販）（fàn）

贝（貝）+反　篆◎

造字本义：以货币购进货物，卖出去，然后再以货币购进，再卖出，如此反复，从中获利的行为，即买货出售，如：贩卖。

也引申指贱买而贵卖的人，如：小摊小贩。

败（敗）（bài）

贝（貝）+攵（手持器械击打）　甲◎　金◎　篆◎

造字本义：战争失利，象征国家的鼎被毁，大量的财物遭到破坏，会意输、失利、不成功，与“胜”相对，如：失败、战败。

战争必然给战败国造成破坏，“败”由此引申为“毁坏”“破坏”，如：败露、败家子。

战败之后，尸横遍野，腐烂发臭，“败”由此引申为“腐烂变质”，如：腐败、败味。

国破民散，“败”由此引申为“解除”“消散”，如：败火、败毒。

战争给战败国造成巨大的破坏，到处破破烂烂，满目疮痍，“败”由此引申为“破旧”“衰落”“凋谢”，如：枯枝败叶、败落。

宝（寶）（bǎo）

宀（房子）+王（玉）+缶+贝（貝）　甲◎　金◎　篆◎

造字本义：藏在家中陶罐（缶）里的珠贝、玉石等值钱的东西，如：宝石、宝藏。

由此引申为“珍贵的”“价值无限的”，如：宝宝、宝贝。

狈（狽）（bèi）

犭（犬，即狗）+贝（貝）　甲◎　金◎　篆◎

造字本义：随身携带宝贝（孩子）的犬一样的动物，即母狼。如：狼狈为奸。

◎ 小知识

对于狈，历来争论很大。有人认为它只是一种前腿很短、需趴在狼身上才能行动的狼属兽。还有人认为狈其实是被猎户所设的捕兽夹夹断前腿的狼，因为狼是群体生活的动物，不会遗弃自己的同伴，所以会让狈的一双短前腿放在自己背上以便一起行动。《康熙字典》解释说，狈是狼生下的畸形后代，一条腿或两条腿发育不全，走起路来必须趴在健全的狼身上。甚至还有人从“狈”字身上产生联想，认为“狈”作“狼宝贝”解，狈即为怀孕的母狼。窃以为狈其实就是母狼的别称，这是由狼的生活习性决定的。狼通常倾向单一配偶，成偶的狼只要配偶还在，绝大多数形影不离，终身相伴。公狼和母狼在一起能干什么好事呢？狼狈为奸就是这么来的。人们之所以会产生狈是靠趴在狼身上生活的兽类这样的误会，是因为古代猎人偶然发现公狼身上背着一只似狼非狼的兽类在丛林中奔跑，没能看得清，由此引发猜想，一传十十传百，就成了传说。殊不知那趴在狼身上的所谓的狈，不过是一只被兽夹或因别的原因伤了腿的怀了孕的母狼，公狼与之不离不弃，不得不将母狼背在背上觅食、奔逃。这样的情形自然是极为罕见的，这也是为什么几千年来人们只闻其狈不见其面的真实原因。

财（財）（cái）

贝（貝）+才（能挑房屋大梁的立柱）　篆◎ 財

造字本义：用贝购买的能挑房屋大梁的立柱。

由于古时候一般家庭都很穷，最值钱的莫过于用来建房的挑房屋大梁的立柱，故以“财”会意值钱的东西，由此引申为“钱和物资的总称”，如：理财、钱财。

赌（賭）（dǔ）

贝（貝）+者（用棍将火堆拨旺，吸引周围的人围到这里来议事、祭祀或下棋）　篆◎ 賭

造字本义：用木棍将火堆拨旺，吸引周围的人聚集在一起玩钱，会意聚集在一起用财物为注比输赢，如：聚赌、赌博。

泛指比胜负、争输赢，如：赌狠、赌气。

赋（賦）（fù）

贝（貝）+武　篆 ◎

造字本义：征收田税（贝）以充实军备，会意征收，引申泛指“税”。

因土地天生，赋由此引申为“给予”“与生俱来的资质”，如：赋予、天赋。

战国时期的荀子作《赋篇》，随性而诵，诗一样全篇押韵，但它的句式又不像诗而像散文，没有固定的格式，后来人们便以“赋”来命名这种着意铺陈事物、不歌而诵（不配乐歌唱而朗诵），介乎诗歌与散文之间的押韵的散文，“赋”因此成了的文体名称。

由此进一步引申为“念诗或作诗”，如：登高赋诗。

贿（賄）（huì）

贝（貝）+有（手持肉）　篆 ◎

造字本义：为达到某种目的，手（ ）持肉（ ）和钱财（贝）送人，如：行贿受贿。

赂（賂）（lù）

贝（貝）+路（省“足”）　篆 ◎

造字本义：带着钱四处跑路（行贿），打通各个环节，如：贿赂。

贱（賤）（jiàn）

贝（貝）+戈+戈　篆 ◎

造字本义：双戈齐下，击碎钱贝。

贝壳因不完整而不再值钱，导致价格低，“贱”由此引申为“价钱低”，跟“贵”相对，如：贱卖、贱价。

货币贬值了人必然贫穷，人一穷，地位就低，“贱”由此引申为“地位低下”，跟“贵”相对，如：卑贱、贱民。

人们瞧不起地位低贱之人，认为其行为皆为低贱的，“贱”由此进一步引申为“行为卑鄙、下流”，如：贱骨头。

赊（賒）（shē）

贝（貝）+佘　篆◎賒

造字本义：本写作“賖”，即我应收却暂时“余”留在外收不回来（佘）的钱贝。后为特别强调“收不回来”，故将“余”改为“佘”写作“赊”，会意买卖货物时延期交款或延期收款，如：赊账、赊货。

由此引申为“借”，如：且就洞庭赊月色，将船买酒白云边。（唐・李白《游洞庭湖》）

贪（貪）（tān）

今（正在埋头饮酒或吃东西）+贝（貝）　甲◎　篆◎

造字本义：低头张口舌舔钱贝，会意爱财，如：贪污、贪赃枉法。

引申泛指对某种事物有欲望，总不满足，如：贪婪、贪杯。

由此进一步引申为“片面追求”，如：贪图、贪便宜。

贴（貼）（tiē）

贝（貝）+帖（省“巾”，记了账的巾帛）　篆◎貼

造字本义：以各种财物（贝）作抵押，估算货物的价值，立下字据（帖），借出钱（贝）来，即典当，如：民日贴妇卖儿。（清・蒲松龄《聊斋志异・促织》）

典当之人之所以要典当财物，是因为手头缺钱，被迫以这种方式向人借钱救济，补充家用，“贴”由此引申为“添补”“补助”，如：补贴、津贴、倒贴、贴息。

一旦典当交易成立，立了字据（贴）的债务便紧紧地黏附于身，甩不掉了，“贴”由此引申为“黏附”“附着”“把薄片状的东西粘在另一个东西上”，如：贴花、贴饼子、贴金、贴挂。

物与物之间粘在一起，前提是物体与物体之间紧紧地挨在一起，“贴”由此引

申为“紧挨”“靠近”，如：体贴、贴近、贴身、贴题、贴脸。

由此又进一步引申为“适合”“妥当”，如：贴切。

古时中医熬成的膏药，贴于患者患处，一张膏药只能贴一次，撕下来即失去黏性，再也无法贴紧，“贴”由此引申作量词，计量膏药的张数，如：一贴膏药。

贼（賊）（zéi）

贝（貝）+戎（生活在西北地区的用戈、盾武装的游牧民族） 金◎ 篆◎

造字本义：钱财遭到戎人抢劫，引申指抢劫钱财，也引申为“抢劫财物的人”，如：盗贼、窃贼。

人们痛恨危害百姓的兵害，将其视为做大坏事的人，“贼”由此引申为“做大坏事的人”“危害国家和人民的人”，如：乱臣贼子。

在人们看来，贼的行为是邪恶的，“贼”由此引申为“邪的”“不正派的”，如：贼心不死、贼眉鼠眼。

通常，贼在人们的心目中是奸诈的，“贼”由此引申为“狡猾”，如：老鼠真贼。

由于人们恨贼至极，“贼”由此引申作副词，在方言中多用于令人不满的或不正常的情况，相当于“很”“非常”，如：贼冷、贼亮、贼精。

赠（贈）（zèng）

贝（貝）+曾（增加） 篆◎

造字本义：用货币购买等值货物，额外增加的部分免费奉送，类似于现在的买一送一，引申为“无代价地把东西送给别人”。如：捐赠。

引申为“赐死者以官爵或荣誉称号”，如：赠官（古代朝廷对功臣的先人或本人死后追封爵位官职）。

账（賬）（zhàng）

贝（貝）+帐（省“巾”） 《说文》无，今篆◎

造字本义：古代游牧民族出征，以帐为单位扎营，即营帐。军费开支以营“帐”

为单位记录并核算，这些以每个营帐为单位的有关货币、货物出入的记载即为“帐”，南北朝时，人们以“贝”替“巾”另造“账”字予以替代，以突出其与财物有关的特征，泛指有关货币、货物出入的记载，如：记账、账本、账号、账单、账目。

引申指“账簿”，如：一本账簿。

古时候，人们记账的目的大多是为了收债，“账簿”等同于“债簿”，“账”由此引申为“债”，如：欠账、还账、账主。

质（質）（zhì）

斤＋斤＋贝（貝） 篆◎ 質

造字本义：手持工具斤，（将人头按在）硬度如斤的东西上（准备）劈、砍，与人讨价还价，商谈以合理的价格（贝）赎回将被砍杀之人的性命，即花钱买命。

引申为“以人的生命作担保”“抵押”“抵押品”，如：人质、质押。

当人质或货物交付时，双方要验明正身，查验质量，“质”由此引申为“验证”，如：对质、质验。

双方验货时，避免不了对货物的重量、质量、交货时间等产生分歧，“质”由此引申为“问明”“辨别”“责问”，如：质问、质疑。

人质地位有高低，货物质量有好坏，人质、货物的价值大小因地位的高低、质量的好坏而不同，“质”由此引申为“人的本性”“事物本身所固有的根本属性”“底子”，如：质变、质数。

由此进一步引申指物体所含物质的量，如：质量、质子。

每一种物体都与不同的含量和使用功能相对应，且不依赖于人的主观意识而存在，“质”由此引申为“不依赖于人的主观意识而存在的客观实在”，如：物质、铁质、流质。

远古时期，人们判断物的价值大小、质的好坏，全凭肉眼，在人们看来，物最直观，朴实无华，“质”由此引申为“朴实”“朴素”“单纯”，如：质朴。

赘（贅）（zhuì）

敖（游牧）＋贝（貝） 篆◎ 贅

造字本义：游牧过程中，钱贝是多余无用的。意思是说，牧民在茫茫草原游牧时，带了钱贝也买不到东西，会意多余的、无用的，如：累赘、赘肉。

引申作方言，表示“使受累赘”“祸害”“恶的”，如：这孩子赘得我什么也干不了。

古时候，贫困人家的男子到女方家当上门女婿，因为穷，受女方家歧视，被视作累赘，“赘”由此引申为“招女婿”。男方离家去女方当赘婿称“出赘”，女方招女婿称为“招赘”。

资（資）（zī）

次＋贝（貝）　篆◎

造字本义：（一次次）连续不断、反复积累的贝（财物），即积累起来的财产，泛指财物、钱财，如：物资、资产。

钱财是经营工商业、手工业或农业的本钱和原料，“资”由此引申为“经营的本钱或生产的资金、材料”，如：投资、资本、资料。

由于经营需要付出成本，“资”由此引申为“费用”，如：工资、邮资。

人如果想赚更多的钱、积累更多的资本，除了勤劳，更重要的是靠智慧，智慧是人类最大的资本，“资”由此引申为“天赋”“智慧”“能力”，如：天资、资质。

人的出身越好，经历得越多，积累的智慧亦越多，获得的财富就越多，人的地位也就越高，“资”由此引申为“出身和经历”“条件”，如：资格、资历。

人在最困难的时候，最需要的是钱财上的帮助，“资”由此引申为“供给”“帮助”，如：资助、资政。

二、知识疯狂补

古钱币上的字都是谁写的？

我国是世界上最早制造和使用货币的国家之一，钱币上更是有各个朝代名家的书法。秦半两，李斯“小篆”。

秦 半两

西汉古钱，曹喜“悬针篆”，结构舒展雅致，上密下疏，字形狭长，住笔尖锐，有如钢针倒悬一样，也叫“垂针篆”。

西汉 古钱

唐代“开元通宝”，欧阳询题。唐高祖武德四年（公元 621 年），为整治混乱的币制，废隋钱，效仿西汉五铢的严格规范，开铸“开元通宝”，取代社会上遗存的五铢。

唐 开元通宝

宋太宗“淳化元宝”，是赵光义在位时所铸的第二版货币。此钱一套三枚，钱文是太宗皇帝用楷、行、草三体亲笔书写，楷书浑厚端庄，行书隽永流连，草书奔放流畅。“淳化元宝”创下中国钱币史上两个第一：第一个“御书钱”和第一个“对文钱”。所谓“御书钱”即皇帝亲自书写的钱文；“对文钱”是指同一年号钱，大小、重量、形制和币文内容完全相同，但币文的书法不同。此后，历朝历代直到民国“以年号元宝为文”的年号钱成为一种惯例。

宋 淳化元宝

北宋“皇宋通宝”，宋仁宗赵祯“九叠篆”。流行于宋代的“国朝官印”字体，主要用于印章镌刻，其笔画折叠堆曲，均匀对称。每一个字的折叠多少则视笔画的繁简确定，有五叠、六叠、七叠、八叠、九叠、十叠之分。之所以称为“九叠”，是因为“九是数之终，言其多也”，将“九叠篆”用于钱文，“皇宋通宝”钱为第一例也是最后一例。

北宋 皇宋通宝

北宋“元祐通宝”，苏轼题。苍劲豪放，态浓意淡，体势秀伟。

北宋 元祐通宝

北宋“大观通宝”。宋徽宗赵佶“瘦金体”。运笔挺劲犀利，轻落重收，筋摇骨转，俊逸挺拔，挥洒自如，不拘一格，刚健有力，有“铁画银钩”之称。

北宋 大观通宝

北宋“宣和元宝”，宋徽宗赵佶题。

北宋 宣和元宝

金“泰和通宝”，党怀英题。世称“独步金代”，尤爱玉箸篆书。泰和四年，党怀英书“泰和重宝”，铸于钱币之上，是为“金泰和”。

金 泰和通宝

元末“大中通宝”，朱元璋题。为吴王时所铸。元末社会动乱，纸币支持的经济体系遭到严重破坏，各地先后恢复了铜钱的流通。六支反元军事集团先后发行了自己的铜币，如韩林儿的“龙凤通宝”钱，张士诚的“天佑通宝”钱，明玉珍的“天统通宝”钱，以及朱元璋“大中通宝”钱。

元末 大中通宝

第三十五课 帛：中国的面子

在古人的心目中，值钱的东西除了玉、贝，还有纺织品。

原始的纺织，萌芽于用骨针（）、兽筋穿刺兽皮（）缝制皮衣，即甲骨文“”（巾）。接着，人们受到竹、藤围栏的启发，用草编成方形（）的坐卧垫具“”席，至今，甲骨文“”中那道道波形的织纹（）依然清晰可见。金文“”将巾（）移至屋（厂，hàn）内，篆文“”添加老百姓平日用来烹饪的锅（），强调是老百姓平常睡觉的卧具，楷书为“席”。“席”尽管没用一寸布，但因为是编织物，所以含了“巾”。

席子的发明让人们茅塞顿开，人们将葛藤皮缝在一起制成了葛衣。葛衣太硬，便用水煮葛皮，分离出缕缕白如细丝的纤维，手搓成线，然后像织渔网一样，编成密度很高的条状织物。因为这源于骨针缝制技术，所以也称为“”，楷书为“巾”，泛指所有针线织物。

接下来人们发现，蚕穿着丝织的茧衣，死后化成了美丽的蚕蛾。人们由此坚信，人死后穿着蚕衣能够升天。于是发明了纺轮和织机，用蚕丝织出与稻米（）一样白、与米等价的针线织物（），即“”，篆文为“”，楷书为“帛”。“帛”一经发明就成为珍贵的丝织贡品。传说夏部落的首领鲧建造了高大的城池，随时准备与其他部落大动干戈，老百姓不愿意打仗，都想离开他。后来他的儿子禹当了首领，主动拆毁城墙，毁掉兵器，让百姓远离战争。周围的部落有了安全感，纷纷进献玉帛珍宝归附夏禹，“化干戈为玉帛”由此成为战争转向和平的标志。

但帛也有弱点，就是太贵，连有钱人都舍不得拿它做衣服，仅仅用于抄书或写信，称为帛书。正因为贵，帛由此成了货币。金文时代，作为货币的“帛”掌管在父亲或已为人父的丈夫手上，由“父”（）随身携带，于是人们以“父”和“帛”（省“白”）组合为“布”（）来命名当时的货币，即布币，篆文为“”。楷书省去父亲手（）里拿的棍棒（）写作“布”，泛指能交换其他物质的葛、麻、棉等纤维织品。随着商业交换的日益繁荣，帛的品种变得越来越丰富：

如细、薄且有棱形花纹，摸上去像走走停停（）、艰难攀登草（）山一样有突兀（）感的丝（）织品为“”，楷书为“綾”，简化为“绫”。

像张网（）捕飞鸟（）的“”（罗）一样轻薄透孔、有皱感的丝织物，篆文为“”，楷书为“羅”，草书（）省“隹”简化为“罗”。

像开口说话（）办事如钟甬（）密不透风一样密织的丝（）织品，古时称“紬”，明清以后称“綢”，楷书为“綢”，简化为“绸”。

“缎”，单面闪光，像手（）持器械（）将金属（）条折弯（）截（）成两段（）、不停“锻”（鍛）至锃锃发亮的丝织品，故以“纟”换“金”新造楷书，命名为“缎”。

锦为金丝银线等五彩丝线织出的帛（），因图案花纹精美华丽，且与黄金（）等价而名“錦”（篆文），楷书为“锦”。

绢为生丝（）织成，因其飘逸如张嘴（）蠕动身体（）的青虫（）而名“絹”，楷书为“绢”。又因为虫色麦青，所以古人将麦青色的丝织物命名为“绢”。后特指短丝纤维织成的绸缎，弱点是容易起毛，不宜多洗。

绫罗绸缎的发明，打开了中国走向世界的大门。各种美丽的丝绸面料通过丝绸之路源源不断地运往亚欧非各洲，为中国挣足了面子。与此同时，草棉从印度传入中国。在此之前，中国的贵族只能将拉成片状的蚕丝系（）在一起塞进帛（）套制成被子保暖，人们将这种昂贵的填充物称之为“緜”，楷书为“緜”，简化为“绵”，即丝绵。因木棉种子上密被的柔毛酷似丝棉，所以人们将“绵”换了个“木”旁称为“棉”。又因草棉果实的纤维酷似木棉，所以也称之为“棉”。至元朝，黄道婆从琼州带回黎族土人的纺织技术，用棉花织出了经济实惠、所有普通老百姓都能穿、能用得起的棉布，棉布纺织也因此成为农村妇女的主要经济来源。

一、汉字疯狂+

字根：

甲　金　篆

造字本义：

用针、线穿刺兽皮或葛布缝制衣服，泛指针线织物。特指擦东西或缠束、包裹、覆盖东西的小块纺织品。

帛（bó）

白（饭粒，引申指白米）+巾　甲◎　金◎　篆◎

造字本义：可以换米或与米等价的针线织物。指物物交换年代最初作为交换媒介的丝、线织物，引申为丝织品的总称，如：布帛。

远古时候没发明供书写的纸张，竹简体积大而笨重，难于携带，皇家贵族便以帛当纸写字作画，于是出现了帛书、帛画、帛诏等。

布（bù）

父（省棍棒或器械“丿”）+帛（省“白”）　金◎　篆◎

造字本义：父亲或已为人父的成年男子随身携带，以物换物用作交换媒介的针线织物，指充当货币的麻、葛织物，为古代货币的称呼，即布币。引申指棉、麻及棉型化学短纤维经纺纱后的织成物。

因布成卷，用时铺开，“布”由此引申为“铺开”“展开”，如：布展、布兵。

布生产出来以后，进入千家万户，“布”由此引申为“分散到各处”“散开”，如：分布、散布、布施、星罗棋布。

流传和散播的前提为信息公开，信息公开的方式为宣告、陈述，“布”由此引申为“宣告”“对众人陈述”，如：公布、颁布、宣布、布告。

一大块布走进家庭，主人得精心安排，给谁做上衣，给谁做裙子，“布”由此引申为“做出安排”“实施”，如：布防、布置、布景、布局。

由此进一步引申为官职，会意施政，如：布政使、布按三司（布政、按察、都指挥史的总称）。

怖（bù）

忄（心）+布　篆◎

造字本义：因身上携带了布币，害怕被打劫而内心充满了恐惧。如：恐怖。

舶（艊）（bó）

舟＋帛（省“巾”）《说文》无，今篆◎

造字本义：运帛的大船。泛指航海的大船，即海轮，如：船舶、舶来品（指航海的大船把货卸到国外以后，再从国外输运回国的货物）。

铂（鉑）（bó）

金（钅）＋帛（省“巾”）《说文》无，今篆◎

造字本义：可轧成像帛一样薄的贵重金属。其色泽银白，珍贵如帛，汉语音译作“铂”，俗称白金。

锦（錦）（jǐn）

钅（金）＋帛 篆◎

造字本义：用金丝银线般色泽的五彩丝线织造的丝织品，泛指有彩色花纹的丝织品，如：锦绣、锦旗、锦标。

由于锦色泽艳丽华美，因此引申为“鲜艳华美的”，如：沙鸥翔集，锦鳞游泳。（北宋·范仲淹《岳阳楼记》）

发明书写纸张之前，皇家贵族用锦当纸著书、写信，即锦书。锦书十分华丽、奢侈，用“锦”写信被认为是对他莫大的尊敬，“锦”由此引申为旧时书信中的敬辞，如：锦念。

绵（緜）（mián）

纟（系）＋帛 金◎ 篆◎

造字本义：拴接（系）在一起填充于帛内制成衣被的丝，后简化为“綿”，又进一步简化为“绵”，指丝绵。

引申为“像丝绵一样的（东西）”，如：绵羊。

由于丝绵缠绕在一起不断，“绵”由此引申为“接连不断”，如：绵长、绵延。

由于丝绵很软、很薄，“绵”由此引申为“柔软”“单薄”“薄弱”“软弱”，如：软绵绵、绵薄、绵里藏针。

棉（mián）

木＋绵（省“纟”）《说文》无，今篆 ◎ 

造字本义：种子密被灰白色酷似丝绵柔毛的木本植物，即木棉。

◎ 小知识

“棉”字出现得很晚，最早见于南朝梁沈约的《宋书》。宋朝以前，中国只有带“丝”旁的“绵”字，没有带“木”旁的“棉”字。原产于印度、阿拉伯供纺纱织布的棉花传入中国之前，“棉”指树干高达 30 ～ 40 米的高大落叶乔木，因其种子密被灰白色酷似丝绵的柔毛，取树上长的丝绵之意，命名为“棉”。南北朝时期，一年生锦葵科草本植物棉花多在边疆种植，宋末元初，大量传入内地。因其果实纤维酷似木棉种子密被的柔毛，故借“棉”以命名，又因其远看像朵朵盛开的白花，俗称棉花。

帼（幗）（guó）

巾＋国（國） 篆 ◎ 

造字本义：古代一种插满酷似武器“戈”的簪钗之类首饰的巾冠，即内衬金属丝套或用削薄的竹木片扎成各种新颖式样、外裱黑色缯帛或彩色长巾的冠，使用时直接戴在头顶，再绾以簪钗。在人们看来，整个头部好像私人领地，插在巾冠上的簪钗酷似巡逻士兵手持的兵器，即“國”，因冠上裱巾，所以添加“巾”旁命名这种头巾式的头饰为“幗”（帼），又名“巾帼”。先秦时期，男女都能戴帼，用作首饰。到了汉代，成为妇女专用，“巾帼”由此引申为女子的代称，也指古代妇女的丧冠。如今成为对妇女的一种尊称，如：巾帼英雄。

帽（mào）

巾＋冒　篆◎

造字本义：戴在头上仅露出眼睛的针线织物，泛指带在头上遮挡风沙、保暖、挡雨、遮阳，或起防护、装饰作用的织物，俗称帽子。

引申为“形状或作用像帽子或各种保护头部的物件”，如：笔帽、安全帽。

帕（pà）

巾＋怕（省“忄”）　篆◎

造字本义：因害怕（战争、打劫等）而隐藏财物的织物。上古时代蚩尤九黎部落战败后，三苗部落的族人为躲避追杀而不断迁徙，他们在迁徙过程中，为了便于携带迁逃，渐渐形成了将布匹蚕丝缠裹在头上，将金银珠宝披挂在身上的习惯。披挂在身上及头上的金银逐渐演变成了现在的苗族银饰，布匹蚕丝则演化成了头帕，又称“苗帕”，简称“帕”，泛指束额巾。

由此进一步演化、引申为“包头或用来擦手、脸的纺织品”，多为方形，如：手帕。

也常被用作音译，如：帕斯卡（Pascal，国际单位制中表示压强的基本单位，即单位面积上所受的压力，简称“帕”，符号 Pa，为纪念法国物理学家帕斯卡而命名）。

饰（飾）（shì）

饣（食）＋人＋巾　篆◎ 

造字本义：人进食的时候用的餐巾。

古人十分讲究礼仪，吃饭的规矩很多，比如吃饭时不准露出牙齿等；当人们遇到窘境时，常常用餐巾捂住不雅的部位进行掩饰，如打喷嚏时以餐巾捂嘴等，“饰”由此引申为“遮掩”“假托”，如：粉饰、掩饰、文过饰非。

人们吃完了饭，需用餐巾擦去嘴角的油渍及饭粒菜叶，以保持面部清洁。人们外出或上台演出化妆的第一步，也是用巾类擦去脸上的不洁之物，“饰”由此引申为“装扮”“扮演角色”，如：饰演。

装扮的目的是为了好看，“饰”由此引申为“装点得好看”，如：装饰。

因“饰”为将脸擦拭干净为装扮做准备的工具，“饰”由此进一步引申为“装饰用的东西”，如：首饰。

希（𢁫）（xī）

爻 + 巾　篆 ◎ 𢁫

造字本义：针脚（爻）稀疏的，擦东西或缠束、包裹、覆盖东西的小块纺织品，会意精纺的经线（针脚）宽疏、轻软透气的细葛布。楷书为书写方便，将“爻”下面的“乂”楷化为“𠂇”，结果让人误以为“巾”改写成了“布”。在当时，纺这种轻薄透气的布需要很高的技艺，特别难，因此这种布非常珍贵稀有，“希”由此引申为“少”“罕见”，如：物以希为贵、希少、希罕。后写作“稀”。

人们非常渴望得到这种布，“希”由此引申为“盼望”“谋求”，如：希望。

稀（xī）

禾 + 希　篆 ◎ 稀

造字本义：禾与禾之间的排列，间距如细葛布宽疏排列的经线一样距离远，空隙大，泛指事物中间距离远、空隙大，与“密”相对，如：依稀、稀疏。

这样一来，禾的兜数就很少，“稀”由此引申为“少”，如：古稀、稀少、稀罕、稀奇。

由此进一步引申为“含量少”“浓度小，含水分多的”，与“稠”相对，如：稀薄、稀饭。

由此进一步引申用在“烂”“松”等形容词前面，表明程度深，相当于“很”“极”，如：稀烂、稀糟。

晞（xī）

日 + 希　篆 ◎ 晞

造字本义：太阳透过如细葛布一样的天幕透射出来，会意破晓，如：东方未晞。

“晞”取“希”之“稀少”“罕见”之意，被理解为罕见的太阳暴晒，会意干、干燥，如：晨露未晞、晞露（日晒使露水蒸发）。

唏（xī） 口+希 篆◎

造字本义：获得或失去经线（针脚）宽疏、轻软透气的细葛布时嘴（口）部的反应。

得到了喜笑颜开，便以“唏”会意发笑或笑声。

失去了或得不到，嘴里会叹息，“唏”由此会意叹息，如：唏嘘。

二、知识疯狂补

文字是照亮历史的镜子

中国的历代皇帝都希望自己留在历史上的形象好看一些，所以任命了专门的史官给自己写史。史官心里明白皇帝要的是什么样的史，自然竭尽全力来写。皇帝以为，只要控制了史官就能控制历史，殊不知他们的一言一行都被记录在汉字里。

比如，历代统治者总是把共工描绘成“人面蛇身、赤发”的恶水神形象，但汉字“共”“龚”“供”“恭”“拱”等，真实记录了共工的贡献。“共”的甲骨文“ ”，象形人举起双手（ ）抱着大石头（ ）夯土砸地基，会意共工因为发明了夯土筑堤以治水的工具石碾而名“共（工）”。由于共（工）治水有功，所以被人们奉为水神（龙），即“龚”。人们将共（工）供于祭台祭祀为“供”。祭祀时，心里特别虔诚为“恭”（小，心）。当人们一提到共工，便肃然起敬，双手抱拳上举，做个打夯的动作，表示是共（工）发明了打夯的工具筑堤治水，久而久之，这个动作成为人们见面时的一种礼节，即两手抱拳上举，以表敬意为“拱手礼”。既然共工那么了不起，历代的皇帝为什么还要丑化他呢？原来，共工因为发明了石碾筑堤治水，其部落年年获得丰收，他在人们心目中成了水神。可帝王颛顼面对洪水却束手无策，尽失民心。颛顼为了维护自己的统治，发起了对共工的战争。共工奋起反抗，在不周山筑堤囤雪，待春夏之交冰雪融化后将大堤扒开，洪水如脱缰的野马冲向颛顼部落。由于历代统治者视颛顼为正统，当然要维护颛顼的形象。不曾想，真相却被文字记录下来了。

文字是照亮历史的镜子，无论怎样粉饰，都会留下印迹。

第三十六课 和：人类的心愿

中国自古是一个爱好和平的国家。战国以前，即便是战争，也是约好时间，排好阵型，喊开战才开战，从不偷袭。战争双方极少囚禁对方君主，更不轻易取其性命，不仅为其保留一小块封地，日后见了面还很和气。

在古人看来，只要不打仗，社会就会和谐安宁，老百姓就能获得丰收，即民和年丰。为了祈求丰收，人们每年农历六月都要吹奏一种由多根竹管（）捆扎（）编排在一起（）的原始排箫，祭祀禾（）神，其发出的谐调乐音即甲骨文“”。金文“”添加两张“”，描绘吹奏者的嘴唇在不同的吹管之间不停地移动吹奏，篆文为“”，楷书为“龢”，简化为“咊”。

当祭祀禾神的和乐响起，主祭之人站在神树（）前面，口里（）念念有词，乞求天神保佑，金文为“”。因祭祀的是禾神，所以也写作“”，篆文为“”，楷书为“和”，会意和谐地跟着唱，如：曲高和寡。因“咊”与“和”极为相似，便合并为“和”。中国的许多文化都与这“和”字有关。

比如，祭祀禾神的时候心平气和地吹，龠才能发出悦耳的声音。神一高兴，五谷就能丰登，这就是人们常说的“和气生财”。

又如，当部落只有一头牛的时候，如果某个人想独吞，必然引发争斗，只有动手（）掰掉牛角（），将牛（）肉与大家分享，矛盾才能迎刃而解，即甲骨文“”。金文“”改为刀刃（）解牛，篆文“”用刀，楷书为“解”。用和谐分享的办法解决争端，即为“和解”。

毕竟牛肉的数量有限，且每个部位的肉质也不一样，如何分才能让大家满意呢？最好的办法是，让每个人个挨个（）儿、明白地说（）出自己的想法，达成共识，用共同的语言表达出来（），即篆文“”，楷书为“諧”，简化为“谐”。因为办法是大家商量出来的，所以都能接受，一团和气，即为“和谐”。

这种文化应用于战争，经常收到意想不到的效果。

中国人不到万不得已不会开战。避免战争最好的方法就是燃起熊熊大火（），在暖和的气氛中，用最有说服力的语言（）心平气和地协商，篆文为“”，楷书为“談”，简化为“谈”。这种为争取和平的谈判即为“和谈”。

在古人看来，人一旦被俘受到刑刀（）处罚，便为人不齿，此刻，唯有被血缘联系着的至近至密之人才会前去探（）监慰问，金文为“”。篆文添加木制刑具，写作“”，楷书为“親”，简化为“亲”。中国的皇帝大多不喜欢战争，面对外来的侵扰，总是采取将公主嫁给对方首领的办法来实现和解。他们觉得，既然结了亲，就是一家人，亲人连监都会去探，怎么可能自相残杀呢？这就是和亲。当年，汉元帝将宫女王昭君远嫁塞外阻止匈奴南侵。王昭君不辱使命，为汉朝带来了 60 多年的和平。

所以，老子说“治大国如烹小鲜”。言下之意，治理国家就好像炒菜，必须调味。

甲骨文时代，人们通过掺水或采取蒸发皿（）中禾（）酒水分的办法来调节酒味，即甲骨文“”，篆文为“”，楷书为“盉”。由于盉的功能为调味，调味的目的是为了味和，“盉”与“和”合并，“和”便有了掺和、混杂的意思，如：和面、和稀泥。但国家很大，众口难调。有一次，伊尹对商朝的国君汤说：“做菜既不能太咸，也不能太淡，要调好作料才行；治国如同做菜，既不能操之过急，也不能松弛懈怠，只有恰到好处，才能把事情办好。”商汤听了，很受启发。在伊尹的辅佐下，商朝果真天下太平。这便是成语“鼎鼐调和”的出处。

其实，老子的话只说对了一半。要和天下，必须得平天下。古人从用加长的扁担“于”（）挑运货物中受到启发，把货物分（）成重量相等的两份置于“于”的两头，挺直身躯行走，扁担与地面在同一方向上形成一条线，两者不相交为“平”（），否则为“乎”（）。只要分配的公平，身体就可以保持平衡。一旦失去平衡，人容易摔倒甚至坠入深渊。治国也是如此，只要分配公平，法律平等，天下必然太平。否则生灵涂炭，国无宁日。

“我和你，心连心，同住地球村……我和你，心连心，永远一家人。”2008 年，奥林匹克运动会在北京举行，中国歌手刘欢和英国歌手莎拉·布莱曼共同唱响了奥运主题歌《我和你》，向全世界表达了一个共同的心愿：和平。

一、汉字疯狂+

字根：

甲	金	篆	篆

造字本义：

甲骨文象形加长（𠀀）的拐杖丂（丂），即长扁担。“亏”指不及一丂长的“短丂”，即短拐杖。因短丂、长丂都是丂，“于”与“亏”的小篆由此统一为“亏”。后来，由于“于”和“亏”的本义尽失，各自表义分工，所以楷书分别写作“于”和“亏”以示区别。

由于“于”为人类最原始的运输工具，其取货、交货、休息皆有时间、有地点，“于”因此引申为“引进动作、行为的时间、处所”，相当于“在”“到”或“在……方面（上、中）”，如：第一次世界大战爆发于1914年。

由此进一步引申作介词，表示引进动作、行为的对象，相当于“向”“对”“对于”，如：忠于职守、有求于人。

由于“于”所挑之物有轻有重，“于”因此引申表示比较，如：大于、小于、高于、低于。

经比较，某些事物存在相似之处，“于”由此引申为“如”“好像”，如：介于石，不终日，贞吉。（《周易》）

运送物品有起点，也有终点，“于”由此引申表示动作、行为的所从，相当于“从”“自”“由”，如：我限于水平，未能对这篇文章提出具体的修改意见。

也由此引申为“往”“去”，如：之子于归，宜其室家。（《诗经·周南·桃夭》）

人们常年挑物，一挑接着一挑，“于”由此进一步引申表示后一事紧接着前一事，如：上课时间快到了，于是我只好跑步赶往教室。

◎ 小知识

介词“于”早在甲骨文中就已大量出现。西周以后，人们又造了个“於”字，表义鸟儿振翅运动，由一地飞往另外一地，与“于”的运输特征相近。由于“於”的表达更为直观，得到广泛使用，以至于“于”的一些用法逐渐被“於”所代替。魏晋以后，除了用在引用古籍或固定格式中以外，“于”就很少出现了。“于”的连词、助词和语气词的用法只出现在先秦汉语中，汉代以后逐渐消失。再后来，掀起了汉字简化运动，“於”被“于”替代，“於”在介词方面的含义全部归并于“于”。

商朝时，河南睢县一带生活着一支擅长制作器皿“盂”的部落，称为盂部落，也称邘方，即在甲骨文的卜辞中屡见的盂方。商朝中后期，盂方为商所灭，商王武丁的一个儿子被封为邘侯，建立子姓邘国。周王朝建立后，为加强统治，周武王封次子邘叔（姬诞）建立姬姓侯国，后来邘叔的子孙即以“于”为姓。春秋战国时期，邘叔有后裔迁往山东郯城。魏晋南北朝时期，于姓真正走向全国。

乎（hū）

八（扒分）+于　甲◎　金◎　篆◎

造字本义：将货物分置（八）于“于”（丂）的两头，挺直身躯行走，身体失去平衡，扁担倾斜（㇀），与地面在同一方向直线相交为“乎”。

身负重物，在弯弯曲曲的山道上行走，身体失去平衡是十分危险的，一旦出现这种情况，挑货物的人及其同伴会发出惊呼，“乎”由此引申作叹词、助词或介词。

呼（hū）

口+乎　甲◎　金◎　篆◎

造字本义：以“于”挑货，两边承重不均使身体失去平衡，旁观者大声喊叫、呼告，大声喊叫，如：呼喊、呼救。

引申为“叫”“召唤”，如：呼风唤雨、呼朋引伴。

召唤某人，必呼其称谓，“呼”由此引申为“称谓”，如：称呼、呼唱、呼谓。

大声喊叫时，体内的气息排出，振动声带才能发声，“呼”由此引申为“吐气”，与“吸”相对，如：呼吸。

出于本能，人体的情绪不同，呼气时发出的声音也不同，“呼”由此引申作象声词，常用来形容迅疾、风声等，如：呼啦啦、呼哧。

平（píng）

八（扒分）+于　金◎　篆◎

造字本义：货物分置于“于”的两头，挺直身躯行走，身体平衡，扁担与地面在同一方向上形成另一条直线而不相交，引申为“不倾斜，无凹凸，像静止的水面一样”，如：平地、平原、平面。

用“于”挑物时，必须把货物分成重量相等的两份置于“于”的两头，挑起来身体才不至于失去平衡，“于”由此引申为“均等”“比赛比分相同，互无胜负”，如：公平、平分、平均。

以“于”挑物时，身体平衡的标志为“于”两头的货物离地面的高度相等，“于”由此引申为“与别的东西高度相同，不相上下”，如：平列、平辈。

当“于”与地面平行时，担子挑起来很平稳，很安全；当人的情绪像与地面平行挑货的“于”时，心情波澜不惊，十分宁静，“于”由此引申为“安定”“安静”，如：和平、平安。

统治者总是希望自己的国家风平浪静，一旦有人想打乱这种局势，统治者就会动用武力使秩序安定，“平”由此引申为“治理，镇压，使安定”“使平整”，如：平判、平定。

水面、国家、人的情绪等，一般情况下是安静、安定的，“平”由此引申为“一般的”“普通的”，如：平民、平庸、平价、平凡。

自然界许多事物表面生来就是平的，没有任何理由，如水平面，“平”由此引申为“无缘无故”，如：平白无故。

◎ 小知识

日本早期并无文字，自汉字传入日本，日语才开始用汉字来书写。约公元九世纪，日本人借（假）用中国的汉字创造了自己的文字，故名“假名”。借用汉字草书发明的普通、简单的假名为“平假名”，借用汉字楷书发明的假名为“片假名”。

秤（chèng）

禾＋平　《说文》无，今篆 ◎ 

造字本义：将禾置于刻有星花的直木杆的一头，提起悬空，通过秤砣往木杆的另一头缓缓移动，使木杆保持平衡，从而得出禾的重量的工具，即杆秤。泛指测量物体重量的器具，如：地秤、案秤、弹簧秤、磅秤。

◎ 小知识

古代杆秤利用杠杆原理，取北斗七星和南斗六星之数在直木杆上刻制十三颗星花，一星为一两，十三两为一斤。由于个别无良商家常常缺斤少两，人们又添加“福禄寿”三星，诅咒缺一两少福，缺二两少禄，缺三两少寿。至二十世纪五十年代，中华人民共和国实行度量衡单位改革，将秤制统一改为十两一斤。

抨（pēng）

扌（手）+平　篆◎

造字本义：用手击打、拂拭，使物体表面平整，引申为“撞击”“拍打”“（用语言）攻击”“弹劾，检举罪状”，如：抨击。

怦（pēng）

忄（心）+抨（省“扌”）　篆◎

造字本义：人像受到了拍打、攻击一样，心里怦怦直跳，引申作象声词，形容心跳，如：心里怦怦地跳着、怦然心动。

砰（pēng）

石+抨（省“扌”）　《说文》无，今篆◎

造字本义：石头撞击，泛指撞击，如：他重重地将门砰上，满面怒容。

引申为“模拟撞击、捶（敲）打、重物落地、枪击或跟枪声相似的声音”，如：砰砰地敲打桌子。

评（評）（píng）

讠（言）+平　《说文》无，今篆◎

造字本义：用语言给人或事物以公平的价值判断，如：时评、影评、批评、评语。

引申为“议论是非高下”，如：评选、评分、评判、评比。

坪（píng）

土＋平　金◎［金文字形］　篆◎［篆书字形］

造字本义：平坦之地，泛指局部的平地，如：草坪、停机坪。

苹（píng）

艹（草）＋平　篆◎［篆书字形］

造字本义：平躺于水面的草本植物，即浮萍。

◎ 小知识

苹果，蔷薇科落叶乔木，主要用嫁接繁殖。“中国苹果”原产于中国，“西洋苹果”原产于欧洲、中亚细亚等夏季干燥地区。栽培上主要发展“西洋苹果”，它传入中国时音译为“频婆”“平波”“平坡”，后为突出其植物性质，以“艹”和“頻”（频）组合为“蘋”音译为“蘋婆果”，简称“蘋果”。又由于苹果切开，其剖面酷似浮萍，被人们称为“苹婆果”，简称“苹果”。

因为苹果的“苹”字和“平”同音，中国人因此将吃苹果视为平安的象征，由此形成了平安夜吃苹果求平安的习俗。有意思的是，此习俗竟源于中国，西方并无此传统。

萍（píng）

氵（水）＋苹　篆◎［篆书字形］

造字本义：平躺于水面的草本植物，即浮萍。由于浮萍的根藏在水下，看上去好像无根，漂在水面上居无定所一般，“萍”由此比喻漂浮不定的生活或行踪，如：萍水相逢。

文字可以“杀人”

历史上被文字所“杀”的知识分子数不胜数。

第一个被“杀”的是春秋时期秉笔直书“崔杼弑君”丑闻的齐国太史。一次性被“杀”数量最多的是被秦始皇坑埋的儒生。就连史上被称为胸襟最开阔的大唐也干过这样的事。在沛王李贤手下当差的王勃，因沛王与英王斗鸡写了一篇《檄英王鸡文》，为沛王的爱鸡壮行，结果被唐高宗李治认为是在挑拨儿子们的亲密关系，盛怒之下将其赶出长安。至明清两朝，甚至掀起了文字“杀人”的高潮。有秀才因为一句“清风不识字，何事乱翻书”的诗句，被认为是讽刺清朝统治者文化水平低而招致杀身之祸。

历史上没有人因文字而丢掉性命的朝代反而是在汉人地位最低的元朝。诗人梁栋登镇江茅山，在墙壁上写下一首《大茅峰》，被茅山道士许道杞盯上，许道杞诬告梁栋“谤讪朝廷，有思宋之心”，句容县令将梁栋题诗的墙壁整块敲下来作为罪证上报朝廷，朝廷一纸“诗人吟咏性情，不可诬以谤讪。倘是谤讪，亦非堂堂天朝所不能容者”的判书，居然救了梁栋的性命。在元朝统治者看来，一个泱泱大国是不可能因为几个文字就能骂垮。对文字的气度，也反映出一个国家的气度。